민법학의
기본원리

권영준 지음

박영사

머리말

　　나는 민법을 공부하는 사람이다. 민법을 처음 접한 것은 법대생 시절이다. 민법의 첫 인상은 다음과 같이 요약할 수 있다. 한자로 뒤덮인 교과서, 와닿지 않는 추상적 개념, 난마같이 얽힌 학설, 신선같은 내공의 교수님들. 민법은 그저 멀리 떨어진 경외의 대상이었다. 그러나 민법 공부를 계속하다 보니 그 법리의 정치(精緻)함에 매료되었다. 그 법리적 틀만 있으면 세상의 법 현상들을 모조리 설명할 수 있을 것 같았다. 그런데 법관으로서 생생한 분쟁에 접하다 보니 기존 법리만으로는 채울 수 없는 여백을 느꼈다. 그리고 직관을 통해 능숙하게 그 여백을 메워나가는 다른 법관들의 실무 능력을 보며 감탄하였다. 교수가 되니 새로운 세계가 기다리고 있었다. 법리와 실무의 바탕에 흐르는 이론적, 가치적 문제들을 다루었던 선학(先學)들의 놀라운 지혜에 압도되었다. 이러한 지혜가 문제에 대한 정답을 곧바로 주지는 않으나, 흑백의 판단을 넘어 다채로운 사유를 통해 그 문제의 근본을 탐색할 수 있는 동력을 제공한다는 점을 깨달았다.

　　나는 민법 교수로서 실정법으로서의 민법을 해석하고 적용하는 문제에 관한 글을 쓸 기회가 많았다. 하지만 가끔씩은 좀 더 높은 언덕에 올라가 민법학이라는 숲의 전체 형상을 둘러보고 이를 스케치해 보려는 설익은 시도도 하였다. 이 책은 그러한 시도에 해당하는 나의 논문들, 그리고 이에 기초하여 작성하였던 법관 연수 강의자료를 토대로 완성하였다. 나는 이 책에서 개인과 공동체, 법관의 역할이라는 두 가지 축을 중심으로 민법학에 내재하는 기본원리를 살펴보았다. 개인과 공동체라는 축과 관련해서는 계약법, 소유권법, 불법행위법을 차례대로 조망하였다. 또한 법관의 역할이라는 축과 관련해서는 형식과 실질, 규칙과 기준, 현실과 당위, 사전과 사후라는 네 가지 관점을 기초로 민법학의 쟁점들을 분석하였다. 그 과정에서 고답적 이론에만 치우치기보다는 살아있는 법과의 연계성을 놓치지 않으려고 노력하였다. 이를 통해 민법학의 뿌리와 줄기, 그리고 꽃을 유기적으로 파악하고자 하였다.

나는 이 책이 나오기까지 수많은 분들의 학은과 도움을 받았다. 때로는 글을 통하여, 때로는 토론을 통하여, 때로는 존재 그 자체를 통하여 그 분들로부터 학문적으로 고무되고 교화되었다. 자칫 진부해 보이는 민법학의 일상들에 진부하지 않은 관점으로 접근하려는 동력을 부여받았다. 도움을 주신 분들의 성함을 여기에 모두 나열하여야 마땅하나, 기회가 될 때마다 그 분들에게 개별적으로 진솔한 감사의 마음을 전하는 것으로 대신하고자 한다. 하지만 가족에 대한 감사함만큼은 지면을 빌려 표현하지 않을 수 없다. 본래 이 세상에 홀로 할 수 있는 일은 아무 것도 없는 법이다. 특히 학문을 할 때에는 가족의 이해와 도움이 필요하다. 교수가 되면 자녀교육은 모두 책임지겠다던 허언을 금세 망각하고 이런저런 일에 파묻혀 있던 남편을 이해하고 도와준 아내 연신, 그리고 어느덧 대견스럽게 성장하여 내 책임을 대폭 덜어준 하람, 해린, 해찬, 하은에게 쑥스럽지만 진솔한 감사를 표한다.

차 례

제1장

서　론

민사재판의 모습을 떠올려 보자. 원고와 피고는 사실관계나 법률관계를 놓고 다툰다. 각자 자신에게 유리한 주장을 하고 이를 뒷받침할 증거를 제출한다. 법원은 주장과 증거를 종합하여 사실관계를 확정하고, 법을 적용한다. 이러한 판단 과정을 통해 사건에 관한 결론을 내린다.

사실관계는 사건마다 다르다. 심리해 보아야 알 수 있다. 그런데 사실관계에 적용될 법리는 사건 유형별로 대체로 비슷하다. 대부분 기성품(旣成品)의 형태로 존재한다. 이러한 법리를 이해하려는 노력은 구체적 사건과 무관하게 미리 이루어질 수 있다. 법관들은 이미 그 노력을 충분히 기울인 사람들이다. 치열한 교육 과정과 반복되는 사건 처리를 통해 온갖 법리에 익숙해진 사람들이다. 사실관계가 확정되면 언제든지 해당 법리를 적용하여 결론을 낼 준비가 되어 있는 사람들이다. "너는 사실을 말하라. 그러면 나는 법을 주리라(da mihi factum, dabo tibi ius)"라는 법언(法彦)을 일상 직무에서 지속적으로 실천하는 사람들이다.

그러나 법관이 직면하는 현실은 만만하지 않다. 익숙한 법리에 따라 기계적으로 처리할 수 있는 '쉬운 사건(easy case)'들도 많다. 그러나 기존의 전형적 법리를 기계적으로 적용하는 것만으로는 결론을 도출할 수 없는 '어려운 사건(hard case)'들도 있다. 시간이 많이 걸리거나 복잡한 사건이라고 해서 꼭 어려운 사건은 아니다. 이 중에는 끈기를 가지고 법리를 차근차근 적용하면 확실한 결론을 내릴 수 있는 사건도 있다. 엄밀히 말하면 이러한 사건은 어려운 사건이 아니다. 기껏해야 쉬운 사건도 어려운 사건도 아닌 보통 사건일 뿐이다. 어려운 사건은 기존 법리를 창조적, 변형적으로 재해석하거나 적용해야 하는 사건, 또는 기존 법리와 구별되는 새로운 법리의 창안이 요구되는 사건이다. 사실관계가 단순하고 쟁점이 명확해도 어려운 사건일 수 있다.

양적으로만 보면 쉬운 사건들이 훨씬 많다. 예컨대 피고가 자백하거나 적극적으로 다투지 않는 사건들의 숫자는 매우 많다. 피고가 다투더라도 증거가 분명하여 결론이 명백한 사건들도 꽤 많다. 이러한 쉬운 사건들은 누가 재판하더라도 결국 같은 결론에 도달할 가능성이 높다. 반면 어려운 사건은 별로 없다. 전체 사건에서 차지하는 양적 비중이 미미하다. 어려운 사건은 법원이 일상적으로 처리하는 사건의 전형적인 모습이 아니다. 전체 사건을 놓고 보면 대표성 없는 표본이다. 그러나 그 희소성과 양적 열세에도 불구하고 어려운 사건의 의미는 과소평가될 수 없다. 법관이 판단 기관으로서의 진면목을 드러내는 것은 바로 어려운 사건을 마주할 때이다. 국민들과 언론 매체들도 이러한 사건에 즈음하여 법원의 판단에 관심을 가진다. 법학자들도 일상적으로 처리되는 쉬운 사건보다는 법관의 고뇌가 깃들어 있는 어려운 사건에 관심을 가진다. 법관의 고뇌를 학문적 고뇌로 전이시켜 새로운 법적 지혜의 창출에 도전할 수 있기 때문이다. 이처럼 법원이 국민의 인상에 각인되고 국민의 입에 오르내리는 것도, 학자들이 사법 작용에 흥미를 가지고 연구를 수행하는 것도 바로 어려운 사건에 직면할 때이다. 법관이 어려운 사건을 마주하고 해결할 때 사람들은 법관에 대해 이야기하고 법관을 평가한다. 극소수의 어려운 사건에 대한 법관의 대응이 한 나라 법원의 수준을 나타낸다.

그런데 어려운 사건의 결론은 단지 논리적 사고 작용만으로 도출되지 않는다. 논리 배후에 있는 가치에 대한 법관의 선이해(先理解)의 영향을 받는다. 법관의 선이해는 근본적인 가치 체계에 대한 법관의 관점, 입장, 접근방법, 또는 선호도를 의미한다. 법관의 선이해는 기존 판례나 학설뿐만 아니라 법관의 교육배경, 직업적 경험, 개인적 성향과 가치관 등에 의해 영향을 받는다. 법관의 선이해는 세월의 풍파 속에서 점층적으로 형성되고 변화할 수 있다. 그러나 매 사건을 접할 때마다 급격하게 변화하지는 않는다. 어려운 사건일수록 법관의 선이해는 사건의 결론에 더욱 큰 영향을 미친다. 우리나라에서는 법관들이 법학교육이나 법관연수 과정에서 자신의 선이해를 솔직히 드러내고, 타인의 선이해를 진지하게 청취하며, 이와 관련된 학술적 논의를 탐구할 시간을 충분히 가지지 못했다. 그 결과 자신 또는 타인의 선이해가 어떤 형태로 존재하는지를 면밀하게 돌아보거나 검토하고 이를 의식적으로 체계화할 계기가 충분하지 않았다. 그것은 비단 법학교육만의 문제는 아니다. 우리나라 교육 전체가 대체로 그러하였다. 하지만 법관이라면 누구나 자신이 의식하건 의식하지 않건 이러한 선이해를 가지고 있다. 그것이 체계적 형태로 내재화되어 있건 아니건 말이다. 또한 법관이 그것을 입 밖으로 내뱉건 아니건 말이다.

쉬운 사건에서는 법관의 선이해가 본격적으로 등장할 필요성도 없다. 이미 객관적으로 존재하는 기성품과 같은 법리를 적용하면 그만이기 때문이다. 물론 이러한 기존 법리에 대해서도 법관의 선이해가 존재할 수도 있다. 그러나 실제로 그러한 선이해는 법관별로 큰 차이가 없다. 또한 이를 굳이 변론과정이나 판결문에 드러낼 필요도 크지 않다. 그저 그 법리 자체를 드러내면, 대부분의 사람들은 그 결론의 근거를 이해하게 된다. 하지만 어려운 사건에 이르게 되면 이러한 선이해가 중요한 역할을 수행하게 된다. 그리고 종종 판결문에 그 실체가 드러나기도 한다.

대법원 2015. 1. 22. 선고 2012다204365 전원합의체 판결을 보자. 이 사건의 원고들은 민주화운동과 관련하여 수사기관에 불법체포, 구금된 후 고문 등에 의한 자백으로 유죄판결을 받고 복역한 사람들이었다. 세월이 흘러 이러한 사람들을 위해 「민주화운동관련자 명예회복 및 보상 등에 관한 법률」(이하 '민주화보상법'이라 한다)이 제정되었다. 원고들은 이 법률에 따라 「민주화운동관련자명예회복및보상심의위원회」(이하 '위원회'라 한다)에 보상금을 신청하였고, 위원회는 원고들에 대한 보상금지급결정을 하였다. 원고들은 위원회의 보상금지급결정에 동의하였다.

민주화보상법 제18조 제2항은 보상금신청인이 위 지급결정에 동의한 경우에는 민주화운동과 관련하여 입은 피해에 대하여 민사소송법에 따른 재판상 화해가 성립된 것으로 본다고 규정한다. 재판상 화해가 성립하면 그 화해조서는 확정판결과 같은 효력을 가진다(민사소송법 제220조). 확정판결은 기판력을 가지므로 당사자는 그 기판력이 미치는 범위 내에서는 더 이상 해당 사건의 권리관계를 다툴 수 없게 된다. 결국 보상금신청인이 위원회의 보상금지급결정에 동의하면, 민주화운동과 관련하여 입은 피해에 대해서는 더 이상 추가 손해가 있음을 들어 배상청구를 할 수 없게 되는 것이다.

그런데 그 이후 원고들에 대한 재심절차가 진행되어 원고들에 대한 종전의 유죄판결이 취소되고 무죄판결이 확정되었다. 원고들은 보상금지급결정 이후에 자신들에 대한 무죄판결이 확정되었다는 사정 변경이 있었으므로 이를 이유로 추가적인 보상금을 지급받기를 원하였다. 위원회의 보상금지급결정이 가지는 재판상 화해로서의 효력에도 불구하고 추가적인 보상금을 지급하여야 하는가에 대해 대법관들의 의견은 일치하지 않았다.

다수의 대법관들은 원고들이 보상금지급결정에 동의함으로써 민주화운동과 관련하여 입은 피해에 대하여 재판상 화해의 효력이 발생한 이상 추가로 보상금을 받을 수 없다는 입장을 취하였다. 하지만 반대의견을 낸 대법관들은 재심절차에서 무죄판결이 확정된 사정은 이러한 재판상 화해의 효력 발생 기초에 중대한 사정 변경이 생긴 경우에 해당하므로 보상금을 받을 수 있다는 입장을 취하였다. 반대의견에 따르면 "… 재심절차에 의하여 무죄판결이 확정된 사정을 전혀 도외시하고, 다수의견과 같이 보상금 등 지급결정에 동의하였다는 사정만으로 재심판결에 의한 유죄판결 취소로 새로 밝혀진 억울한 복역 등으로 피해자가 입은 정신적 손해에 대하여 더 이상 손해배상청구권을 행사할 수 없다고 보는 것은 공평과 정의의 관념에 배치됨이 분명"하다는 것이다.

이 대목에서 우리는 자연스럽게 다음 질문을 던지게 된다. 이 사건에서 반대의견을 낸 대법관들이 가졌던 이른바 "공평과 정의의 관념"은 무엇이었을까? 그 관념이 과연 어떠한 것이었기에 다수의견에 대하여 "공평과 정의의 관념에 배치됨이 분명하다"라고 단정적으로 말할 수 있었을까? 정녕 다수의견을 제출한 대법관들에게는 "공평과 정의의 관념"이 부족했던 것일까? 아니면 그들은 "공평과 정의의 관념"을 다른 의미로 이해하였던 것일까? 다수의견과 반대의견이 상정했던 정당한 회복의 관념은 무엇이었을까? 다수의견과 반대의견이 상정했던 법적 안정성의 내용은 무엇이었을까? 이러한 가치 체계에 대한 대법관들의 생각 차이는 그들이 법관으로서 직업적으로 축적해 온 전문적인 경험의 차이에서 비롯된 것인가, 자연인으로서의 삶에서 축적해 온 개인적인 경험의 차이에서 비롯된 것인가? 아니면 학문적 또는 실무적 연마를 통해 의식적이고 체계적으로 정립한 뒤 다른 사건 처리에도 일관되게 적용하여 온 공고한 가치 체계의 차이에서 비롯된 것인가?

대법원 2011. 9. 2. 선고 2008다42430 전원합의체 판결도 이 점에서 흥미롭다. 이 사건의 원고(선정당사자)와 선정자 1,900명(이하 '원고들'이라 한다)은 변호사들이고, 피고는 "lawmarket.co.kr"이라는 인터넷 홈페이지를 운영하는 회사였다. 피고는 여러 가지 경로를 통해 변호사들의 이름, 출생지, 성별, 사법시험 합격년도, 연수원 기수, 출신 학교, 법원이나 검찰의 근무경력 등 개인신상정보를 수집한 뒤 이를 이용하여 법조인 사이의 친밀도를 나타내는「인맥지수」를 산출하여 홈페이지에서 공개하였다. 또한 피고는 대법원 홈페이지에서 제공하는 '나의 사건검색' 서비스를 통해 수집한 사건 정보를 이용하여 변호사들의 승소율이나 전문성 지수 등을 제공하였다. 원고들은 피고의 이러한 행위가 개인정보에 관한 인격권을 침해하는 위법한 행위라고 주장하면서 금지청구와 손해배상청구를 하였다.

제1심, 항소심, 그리고 상고심에 이르기까지 이 사건에 대한 법원의 판단은 엎치락뒤치락하였다. 대법관들의 입장 차이가 명확하게 드러난 쟁점은 인맥지수의 위법성 문제였다. 다수의견은 "인맥지수의 사적·인격적 성격, 산출과정에서 왜곡 가능성, 인맥지수 이용으로 인한 변호사들의 이익 침해와 공적 폐해의 우려, 그에 반하여 이용으로 달성될 공적인 가치의 보호 필요성 정도 등을 종합적으로 고려하면, 운영자가 변호사들의 개인신상정보를 기반으로 한 인맥지수를 공개하는 표현행위에 의하여 얻을 수 있는 법적 이익이 이를 공개하지 않음으로써 보호받을 수 있는 변호사들의 인격적 법익에 비하여 우월하다고 볼 수 없어, 피고의 인맥지수 서비스

제공행위는 변호사들의 개인정보에 관한 인격권을 침해하는 위법한 것"이라고 보았다. 반면 반대의견은 "이 사건 개인신상정보의 성격, 인맥지수 산출방법의 합리성 정도, 인맥지수 이용의 필요성과 그 이용으로 달성될 공적인 가치의 보호 필요성 정도, 이용으로 인한 변호사들의 이익 침해와 공적 폐해의 우려 정도 등을 종합적으로 고려하면, 변호사들의 개인신상정보를 기반으로 한 인맥지수 서비스 제공이 변호사들의 개인정보에 관한 인격적 이익을 침해하는 위법한 행위라고 평가하기는 어렵다."고 보았다.

대법관들은 각자의 관점에서 이익형량을 하였다. 그 형량의 장(場)에는 다양한 이익과 가치가 등장하였다. 자신에 관한 정보에 대해 그 정보 주체가 가지는 인격적 이익, 그 정보의 정확성에 대해 가지는 인격적 이익, 개인의 신상에 대해 가지는 프라이버시권, 변호사와 관련된 정보에 접근할 권리, 알 권리, 영업의 자유, 표현의 자유, 한국 법률시장의 건전성(특히 전관예우와 관련하여)에 관한 공적 이익, 전관예우에 대한 국민들의 인식과 관련된 법원의 신뢰도 등 수많은 요소들이 등장하였다. 이러한 이익 요소들을 형량하는 과정에서 대법관들은 각각의 이익 요소에 서로 다른 무게와 선호도를 부여하였다. 그러한 차이가 결론의 차이로 이어졌다. 그 저변에는 이와 같이 정보가 유통되는 현상과 그 현상의 결과에 일희일비하지 않고 사회와 시장에 너그럽게 맡길 것인가(자유주의, 사법소극주의), 아니면 법원이 생각하는 바람직한 모습으로 나아가도록 좀 더 적극적으로 관여하여 위법성 판단을 할 것인가(후견주의, 사법적극주의)라는 근본적인 관점 차이가 깔려 있었다. 결국 이 사건에서는 '위법성'의 판단이라는 계기에 직면하여 법관의 '가치 체계에 대한 선호'가 투영되었던 것이다.

가령 대법관 박시환, 대법관 김능환, 대법관 양창수, 대법관 박병대의 반대의견은 민법의 기본원리 중 하나인 계약의 자유를 강조한다.

계약의 자유는 우리 법의 기본원리로서 가장 중요한 가치 중의 하나이고, 그 중 계약상대방 선택의 자유는 그 본질적 내용을 이루는 것이다. 이는 변호사선임계약의 경우에도 마찬가지이다. 따라서 법률수요자는 다양한 정보를 바탕으로 자신의 기호 내지 취향에 맞게 자유롭게 변호사를 선택할 수 있는 자유를 가지고 있고, 설사 그러한 기호 내지 취향이 이기적인 동기에서 비롯된 것이고 사회 전체로 보면 반드시 바람직한지 의문스러운 경우라도 법적으로 존중받아야 마땅하다. 그리하여 법률수요자가 인맥이나 연고를 좇아 변호사를 선택하는 경우 비록 사회적으로 바람직하다고 할 수는 없을지라도 이는 계약의 자유의 영역으로 보호되어야 하고, 법률수요자는 그 선택으로 인한 결과의 위험도 스스로 인수하는 것이다.

반대의견에 대한 대법관 양창수, 대법관 박병대의 보충의견에서는 계약 자유의 배후에 있는 개인주의와 자유주의적 관점이 더욱 명시적으로 표출된다.

우리나라 법률시장도 점점 규모가 커지면서 그에 관한 정보의 바다가 형성되고 있고, 그 바다를 항해하는 데에도 당연히 해도나 나침판이 필요하게 되었다. 그 역시 시장 수요의 일부이다. 소비자가 어떤 지도와 나침판을 믿고 이용하느냐는 그들의 판단에 맡기면 된다. 혹시 소비자가 무지하거나 경솔해서 지도를 너무 맹신하거나 잘못 읽어서 오도될지 모른다는 걱정이 있을 수는 있다. 그러나 그런 걱정 때문에 법원이 나서서 그 지도와 나침판이 얼마나 믿을 만한지 검열

할 일은 아니다. 그야말로 소비자의 현명한 선택에 일임해도 좋을 일이고, 그 정보가 소비자의 선택을 받아서 계속 생존하느냐는 그 시장에서도 필시 생겨날 자유로운 경쟁에 맡겨두면 될 일이다. 소비자 스스로 시장에 나온 정보의 가치와 한계를 읽고 가늠하여 필요한 한도에서 이용할 안목과 판단력을 갖추고 있다고 믿지 못할 이유가 없다.

이 판결에서도 대법관들의 가치 체계에 대해 여러 가지 질문이 제기된다. 다수의견 측에 섰던 대법관들은 "계약의 자유"를 어떻게 이해한 것일까? 왜 이러한 기본 원리에 대해 서로 다른 이해가 존재하게 되었을까? 한편 이들은 이 문제를 "소비자의 선택"에 온전히 맡겨두는 것에 대해 어떤 불안감을 가졌던 것일까? 반대로 반대의견을 개진한 대법관들은 "인맥지수 이용으로 인한 변호사들의 이익 침해와 공적 폐해의 우려"에 대해 어떤 생각을 가졌던 것일까? 보다 궁극적으로, 왜 어떤 이익이 다른 이익보다 더 중하게 보호받아야 하는 것일까? 그러한 선호는 어떻게 정당화될 수 있는 것일까?

사실 동일한 법학교육 체계 내에서 동일한 법 제도와 법리를 연마한 법관들인데도 동일한 사실관계와 동일한 법적 쟁점 앞에서 서로 양립할 수 없는 의견을 제시하는 것은 결코 낯선 장면이 아니다. 단순한 법 논리만으로는 설명될 수 없는 무언가가 분명히 존재하는 것이다. 이 점을 부인하는 사람들은 거의 없을 것이다. 그런데 이처럼 실제 결과를 좌우하는 그 '무언가'의 정체는 무엇일까? 그 무언가에 대해서 좀 더 진지하게 생각하고 이를 드러내어 논의하려는 충실한 노력이 있었는가? 특히 구체적인 사건과 관련하여 이러한 노력이 충실히 이루어졌는가? 그동안 우리나라의 실무계와 학계에서 이러한 노력이 없지는 않았지만, 적어도 저자가 느끼기에는 단순한 판례와 학설의 경계를 넘어서서 그 배후에 실존하는 가치 체계를 탐구하고자 하는 의식적이고 충실한 노력이 충분히 이루어졌다고 자신 있게 말할 수는 없다. 특히 민법을 위시한 사법(私法) 분야에서 이러한 아쉬움은 더 두드러진다.

　민법은 수천 년 동안 공고하게 형성되어 온 법리의 영향력이 워낙 강하기 때문에 현실적으로 그 필요성이 다른 법 분야에 비해 상대적으로 적다고 말할 수도 있다. 민법은 그만큼 촘촘하고 논리적인 법체계를 가지고 있고, 이른바 가치 판단의 필요성은 일반적으로 법체계의 세밀성에 반비례하기 때문이다. 그러나 민법이 가지는 기본법으로서의 속성을 생각하면, 오히려 민법이야말로 이처럼 속을 보고 껍질을 계속 벗겨내는 노력이 더 충실하게 요구되는 분야이다. 촘촘하고 논리적인 법리도 하늘에서 그냥 떨어진 것이 아니다. 그 법리의 아래에는 장구한 역사 속에 모습을 갖추어 온 가치 체계가 대전제로서 자리하고 있다. 그 가치 체계는 개천에 올려놓은 종이배처럼 쉽게 요동치지는 않지만 대해(大海)를 나아가는 항공모함처럼 서서히, 그러나 장엄하게 움직이는 동태적인 것이다. 따라서 법리를 그저 주어진 소여(所與)로 받아들이는 태도는 바람직하지 않다. 법리는 결국 이론적 사고의 그림자이기 때문이다. 그리고 이론적 사고의 변화에 따라 법리도 변화해야 하기 때문이다. 그렇다면 법리를 적용하면서 경우에 따라서는 그 법리를 재형성해 나가고자 하는 법관이야말로 이론적 영역에 대한 관심을 놓아서는 안 되는 것이다. 또한 그러한 법관이야말로 개별 법리를 넘어서는 전체 법체계의 그림을 정합성 있게 그려나가는 능력을 함양해야 하는 것이다. 법관은 이를 통해 기존의 법리만으로는 쉽게 해결할 수 없는 사건들을 풀어나가거나, 기존의 법리를 더 나은 방향으로 개선하는 동력을 얻을 수 있다.

이러한 배경 아래 저자는 이 책에서 민법의 배후에 흐르는 기본 이론을 소개하고 이에 기초하여 민사사건(특히 '어려운 사건')을 바라보는 관점을 제공하고자 한다. 무엇이 민법의 기본 이론인가에 대해서는 다양한 관점들이 제시될 수 있다. 일반적으로 민법 문헌에서는 민법의 기본 원칙 내지 기본 원리에 대해 설명하곤 한다. 원칙 내지 원리는 이론 체계를 형성하는 중요한 구성 요소이자 동력원이다. 그러므로 이에 대한 설명은 민법의 기본 이론의 탐구에 요긴하다. 민법의 기본 원칙에 대한 교과서의 전형적인 설명을 예시하면 다음과 같다.

> 근대민법은 우선 「인격절대주의」 또는 「자유 인격의 원칙」을 전제로 하고 있으며 이를 최고의 원칙으로 삼는다. 즉, 모든 개인을 세상에 태어날 때부터 봉건적·신분적 제한으로부터 완전히 자유이고 서로 평등하며, 한편으로는 이성적이면서 다른 한편으로는 이기적인 「추상적 개인」 즉 「인격자」(person)로 보고, 이러한 개인을 출발점으로 하고 있다. 그리고 자유 인격의 원칙을 실현하기 위하여, 근대민법은 다시 다음과 같은 세 개의 구체적인 원칙을 인정한다. 「사유재산권 존중의 원칙」·「사적 자치의 원칙」·「과실책임의 원칙」이 그것이다. 이를 보통 일반적으로 「근대민법의 3대원칙」이라고 일컫는다.[1]

이러한 개인주의적이고 자유주의적인 색채는 근대 민법의 두드러진 특징이다. 이러한 특징은 프랑스 혁명의 여진(餘震) 아래 제정되어 수많은 민법전의 전범(典範)이 된 1804년 프랑스 민법전에

---

1) 곽윤직·김재형, 민법총칙, 제9판, 2013, 37면.

그대로 각인되었고, 현재의 프랑스 민법전에서도 그 영향력을 여전히 간직하고 있다. 개인주의와 자유주의는 대부분 국가들의 민법에서도 중요한 사상적 기초가 되었다. 우리나라 민법도 이러한 사상적 토대 위에 만들어졌다. 그러나 19세기 말 이래 개인주의, 자유주의, 자본주의의 한계가 노정되고 야경국가관이 복지국가관으로 서서히 이행하면서 민법의 기본원리도 수정과정을 거치게 되었다. 이에 대한 교과서적인 설명을 계속 읽어보자.

> … 사람을 「추상적 인격자」가 아니라 「구체적인 사람」(Mensch)으로 바로 보고, 그러한 구체적인 사람에게 실질적인 자유와 평등을 보장하여 「사람다운 생존」을 실현하는 것이 새로운 기본원리로 요청되었다. 그리하여 단순히 개인의 행복이나 이익의 추구가 아니라, 공공이라는 사회적인 공동의 행복과 이익을 추구하는 「공공의 복리」가 현대사법의 이념으로 주목을 받았다. 그것은 종래 개인주의적·자유주의적인 법사상을 경제적·사회적인 민주주 또는 단체주의적인 법사상으로 수정하려는 것이며, 소유권의 절대·계약의 자유·과실책임이라는 민법의 3대원칙은 이것에 의하여 제한을 받는다. … 점차 거래안전·사회질서·신의성실·권리남용 금지 등이 민법에서 중요한 위치를 차지하였고, 3대원칙도 수정을 겪었다.[2]

다른 교과서나 문헌들에서도 대동소이하게 등장하는 이러한 설명을 되새겨 보면, 민법은 기본적으로 개인과 공동체의 역학관계 속에서 탄생하고 발전하여 왔음을 알 수 있다. 따라서 이 책에서도 민법의 기본 이론을 설명하는 축(軸)의 하나로 「개인과 공동체」를 들고자 한다. 즉 개인과 공동체를 어떻게 바라보고 이해할 것인

---

2) 곽윤직·김재형, 민법총칙, 제9판, 2013, 43면.

가, 이러한 이해가 법리의 전체적인 풍경에 어떻게 영향을 미치는가, 그 영향 아래 구체적인 법리의 내용을 어떻게 파악하고 이를 구체적인 사실관계에 어떻게 적용할 것인가의 문제를 바라보려는 것이다.

한편 이러한 축과 밀접한 관련성을 가지기는 하지만 조금 다른 차원에서 바라보아야 할 축이 존재한다. 이는「법관의 역할」이라는 축이다. 법관은 개인과 공동체 사이의 역학관계가 민사 법리를 형성하고 구체적인 사건의 결론에 영향을 미치는 과정에서 중요한 주체가 된다. 그러한 의미에서「개인과 공동체」가 객체적 축이라면「법관의 역할」은 주체적 축이다. 그런데 오로지 법관만 이러한 주체가 되는 것은 아니다. 입법부는 좀 더 큰 차원에서 법질서를 형성하고 바꾼다. 당사자나 그 당사자의 소송대리인인 변호사들은 법관이 그 법질서를 이해하고 적용하는 데에 요긴한 사실적, 법률적 정보를 제공하여 법관의 역할 수행에 영향을 미친다. 학자들은 학문적 주장을 통해 이러한 법질서의 형성과 변신에 간접적으로 기여한다. 이러한 큰 그림에서 법관이 구체적으로 어떤 역할을 얼마나 적극적으로 수행해야 하는지, 그 역할의 핵심과 한계를 어떻게 설정할 것인지는 민사재판에서 중요한 의미를 가진다.

이 책은 이러한 두 가지 축을 염두에 두고 다음과 같은 체계와 내용으로 서술되었다.

제2장에서는「민법에서 이론의 역할」에 대해 서술한다. 민법에서 '이론'의 역할을 명확히 하기 위해 이와 비교할 개념으로 '법리'와 '실무'를 동원한다. 민법에서 법리의 중요성은 매우 공고하다고 할 수 있는데, 우선 민법의 법리 체계가 법학교육과 재판실무에서 어떻게 작동하는지를 설명하고, 그러한 법리가 외국의 법리 체계

또는 국제규범과 어떻게 상호작용하고 있는지를 서술한다. 한편 그 법리의 배후에 흐르는 이론적인 동향을 개괄적으로 서술하고 그러한 이론적인 영역이 민법, 나아가 민사재판에서 어떤 의미를 가지는지를 서술한다.

제3장에서는 「개인과 공동체」에 대해 서술한다. 이는 저자가 민법의 기본 이론을 설명하는 첫 번째 축이다. 민법의 전통적인 세 가지 영역, 즉 계약법과 불법행위법과 소유권법에 있어서 개인과 공동체의 역학관계가 각각 어떤 경향성으로 표출되는지를 보여준다. 앞서 설명하였듯이 세 가지 영역에 대해서는 각각 사적 자치의 원칙(계약법), 과실책임의 원칙(불법행위법), 사유재산권 존중의 원칙(소유권법)이 적용되어 왔는데, 이 책에서는 다소 시각을 달리하여 자율과 후견(계약법), 회복과 예방(불법행위법), 강고한 소유권과 유연한 소유권(소유권법)이라는 테마 아래 민법의 지형을 소묘(素描)한다.

제4장에서는 「법관의 역할」에 대해 서술한다. 이는 저자가 민법의 기본 이론을 설명하는 두 번째 축이다. 개인과 공동체의 역학관계가 민법 전반에 영향을 미치는 중요한 변수임에는 틀림없으나, 이것은 어디까지나 민사재판의 결과를 좌우하는 여러 가지 변수 중의 하나이다. 그 외에도 법관이 법률이나 계약을 해석함에 있어서 형식(form)과 실질(substance) 중 어느 것을 중시하는가, 현실(Sein)과 당위(Sollen) 중 어느 것을 중시하는가, 사전적 관점(*ex ante perspective*)과 사후적 관점(*ex post perspective*) 중 어느 것을 중시하는가 등에 대한 입장 차이가 종종 결론의 차이를 초래한다. 그런데 이러한 것들은 대체로 법관의 역할을 어떻게 볼 것인가, 특히 권력분립의 원칙 아래에서 법관의 활동영역을 얼마나 적극적으로 파악할 것인가와 관련이 있다. 그러므로 저자는 「법관의 역할」이라는 제목 아래 위

와 같은 문제들에 대해서 다루고자 한다.

　제5장에서는 제1장 내지 제4장까지의 논의를 요약, 정리하고, 이 책에서 다루는 내용이 한국 현대사회의 법관상에 가지는 의미에 대해 첨언한 뒤 마무리한다.

　참고로 이 책에서는 저자가 과거에 공간(公刊)한 문헌들을 상당 부분 활용하였음을 밝혀둔다. 각각의 장 또는 절에서는 해당 부분에 관한 참고 논문들의 목록을 밝힐 것이다. 물론 이 책에는 기존 논문에서 다루지 않았던 내용도 상당 부분 포함되어 있다. 특히 제2장 「민법에서 이론의 역할」 중 법리와 외국법, 제3장 「개인과 공동체」 중 소유권법, 그리고 제4장 「법관의 역할」 중 상당 부분이 그러하다.

제2장

민법에서 이론의 역할

※ 이 장은 저자가 공간한 다음 문헌들에 주로 의거하여 작성하였다.
"민사재판에 있어서 이론, 법리, 실무" 서울대학교 법학 제48권 제3호(2008. 9).
"유럽사법통합의 현황과 시사점", 비교사법 제18권 제1호(2011. 3).
"등기의 공신력: 1957년, 그리고 2011년", 법조 통권 제661호(2011. 10).
"민법학, 개인과 공동체, 그리고 법원", 비교사법 제22권 제1호(2015. 2).
UNCITRAL 담보등기제도 실행에 관한 지침 연구, 법제연구원, 2013.
UNCITRAL 담보모델법에 관한 연구, 법제연구원, 2014.
담보거래에 관한 UNCITRAL 모델법 연구, 법무부, 2018.

제1절 이론, 법리, 실무

이 책은 민법의 기본 이론을 다룬다. 이론은 법리나 실무의 개념과 비교하면서 그 유기적 상호 관계를 탐구할 때 좀 더 그 모습이 명확해진다. 먼저 각각의 개념을 정의해 보자.

이론(theory)은 법이 무엇인가, 또는 법이 어떠해야 하는가에 관하여 특정한 관점에서 가공된 포괄적인 논리 체계 내지 가치 체계이다. 이론은 그 정당성이 당연히 전제된 법 명제라기보다는 근본적 의문에 대한 반응 또는 답변 체계이다.[1] 법에 관한 이론, 즉 법 이론은 여러 형태로 존재한다. 다루는 대상과 관련하여서는, 법이 실제로 어떻게 존재·작동하고 있는가에 대한 설명적 이론(descriptive theory), 그리고 법이 어떠해야 하는가에 대한 규범적 이론(normative theory)으로 나눌 수 있다. 연계하는 학문 분야와 관련하여서는, 법철학(law and philosophy), 법경제학(law and economics),

---

1) Brian Bix, Jurisprudence — Theory and Context —, 4th ed., 2006, pp. 1-2 참조.

법사회학(law and sociology), 법심리학(law and psychology) 등 다양한 "법과 ○○○(law and ○○○)"식의 이론이 전개되기도 한다.

법리(doctrine)는 법을 해석하고 적용하는 과정에서 활용할 수 있도록 실정법과 판례 또는 학설을 소재로 만들어진 구체적 법명제들의 체계적 집합이다. 법 도그마틱(Rechtsdogmatik)[2] 또는 법적 논리이다. 실정법으로서의 민법은 민사 법리의 집합체이다. 예컨대 민법 제126조는 "대리인이 그 권한외의 법률행위를 한 경우에 제3자가 그 권한이 있다고 믿을 만한 정당한 이유가 있는 때에는 본인은 그 행위에 대하여 책임이 있다."라고 규정한다. 이는 대리인이 대리권의 범위를 넘어서서 대리행위를 한 경우 본인과 대리인, 제3자 사이의 법률관계를 논리적으로 규율하기 위한 법 명제이다. 판례나 학설을 소재로 만들어진 법 명제들도 있다. 예컨대 판례는 "악의의 무단점유는 자주점유로 추정되지 않는다."라는 입장을 취하는데,[3] 이는 자주점유에 관한 민법 규정의 내용을 보완하기 위해 판례로 구체화된 법리의 한 사례이다. 법리 가운데에는 해석 여지의 정도에 따라 촘촘한 것이 있는가 하면 느슨한 것도 있다. 가령 "연령계산에는 출생일을 산입한다."라거나(민법 제158조), "전세권의 존속기간은 10년을 넘지 못한다."(민법 제312조 제1항 본문)라는 법리는 해석의 여지가 거의 없는 촘촘한 법리에 속한다. 반면 "선량한 풍속 기타 사회질서에 위반한 사항을 내용으로 하는 법률행위는 무

---

2) 이는 독일에서 사용하는 개념이다. 도그마(Dogma)가 인식의 연원(淵源) 혹은 전제라면, 도그마틱은 이를 인식하는 방법 또는 절차이다. 법에 있어서 도그마(Dogma)가 무엇인가에 대하여는 견해가 일치하지 않지만, 일단 이를 실정법이라고 보아야 할 것이다. 그렇다면 법 도그마틱은 이 실정법을 해석하여 하나의 법체계로 종합하는 방식에 해당한다. 이에 관하여는 김영환, "법도그마틱의 개념과 그 실천적 기능", 법학논총(한양대학교) 제13집(1996. 10) 참조.

3) 대판(전) 1997. 8. 21, 95다28625.

효로 한다."(민법 제103조)라거나 "고의 또는 과실로 인한 위법행위로 타인에게 손해를 가한 자는 그 손해를 배상할 책임이 있다."(민법 제750조)라는 법리는 불확정 개념으로 구성되어 있어 해석의 여지가 크기 때문에 느슨한 법리에 속한다.

실무(practice)는 법률가가 실제 사건을 대상으로 하여 이에 관한 법을 해석하고 적용하는 업무수행과정이다.4) 엄밀히 말하면 실무는 이론이나 법리와는 다소 다른 영역에 위치한다. 이는 법적 삼단논법의 관점에서 이렇게 설명할 수 있다. 법적 삼단논법은 대전제에 해당하는 법규범을 확정하고(제1단계), 소전제에 해당하는 사실관계를 확정한 뒤(제2단계), 소전제인 사실관계에 대전제인 법규범을 적용하여 결론을 도출하는 방법이다.5) 이론이나 법리는 법규범의 확정과 관련되므로 제1단계에 속하는 요소들이다. 실무는 사실관계를 확정하고 법규범을 여기에 적용하여 결론을 도출하는 것과 관련되므로 제2단계와 제3단계에 속하는 요소이다. 이처럼 이질적인 단계에 속하는 실무를 같은 논의의 장으로 끌어들여 이론이나 법리의 개념과 대조하는 것은, 실무가 규범(norm)과 현실(reality)을 매개하고, 나아가 규범을 현실화하는 중요한 역할을 수행하는 등 이론이나 법리와 밀접한 관련성을 가지기 때문이다. 또한 법의 풍경을 삶의 풍경과 최대한 일치시킬 수 있는 통로이기 때문이다.

실무가 특히 독자적인 의미를 가지는 장면은 규범과 현실 사이에 긴장관계가 존재하는 경우이다. 대한민국 사법부 초창기에 활동했던 유병진 판사(1914~1966)는 규범과 현실 사이의 긴장관계를 다

---

4) 법률가는 소송대리인인 변호사나 민사재판 당사자로서의 검사도 포함하는 개념이지만, 이 글에서는 법관이 수행하는 민사재판실무를 염두에 두고 논의를 진행하기로 한다.

5) 김정오 외 4, 법철학: 이론과 쟁점, 2012, 111면.

음과 같이 표현한 바 있다.

> 그리하여 法과 現實과의 暗鬪는 始作된다. 法은 法이기에 正이며 眞理라 한다. 現實은 現實이기에 正이며 眞理라 한다. 그리하여 두 개의 眞理性은 「내가 眞理다」라고 雌雄의 暗鬪를 演出한다.[6]

또한 독일의 아더 카우프만(Arthur Kaufmann, 1923~2001) 교수의 다음과 같은 말은, 실무가 이러한 긴장관계 속에서 양자 사이를 중개하고 그 사이를 왕래하는 다리의 역할을 수행함을 시사한다.

> 法이 適用되고 實現되어질 때에는 항상 두 개의 세계가 중개된다. 즉 한편으로는 法的으로 重要한 生活事態를 내포하는 日常生活의 世界와 다른 한편으로는 當爲를 內容으로 하는 規範들의 法世界가 중개된다.[7]

이처럼 이론, 법리, 실무는 상호관계를 맺으면서 민사재판에 영향을 미친다. 이 책에서는 그 중 이론의 문제를 중점적으로 다룬다. 법리는 이미 기존 민법교육과정에서 많이 다루어지고 있다. 법률 실무가들도 성문법으로서의 민법과 그에 대한 판례들을 통해 많은 법리에 접하고 있다. 실무는 법률가들의 활동 그 자체이다. 따라서 법률가들이라면 누구나 실무에 대해서는 내부자인 것이다. 반면 이론은 법학교육과정이나 법률실무활동 그 어느 단계에서도 진지하게 다루어지기 어렵다. 이러한 점을 염두에 두고 이 책에서는 이

---

6) 유병진, 재판관의 고민, 1957, 93면. 같은 내용이 신동운 편저, 유병진 법률논집 ─ 재판관의 고민, 2008, 101면에도 실려 있다.

7) Arthur Kaufmann 지음, 심헌섭 옮김, "법과 언어(Recht und Sprache)", 서울대학교 법학 제25권 제2·3호(1984), 205면.

론의 영역에 초점을 맞추고자 한다.

그런데 이론은 법리나 실무를 떠나서는 홀로 존재할 수 없다. 특히 이론과 법리는 다분히 규범적인 영역의 것으로 서로 밀접한 관련성을 지닌다. 따라서 아래 제2절에서는 법리의 역할에 대해서 먼저 살펴본다. 이를 통해 법리의 원천(源泉)인 이론의 역할을 좀 더 입체적으로 이해할 수 있을 것이다. 그 후 제3절에서 민사재판에서 이론이 수행하는 역할에 대해 설명한다.

※ 보론(補論): 사실인정의 문제

재판 실무에서는 사실인정이 큰 비중을 차지한다. 일반적으로 사실심 법관은 법리적인 문제를 탐구하고 이를 판결문에 반영하는 것보다 사실관계를 확정하기 위해 당사자의 주장을 듣고 제출된 증거를 검토하는 데에 훨씬 많은 시간을 쓰게 된다.

그러나 이 책에서는 사실인정의 문제를 본격적으로 다루지는 않는다. 우선 제한된 지면에서 규범의 세계와 사실의 세계를 망라하여 담아내는 것은 역부족이다. 또한 그것은 이론적 문제에 대한 집중력을 흩트릴 수도 있다. 무엇보다도 저자는 사실인정에 대해 학문적 논의를 전개할 만한 충분한 역량을 가지고 있지 못하다. 그러므로 사실의 세계에서 벌어지는 사실인정에 관한 논의는 꼭 필요한 부분에서만 산발적으로 하기로 하고, 이 책의 대부분 지면은 규범의 세계에서 벌어지는 이론에 관한 논의에 할애하기로 한다. 다만 이 지점에서 사실인정에 대해 저자가 가지는 생각의 일단(一端)만 밝히고자 한다.

상당수의 사건은 사실인정 단계에서 승패가 결정된다. 물론 피고가 원고의 주장사실을 다투지 않거나, 명확한 증거가 있어 사실

인정이 용이한 경우도 많다. 하지만 그렇지 않은 경우, 사실관계는 법관에 의하여 사후적으로 '구성'될 수밖에 없다.[8] 심지어는 사건을 직접 경험한 당사자나 증인에게 있어서도 사실관계는 경험자의 입장, 관점, 이해관계 등에 의하여 왜곡되거나 시간경과에 따라 희미해짐으로써 서로 모순, 저촉되기 십상이다. 그러므로 법관의 사실인정의 본질은 당사자들의 불완전한 주장과 증거를 소재로 하여 경험칙에 기초한 평가작용을 함으로써 사실을 규범적으로 형성해 나가는 데에 있다는 것이 더 솔직한 고백인지 모른다.[9]

이미 민사소송법 제202조는, 법원은 변론의 전체 취지와 증거조사의 결과를 참작하여 '자유심증'으로 '사회정의와 형평의 이념'에 입각하여 '논리와 경험의 법칙'에 따라 사실 주장의 진실 여부를 판단한다고 규정함으로써 사실인정 과정에서 평가적 요소가 개입하는 것을 제도적으로 정당화하고 있다. 이는 특히 규범적 색채가 강한 사실인정의 영역에서 그러하다. 가령 언제 '소유의 의사'로 점유하였다고 볼 것인가?[10] 채무불이행과 손해 사이의 인과관계는 어떻게 인정할 것인가?[11] 불법행위법상 주의의무 판단기준이 되는

---

8) 재판에 있어서 진실의 구성성에 대하여는 이상돈, 법이론, 제2판, 1997, 77~95면, 229~258면 참조.

9) Larenz의 표현에 따르면, 사안은 사건(Geschehnis)으로서의 사안과 표명(Aussage)된 사안의 두 가지 모습을 지닌다. 이는 실제 존재했던 사실관계와 소송절차를 통하여 나타나는 사실관계에 각각 대응시킬 수 있다. 한편 Larenz에 의하면, 판결의 성립요건으로서의 사안은 어디까지나 표명(Aussage)된 사안이며, 이는 형성되는 것이다. Karl Larenz, Methodenlehre der Rechtswissenschaft, 6.Aufl., 1991, S. 278 ff.

10) 이에 관하여 대법원은 내심의 의사라는 주관적, 자연적 요소가 아니라 점유권원의 성질 기타 관련 사정 등 객관적, 규범적 요소에 의하여 소유의 의사 여부를 판단하고 있다. 대판(전) 1983. 7. 12, 82다708, 709; 대판(전) 1997. 8. 21, 95다28625 참조.

11) 우리 판례와 통설이 취하는 상당인과관계설은 자연적 인과관계에 규범적 제

'평균적 인간상' 또는 '합리적 인간상'은 어떻게 설정할 것인가?[12] 이러한 문제들은 모두 사실인정이라는 외피 속에서 실제로는 평가작용이 이루어지는 예들이다. 이처럼 사실인정은 단지 과거의 사실관계를 그대로 가져와 기계적으로 재현하는 것이 아니기 때문에, 사실인정을 어떻게 할 것인가는 민사재판에서 매우 중요한 파급효과를 가져온다. 그리고 이는 실제 법의 구현은 법률심보다는 사실심에서 더 큰 비중으로 이루어짐을 시사한다.

그런데 이러한 중요성에 비하여 아직 법관의 사실인정에 대한 학문적 관심은 미미하다. 여기에는 몇 가지 요인들이 있다고 생각된다. 우선 사실인정에 대한 학문적 접근은 필연적으로 심리학이나 통계학 등 법학 이외의 영역과의 제휴를 전제로 해야 한다. 그런데 우리 법학계에서는 아직 이러한 학제 간 접근방법이 충실히 자리잡지 못하고 있다. 또한 학문적 관심은 아무래도 법률심인 대법원 판결들에 집중되기가 쉽다. 그러므로 상대적으로 사실심인 하급법원에서 주로 문제되는 사실인정에 대하여 충분한 관심을 두고 연구하기 어렵다. 사실인정은 현실 속의 민사재판뿐만 아니라 학문적 관점에서도 매우 중요한 문제임에 틀림없다. 재판에서 사실인정이 중요한 역할을 수행한다면 이에 대한 학문적 관심과 논구(論究)도 반드시 필요하다. 이러한 상황에서 법학의 아킬레스건이라고도 표현할 수 있는 이 영역에 대하여 법원 스스로 학문적 관심을 기울여온 점은 매우 주목할 만하다.[13]

한을 가하는 입장이다.

12) 이러한 인간상의 설정 역시 규범적이고 가상적일 수밖에 없다.

13) 이에 관하여는 일반적으로 법원행정처, 재판자료, 제110집, 사실인정방법론의 정립(형사재판편), 2006 참조.

제2절 법리의 역할

1. 법리의 중요성

민사재판에서 법리는 큰 비중을 차지한다. 법리는 구체적인 법적 판단이 논리적으로 정당하게 이루어질 수 있도록 도와준다.[14) 그런데 법리의 중요성은 사건의 성격에 따라 조금씩 다른 모습으로 나타난다.

우선, 오랜 세월에 걸쳐 형성되고 검증되어 온 법리가 직접 적용되는 사건에서 법리가 차지하는 역할은 절대적이다. 하지만 어려운 사건 또는 경계적 사건에 있어서 법리의 역할은 불안정적이고 불명확하다. 이러한 사건에 관한 법리는 아직 형성 중이거나 아예 존재하지 않는 경우가 많다. 따라서 무슨 법리를 적용할 것인가에 대한 법관들의 견해가 달라질 수 있다. 항소심과 상고심의 법리 인식이 달라지거나, 상고심의 판단이 다수의견과 반대의견, 별개의견 등으로 갈라지는 경우가 이에 해당한다.

또한 법의 세부 영역의 특성에 따라 법리의 비중이 달라지기도 한다. 일반적으로 말하면 같은 민법의 테두리 내에 있지만 물권법이나 계약법에 비하여 불법행위법에서는 법리의 비중이 떨어진다. 이는 의사표시를 필수적 요건으로 하는 법률행위의 개념이 민법의 핵심을 차지하고 있는 체계적 특징과도 무관하지 않다. 이러한 체계 속에서 불법행위법과 같이 법률행위와 무관한 분야들은 아무래

---

14) 심헌섭, "법철학적 법학방법론 ─ 법철학과 합리적 법학방법 ─", 서울대학교 법학 제24권 제1호(1983. 3), 2면에서는 논리적 정당화 과정을 내적 정당화 (internal justification)라고 부른다.

도 법률행위를 중심으로 사방으로 전개되는 공고한 법리망(法理網)의 중심부에 속하지 못한 채 민법의 변방으로 밀려날 가능성이 있다. 그러나 더욱 근본적인 이유는 우리나라 민법 제750조가 "고의 또는 과실로 인한 위법행위로 타인에게 손해를 가한 자는 그 손해를 배상할 책임이 있다."라고 규정하여 불법행위에 관한 일반조항적 접근방법을 취한다는 점에서 찾을 수 있다.15) 이러한 넉넉한 조항은 다양한 사회현상을 포섭할 수 있는 탄력성을 보장한다. 그 대신 정교한 법리를 세워나가기는 쉽지 않다. 따라서 불법행위법에서의 법리는 다른 민법 영역의 법리에 비하여 그 강고함과 정교함이 떨어지는 대신 이익형량적 사고가 지배한다.

한편 형사재판, 행정재판 또는 헌법재판 등 다른 분야의 재판에서도 법리가 중요하게 작동한다. 그런데 상대적으로 민사재판의 법리 의존도는 더욱 높다고 할 수 있다. 민법은 결코 몰가치(沒價値)적인 법이 아니지만, 많은 법적 문제들에 대한 가치판단이 오랜 기간의 가설과 검증을 통해 법리 체계에 이미 스며들어 있기 때문이다. 법관은 특별한 사정이 없는 한 그러한 선행 가치판단의 구체적 틀을 따르는 것만으로도 이미 자동화된 가치판단을 하는 셈이다. 법리에 치중하는 현상 또는 법 도그마틱에 대한 지나친 의존은 형식주의의 발현이라는 이유로 비판의 대상이 되기도 한다. 그러나 우리나라와 같은 성문법 국가에서 실정법을 해석하는 안정적 논리

---

15) 이는 자신의 과책으로 손해가 발생한 자에게 배상책임을 지운다는 통칙적 조항을 두는 프랑스 민법 제1382조와 비슷한 태도이다. 또한 독일 민법 제823조와 제826조에서는 불법행위의 유형을 열거적으로 규정하고 있으나, 실제 운용에 있어서는 일반조항을 둔 것과 비슷하게 그 적용범위를 확대하고 있다. 한편 영미법계에서는 불법행위가 개별유형화되어 있다. 따라서 개별유형에서 인정되는 청구권원(cause of action)이 인정되어야 불법행위 소송으로 나아갈 수 있다.

체계의 중요성을 간과하여서는 안 된다.

민법 교육에서도 법리가 차지하는 비중이 크다. 세상사는 결국 비슷하므로 분쟁도 비슷한 모습으로 반복된다. 그 분쟁은 비슷한 모습으로 해결된다. 그 과정에서 분쟁 해결의 법리적 틀이 축적, 형성된다. 그 법리적 틀을 잘 알면 분쟁을 법적으로 이해하고 해결하기 쉬워진다. 민법에서의 법리는 대체로 "A라는 법률요건이 충족되면 B라는 법률효과가 발생한다."는 법 명제를 토대로 구성되어 있다. 그래서 민법 교과서들을 보면 법률요건과 법률효과를 서술하는 방식으로 쓰여진 것들이 많다. 민법 교수들도 강의를 통해 학생들에게 이러한 법 명제를 체계적으로 이해시키고 이를 사안에 적용시킬 능력을 배양하는 데에 많은 노력을 쏟는다. 본격적인 실무교육에 들어가게 되면 민사분쟁에 이러한 법리를 적용하여 결론을 도출해 내는 방식을 이른바 '요건사실론'의 틀에 담아낸다. 소장이나 답변서, 준비서면의 작성, 변론의 진행, 판결서 작성 등 소송과 관련된 제반 과정은 이 틀을 염두에 두고 진행된다. 이 점에서 이는 법조인들 사이에 통용되는 일종의 프로토콜(protocol)이다. 하지만 비법조인에게는 이러한 틀이 일종의 진입장벽이기도 하다.

법리는 체계적으로 구성된 법 논리 체계이므로 민법의 수학적 속성을 잘 드러내기도 한다. 양수금 청구의 예를 들어보자. 갑(甲)으로부터 대여금채권을 양수받은 을(乙)이 채무자인 병(丙)을 상대로 양수금을 청구하는 경우의 기본요건은 ① 갑이 병에게 돈을 대여하였고, ② 갑이 을에게 그 금전채권을 양도하였으며, ③ 갑이 병에게 양도통지를 하거나 병이 채권양도를 승낙하였다는 것이다. 이러한 요건이 충족되면 특별한 사정이 없는 한 갑은 병에게 양수금의 지급을 청구할 수 있다(④ 법률효과). 즉 ①＋②＋③＝④라는 공식이 성립한다. 그런데 ①, ②, ③ 각각의 기본요건 내에도 세부요건들이 있다. 가령 ① 요건, 즉 갑의 병에 대한 금전 대여 요건을 예로 들어보자. 을이 양수금을 청구하려면 우선 그 근거가 되는 대여금채권이 존재하여야 한다. 이를 위해서는 갑과 병 사이에 유효한 소비대차계약이 체결되었어야 하고(①-1), 이에 따라 갑이 병에게 금전을 인도하였어야 한다(①-2). 즉 ① 요건은 다시 하위요건인 ①-1요건과 ①-2요건으로 구성되어 있는 것이다.

그런데 이것이 끝이 아니다. 하위요건인 ①-1요건도 다양한 세부요건들을 전제하고 있다. 우선 갑과 병 사이에 소비대차 계약에 따른 대여금채권이 발생하려면 갑과 병이 계약 당사자로 인정될 수 있어야 한다. 만약 갑이나 병이 다른 사람의 명의로 계약을 체결하였다면 누가 계약의 당사자인지 확정하여야 한다. 갑이나 병이 제3자를 대리인으로 내세워 계약을 체결하였다면 그 제3자에게 갑이나 병을 대리할 권한이 있는지, 그 권한의 범위는 어디까지인지, 소비대차계약의 체결이 그 대리권 범위 내에 있는지를 살펴야 한다. 갑이나 병이 법인 또는 비법인사단이라면 적법한 대표권을 가진 자가 갑이나 병을 대표하여 소비대차계약을 체결하였는지를 살펴야 한다. 보다 근본적으로 갑과 병 사이에 체결된 계약 자체가 소비대차계약으로 해석될 수 있는지도 살펴야 한다. 갑이 병에게 돈을 빌려 준 것이 아니라 갑이 병에게 돈을 증여하였을 수도 있고, 갑이 병으로부터 빌린 돈을 갚은 것일 수도 있기 때문이다. 또한 갑과 병 사이에 체결된 소비대차계약이 유효한지도 살펴야 한다. 실제 민사재판에서는 을이 이 점에 대하여 필요한 항변을 하겠지만, 법리 체계 내에서 보면 소비대차계약이 유효하다고 선언하려면 계약 무효사유(계약당사자의 의사무능력, 강행규정 위반, 민법 제103조에 따른 반사회행위, 민법 제104조에 따른 불공정행위, 민법 제107조에 따른 비진의 표시, 민법 제108조에 따른 통정허위표시, 민법 제535조에 따른 원시적 불능)의 부존재, 계약 취소사유(민법 제5, 10, 제13조에 따른 제한능력자의 행위, 민법 제109조에 따른 착오, 민법 제110조에 따른 사기 내지 강박) 및 취소권 행사의 부존재를 살펴야 하고, 혹시 효력발생을 저지하는 부관(가령 정지조건의 미성취, 기한의 미도래 등)이 존재하지 않는지도 살펴야 한다.

만약 을이 대여금 원본채권 이외에 이자채권이나 지연손해금 채권까지 행사하려는 경우라면 각 채권의 발생요건을 다시 살펴야 한다. 가령 이자채권의 경우에는 이자약정이나 이자를 발생시키는 법률규정이 존재하는지, 그에 따른 이자채권에 무효사유나 취소사유는 없는지 등을 살펴야 한다. 지연손해금채권의 경우에는 금전채무불이행 사유가 있는지 등을 살펴야 한다. 금전채무불이행 사유가 있는지를 살피려면 이를 위해 또 다시 금전채무불이행의 세부 요건의 충족 여부를 살펴야 한다.

처음 법을 배우는 학생들에게는 이러한 복잡다기한 요건의 사슬 속에서 각각의 구성부분에서 작동하는 법리들을 체계적으로 이해하고 이를 사안에 적용하는 과정이 착잡하게 다가올 수 있다. 하지만 일단 이러한 과정에 익숙해지면 오히려 여기에서 민법의 수학적 재미를 흠뻑 느낄 수 있다. 여기에 동원되는 법리들은 일종의 공구박스(tool box)에 들어 있는 공구들과 같다. 법리에 대한 이해가 깊은 법률가는 이 공구박스를 들고 다니면서 눈 앞에 펼쳐진 문제 상황에 맞는 공구를 꺼내어 이를 해결하는 숙련공과 비슷한 사람이다. 공구박스 안에 있는 공구만으로 모든 문제를 해결할 수 없듯이 전형적인 법리로 모든 문제를 해결할 수는 없지만, 인간사에서 반복되는 대부분의 정형적인 문제는 이로써 해결할 수 있다. 이러한 법리들은 로마법 이래 수천 년의 거센 검증을 거쳐 살아남은 것이어서 그 법리 공구박스의 구조, 그리고 각 법리의 용도 및 사용법을 잘 익힌다면, 어떤 문제가 등장할 때마다 굳이 새로 해법을 찾아 헤매지 않고서도 그 문제를 해결할 수 있다. 그러한 의미에서 법리 체계라는 공구박스는 사회적 비용을 현저하게 줄여주는 기능을 수행한다. 판례와 학설에 대한 철저한 암기로 무장된 초보 법률가들이 마치 세상의 모든 분쟁을 해결할 수 있을 것 같은 자신감을 가진다면, 이는 바로 이러한 공구박스를 다룰 수 있다는 자신감 때문인 것이다. 물론 이러한 자신감은 허영심임을 곧 깨닫게 되지만 말이다.

사실 법률가에게는 ① 다양하고 정제되지 않은 자료나 진술로부터 사실관계를 사리에 맞게 파악하고, ② 그 사실관계의 실질에 맞는 창조적 분쟁해결방법을 찾아내며, ③ 부득이하게 법정에 가게 된 경우에는 가장 적합한 기존 법리를 찾아내어 적용하거나 기존 법리를 창조적으로 재해석하고, ④ 기존 법리로는 해결할 수 없는 이른바 어려운 사건에 직면하였을 때에는 새로운 법리를 창안하는 능력 등 기존 법리의 체계적 이해 이외에도 다양한 다른 능력이 요구된다. 그러나 성문법, 판례, 학설을 소재로 한 구체적 법명제들의 체계적 집합에 익숙해짐으로써 법리를 잘 활용하는 것은 민법을 공부하거나 민사재판을 하는 데에 반드시 요구되는 능력이다. 이러한 논리적이고 수학적인 능력을 배양하지 않은 채 철학자 행세를 하는 것은 위험한 일이다. 그러한 점에서 민사재판에 관여하는 법관에게는 수학적 사고와 수학자적 집요함이 요구된다.

2. 법리의 고정성과 유연성

가. 법리의 고정성

법리는 법적 안정성을 증진하고, 행위지침을 제공한다.

법리는 민사재판 이전 단계에서 사람들의 행위를 적정하게 유도하여 분쟁을 예방한다. 예컨대 "명의대여로 인한 사용관계의 여부는 실제적으로 지휘·감독하였느냐의 여부에 관계없이 객관적으로 보아 사용자가 그 불법행위를 지휘·감독할 지위에 있었느냐의 여부를 기준으로 결정하여야 한다."라는 법리[16]는 수범자들에게 명의대여를 할 때에 사용자책임의 위험을 감수하여야 한다는 점을 일깨워 준다. 이를 통해 명의대여를 줄이고 이로 인하여 벌어질 수 있는 착잡한 법률관계를 회피하게 하는 기능을 수행한다. 또한 "영리를 목적으로 윤락행위를 하도록 권유·유인·알선 또는 강요하거나 이에 협력하는 것은 선량한 풍속 기타 사회질서에 위반되므로 그러한 행위를 하는 자가 영업상 관계있는 윤락행위를 하는 자에 대하여 가지는 채권은 계약의 형식에 관계없이 무효라고 보아야 한다."라는 법리와 "성매매의 유인·강요의 수단으로 이용되는 선불금 등 명목으로 제공한 금품이나 그 밖의 재산상 이익 등은 불법원인급여에 해당하여 그 반환을 청구할 수 없다."라는 법리의 결합[17]은 윤락행위에 관련된 선불금 지급을 억제함으로써 분쟁을 줄이는 기능을 수행한다.

---

16) 대판 1996. 5. 10, 95다50462.
17) 민법 제103조 및 대판 2004. 9. 3, 2004다27488, 27495 참조.

　일단 분쟁이 발생하면, 법리는 법관에게 유용한 판단지침을 제공하여 법관의 자의적 판단을 억제하고 법률해석을 균등화함으로써 결과에 대한 객관적인 예측가능성을 부여한다. 또한 법리는 분쟁을 둘러싸고 법정에서 벌어지는 논의의 합리적 출발점을 제공함으로써 법관이 백지 상태에서 판단기준을 정립해 나가야 하는 부담을 덜어주고 그만큼 사회적 비용을 줄여준다. 법관과 변호사들은 이미 서로에게 익숙한 법리의 토대 위에 서서 다음 단계로 전진할 수 있다. 법리는 더 질 높은 논쟁을 벌일 수 있도록 안정적인 논쟁의 판을 깔아 준다. 이처럼 미리 체계적으로 정리된 법리 체계가 있다는 것은 법관의 판단재량이 그만큼 줄어든다는 것을 의미하기도 한다. 그런데 이는 오히려 예측가능성과 법적 안정성을 제고하는 데에 도움을 준다는 의미에서는 긍정적이다.

　법리가 이러한 기능들을 제대로 수행하려면 어느 정도의 고정성을 확보하여야 한다. 즉 법리가 너무 변덕스럽거나 경박해서는 안 된다는 의미이다. 만약 법리가 공고함과 안정성을 상실한다면 법리의 순기능은 상당 부분 감소될 것이다. 다행스럽게 민법의 경우에는 실정법뿐만 아니라 이를 소재로 한 판례들이 대량 축적되어 있는 관계로 상당히 구체화되고 구조화된 법리 체계가 존재한다. 재판실무에서 이러한 법리 체계에 의지하는 정도나 빈도도 매우 높다. 물론 법리는 만고불변의 것이 아니어서 사후적으로 수정·변경될 수도 있다. 법리도 진화의 대상이기 때문이다. 그러나 민법에 관련된 법리 중 상당수는 끊임없는 검증의 세파 속에 살아남아 확립되어 왔다는 점에서 일단 그 보편적 타당성이 추정된다. 따라서 법리의 수정 내지 변경이 주장되었다면 법리의 실질적 내용을 변경할 만한 정당성이 있는지를 엄밀하게 검증하는 작업을 게을리 할 수 없는 것이다.

나. 법리의 유연성

법리에는 유연성도 요구된다. 법리는 선험적으로 주어지는 것이 아니다. 이는 어디까지나 사회현상을 올바르게 규율하기 위해서 역사 속에서 발전하여 온 도구적인 틀이다. 법리는 어느 정도 고정적인 실정법에 기초하는 것이지만, 그 틀을 깨지 않는 범위 내에서는 그 배후의 이론적, 가치적 문제나 현실 전면에 드러나는 재판실무상 문제와 연동하는 유연성을 가져야 한다. 이처럼 이론 또는 실무의 외부적 차원에서 변화의 자극과 동력을 부여받음으로써 기존의 법리를 성찰하고 수정할 가능성도 열려 있어야 한다. 미국의 불법행위법학자 Leon Green의 표현을 빌리자면, 600년에 걸친 보통법의 역사가 보여주듯이 환경의 변화에 따라 법리의 잔해만 남긴 채 새로운 법리를 새로운 토대에 건설해야 하는 경우도 있다.[18] 이와 같이 법리를 재해석하고 재창조하는 과정에서는 형식과 실질의 대립으로도 상징될 수 있는 고정성과 유연성의 형량 내지 조정 작업이 필요하다.

이러한 법리의 유연성 확보는 특히 법관이 재판실무에서 수행하여야 할 중요한 기능 중 하나이다. 법관들도 역사의 한 시점과 연을 맺고 살아가는 존재이고, 그 시점에서 법리의 발전을 위해 이바지해야 할 역사적 사명이 주어진다. 흥미롭게도 우리나라의 많은 국민들은 여전히 과거의 '원님 재판'처럼 법관이 형평과 정의의 관념에 따라 이겨야 할 사람은 이기고, 져야 할 사람은 지게 하는 재판을 할 것을 기대한다. 그러한 국민들의 법 감정이 언제나 객관적

---

18) Leon Green, *Tort Law Public Law in Disguise*: Ⅱ, 38 Texas L. Rev. 257, 268 (1959~1960).

으로 옳은 것은 아니지만, 법관은 그러한 감정적 호소의 배후에 있는 이론적인 요청을 간파하고 이러한 생활 언어를 법적 논리로 번역한 뒤 그 당부를 따질 수 있는 관대함과 통찰력을 지녀야 한다. "판사님, 무슨 법이 이런가요?"라는 필부(匹夫)의 외침은 사실 법의 위헌성에 대한 심오한 문제 제기일 수도 있다. "판사님, 다른 사람들이 그렇게 하는데 왜 저만 법적 책임을 져야 하나요?"는 피고의 하소연은 법 앞에서의 평등을 향한 외침 또는 현실을 배려한 주의의무의 설정을 촉구하는 간절한 호소일 수도 있다. 조정을 권유하는 판사 앞에서 "판사님, 무조건 계약서대로 해야지요."라고 밉살맞게 말하는 채권자는 자기도 의식하지 못한 채 문언주의와 사회적 효율성을 향한 깊이 있는 논변의 한 자락을 전개하고 있는지 모른다. 법관은 "대외적으로는 존경받고 대내적으로는 확고부동한 위치를 누리고자 하는 국가에게 국민의 법 감정보다 더 보호하고 장려할 만한 귀중한 자산이 없다."[19]는 루돌프 폰 예링(1818~1892)의 말을 기억해야 한다. 법률가의 작업은 곧 생활세계에서의 요구를 법적 요구로 번역하여 의미를 부여하는 작업이다.

그런데 저자가 보기에는 실제로 우리나라의 법관들도 세간의 일부 오해와는 달리 법리를 형식적, 획일적으로 적용하기보다는 생활세계에서의 복잡다단한 요구에 대응하여 법리에 유연성을 가미하고자 한다. 어찌 보면 이는 당연하다. 법관에게 더욱 중요하게 느껴지는 것은 눈 앞에 있는 당사자의 분쟁을 온당하게 해결하는 것이지, 눈에 보이지 않는 전체적인 법리 체계를 수호해 나가는 것이 아니기 때문이다. 그러므로 법관이 법전을 외워서 기계적으로 그 내용을 적용할 뿐 상식적인 결론을 도출하는 데에는 무감각하거나

---

19) 루돌프 폰 예링 지음, 윤철홍 옮김, 권리를 위한 투쟁, 2007, 106~107면.

무능하다는 일각의 고정관념은 잘못된 것이다. 오히려 굳이 일반화하자면 우리나라 법관들에게는 형식 논리에 집착하기보다는 구체적 타당성이라는 가치를 추구하는 경향이 있는 듯하다.

　이러한 경향의 배경은 다음과 같이 이해할 수 있다. 우리 법리의 대부분은 기본적으로 외국의 법리에 뿌리를 두고 있다. 하지만 법리가 언제나 나라와 문화를 초월하는 만고불변의 보편적 내용으로만 구성되어 있는 것은 아니다. 우리 법리가 외국 법리에 뿌리를 두고 있다고 하여 특정한 외국 법리와 똑같은 모습을 지니는 것도 아니다. 공통점도 있지만 다양함과 고유함도 있다. 법리는 특정한 나라의 역사, 문화, 현실과 상호작용하면서 그 모습을 형성하여 나간다. 비유하자면 원래는 다른 사람을 위해 맞춘 옷을 가지고 와서 자신에게 맞게 수선하여 입는 사람처럼 법리의 수선, 때로는 공격적 해체와 재구성이 일어나기도 한다. 대규모의 수선 작업은 입법부가 하는 것이지만, 사법부도 이 작업에서 완전히 해방될 수는 없다. 사법부도 밖에서 들여온 법과 존재하는 현실 사이의 간극을 메우는 부담을 지지 않을 수 없다. 그렇게 본다면 우리나라 법관들이 지난 수십 년간 제한된 범위에서나마 법리의 유연성을 확보하기 위해 노력한 것은 충분히 이해할 수 있는 일이다.

　실제로 이러한 간극을 메우기 위한 판례들은 종종 발견된다.

　가령 의용민법상 의사주의가 현행 민법의 형식주의로 바뀌면서 미등기부동산이 속출하였다. 이때 미등기부동산을 사실상 소유하는 자를 어디까지 보호할 것인가 하는 문제가 생겼다.[20] 이를 해

---

20) 민법 부칙 제10조는 민법 시행일 전의 법률행위로 인한 부동산에 관한 물권의 득실변경은 민법 시행일로부터 6년 이내에 등기하지 아니하면 그 효력을 잃는다는 경과규정을 두고 있다.

결하기 위하여 여러 차례 특별조치법들이 제정되었다. 그러나 그것
만으로는 메워질 수 없는 간극을 메우기 위하여 소유권이전등기청
구권의 소멸시효 완성을 제어하는 전원합의체 판결들이 나왔다.21)
대법원 1976. 11. 6. 선고 76다148 전원합의체 판결은 형식주의의
채택 및 특별조치법들의 시행에도 불구하고, 등기를 하지 않았어도
이를 인도받아 사용, 수익하는 자가 사실상 소유자로 보호받아야
마땅하다는 당시의 법의식이나 부동산거래의 실정을 고려한 판결
이다.22) 또한 대법원 1999. 3. 18. 선고 98다32175 전원합의체 판
결은 부동산 미등기전매가 일상적으로 행해지고 부동산가격이 지
속적으로 상승하는 우리의 현실과 관련이 있다. 최초 매도인은 이
미 부동산가격이 오른 상태에서 등기이전에 선뜻 협력하지 않을 것
이다. 최종 매수인 입장에서는 변호사에게 자문을 받거나 변호사를
선임하지 않는 이상23) 채권자대위권에 의한 등기청구권 행사는 낯
선 방법일 수 있다. 이때에 최종 매수인을 권리 위에 잠자는 자라
고 하여 그 보호를 거두는 것은 우리의 법 감정이나 법적 현실에
비추어 타당하지 않다고 여겼던 것이 아닐까?24)

---

21) 대판(전) 1976. 11. 6, 76다148에서는 시효제도의 존재이유에 비추어 보아
부동산 매수인이 그 목적물을 인도받아서 이를 사용, 수익하고 있는 경우에
는 그 매수인의 등기청구권은 다른 채권과 달리 소멸시효에 걸리지 않는다
고 판시하였다. 나아가 대판(전) 1999. 3. 18, 98다32175에서는 부동산 매수
인이 이를 인도받아 사용, 수익하다가 그 부동산에 대한 보다 적극적인 권리
행사의 일환으로 다른 사람에게 그 부동산을 처분하고 그 점유를 승계하여
준 경우에도 등기청구권의 소멸시효는 진행되지 않는다고 보았다.
22) 위 전원합의체 판결에서는 등기청구권이 시효로 소멸함으로써 이미 인도완
료된 매매목적물이 매도인에게 환원되는 것은 "우리나라 부동산 거래의 현
실정에 비추어" 심히 불합리하다는 것을 주된 이유의 하나로 제시하고 있다.
23) 이때에는 지금보다도 훨씬 변호사 사무실의 문턱이 높았음을 고려하여야 한다.
24) 이를 추측케 하는 것으로서 위 전원합의체 판결의 반대의견 참조. 반대의견
은 다수의견의 실질적인 배경이 "부동산등기의 실태", "법의식", "현실적 필

이와 같이 물권변동에 관한 형식주의와 법의식의 간극을 메우
기 위한 또 다른 판례이론으로 구분소유적 공유관계를 들 수 있다.
토지 중 일부를 특정하여 소유하는 경우에는 이를 분필하여 등기를
마치는 것이 법이 상정하는 정상적 모습이었다. 그러나 현실에 존
재하는 모습은 이러한 절차를 거치지 않은 채 토지 전체에 대하여
공유지분등기를 마치고 내부적으로는 그 중 일부만 특정하여 사용
하는 것이었다. 이에 대하여 판례는 상호명의신탁이라는 개념을 통
하여 현실과 법의 틈을 메운다.[25]

사실상 도로의 부당이득반환청구에 관한 배타적 사용수익권
포기의 법리도 유사한 배경을 가지고 있다. 1960년대 후반 이후 급
속한 개발과정을 거치면서 정식의 도로개설절차를 거치지 않은 사
실상 도로가 다수 발생하였다. 이와 관련하여 1970년대부터 사실상
도로에 관한 부당이득반환청구소송이 제기되기 시작하였다. 법 논
리대로만 하자면 지방자치단체의 점유가 인정되는 이상 부당이득
반환청구를 배척하기는 어려운 상황이었다. 실제로 1980년대 중반
에 이르기까지 지방자치단체의 점유를 인정하면서도 부당이득반환
청구를 배척한 사례는 거의 찾아볼 수 없었다.[26] 그러나 지속적으
로 제기되는 사실상 도로 분쟁 가운데에는 적어도 법원의 입장에서
볼 때에 정의 관념상 쉽게 원고의 손을 들어 주기 어려운 사례들이
상당수 있었던 듯하다. 원고가 자발적으로 자신의 토지를 사실상
도로로 제공하여 오랫동안 아무런 문제를 삼지 않다가 뒤늦게 국가

요성" 등에 있음을 전제로 하여 이에 대한 논박을 행하고 있다.

25) 대판 1962. 2. 22, 4292민상1025 이후 다수.

26) 유일한 예외로 배타적 사용수익권을 행사할 수 없다면 손실도 인정되지 않는
   다고 판시하여 최초로 배타적 사용수익권의 문제를 언급한 대판 1974. 5. 28,
   73다399 참조.

또는 지방자치단체를 상대로 금전지급을 구하는 것은 부당한 권리
행사로 비추어질 수 있었다. 또한 이로 인하여 야기될 공적인 재정
부담도 고려하지 않을 수 없었을 것이다. 따라서 이러한 사례들에
서 원고의 청구를 배척할 논리를 개발할 필요가 있었을 것이다. 결
국 1980년대 중반 이후부터는 배타적 사용수익권 포기에 관한 법
리가 본격적으로 형성되기 시작하였다. 이러한 사회적 배경 아래
법원은 사유재산권 보호와 공공이익 보호, 자발성과 효용성의 충돌
속에서 탄력있게 원고의 청구를 제한하거나 허용하는 핵심적인 도
구논리로 이를 활용하게 되었다.27) 이 역시 손실보상의 회색지대로
인하여 발생한 특유한 문제점에 대응하기 위하여 물권법의 고유 법
리가 변형된 사례의 하나이다.28) 이러한 배타적 사용수익권 포기
법리는 체계 파괴적이다.29) 하지만 이러한 체계 파괴성을 통해 법
관이 생각하는 타당한 결론을 이끌어 내는 운신의 폭을 확보하였
다. 대법원 스스로도 "대법원 판례에 의하여 확립된 '독점적·배타
적인 사용수익권의 포기'에 관한 법리는 민법 등 조문의 해석론이
아니고, 학계의 추상적인 법이론에서 도출된 법리도 아니다. 토지
소유자와 이해관계인들 사이에서 구체적인 타당성을 도출하기 위
한 실무상의 필요에서 발전해 왔다."라고 하면서 그 정당성을 "일
반인의 법의식과 법감정"에서 찾고 있다.30)

　일부 무효에 관한 원칙의 변형 운용도 그 예이다. 민법 제137

---

27) 대표적으로 대판 1991. 7. 9, 91다11889.
28) 최근 배타적 사용수익권 포기 법리의 체계 수용가능성에 대해 깊이 있게 다
　　룬 판결로 대판(전) 2019. 1. 24, 2016다264556 참조.
29) 이 점에 관하여는 권영준, "배타적 사용수익권 포기 법리에 관한 비판적 검
　　토", 서울대학교 법학 제47권 제4호(2006. 12) 참조.
30) 대판(전) 2019. 1. 24, 2016다264556 중 대법관 권순일, 대법관 박상옥, 대법
　　관 민유숙의 다수의견에 대한 보충의견.

조는 "법률행위의 일부분이 무효인 때에는 그 전부를 무효로 한다. 그러나 그 무효부분이 없더라도 법률행위를 하였을 것이라고 인정될 때에는 나머지 부분은 무효가 되지 아니한다."라고 규정한다. 그러나 이러한 규정은 그 문면상의 취지대로 운영되지 않는 듯하다. 예컨대 대법원은 금전소비대차계약과 함께 이자의 약정을 하는 경우, 양쪽 당사자 사이의 경제력의 차이로 인하여 그 이율이 당시의 경제적·사회적 여건에 비추어 사회통념상 허용되는 한도를 초과하여 현저하게 고율로 정하여졌다면, 그와 같이 허용할 수 있는 한도를 초과하는 부분의 이자 약정에 한하여 무효로 취급하였다.31) 이때 대주(貸主)에 초점을 맞추면 "그 무효부분이 없더라도 법률행위를 하였을 것"이라고 의사해석을 하기는 쉽지 않다. 고위험 채무자에 대한 고율의 이자 부과가 금전소비대차계약의 핵심이었고, 고율의 이자부과가 불가능하였다면 대주로서는 고위험을 무릅쓰고 계약을 체결하려고 할 이유가 없었기 때문이다. 그러나 그렇다고 하여 '일부 무효＝전부 무효'의 원칙을 관철시킨다면 차주(借主)는 빌린 돈 전부를 부당이득으로 반환하여야 하는 상황에 처하게 되어 오히려 차주에게 불리하다. 그러므로 여기에서 '일부 무효＝전부 무효'의 원칙은 뒤로 물러서고 오히려 '일부 무효＝잔부 유효'가 원칙으로 들어서게 된다.32)

---

31) 대판(전) 2007. 2. 15, 2004다50426.

32) 법무부 민법개정위원회가 마련하였던 2014년 민법 개정시안 제137조는 현행 민법 제137조가 취하는 전부무효 원칙 대신 잔부유효 원칙을 채택하고 있다. 참고로 이 민법 개정시안은 국회에 제출되지 않았다.

3. 법리와 외국법의 문제

가. 외국법에 대한 태도

외국법 — 민법의 경우 그 중에서도 독일, 스위스, 일본 등 몇몇 대륙법계 국가들 — 이 우리나라 법에 미쳐 온 영향은 결코 무시할 수 없다.[33] 과장해서 말하자면 우리나라에서 논의되는 법리 중 상당 부분은 우리나라 것임을 숨긴 채 언어를 바꾸어 외국에 소개하면 그것이 어느 나라의 법리인지 쉽게 알아차리기 어려울 정도이다. 한국의 민법학자가 다양한 외국 학자들이 모이는 국제 학술대회에 참여하여 실정법과 그 해석론에 관한 이야기를 나누거나, 외국의 문헌들을 탐독하다 보면 그 사실을 더욱 뼈저리게 자각하게 된다. 당연히 우리 것처럼 가르치는 것들이 사실은 우리만의 것이 아니었다는 점을 말이다. 좋게 말하자면 이는 한국법의 보편성을 나타내는 것이다. 하지만 바꾸어 말하자면 이는 외국법에 대한 의존성의 단편이기도 하다.

외국법에 대한 의존성은 세월과 함께 우리 판례와 학설이 축적되어 나가면서 어느 정도 희석되었다. 우리 법리를 형성해 나가는 과정에서 몇몇 특정한 국가들의 법리에 과도하게 의존하는 경향도 비교법적 검토의 지평이 넓어지면서 약화되었다. 외국 법리의 토대를 이루는 가치 체계나 그 법리에 영향을 주는 역사적, 문화적, 현실적 배경을 충분히 염두에 두지 않은 채 표면적인 법리만을 수입

---

33) 그동안 우리 민법학의 일본 및 독일의존성에 관하여는 양창수, "한국 민법학 50년의 성과와 앞으로의 과제", 저스티스 통권 제92호(2006. 7), 209~213면 참조.

하여 이를 우리나라에 기계적으로 적용하는 위험성에 대해서도 경계의 목소리가 높아졌다. 우리 법의 독자성은 점차 더 강고하게 획득되고 있다.

　어찌 보면 외국법은 중요한 참고 대상이나 의존 대상일 수는 없다. 당연하지만 외국법은 하나로 파악될 수 있는 개념이 아니다. 외국은 수많은 나라들을 편의상 포괄하는 개념에 불과하다. 따라서 외국법은 하나의 유기성과 체계성을 가진 법일 수가 없다. 그저 숱하게 많은 개별 국가의 법들이 존재할 뿐이다. 따라서 외국법은 다양한 모습으로 존재한다. 동일한 유럽권 내에 있더라도 영국법과 독일법은 현저히 다르다. 독일법과 프랑스법의 차이는 그만큼 현격하지는 않지만 각각의 법 전통이 초래하는 간극은 무시하기 어렵다. 편의상 단순화하여 말하면 다음과 같다. 영국에는 법의 수호자로서의 법관을 신뢰하고 법관에게 절대적 권위를 부여하는 전통이 존재하였다. 독일에는 법관에 못지 않게 법학자의 권위가 높고 이들을 통해 법의 내용이 상당 부분 정리되어 나가는 전통이 존재하였다. 프랑스에는 법관에 대한 불신에 기초하여 법관을 "법률을 말하는 입"으로 바라보며 입법자를 우위에 두는 전통이 존재하였다.[34] 이러한 상이한 역사적 전통과 문화는 입법자와 법관, 법학자의 역학관계에 영향을 미칠 수 있다. 이러한 역학관계의 차이는 법의 내용과 뉘앙스에도 차이를 가져온다. 심지어 특정 국가의 법조차도 각각 다른 모습으로 이해되는 경우가 많다. 특정 국가의 법은 절대적인 객관성을 지니기보다는 간주간적(intersubjective)으로 이해

---

34) 그러나 적어도 민법에 관한 한 이러한 전통이 공고하게 유지되고 있다고 하기는 어렵다. 2016. 10. 1.부터 시행된 프랑스 개정 민법에 따르면 법관은 계약관계의 내용에 관여할 수 있는 여지가 확대되었다(제1170조, 제1171조, 제1195조 등).

될 뿐이다. 그러므로 외국법은 과연 무엇인가, 또 특정 국가의 법은 과연 무엇인가에 관해 치밀한 탐구가 수반되어야 한다. 그러한 과정 없이 외국법이 무분별하게 우리나라 법체계에 수용되는 것은 위험하다.

물론 비교법(comparative law)의 중요성은 결코 과소평가되어서는 안 된다. 사람들 사이도 그러하듯이 비교는 변화의 원동력이다. 지적 자극과 이를 통한 새로운 영감의 출발점이기도 하다. 법학에 있어서도 그러하다.[35] 그래서 미국과 같은 예외적인 경우를 제외하면 대부분 국가들은 비교법적 분석을 중요한 법학방법론의 하나로 여기고 있다. 유럽 국가들이 특히 그러하다. 우리나라에서도 이러한 비교법적 분석은 법제 업무, 재판실무, 그리고 법학을 지탱하여 온 중요한 방법론이었다. 그러므로 외국의 법제나 판례, 학설 등을 탐구하여 그 나라에서는 어떤 법 문제에 대해서 어떻게 접근하여 해법을 도출하였는지를 살펴보는 것은 우리에게 제한적이나마 의미 있는 시사점을 줄 수 있다. 여기에서 한걸음 더 나아가 국제화가 급속하게 진전된 오늘날 우리의 법리나 실무가 국제적 흐름 또는 글로벌 스탠다드(global standard)에 얼마나 가까운가도 살펴보아야 한다. 이미 여러 법 분야에서는 국제적인 법의 표준화 노력이 경주되고 있다. 우리나라의 법학자와 실무가도 이러한 흐름에서 자유로울 수 없다. 그러한 의미에서 외국법 또는 국제적 흐름에 대한 균형 잡힌 시각과 최소한의 이해를 갖추는 것은 중요한 일이다.

---

35) 루돌프 폰 예링은 "나는 국내의 것을 외국의 것과 비교하거나 현재의 것을 과거의 것과 비교하는 등 내 앞에 나타나는 모든 것들을 비교하는 불운한 특성을 가지고 있다."라고 말하기도 하였다. Zweigert & Siehr, *Jhering's Influence on the Development of Comparative Legal Method*, 19 ACJL 215 (1971)에서 재인용.

각 법리 별로 독일, 일본, 영국, 미국, 프랑스 등 다른 나라의 법리들이 우리나라에 어떤 영향을 미쳤고, 어떤 시사점을 주는지를 검토하는 것은 이 책의 범위를 벗어나는 일이다. 또한 국내에 공간된 많은 저서들과 문헌들에서 이 문제를 다루고 있다. 아래에서는 조금 더 넓은 시각에서 외국법이 우리 민법에 어떤 의미를 가지는지, 또한 각국의 법을 유사하게 조화시키기 위해 어떤 노력이 경주되고 있고 어떤 국제규범들이 만들어져 왔는지, 이러한 국제규범의 형성과정은 어떠하며 우리나라가 그 과정에서 어떤 역할을 수행해야 하는지에 대해서 소개하고자 한다. 이는 실무가들이 단지 교과서 또는 재판례 속에 있는 법리를 무비판적으로 받아들이는 차원을 넘어서서 그 법리의 국제적인 의미와 배경을 이해하는 데에 다소나마 도움이 될 것이다.

나. 국제규범에 관심을 가질 필요성

한 국가의 법은 그 법의 고권적 효력이 미치는 범위에서는 다른 국가의 법과의 경쟁을 허용하지 않는다. 그러한 의미에서 법은 독점적이다. 그러나 관찰의 범위를 세계로 넓혀보면 한 나라의 법은 더 이상 독점적 지위를 계속 유지할 수 없다.

우선 각국의 법은 서로 영향을 주고받으면서 발전한다. 우리나라의 법제 또는 법학만 보더라도 독일이나 일본, 미국 등 외국으로부터 적지 않은 영향을 받으면서 형성되어 왔다. 지리적으로나 역사적으로 오밀조밀하게 얽혀 있으면서 끊임없이 상호작용하는 유럽 각국의 법제 또는 법학은 이러한 상호작용이 더욱 잘 드러나는 대표적인 예이다. 비교법학에 관한 한 고립적이라고 평가되는 미국조차도 본래 영국법의 뿌리에 기초를 두고 발전하였고, 독일과 같은 대륙법계 국가의 법제도나 접근방식도 참고하면서 법을 발전시켜 왔다. 우리나라처럼 법제 성립과 발전 과정에 외국법이 광범위한 영향력을 행사해 온 국가에서는 여러 나라 법 제도 사이에 이른바 영향력의 경쟁 관계가 조성되기도 한다. 이러한 외국의 영향력에 대응하여 우리의 것, 우리 법제에 고유한 요소를 찾으려는 노력도 가미된다. 한 나라는 여러 법제들이 영향력을 확장하기 위한 각축장이 되기도 하고 그 와중에 고유성과 보편성의 협력관계와 긴장관계를 지속적으로 경험하기도 한다. 이러한 다차원적이고 복합적인 영향력의 상호작용을 통해 법의 모습이 복잡하게 형성되어 나간다. 이처럼 우리 법의 내면을 곰곰이 살펴보면 우리나라 법은 우리나라 바깥의 세계로부터 결코 자유로울 수 없다.

　법제간 경쟁은 특정 국가의 법질서를 초월하여 존재하는 국제규범 형성 과정에서 더욱 명확하게 드러난다. "상품으로서의 법"(law as a product)이라는 표현은 경쟁과는 전혀 관련이 없어 보이는 법(law)조차도 어떤 의미에서는 그 내용과 디자인으로 승부해야 하는 경쟁세계에 내던져 있음을 잘 나타낸다. 실제로도 각국의 법은 서로의 브랜드 가치를 높여 자국법의 영향력을 확장하기 위해 경쟁한다. 이 경쟁은 과거 제국주의 시절의 영토 경쟁만큼 가시적이고 노골적이지는 않다. 그러나 이에 비견할 만한 경제 경쟁의 배후에서 은연중에 치열하게 전개되고 있다. 이는 실체법뿐만 아니라 분쟁해결절차의 국면에서도 나타난다. 국가마다 분쟁해결 메커니즘의 경쟁에서 승리하기 위해 노력을 경주한다. 국제적으로 매력적인 재판절차를 홍보하기도 하고, 중재나 조정사건을 적극적으로 유치하기도 한다.

실체법을 둘러싼 경쟁은 단지 학문적, 재판실무적 차원에 그치지 않고 개발도상국에 대한 법제 수출경쟁에서 나타나기도 한다. 압도적 경제력과 유구한 법 전통을 앞세운 영미 법제의 수출 경쟁력은 이미 널리 알려져 있다. 몽골과 동남아시아 지역에서는 일본의 법제 수출 노력이 두드러진다. 그래서인지 우리나라의 법제 수출은 특별법 분야에 국한되는 경향을 보인다. 이러한 법제 경쟁은 특정 국가에 국한되지 않는 보편적인 국제규범을 만드는 과정에서도 뚜렷하게 나타난다. UN에서 만드는 각종 협약이나 모델법이 국제규범의 대표적인 사례들이다. 다수 국가들을 수범 대상으로 삼는 국제규범 작성 과정에서의 법제 경쟁은 특정 국가를 향한 법제 경쟁과 다른 양상을 띤다. 특정 국가를 향한 법제 경쟁은 관련 국가의 경제적 지위와 영향력, 양국간 역사와 문화의 유사성, 과거의 학술적, 법제적 교류 경험 등 수많은 법제 외적인 요소에 영향을 받는다. 국제규범 작성 과정에서의 법제 경쟁도 이러한 법제 외적인 요소로부터 자유롭지는 않다. 특히 국제사회에서의 발언력은 그 나라의 국력과 비례하고, 이는 국제규범을 만드는 장에서도 크게 다르지 않다.

그러나 실제로는 제안되는 법제의 보편성과 합리성, 나아가 그 법제를 설명하고 설득시키는 개인의 역량에도 상당히 좌우된다. 이처럼 힘과 영향력에만 좌우되지 않는 보편적이고 합리적인 법제를 담보하기 위한 절차도 마련되어 있다. 가령 국제사회에서 중국의 경제력과 정치적 영향력은 매우 커졌지만 중국 법제는 보편성과 합리성이 떨어질 뿐만 아니라 그 법제의 장점을 논리적으로 설명하여 다수 국가의 대표들을 설득시킬 수 있는 개인의 역량도 충분하지 못한 경우가 많다. 따라서 그 힘에 걸맞은 법제 경쟁력을 보여주지

는 못하고 있다. 뒤집어 생각하면 우리나라처럼 자국 법제의 존재
감은 떨어지나 법률가의 영민함이 존재하는 나라에게는 국제규범
의 장이 기회이다. 우리나라 법제 경쟁력과는 무관하게 우리나라
법률가들이 국제규범 형성 과정에 기여할 여지가 큰 것이다. 그 과
정에서 우리나라의 법적 관점이 은연중에 투영될 가능성이 커진다.

  그런데 최근 국제규범을 형성하는 과정이나 이를 통해서 산출
되는 결과물을 보면 "국가 간 법제 경쟁 ⇒ 승패의 결정 ⇒ 국제규
범에 대한 그 결과의 반영"이라는 도식은 차츰 깨어지고 있는 것처
럼 보인다. 즉 A 국가의 법과 B 국가의 법을 비교 분석하여 그 토
대 위에서 AB라는 결합된 국제규범을 도출한다기보다는, 오히려 A
국가의 법과 B 국가의 법을 참조하되 이를 화학적으로 뛰어넘어
일정한 독자성과 자율성을 갖춘 국제규범을 탄생시키는 경우가 적
지 않다는 것이다. 국제상관습법, 국제표준계약 또는 이를 대폭 참
조하여 만들어 나가는 성문화된 국제규범(특히 UNCITRAL의 협약이나
모델법들)은 여러 국가 법제를 학문적으로 고찰하여 형성되기보다는
국내거래와는 구별되는 국제거래의 현장에서 축적되는 합리적인
관행과 경험칙 등을 토대로 실천적으로 형성되는 경향을 갖추기 때
문이다. 그러므로 국내규범의 연장선상으로서의 국제규범뿐만 아니
라 국내규범과는 구별되는 독자성을 가지는 국제규범 그 자체를 이
해할 필요성이 커지고 있다.

  그동안 한국 민법학은 주로 비교법적 분석이라는 도구를 통하
여 국제적인 흐름과의 접점을 찾아 왔다. 한국의 현대사에서 알 수
있듯이 근대적 법제 건설 과정에서 한국은 반강제적으로 일본 등
외국 법제의 영향력에 노출되었고, 우리 법제를 만들어 나가는 과
정에서 그 직간접적인 모태가 되는 다른 나라의 법들을 분석하고

연구하는 것이 불가피한 상황이 되었다. 이러한 비교법학의 지배력은 여전히 한국 민법학을 감싸고 있다. 비교법적 연구는 주로 국내법에 대한 문제의식을 출발점으로 삼아 국내법의 해석론 또는 입법론의 대안을 모색하려는 관심에서 비롯된다. 이러한 비교법적 연구의 과정에서는 우리 법을 어떻게 개선할 것인가 하는 문제의식을 지니고 적극적으로 외국법 또는 국제규범을 참조하게 되고, 이를 통해 제한적인 관점에서나마 국제적인 흐름과의 조우(遭遇)가 일어난다.

　이러한 비교법적 접근은 비단 학문의 영역에서만 일어나는 것이 아니다. 법원을 비롯한 실무계에서는 주로 일본의 판례와 학설을 빈번하게 참조하다가, 최근에는 국내 학계의 다양한 연구성과를 토대로 비교법적 검토의 지평을 유럽과 미국 등으로 넓혀나가고 있다. 실제로 대법원은 독일이나 프랑스, 미국 등 다양한 국가에서 수학한 전문인력들을 비법관 재판연구관으로 채용하여 다각도의 비교법적 법리 분석을 수행하고 있고, 그러한 분석 결과가 대법원 판결에도 반영된다. 대법원 판결이 국제적 흐름에 비추어도 타당성을 획득할 수 있도록 하는 노력의 일환이다. 입법과정에서도 이러한 비교법적 접근은 왕성하게 이루어지고 있다. 2009년 구성된 법무부 민법개정위원회는 2014년 2월까지 민법 재산편 전반에 관한 개정작업을 진행하여 왔다. 이 개정작업에서는 해외 입법례를 풍부하게 참조하였다. 특히 특정 국가의 법뿐만 아니라 유럽계약법원칙이나 공통참조기준초안, 국제상사계약원칙, 국제물품매매협약 등 국제규범을 다수 참조하였다는 점이 주목할 만하다.

　그런데 이러한 비교법적 연구는 일단 외국법의 탐구에서 출발한다는 점에서는 외국법 중심이지만, 궁극적으로 자국법에 반영하기 위한 것이라는 점에서는 자국법 중심이다. 따라서 비교법적 연구 과정에서는 자국법의 렌즈로 자국법의 해석과 설계에 필요한 범위 내에서 외국법 내지 국제규범을 바라보기가 쉽다. 그러나 20세기 후반 이후 국제규범의 등장은 이러한 패러다임 자체를 흔들기 시작하였다. 외형적으로는 각국의 법이 공고하게 자리를 지키고 있으나, 현저하게 늘어난 국제거래의 현장 속에서 내국법의 비중은 조금씩 줄어들고 있다. 현장의 관행에 기초한 새로운 의미의 상거래법(Lex Marcatoria)이 국제거래질서를 만들어나가고 있다. 이는 후술하듯이 국제물품매매협약(CISG)과 같은 국제조약뿐만 아니라 국제상사계약원칙(PICC)과 같은 국제모델법, 또는 국제적으로 통용되는 계약조건을 담고 있는 표준계약서를 통해 사실상의 법원(法源)으로 기능하고 있다. 개별 국가 차원의 법을 뛰어넘는 상위 차원의 규범이 개별 국가의 법제에도 상당한 영향을 미치고 있다.

국제거래로 인한 분쟁도 특정한 국가의 사법제도를 이용하지 않고 국제중재절차를 이용하여 해결되는 경우가 증가하였다. 이른바 사법의 민영화(privatization)가 진행되고, 사법권 독점의 상징이었던 법원이 사적 기관인 중재재판소와 경쟁하는 시대가 도래한 것이다. 이는 비단 실체뿐만 아니라 절차면에서도 내국법으로부터 독립하는 계기가 될 수 있다는 의미에서 중요한 현상이다. 국제중재절차에서 사용될 준거법은 여전히 특정 국가의 법인 경우가 많지만, 향후 특정 국가의 법이 아니라 국제규범을 준거법으로 삼는 경우가 늘어날 것이다. 집행 단계에서도 특정 국가에서 중재판정을 승인하고 집행하는 것이 원칙적인 모습이겠으나, 신뢰할 만한 금융기관의 독립적 계약보증(independent contract guarantee) 등의 계약적 장치를 통하여 중재판정의 사적인 집행가능성을 열어놓는 경우가 늘어나고 있다. 이러한 일련의 현상은 국제규범과 이를 기반으로 한 분쟁해결절차 및 집행절차가 차츰 내국법의 굴레로부터 벗어나 일정한 자율성을 획득하는 과정을 잘 나타내고 있다.

　이처럼 국제규범질서가 독자성과 자율성을 획득해 가고 있다면 그 국제규범질서에 편입된 우리나라 역시 국제규범 자체에 대한 진지한 연구를 확장시켜나갈 필요가 있다. 이는 단순히 우리나라 민법 또는 기타 관련법을 어떻게 해석할 것인가라는 목적 범위 내에서만 국제규범질서의 단편을 바라보는 접근방법이 아니라 우리나라 민법 등과는 독자성을 가진 국제규범질서 전체를 파악하는 접근방법이라고 할 수 있다. 민법에도 국내법과 국제법이 있는 것이고, 국제법으로서의 민법은 국내법으로서의 민법과는 독자성을 가지는 연구대상이 되는 것이다. 그동안 이러한 시각은 거의 존재하지 않았으나, 국제화와 정보통신의 물결이 세계를 뒤덮고 지역적 경제통합 노력이 지속되고 있는 지금, 거래질서에서 국경은 점점 힘을 잃어가고 있다. 이제 이러한 시각 위에서 연구방향을 정립하지 않는 민법학은 점점 현실의 외면을 받을 수밖에 없는 것이다. 따라서 국제규범, 나아가 거래규범의 국제화 현상 전반에 대한 연구 필요성은 그 어느 때보다 절실하다. 나아가 이러한 노력이 결과적으로 우리 법을 좀 더 객관적으로 바라보고 재정비하는 계기를 제공함은 물론이다. 이 역시 이러한 연구가 가지고 올 부수적인 유익이다.

　법률가들도 이러한 흐름에 눈을 감지 않아야 한다. 우리 판결이 국제적 관점에서 어떻게 이해되고 받아들여지는지, 그것이 외국인이 우리나라에 투자하거나 우리나라로 이주하거나 우리나라 기업 또는 국민과 협력하고자 할 때 어떻게 작용하는지, 궁극적으로 우리 사법부가 정의롭고 공평한 기관으로 인정받을지도 고려의 요소로 포함시킬 필요가 있다. 그것이 사건의 결론을 바로 좌우할 수는 없지만, 결론의 보편적 합리성을 판단하는 데에 중요한 잣대가 될 수 있기 때문이다. 이 책에서 지면을 할애하여 민법 분야의 국제규범 현황을 소개하려는 것도 이 때문이다.

다. 민법 분야의 주요 국제규범

(1) 조약 – 국제물품매매협약(CISG)

조약은 그 조약 당사국에 구속력을 가지는 국제규범이다. 이러한 조약은 비준이나 이행입법 등 소정의 절차를 거쳐 국내법 질서로 편입된다. 민법과 관련하여 우리 국내법 질서에 편입된 조약의 수는 많지 않다. 그 중 가장 중요한 것으로는 우리나라에서 2005. 3. 1.부터 발효된 "국제물품매매계약에 관한 국제연합협약(United Nations Convention on Contracts for the International Sale of Goods, 약칭 CISG)"을 들 수 있다. 이 협약은 국제적인 동산(물품)의 매매계약에 관하여 적용되는 것으로서, 우리 민법 규정과는 다른 내용도 일부 담고 있다.36)

CISG에 대한 이해는 우선 이를 탄생시킨 주체인 UNCITRAL에 대한 이해로부터 출발하여야 한다. 국제연합(UN)은 1966. 12. 27. 총회 결의를 통하여 UN 국제거래위원회(United Nations Commission on International Trade Law, UNCITRAL로 약칭)를 창설하였다. 국제거래에 적용되는 각국의 법제가 달라 국제거래가 원활하게 이루어지기 어렵다는 인식에 기초하여, 이러한 간극을 최소화하기 위하여

---

36) 최흥섭, 국제물품매매계약에 관한 유엔협약 해설, 2005 참조.

UNCITRAL을 창설한 것이다. 이에 따라 UNCITRAL은 지난 40여 년간 국제거래에 관련된 법률의 조화 또는 통일을 위해 수많은 국제규범 관련 작업을 수행하여 왔다. UNCITRAL 이전에도 헤이그 국제사법회의(Hague Conference on Private International Law)나 사법통일을 위한 국제협회(International Institute for the Unification of Private Law, UNIDROIT)가 있었다. 그러나 UNCITRAL의 설립은 UN이 가지는 권위와 정당성에 기초하여 좀 더 포괄적이고 체계적인 노력을 기울일 수 있는 새로운 토대를 제공하였다.37) UNCITRAL은 UN 총회에서 선출된 60개의 회원국으로 구성된다. 이들 회원국은 세계 각국의 지역적, 문화적, 언어적, 경제적, 법적 다양성을 잘 대표할 수 있도록 구성된다. 우리나라도 UNCITRAL의 회원국이다.

 UNCITRAL은 매년 한 차례씩 미국 뉴욕과 오스트리아 비엔나를 번갈아 가며 위원회 회의(Commission Session)를 개최한다. 이 회의에서는 1년간 UNCITRAL 내에서 이루어졌던 작업 성과를 공유하고 향후 작업 방향과 작업 범위를 결정하며 성안된 국제규범을 채택한다. UNCITRAL의 국제규범 관련 작업이 실제로 수행되기 위해서는 작업 주체가 필요하다. 이를 위해 UNCITRAL은 작업그룹(Working Group)을 두어 위원회의 위임 하에 국제규범 작성 작업을 실제로 수행한다. 작업그룹은 매년 두 차례(한 차례는 미국 뉴욕, 한 차례는 오스트리아 비엔나)에 걸쳐 각각 1주일씩 작업그룹 회의를 개최한다. 이 회의에는 UNCITRAL의 60개 회원국38)과 옵저버(observer) 단

---

37) 가령 H. C. Gutteridge, Comparative Law (1949), pp. 183-184. José Angelo Estrella Faria, *The Relationship between Formulating Agencies in International Legal Harmonization: Competition, Cooperation, or Peaceful Coexistence?* 51 Loy. L. Rev. 253, 256-257 (2005)에서 재인용.

38) UN 총회에서 지역 구성을 고려하여 UNCITRAL 회원국을 선출한다. 이처럼

체들이 대표단을 파견한다. 작업그룹 회의를 주재하는 의장(chair)은 작업그룹에서 매 회의마다 자체적으로 선출한다. 작업그룹은 모두 6개 분야에 설치되어 있다.39) 위원회와 작업그룹에서 이루어지는 모든 구두 또는 문서 작업은 UN의 6개 공식 언어로 동시통역되거나 번역된다.40)

사무국(Secretariat)은 위원회와 작업그룹의 작업을 보조한다. 사무국은 UN의 법률사무국(Office of Legal Affairs) 내 국제거래법부 (International Trade Law Division)의 전문 인력으로 구성된다. 사무국은 위원회와 작업그룹에서 논의할 안건과 관련된 기초 조사와 회의자료 작성을 하고, 의장의 회의 준비와 진행을 보조하며, 회의에서 논의된 내용을 국제규범 초안에 반영한다. 위원회와 작업그룹은 UN에 상주하지 않으면서 회의 시기에만 파견되는 각국의 대표들로 구성되는 반면, 사무국은 UN에 상주하면서 담당 분야에 대한 검토를 지속적으로 수행하는 전문 인력으로 구성되어 있어 실제 회의 과정에서 사무국이 수행하는 역할은 매우 중요하다.

CISG는 각국의 법 전통이나 경제적 발전수준과 무관하게 매매계약이 국제거래의 중추를 이루고 있는 점을 고려하여 매매계약에 관한 통일적 규율을 꾀하기 위해 작성된 다자간 조약이다. CISG는 UNCITRAL에서 성안된 수많은 국제규범 중 최고의 성공작으로 꼽

선출된 회원국의 임기는 6년인데 연임할 수 있다. 우리나라도 UNCITRAL 회원국의 지위를 계속 유지하고 있다.

39) 현재 중소기업(제1작업그룹), 분쟁해결(제2작업그룹), 투자자-국가 간 분쟁해결개혁(제3작업그룹), 전자상거래(제4작업그룹), 도산(제5작업그룹), 선박경매(제6작업그룹)에 관한 작업그룹이 운영되고 있다.

40) 현재 UN의 6개 공식 언어는 아랍어, 중국어, 영어, 프랑스어, 러시아어, 스페인어이다. http://www.un.org/en/sections/about-un/official-languages/ (2020. 2. 1. 최종 방문) 참조.

힌다. 본래 매매법의 통일 노력은 이미 20세기 초반부터 UNIDROIT 등에 의하여 이루어져 왔다. 그 결과 1964년에는 헤이그에서 "국제물품매매에 관한 통일법"(Uniform Law on the International Sale of Goods, ULIS)에 관한 협약과 "국제물품매매계약의 성립에 관한 통일법"(Uniform Law on the Formation of Contracts for the International Sale of Good, ULF)에 관한 협약이 채택되기도 하였다. UNCITRAL은 이러한 노력을 이어받아 1969년부터 ULIS와 ULF를 대체하는 새로운 조약을 체결하기로 하였고, 그 결과 1980년 4월 11일 지금의 CISG가 채택된 것이다.

CISG는 2005. 3. 1.부터 우리나라에서도 발효되었으므로 우리나라의 국내법 질서의 일부가 되었다. 이에 따라 우리나라에서도 CISG에 대한 연구성과가 상당히 축적된 편이다.[41] 또한 2007년에는 CISG를 적용한 최초의 판결(서울동부지방법원 2007. 11. 16. 선고 2006가합6834 판결(항소심: 서울고등법원 2009. 7. 23. 선고 2008나14857 판결. 확정))이 나오고,[42] 2013년에는 대법원에서 CISG에 따른 계약 해제를 정면으로 다루는 판결[43]이 선고되는 등 한국 법원이 CISG를 적용하는 사례들도 나오고 있다. 한국 기업이 당사자가 되는 국제중재에서 CISG가 준거법이 되는 사례들도 있다. 일반적으로 계약 당사자들이 적극적으로 CISG를 준거법으로 정하는 사례는 그리 많지 않다. 하지만 한국법을 준거법으로 정하는 경우에는 CISG도 한국법

---

41) CISG에 대한 종합적인 해설을 담은 단행본으로는 우선 최흥섭, 국제물품매매계약에 관한 유엔협약 해설, 2005와 석광현, 국제물품매매계약의 법리, 2010 참조. 그 이외에도 CISG에서 담고 있는 각종 법리에 대해 여러 논문들이 발표되어 있는데, 이를 여기에서 모두 열거하지는 않는다.

42) 이에 대해서는 석광현, "국제물품매매협약(CISG)을 적용한 우리 판결의 소개와 검토", 국제거래법연구 20집 1호(2011), 87~136면 참조.

43) 대판 2013. 11. 28, 2011다103977.

의 일부이므로 CISG를 배제하려는 당사자의 의사가 인정되지 않는 한 CISG의 적용 범위 내에서는 한국 민법이 아니라 CISG가 준거법으로 적용된다. 그 결과 비록 당사자가 적극적으로 의도하지 않았지만 CISG의 해석이 문제되는 사례들이 종종 등장하게 되는 것이다.

　이러한 배경을 고려한다면 CISG에 대하여는 장기적이고 지속적인 연구가 필요하다. CISG는 미국, 중국, 일본 등 우리의 주요 무역상대국들이 모두 가입한 규범으로서 우리나라 기업이 관여하는 대부분의 국제물품매매계약에 적용될 만큼 실제적으로 중요한 법이다. 따라서 소개와 비교 차원을 넘어서서 우리 민법학에서 이루어지는 정도의 정밀한 연구가 CISG에 대해서도 이루어질 필요가 있다. 개별 학자들이 단편적으로 쓰는 글 이외에도 다수 학자들이 공동 작업을 통하여 CISG에 대해 주해서 수준의 심도 있는 결과물을 내놓을 필요가 있다. 또한 CISG를 비롯하여 나중에 소개할 CESL처럼 전 세계의 매매법이 계약법의 선두에서 통합의 흐름을 진두지휘하고 있는 만큼 우리 민법을 해석하거나 개정함에 있어서도 CISG를 중요한 참고자료로 삼을 필요가 있다. 가령 계약위반(breach of contract)의 개념, 의사의 해석, 해제나 손해배상의 규율 등 우리 민법에 참고할 만한 여러 가지 사항들에 대해 깊이 있는 연구가 요청되고 있다, 특히 CISG는 영미법계와 대륙법계의 대타협이라고 평가되고 있으므로 이를 도구로 삼아 영미계약법과의 이론적 협력과 상호작용을 모색하기가 쉽다. 이처럼 CISG는 법이론적으로도 연구대상으로 삼을 가치가 충분하다.

(2) 국제모델법

(가) UN 차원의 모델법

조약처럼 직접 조약당사국에 구속력을 가지지는 않지만 입법에 참조할 수 있는 모델법을 만드는 경우가 늘어나고 있다. CISG와 같은 국제조약은 가장 강력한 힘을 가지고 있지만 그에 비례하여 각국의 입장 차이와 이해관계의 대립이 치열하여 실제 조약 체결에 이르기까지는 너무 난관이 많다. 또한 매매는 민법 분야에서 국제적 호환성이 높은 계약법 가운데에서도 가장 전형적인 계약유형이므로 이미 이에 대한 법적 규율이 전 세계적으로 상당 부분 유사하게 이루어지고 있으나 그 이외의 분야는 그 정도에 이르는 유사성 토대를 갖추지 못하고 있다. 따라서 이러한 현실을 인식하고 좀 더 유연하고 포괄적인 형태의 모델법을 제시함으로써 자연스럽게 법체계의 조화를 이루어내고 국제규범질서를 형성해 나가는 방법이 널리 활용되고 있다. 이른바 연성법(soft−law) 전성시대가 도래한 것이다.

UNCITRAL에서는 그동안 국제중재, 국제물품매매, 담보거래, 도산, 국제결제, 운송, 전자상거래, 조달, 인프라 개발 등 다양한 영역에서 모델법 형태의 국제규범을 창설하여 왔다. 이들은 강제성이 없지만 실제적으로 각 나라의 입법에 영향을 미쳐 법제 조화에 기여하고 있다. 그 중에서도 국제중재나 도산에 관한 모델법은 상당히 큰 영향력을 끼치고 있다. 이와 같은 UN의 모델법은 향후 국제규범이 나아갈 바를 보여주는 것이어서 독자적인 연구대상이 될 필요성이 크다.

민법 분야에서 연구대상으로 주목할 만한 분야는 담보거래

(secured transaction)이다.44) UNCITRAL은 다년간의 작업을 거쳐 2007
년에 「UNCITRAL 담보거래에 관한 입법지침(UNCITRAL Legislative Guide
on Secured Transactions)」을 채택하였다. 이 입법지침은 각국이 담보
거래 분야에 관한 국내법을 입법할 때 가이드라인이 될 만한 기본
원칙과 권고사항들을 담았다. UNCITRAL은 이러한 입법지침을 기
본적인 틀로 삼아 담보거래 분야의 세부 쟁점들에 대해 좀 더 구체
적인 규범들을 만들기 시작하였다. UNCITRAL은 지식재산권의 담보
거래에 관한 후속작업을 진행하여 2010년에 「지식재산권에 관한 담
보권 보충자료(Supplement on Security Interests in Intellectual Property)」45)
를 채택하였다. 지식재산권은 종래 부동산이나 동산, 채권에 비하
여 담보자산으로 충분히 주목받지 못하였지만 담보자산으로서의
가치에 대한 인식이 점점 높아지고 있다. 유형자산에서 무형자산으
로의 대대적인 가치 이동이 담보거래 분야에도 서서히 영향을 미치
고 있는 것이다. UNCITRAL은 이러한 흐름을 염두에 두고 지식재
산권의 담보자산화에 도움이 될 세부적인 가이드라인을 마련하였
다. 또한 UNCITRAL은 담보등기제도에 관한 심층적인 검토를 거쳐
2013년에 「담보권 등기 제도 시행에 관한 지침(UNCITRAL Guide on the
Implementation of a Security Rights Registry, 이하 '등기지침'이라고 한다)」46)을
채택하였다. 그 후 UNCITRAL은 이러한 선행결과물을 토대로 동산

---

44) 저자는 2010년부터 2018년까지 담보거래에 관한 UNCITRAL 제6작업그룹 및
    그 그룹 내 전문가그룹(expert group)의 일원으로 담보거래 관련 분야 국제
    규범 성안 작업에 참여하여 왔다.
45) http://www.uncitral.org/uncitral/en/uncitral_texts/security/ip-supplement.html
    (2020. 2. 1. 최종 방문). 이에 대한 소개 문헌으로 손승우, "UNCITRAL 지식
    재산권 담보논의와 국내 입법 방향", 법학논총 제32권 제2호(2008) 참조.
46) 이에 대한 소개 문헌으로 권영준, UNCITRAL 담보등기 제도 실행에 관한 지
    침 연구, 한국법제연구원, 2014 참조.

및 채권 담보 분야의 모델법을 만들기로 결정하였고, 후속 작업을 거쳐 2016년에 「담보거래에 관한 UNCITRAL 모델법(UNCITRAL Model Law on Secured Transaction)」을 완성하였다.[47] 이 모델법은 입법지침을 근간으로 하고 있어 양자의 내용이 크게 다르지는 않다. 하지만 모델법은 입법지침의 내용을 좀 더 구체화하면서 입법지침에서 세부적으로 다루지 않았던 내용들도 포함시켜 좀 더 포괄적이고 참조가치가 높은 규범으로 태어났다.

우리나라에서 2012년 7월 1일부터 「동산 및 채권 등의 담보에 관한 법률」을 만들던 당시에도 UNCITRAL 입법지침은 일정한 영향을 미쳤다. 그러나 여전히 양자는 상당한 차이점을 보이고 있다. 가령 입법지침은 통지등기(notice registration) 방식을 채택한 반면, 우리나라 동산담보법은 기존 부동산등기와 마찬가지로 권리등기(title registration) 방식을 채택하고 있다. 입법지침에 따르면 일방의 통지에 따른 등기만으로도 담보권 설정이 완성되지만 우리나라 동산담보법에 따르면 쌍방이 공동등기신청을 하여 등기관의 심사를 거쳐 등기가 이루어져야 담보권 설정이 완성된다. 이 점에 관한 한 전자는 동산과 부동산을 다르게 취급하고, 후자는 동산과 부동산을 같게 취급한다. 이러한 등기방식의 차이는 현저하고 근본적인 것이다. 동산담보법제에서 등기제도가 가지는 비중을 떠올려 보면 우리나라 동산담보법제는 사실 UNCITRAL의 작업결과물과 상당한 차이가 있는 셈이다. 이러한 간극이 바람직한 것인지는 깊이 있는 연구의 대상이기도 하다.[48] 우리나라에서 인정되는 기존의 물적 담보제

---

47) 이에 대한 소개 문헌으로 권영준, 담보거래에 관한 UNCITRAL 모델법 연구, 법무부, 2018 참조.
48) 이에 대해서는 우선 석광현, UNCITRAL 담보권 입법지침 연구, 법무부, 2010; 김재형, "UNCITRAL의 담보거래에 관한 입법지침 초안 논의", 민법론

도의 관점에서 보면 입법지침이나 모델법의 태도는 쉽게 받아들이기 어려운 면이 없지 않다. 그러나 전통적인 법리적 틀에만 얽매여서는 법제가 현실의 수요를 따라갈 수 없다. 전통적인 법리적 틀에는 보편적 요소도 포함되어 있으나 시대특유적 요소도 포함되어 있기 때문이다. 전자와 후자를 잘 구별하여 시대특유적 요소를 새로운 현실에 대한 합리적 인식으로 치환해 나가는 작업이 필요하다. 그러한 관점에서는 동산담보법제에 관한 한 부동산 담보를 중심으로 형성되어 온 과거의 담보물권법적 사고 방식과 이별하는 패러다임의 전환이 필요하다.

(나) UNIDROIT 차원의 모델법

UNIDROIT 국제상사계약원칙(UNIDROIT Principles of International Commercial Contract, 이하 "PICC"라고 한다) 역시 민법학의 영역에서는 주목할 대상이다. UNIDROIT(International Institute of the Unification of Private Law)는 사법(私法) 분야 법규범의 통일노력을 위해 1926년 국제연맹 부속기구로 창설된 기관으로서 1971년부터 국제상사계약 분야에 대한 통일법 제정 노력을 기울여 왔고, 그 초판이 1994년에 발표되었다. 그 이후 2004년 제2판을 거쳐 2010년 제3판을 출간하는 등 개정 작업을 계속해 오고 있다.

PICC는 영미법계와 대륙법계를 아우르는 계약법 분야의 유일한 모델법이다. CISG는 동산매매라는 제한된 분야만 규율하는 조약일 뿐이다. 또한 뒤에서 살펴 볼 유럽계약법원칙이나 공통참조기준초안은 유럽연합 회원국만 염두에 둔 모델법이다. 그 점에서

Ⅲ(2007), 297~337면; 윤성근, "담보거래에 관한 UNCITRAL 입법가이드와 국내 담보거래 현황", 국제거래법연구 15집 2호(2006), 275~318면.

PICC는 비록 일종의 리스테이트먼트(Restatement)에 불과하여 법적 구속력은 없기는 하지만 계약법 분야를 포괄하는 국제규범이라는 점에서 세계의 계약법의 간극을 좁혀 나가는 흐름에서 중요한 지위를 차지하고 있다. 어느 한쪽 국가의 법에 치우치지 않고 법계를 아우르는 보편성을 획득하기 위한 고민의 성과물이 담겨 있다는 점에서도 의미 있다. 보편성을 지향하는 과정에서 다소 추상적인 내용으로 점철되어 있다는 점은 다소 아쉽다. 하지만 그만큼 유연성과 포괄성이 확보되어 각국 계약법의 특수성을 해치지 않으면서도 PICC의 내용이 수용될 수 있는 가능성을 높여준다. 실제 국제중재 절차에서도 특정한 국가의 법을 대신하여 PICC가 준거법으로 활용되기도 한다.

UNIDROIT는 아프리카에서 1993년 설립된 「아프리카의 비즈니스법 조화를 위한 기구(The Organization for the Harmonisation of Business Law in Africa, OHADA)」를 공식적으로 지원하면서 PICC의 영향력을 넓혀나가고 있다.[49] 또한 세계 각국에서 PICC 제3판에 대한 심포지움과 세미나가 개최되면서 이에 대한 관심을 높여가고 있다. 2013년 5월에는 PICC를 계약의 내용 및 계약으로 인한 분쟁해결절차의 적용규범으로 삼기 위한 모델조항들과 이에 대한 해설이 발표되기도 하였다.[50]

우리나라는 UNIDROIT의 63개 회원국 중 하나이기는 하지만 UNCITRAL에 비해 UNIDROIT에 대한 참여가 저조한 편이다. 주무

---

49) Green Paper from the Commission on policy options for progress towards a European Contract Law for consumers and businesses, COM(2010) 348, 1.7.2010., p. 3.

50) http://www.unidroit.org/english/modellaws/2013modelclauses/modelclauses-2013.pdf.

관청인 외교부는 UNIDROIT에 대한 관심이 미약하고, 가장 큰 관심을 가져야 할 법무부에서도 예산과 인력사정 등으로 PICC에 대한 우선순위를 뒤로 미루고 있다. 이러한 무관심 이외에도 PICC는 각 지역을 대표하는 소수의 전문가들이 작업을 진행하였던 관계로 우리나라 법률가 또는 법학자의 참여가 이루어지지 않았다.51) 동아시아 지역에서 중국과 일본의 법률가 및 법학자가 이 작업에 참여하였던 사정 때문에 같은 지역인 우리나라 인사의 참여가 더욱 어려워진 측면이 있었을 것이다.

따라서 CISG에 비해 PICC에 대한 관심은 상대적으로 덜하다고 할 수 있다. 또한 이에 대한 연구성과물도 그 수가 현저히 적다. 하지만 앞서 살펴보았듯이 PICC는 계약법 전 분야에 관하여 영미법과 대륙법의 계약법이 함께 반영된 유일한 국제모델법이라는 점을 감안한다면 이에 대한 연구를 게을리 할 수 없다.

(다) EU 차원의 모델법

1) 공통참조기준초안(DCFR)

공통참조기준초안(Draft Comon Frame of Reference, 이하 "DCFR"이라고 한다)은 유럽위원회(European Commission)의 위탁에 따라 두 개의 연구 그룹이 유럽사법(私法)의 내용을 기본원리, 개념 및 모델규칙의 형태로 작성한 연구결과물이다. DCFR 중간판(Interim Outline Edition)은 2007년 12월 유럽위원회에 제출되어 2008년 2월 출판되었고, DCFR 최종판(Outline Edition)은 2008년 12월 유럽위원회에 제출되어 2009년 2월 출판되었으며, 조문별 해설과 비교법적 검토결

---

51) Observer로는 현재 국제형사사법재판소(International Criminal Court)의 재판관으로 있는 정창호 판사가 당시 오스트리아 대사관 파견 법관으로서 참석하였다.

과까지 담은 DCFR 종합판(Full Edition)이 2009년 9월에 출판되면서
DCFR의 작성은 일단락되었다.

　　DCFR의 탄생은 유럽사법학 역사에서 중요한 사건이다. 그동
안 유럽연합은 주로 소비자 보호의 개별 분야에 관련된 지침들을
만들고 각 회원국으로 하여금 이행입법의무를 지움으로써 파편적
이나마 사법통합을 위한 입법적 노력을 기울여 왔다,[52] 학술적 차
원에서도 덴마크 코펜하겐 대학의 Ole Lando 교수가 이끄는 유럽
계약법위원회(Commission on European Contract Law)가 1982년 이후의
연구성과를 토대로 순차적으로 발간한 유럽계약법원칙(Principles of
European Contract Law)[53]을 비롯하여 유럽불법행위법연구회(European
Group on Tort Law, 틸부르그 그룹이라고도 불린다)가 2005년 발표한 유럽
불법행위법원칙(Principles of European Tort Law),[54] 독일 오스나브뤼
크 대학의 Christian von Bar 교수가 이끄는 유럽 민법전 스터디
그룹(Study Group on European Civil Code)의 유럽법원칙(Principles of
European Law) 시리즈,[55] 독일 오스나브뤼크 대학의 Hans Schulte-
Nölke 교수가 이끄는 현존 유럽사법 연구 그룹(Research Group on

---

52) Doorstep Selling Directive(85/577); Package Travel Directive(90/314);
　　Unfair Contract Terms Directive(93/13); Timeshare Directive(94/47); Distance
　　Selling Directive(97/7); Price Indication Directive(98/6); Injunctions Directive
　　(98/27); Consumer Sales Directive(99/44) 등. 한편 2008년 10월 8일에는 소
　　비자의 권리에 관한 포괄적 지침을 제정하는 방안이 발표되었다. COM 2008
　　(614) 참조.

53) Ole Lando and Hugh Beale(ed.), Principles of European Contract Law,
　　Part Ⅰ and Ⅱ, 2000; Ole Lando, Eric Clive, Andre Prum & Reinhard
　　Zimmermann (ed.), Principles of European Contract Law, Part Ⅲ, 2003.

54) European Group on Tort Law, Principles of European Tort Law, Text and
　　Commentary (2005).

55) www.sellier.de/pages/de/buecher_s_elp/europarecht/454.principles_
　　of_european_law.htm.

the Existing EC Private Law, 아키 그룹(Acquis Group)으로 불리기도 한다)은 2002년부터 활동하면서 EU 지침들을 중심으로 현재 존재하는 유럽사법의 기본원칙을 정리하는 작업 결과물,[56] 유럽보험계약법 리스테이트먼트 프로젝트 그룹(Project Group "Restatement of European Insurance Contract Law")에서 발표한 유럽보험계약법원칙(Principles of European Insurance Contract Law),[57] 이른바 트렌토 그룹의 유럽사법 전반에 걸친 공통핵심(Common Core) 연구 결과물,[58] 스코틀랜드, 독일, 스위스, 이탈리아, 프랑스, 스페인, 덴마크, 네덜란드 학자들이 공동작업을 거쳐 발간한 유럽신탁법원리(Principles of European Trust Law)[59] 등 많은 결과물들이 탄생하였다.

DCFR이 독특한 것은 이를 통하여 최초로 두 갈래의 노력이 하나로 합류하게 되었기 때문이다. 그러한 점에서 DCFR은 이중적 성격을 가진다. DCFR은 스터디 그룹과 아키 그룹이 상당한 기간 동안 진행하여 온 연구성과물들을 기본원리, 개념, 모델규칙의 형태로 편찬하고 여기에 주석을 붙인 학술적 연구성과물이다. 그러나 DCFR은 유럽위원회의 위탁 및 재정지원에 의해 EU가 장차 제정하려는 공통참조기준(Common Frame of Reference)의 초안으로 만들어진 것이기도 하다.

---

56) Research Group on the Existing EC Private Law (Acquis Group), Principles of the Existing EC Contract Law (Acquis Principles), Contract I - Pre-Contractual Obligations, Conclusion of Contract, Unfair Terms, 2007; Contract II - Delivery of Goods, Package Travel and Payment Service, 2009.
57) Project Group "Restatement of European Insurance Contract Law" (ed.), Principles of European Insurance Contract Law, 2009.
58) 이에 대해서는 Mauro Bussani, Ugo Mattei, *The Common Core Approach to European Private Law*, 3 Colum. J. Eur. L. 339 (1997/98) 참조.
59) David J. Hayton et al (ed.), Principles of European Trust Law, 1999.

DCFR의 규정 내용은 유럽사법학의 영향을 받아 온 우리나라에도 적지 않은 의미를 가진다.60) 2009년부터 2014년까지 진행되었던 우리나라 민법 개정시안 작업에서도 DCFR은 빈번하게 참고되었다. DCFR의 공과(功過)에 대해서는 다양한 의견들이 있다. 그러나 DCFR이 오랫동안 진행되어 온 유럽 민법 분야의 법조화 노력에 일획을 긋는 노작(勞作)임에 틀림없다. 향후 국제규범 질서를 형성해 나가는 데에 있어서 유용한 참고자료가 될 것이다. 그러한 점에서 DCFR에 대한 연구가 요구된다.61)

2) 유럽공통매매법(CESL)

유럽위원회는 2008년 12월 DCFR 최종안을 제출받은 뒤 이를 기초로 계약법 분야에 국한하여 후속 작업을 진행하는 것으로 입장을 정하고, 2010년 7월 1일에 "소비자와 비즈니스를 위한 유럽계약법 발전을 위한 정책수단에 관한 위원회 녹서(Green Paper from the Commission on policy options for progress towards a European Contract Law for consumers and businesses)"62)를 발표하였다. 이 녹서는 유럽 회원국들의 계약법이 서로 다르기 때문에 거래비용과 법적 불안정성이 높아지고 이로 인해 국경을 넘어선 거래가 충분히 촉진되지 않는 현실을 지적한 뒤, 이를 극복하기 위하여 유럽계약법(European Contract Law)을 제정하는 방안에 대해서 설명하고 있다. 유럽공통매매법(Common

---

60) 유럽사법의 내용과 흐름에 관해서는 박영복 외, EU사법 1, 2009 및 김진우, "최근 유럽민사법의 발전동향", 법학연구(부산대학교) 제50권 제2호(2009. 10) 참조.

61) 이에 관해서는 일반적으로 권영준, "유럽사법통합의 현황과 시사점: 유럽의 공통참조기준초안(Draft Common Frame of Reference)에 관한 논쟁을 관찰하며", 비교사법 제18권 제1호(2011) 참조.

62) COM(2010) 348 final.

European Sales Law) 초안은 이러한 배경 하에 탄생하였다. 유럽위원회는 주로 계약법 전문가들을 위주로 구성된 전문가 그룹(expert group)을 결성하여 이 작업을 진행하였고, 2011년 10월 11일에 「유럽공통매매법에 관한 규칙안(Draft regulation on a Common European Sales Law)」을 발표하였다.

CESL은 모두 186개의 조문으로 구성되어 있다. CESL은 CISG와 달리 기업과 소비자 사이의 매매에 관한 사항도 함께 규율할 뿐만 아니라 오히려 이 점을 강조한다. 이러한 규율대상 이외에도 CESL은 그 성격이 매우 특이한 모델법이다. CESL은 일종의 선택가능한 법체계이다. 이는 규칙(regulation)의 일종으로서 회원국에 직접적인 구속력을 가진다. 다만 CESL은 국내법을 폐지하지 않고 함께 존재한다. 당사자는 CESL을 선택(opt-in)할 수도 있고, 그렇게 하지 않을 수도 있다. 따라서 단순한 모델법이나 입법지침과는 구별된다. 유럽 차원에서 보면 27개 회원국의 매매계약법에 더하여 28번째 매매계약법이 존재하게 되는 셈이다. CESL은 역사상 최초로 시도되는 선택적 법체계이다. 즉 모든 회원국에 엄연히 실정법체계로 존재하면서도, 다른 실정법과는 달리 오로지 당사자가 그 실정법의 적용을 받겠다고 선택(opt-in)하는 경우에만 실제로 적용된다는 점에서 매우 흥미로운 시도인 것이다.

이러한 시도는 조약의 강고함과 모델법의 유연함을 절묘하게 절충한 것으로서 국제규범의 관철과 각국 주권의 수호 사이의 대립구도를 완화시키는 기능을 수행한다. 이렇게 되면 CESL은 당사자의 선택 앞에서 다른 국내법들과 경쟁하는 양상을 띠게 된다. 그 경쟁에서 좋은 성과를 내면 계약법 조화의 목적이 달성되면서 특정 국내법을 준거법으로 선택하는 경우가 줄어들 것이다. 이는 특히 각국의 법을 일일이 조사하기 어려운 중소기업이나 개인에게 이로운 일이며, 나아가 향후 유럽사법통합을 촉진하는 데에도 긍정적인 영향을 미칠 것이다. 반면 그 경쟁에서 좋은 성과를 내지 못하면 CESL의 위상은 추락할 것이고, 그 모태가 된 DCFR의 역사적 의미도 반감될 것이다. 그 경우 유럽사법통합을 한 템포 늦추는 것이 불가피하다.

이처럼 야심차게 출발한 CESL이지만 과연 CESL이 경제적으로 긍정적인 효과를 가져오리라는 증거가 있는 것인지, 사적 자치의 원칙이나 이를 뒷받침하기 위한 기존의 국제규범체계는 이미 충분한 규율을 제공하고 있는데 여기에 CESL이라는 법체계를 추가하는 것은 오히려 혼란을 초래하고 거래비용을 증가시키는 것은 아닌지 등에 대한 문제 제기가 계속적으로 있어 왔다. 이 규칙안이 효력을 가지게 될 경우의 효과에 대해서도 찬반이 엇갈리고 있다. 소비자 단체나 인터넷 관련 업체들은 이를 반기는 반면, 대기업들은 이를 반기지 않는 분위기이다. 결국 CESL에 대해서는 찬반 양론이 지속되다가 2014년 12월 16일 EU 위원회는 EU 의회에 제출하였던 CESL 규칙안을 철회하기에 이르렀다. 이처럼 CESL의 관철은 일단 좌절되었지만, 적어도 CESL을 둘러싸고 벌어졌던 일련의 움직임은 국제규범이 이제 구속력을 가지는 법체계로 이어질 가능성이 얼마든지 있다는 점을 보여준 것이다.

(3) 국제표준계약

국제거래는 계약을 매개로 이루어진다. 사적 자치의 원칙에 따라 당사자는 계약의 체결 여부와 계약 방식 및 내용을 자율적으로 결정한다. 그러므로 계약의 모습은 천차만별이다. 하지만 일정한

영역에서 계약서가 표준화되면 상황은 달라진다. 이러한 표준계약
서는 표준적인 계약을 담고 있을 뿐 법적 구속력을 가지지는 않는
다. 하지만 일단 그 영역에서 확고하게 자리를 잡으면 사실상 법에
버금가는 규범력을 지니게 된다. 국내법의 경우와 비교하자면 약관
과 유사한 힘을 가지게 되는 것이다.

　　그런데 국제거래에서는 계약서의 표준화 현상이 힘을 얻고 있
다. 이는 통일적이고 예측가능하며 공평한 거래를 위해서 필요한
현상이기도 하다. 그리고 일단 특정한 방식과 내용의 계약유형이
힘을 얻으면 네트워크 효과로 인하여 그 계약유형의 확장이 더욱
가속화된다. 계약시장에서의 독점이 일어나는 것이다. 따라서 국제
거래는 어떤 특정한 국가의 법 또는 특정한 국제규범이 아니라 특
정한 유형에서 자율적으로 형성된 계약유형에 의해 좌우된다. 따라
서 국제계약은 엄밀한 의미에서 국제규범이라고는 할 수 없지만,
그 사실상의 영향력을 감안하면 국제규범을 관찰하는 기회에 함께
살펴보는 것이 유용하다. 몇 가지 예만 들어본다.

　　국제상업회의소(International Chamber of Commerce, ICC)가 제정하
여 국가 간의 무역거래에서 널리 쓰이고 있는 인코텀스(Incoterms)는
국제거래관행을 잘 보여주고 있다. 인코텀스는 "무역조건의 해석에
관한 국제규칙(International Rules for the Interpretation of Trade Terms,
Incoterms)"을 의미하는 것으로서 1936년 제정 이래 출하지 인도조
건, 운송인 인도조건, 운송비 지급조건, 도착지 인도조건 등 국제무
역조건의 통일화를 꾀하는 기능을 수행하여 왔다. 최근에는 2011년
1월 1일 자로 인코텀스 2010이 시행 중이다. 국제 스왑 및 파생상품
협회(International Swaps and Derivatives Association, ISDA)에서는 스왑상
품 또는 파생상품 관련 계약서에 포함시킬 내용과 개념들을 정리하

여 제공하고 있다. 특히 신용파생상품의 일종인 신용부도스왑(Credit Default Swaps, CDS)에 관해서는 ISDA Master Agreement라고 알려진 표준계약서에 대한 의존도가 매우 높은 것으로 알려져 있다.63) 건축법의 영역에서는 국제컨설턴트 엔지니어링 연맹(Fédération Internationale des Ingénieurs-Conseils, FIDIC)이 작성한 표준계약이 세계적으로 널리 사용되고 있다. 이 표준계약은 본래 영국의 건축 엔지니어링 분야에서 일반적으로 사용하던 계약서 양식에서 출발하여 발달한 것으로서 건축공사에 관한 일반적인 원리와 관행을 계약 내용에 잘 반영하고 있다. 특히 공사계약에서 늘 발생하는 위험배분의 문제에 대해서 매우 상세하고 합리적으로 다루고 있다는 평가를 받고 있다. 이를 통해 실정법의 규율 없이도 계약 자체로 세세한 부분까지 규율할 수 있도록 하고 있다. 위와 같은 국제표준계약들은 매우 상세한 내용을 담고 있어 계약이 당사자 사이의 법률관계를 거의 빠짐없이 규율하게 된다. 한편 이러한 계약은 특정한 국가의 계약법에 기초하여 만들어지는 것이 아니라 오히려 국경을 초월하여 이루어지는 수많은 국제거래 관행에 기초하여 만들어진다. 그 점에서 특정한 국가의 법에 예속되지 않고 오히려 그로부터 자유롭고 독자적이다.

이처럼 실제로 거래계에 막대한 영향을 미치는 것은 표준계약임에도 불구하고 막상 표준계약의 형성과정과 내용, 시장에 대한 효과에 대해서는 학문적인 접근이 전무하다시피 하다. 그 현실적 중요성에 비추어 볼 때 현재 실무와 학문 사이의 간극은 지나친 것이다. 이에 대한 연구가 필요한 시점이다.

---

63) Dan Wielsch, *Global Law's Toolbox: Private Regulation By Standards*, 60 Am. J. Comp. L. 1075, 1085 (2012).

라. 국제규범의 형성과정

마지막으로 국제규범의 형성과정 그 자체를 학문적으로 접근하여 연구하는 것도 흥미로운 작업이다.

판례법과 비교해 보자. 판례는 개별적인 재판례들이 상당수 축적되어 형성된다. 이러한 재판례들은 대부분 당사자와 소송대리인들의 치열한 대립 속에서 고심 끝에 생산된다. 법원의 전횡적인 판단은 대부분 그 판단으로 인하여 현실적인 불이익을 받을 수 있는 당사자나 소송대리인의 결사적인 저항으로 사전에 차단된다. 또한 심급제도 역시 이러한 판단의 합리성을 담보해 주는 절차적 장치이다. 한편, 판결이 선고되면 이에 대한 실무가나 법학자들의 평가가 시작된다. 그 평가가 가혹하면 향후 유사한 사안에 대해서 비슷한 판결을 선고하기가 어려워진다. 결국 그 재판례는 확립된 판례로 나아가는 데에 실패한다. 이러한 일련의 과정 속에서 합리성과 설득력을 결여한 판례법은 형성되지 않거나 형성되더라도 오래 지속하기 어렵다. 이에 비해 국제규범의 형성과정은 정치력과 우연성의 요소가 많다. 모두가 공유하는 법리적 토대가 충분하지 않기 때문에 누가 더 큰 목소리를 내는가, 누가 더 큰 협상력을 가지는가에 따라 내용이 좌우되기도 한다. 국제규범 형성질서의 배후에는 역사, 언어, 경제력, 정치력, 국제규범에 대한 관심 등 수많은 비법률적인 요소들이 어우러져 있다. 이러한 국제규범의 형성과정에 대해서도 실증적인 연구가 이루어질 필요가 있다.

이러한 연구는 우리나라의 법제도나 법률가들이 이러한 과정에 어떻게 발전적으로 기여할 수 있는지에 대한 중요한 시사점을 줄 것이다. 법을 상품에 비유하자면 우리나라는 수입만 하는 나라에 가깝다. 이는 서구의 법을 받아들인 계수법 국가의 슬픈 숙명일 지도 모른다. 그러나 좀 더 넓은 차원에서 보자면 이슬람법계를 제외한 대부분의 나라들은 로마법을 계수한 계수법 국가들이므로 처지는 비슷하다. 각 국가는 공통된 큰 틀 안에서도 역사적, 사회적, 문화적 배경에 맞는 "제한적으로 독자적인" 법제도를 형성해 왔다. 그리고 그것을 국제규범의 형성과정에 적극적으로 드러내어 논의의 기초로 제공함으로써, 국제사회의 구성원으로서 해야 할 마땅한 기여를 하고 있는 것이다. 우리나라도 이러한 대열에 동참하려면 몇 가지 극복해야 할 사항들이 있다.

　하나는 언어의 문제이다. 언어는 국가의 정체성에 연결되어 매우 미묘하고 민감한 문제인 만큼, 이러한 논의의 마당에서 누구도 하나의 공식 언어가 존재한다고 말하지 못한다. 그러나 현실적으로 말하자면 과거 유럽 법학의 공용어가 라틴어였듯이 오늘날 세계 법학의 공용어는 영어라고 해도 과언이 아니다. 물론 법학에서는 영어를 주로 사용하는 영미법계 국가들과 그 이외의 국가들이 서로 다른 법 전통을 가지고 있어 법 개념이나 법리 역시 정확하게 상호 대응시키기가 어려운 면이 있었다. 이는 언어의 측면에도 그대로 반영된다. 따라서 법률행위와 같이 매우 중요한 대륙법계 국가들의 법 개념이 영미법계의 언어로는 쉽게 번역하기 어려운가 하면, 약인(consideration)과 같이 매우 중요한 영미법계 국가들의 법 개념이 대륙법계의 언어로 완전히 정확하게 옮겨지기 어려운 현상이 발생하기도 한다. 즉 언어가 개념의 호환성 확대에 장애물이 되어 왔던 것이다. 그러나 이러한 현상은 이제 대륙법계 국가들이 중심을 이루고 있는 유럽에서조차도 PECL이나 DCFR 등을 통해 영어에 의한 용어 내지 개념 정리가 이루어지면서 상당 부분 극복되었다. 실제

로 유럽사법학의 예를 들어보더라도, 전체적인 논의는 영어에 비교
적 익숙한 독일, 영국, 네덜란드 학자들이 주도하는 반면, 상대적으
로 이 점에서 덜 준비된 프랑스, 스페인 학자들은 목소리를 충분히
내지 못한다는 느낌이 크다.64) 이러한 양상은 유럽의 범위를 넘어
서도 그대로 타당할 것이다. 우리나라의 법제도나 판례, 학술적 연
구성과물의 상당수가 오로지 우리나라 사람만 읽을 수 있는 언어로
작성되어 우리 법이 비교법 시장, 나아가 국제규범 형성의 장에서
제대로 목소리를 내지 못하고 있는 것은 주지의 사실이고, 이는 민
법학에서도 예외가 아니다. 앞으로 이를 어떻게 극복해 나갈 것인
가를 진지하게 고민하여야 한다.

　　다른 하나는 규모의 문제이다. 향후 세계의 법 시장에서 독일
법이나 프랑스법 등 유럽 개별국가의 법률과 별도로, 점점 체계적
인 모습을 갖추어 가는 유럽사법이 또 다른 유력한 법률상품으로
등장할 것이다. 또한 세계 최고의 경제력과 법률서비스 규모를 등
에 업고 국제거래계의 중요한 규범으로 활용되는 미국사법(특히 뉴
욕주의 법)도 있다.65) 중국법은 일부의 오해와는 달리 적어도 법전의

---

64) 이에 대해서 Ugo Mattei는 매우 흥미로운 분석을 한 바 있다. 그에 따르면
독일, 네덜란드, 영국, 스칸디나비아 국가들을 대표로 하는 북부 유럽 국가들
은 남부 유럽국가들과는 달리 법경제학으로 상징되는 미국법적 사고를 받아
들이는데 매우 적극적이었고 이익법학에 나타나는 이익형량적 사고에도 친
숙하였다. 또한 이들은 그들의 생각을 영어로 표현하는데 능숙하였다. 이들
에 의해 유럽의 새로운 법문화가 창출되었고, 또한 이들에 의해 유럽사법의
건설이 주도되었다. Ugo Mattei, *A Theory of Imperial Law: A Study on
U.S. Hegemony and the Latin Resistance*, 10 Ind. J. Global Legal Stud.
383, 414, 415 (2003).

65) 미국법은 국제거래에서 준거법으로 활용되는 경우가 많다. 한편 미국법이 적
용된 계약 중 상장회사가 당사자가 된 2,865개 계약을 샘플로 한 연구에 따
르면 그 중 46%가 뉴욕주법을 준거법으로 선택했다. Theodore Eisenberg &
Geoffrey P. Miller, "The Flight to New York: An Empirical Study of
Choice of Law and Choice of Forum Clauses in Publicly-Held Companies'

차원에서는 상당한 수준에 올라와 있고, 중국에 대한 서양세계의 엄청난 관심 속에서 중국 내외의 숱한 연구자들에 의해 맹렬하게 영어로 소개되고 있다. 그 틈바구니에서 한국법이 시장 경쟁력을 획득하는 하나의 방법은 중국, 일본, 대만 등을 아우르는 동아시아 법의 옷을 입는 것이 아닐까 생각된다. 결국 어떤 법제도와 법률가가 세계에서 가지는 힘은 그 법제도와 법률가의 우수함 못지않게 그 배후의 경제력에 좌우된다. 그러한 점에서 향후 유럽 및 미국과 함께 세계 3대 경제권을 구성할 동아시아의 지역권에 상응하는 동아시아법의 정체성을 확립하고 가꾸어 가는 것은 그 어느 나라보다도 우리나라에 절실한 일인지 모른다.

  아울러 국제규범에 대한 조직적 기여를 위한 인력양성과 교육 방안도 구상할 필요가 있다. 앞에서 살펴보았듯이 비교법을 논하는 자리에서 계수법 국가는 마치 카스트 제도와 같은 엄격한 위계질서에서 벗어나서 영향력 있는 목소리를 내기 어렵다. 그러나 이와 독자성을 가지는 국제규범 질서를 형성해 나가는 자리, 즉 새로운 판을 짜는 자리에서는 이러한 법계 안의 신분 굴레를 벗어날 수 있다. 그러므로 향후 우리나라가 국제규범 형성의 장에서 어떤 역할을 수행할 것인가에 대한 연구는 전자제품이나 자동차 등 선도적 위치에 올라가 있는 우리나라 경쟁력을 법학 분야에서도 발휘할 수 있는 좋은 계기가 될 것이다. 이는 국제화를 지향하는 사법부의 입장에서도 크게 다르지 않다. 오늘날과 같이 고도의 국제화가 진행된 환경 내에서는 법관이 원하건 원하지 않건 이미 법관의 판결은 일정한 국제적 의미를 지니게 되기 때문이다.

Contracts", *N.Y. Univ. Law & Econ. Working Papers*, Paper No. 124 (2008), available at http://lsr.nellco.org/nyu/lewp/papers/124.

제3절 이론의 역할

1. 이론, 법리, 실무의 상호관계

이론의 역할은 법리나 실무의 역할과 대비할 때 더욱 선명하게 드러난다.

이론과 법리는 특정한 사건에서 한걸음 떨어져 추상화된 형태로 존재한다는 점에서 공통된다. 이러한 공통점 때문에 법리는 넓은 의미의 이론에 포함된다. 하지만 대체로 법리는 특정한 법 분야를 대상으로 구체적 적용이 가능한 방식으로 전개되고, 이론은 많은 경우 법 분야를 망라하여 포괄적으로 전개된다는 차이가 있다. 한편 실무는 특정한 사건을 대상으로 한다는 점에서 이론이나 법리와 구별된다. 즉 이론과 법리가 실재하는 사회현상에서 한걸음 떨어져 이를 관조하는 것이라면, 실무는 법과 사회현상의 접점에 직접 서 있다. 이론은 법의 자양분을 제공하고, 법리는 법의 주된 모습을 형성하며, 실무는 사건과의 맥락 아래에서 법을 구체화한다. 이론이 마그마(magma), 법리가 지하(地下)라면 실무는 지표(地表)에 해당한다. 이론, 법리, 실무는 각각 가치, 논리, 직관과 밀접한 관련이 있다. 이처럼 이론, 법리, 실무는 관념적으로는 별도의 영역으로 존재하지만 현실적으로는 하나로 얽혀서 작동한다. 따라서 이들은 독자성과 유기성을 동시에 지닌다.

가령 행위자가 타인의 이름으로 계약을 체결한 경우 계약 당사자의 확정방법에 관하여 대법원은 "행위자와 상대방의 의사가 일치한 경우에는 그 일치한 의사대로" 계약의 당사자를 확정하되, 의사가 일치하지 않는 경우에는 "… 계약체결 전후의 구체적인 제반 사정을 토대로 상대방이 합리적인 사람이라면 행위자와 명의자 중 누구를 계약 당사자로 이해할 것인가에 의하여 당사자를 결정하여야 한다."라는 규칙을 제시한다.66) 이는 축적된 판결례를 통하여 확립된 '법리'에 해당한다. 그런데 이러한 법리를 적용한다고 하여 모든 사안에서 기계적으로 결론을 도출할 수 있는 것은 아니다. 개별적 사건의 테두리 내에서 위 판례에서 제시하는 "계약체결 전후의 구체적인 제반 사정"을 파악하고 이를 기반으로 계약당사자를 확정하는 것은 고스란히 법관의 몫이다. 법관은 정리된 틀로서의 법리와 정리되지 않은 현실 사이에서 '실무'적인 고민을 한다. 그런데 이때 법관이 궁극적으로 의지하는 것은 누구에게 계약상 권리 또는 의무를 지우는 것이 가장 정의로운가 하는 형평감각이다. 이러한 판단과정에서 법관은 형식과 실질, 당사자적 관점과 사회적 관점, 법의 재판규범적 성질과 행위규범적 성질 등 여러 가지 근본적인 '이론'적 고민과 결단을 하지 않을 수 없다.67)

또한 이른바 표절이 문제되는 저작권침해사건에 관하여, 대법원은 피고가 원고의 저작물에 의거하여 자신의 작품을 만들었고, 그 작품과 원고의 저작물이 실질적으로 유사하다는 점이 확정되면 저작권침해가 성립한다고 판시한다.68) 이는 저작권침해의 판단기

---

66) 대판 2003. 12. 12, 2003다44059; 대판 2001. 5. 29, 2000다3897 등 다수.

67) 예를 들어 법관은 명의 또는 형식의 베일을 과감하게 벗겨내고 배후에 있는 진정한 의무귀속자를 밝혀내어 두 당사자 사이의 정의에 부합하는 법률관계를 확정하고자 할 수도 있고(실질, 당사자적 관점, 재판규범적 성격의 강조), 반대로 문언을 중시하여 예측가능성을 높이고, 향후 계약서상 당사자와 실제 당사자를 일치시키도록 당사자에게 가이드라인 및 인센티브를 부여함과 동시에 명의와 실질의 차이로 인하여 발생하는 사회적 비용을 줄이는 방향으로 법률관계를 확정하고자 할 수도 있다(형식, 사회적 관점, 행위규범적 성격의 강조).

68) 대판 2007. 3. 29, 2005다44138; 대판 2000. 10. 24, 99다10813 등 다수.

준에 관하여 침묵하고 있는 저작권법 제123조에 대응하여 판례와 학설을 통하여 정립된 "법리"이다. 그러나 이러한 법리만으로 개별적 사건에서 바로 결론을 도출하는 것은 매우 어려운 일이다. 가령 실질적 유사성과 관련하여 "법관이 일반인의 관점에서 볼 때 두 작품이 충분히 유사하다고 느끼면 양자는 실질적으로 유사한 것이다"라는 기준이 있다. 그러나 이러한 공허한 기준만으로는 결론을 도출하기가 쉽지 않다. 따라서 재판"실무"에서 법관은 위와 같은 법리의 기반 위에서 사건 안에 존재하는 수많은 요소들을 고려하여 저작권침해판단을 하게 된다.[69] 그런데 사건에서 고려요소들을 포착하고 형량하는 과정에서 결론에 이르려면, 이러한 과정을 지도하는 근본적인 가치에 대한 고민이 요구된다. 따라서 법관은 어느 정도로 저작물을 보호할 때 창작자들의 창작 인센티브 부여를 통한 생산이익과 이용자들의 창작물 이용을 통한 이용이익이 적정한 균형을 이룰 수 있을지에 대한 "이론"적인 고민을 하게 된다. 그리고 이러한 고민의 결과가 판결이유로 채색되어 결론으로 연결된다. 이 과정을 통해 가장 포괄적이고 추상적인 저작권법의 목적과 가장 개별적이고 구체적인 실질적 유사성 판단 사이에 논리적 연결고리가 생성된다.[70]

위와 같이 법관이 의식하건 의식하지 않건 이론, 법리, 실무의 세 가지 영역은 법관의 판단에 스며들어 결론에 영향을 미친다. 따라서 이 세 가지 요소가 민사재판 안에서 어떠한 위치와 비중을 차지하면서 상호작용하는가에 따라 민사재판의 모습은 달라진다. 이

---

69) 가령 어문저작물의 실질적 유사성에 관하여 법관은 무엇이 저작권법에 의하여 보호받는 표현인지를 확정하고(플롯이나 사건의 전개과정, 등장인물, 대사 등), 그 표현에 있어서 양적 및 질적 유사성이 있는지를 판단한다.

70) 이에 관하여는 권영준, 저작권침해판단론, 2007, 3~10면 참조.

영역들이 각각 제대로 기능하면서 동시에 유기적 융합을 이루어낼
때 민사재판은 바람직한 결과를 가져올 수 있다.

2. 민사재판에 있어서 이론, 법리, 실무의 기능

　　민사재판에 있어서 이론, 법리, 실무의 기능을 요약하면 "안정
화(법리) ⇒ 최적화(실무) ⇒ 정당화(이론)"로 정리할 수 있다.

　　법리는 민사재판의 실체적 규범을 형성하는 것으로서, 법적 안
정성과 예측가능성을 높이고 합리적 판단의 틀을 제공함으로써 분
쟁과 관련된 비용을 최소화한다. 이는 법리의 안정화 기능이라고
부를 수 있다. 민사법학은 오랜 역사를 통하여 공고하고 세밀한 법
리 체계를 구축하여 왔으므로, 실제 민사재판에서 법리의 안정화기
능은 큰 효용을 발휘한다. 이러한 법리의 안정화 기능은 각종 특별
법을 제정하는 데에도 고려되어야 한다. 그렇지 않다면 그동안 검
증되고 형성되어 온 사법학의 법리와 사회수요에 따라 때마다 제정
되는 각종 특별법 사이에 정합성을 유지하기 어렵기 때문이다.

　　실무는 법리의 안정화 기능의 토대 위에서 최적화(最適化) 기능
을 수행한다. 미시적으로는 추상적 법리와 개별적 사건 사이에, 거
시적으로는 전체적인 이론 체계와 변화하는 사회현실 사이에 조정
을 행한다. 실무는 법리의 존중 위에서 행해지는 것이지만, 이는 맹
목적 복종이 아니라 비판적 존중 내지 성찰적 추종이어야 한다. 실
무는 규범과 현실의 역동적인 관계를 가장 생생하게 포착해내고,
그 충돌로 인하여 발생하는 긴장관계를 해소하기 위하여 끊임없이
규범에 대하여 비판적으로 고민하는 역할을 수행하여야 하기 때문

이다.

이론은 법리와 실무의 한 발자국 뒤에서 이들을 정당화해주는 기능을 수행한다. 재판에서 등장하는 쟁점들은 그 껍질을 하나씩 벗겨나가면 궁극적으로 인간과 사회를 어떻게 바라볼 것인가, 또한 민주주의와 법치주의의 가운데에서 법원은 어떠한 역할을 수행하여야 하는가 하는 문제에 귀착되는 때가 많다. 법관은 이러한 결정적 순간에 이론을 돌아보고 의지하여야 한다. 이론이 구체적인 문제에 대하여 항상 구체적인 답변을 주지는 않는다. 그러나 구체적인 문제를 근본적인 가치의 거울에 비추어 보고 고민할 수 있는 기회를 제공한다. 또한 법해석학의 바탕에 흐르는 변화의 동력으로 기능한다.

이처럼 이론, 법리, 실무는 민사재판의 장에서 각각 특유하지만 상호 연결된 기능을 수행하면서 민사법의 이념이 충실히 구현될 수 있도록 협력한다. 이를 통하여 가치, 논리, 직관이 연결되고, 철학적 지식과 경험적 지식이 연결된다. 상호자극을 통하여 각 영역이 더욱 건강하게 발전할 수 있다. 그런데 이러한 협력은 단지 관념적인 차원의 문제만은 아니다. 그 협력관계는 실무가와 연구자, 법조계와 법학교육계, 재판과 사법행정 등의 협력과 같은 실천적 차원의 움직임이 뒷받침될 때 더욱 생산적으로 형성될 수 있기 때문이다. 이는 "의사소통"과 "역할분담"을 통하여 가능해진다. 이를 어떻게 이루어낼 것인가는 앞으로 고민해 보아야 할 새로운 문제의식을 형성한다. 이 점에 대한 저자의 생각은 결론 부분에서 제시할 것이다.

3. 이론적 고민의 필요성

"모든 판사의 판결이유는 그 자체가 법철학의 한 단편이다(Any judge's opinion is itself a piece of legal philosophy)."[71]라는 유명한 말에서 알 수 있듯이 법관은 의식하건 의식하지 못하건 어떤 법리를 실제 사건에 적용함에 있어서 그 배후에 있는 가치의 무게를 판단한다. 특히 법관은 어려운 사건(hard case)을 처리하면서 그러한 고민을 한다. 생생하게 살아 움직이는 사건들과 씨름하는 과정에서 타인의 삶에 직접적인 영향을 미치는 판단을 해야 한다. 법관들이 이와중에 겪게 되는 고민은 고답적인 영역에서 운신하는 법학자들의 고민보다 훨씬 생동감 있고 치열한 것인지도 모른다.

그런데 이론의 세계는 논리가 아닌 가치를 다루는 곳이므로 이곳에는 모든 사람들이 논리적으로 수긍할 수 있는 정답이 존재하지는 않는다. 정답을 두고 다투는 싸움판에는 사실 다른 관점과 입장이 존재할 뿐이다. 따라서 정답을 갈구하는 사람들, 또는 정답을 내지 않으면 견디지 못하는 사람들에게 이론적인 문제는 그다지 매력적이지 않다. 이론은 자신이 고민하는 실정법적인 문제에 대해 즉답(이 역시 정답이라기보다는 자신의 문제해결을 유력하게 뒷받침하여 자신이 내릴 결론에 대한 비난을 방어할 수 있게 도와주는 논거일 때가 많다)을 주는 듯한 대법원 판결이나 논문을 찾아냈을 때 느끼는 쾌감을 선사하지 않는다. 그렇다고 하여 이론적 고민의 노력을 그쳐서는 안 된다. 이론의 세계에 정답은 없더라도 이론을 탐구함으로써 상호이해와 공감대의 영역은 넓어질 수 있다. 자신이 주장하고자 하는 바에 대해

---

71) Ronald Dworkin, Law's Empire, 1986, p. 90.

역지사지(易地思之)의 관점에서 돌아볼 수 있는 기회를 얻을 수 있다. 그것만으로도 올바른 재판을 추구하는 법관에게는 큰 유익이 될 수 있다. 또한 논리를 적용하되 가치를 고려하지 않는 법관이라는 비판에서 벗어날 수 있다. 그러므로 이 시대에 대한민국에서 살아가는 우리에게 더 큰 설득력을 갖춘 법적 관점을 찾기 위한 고민과 논의는 계속되어야 한다.

이러한 이론적 고민의 결과가 축적되면서 법이 진화한다. 단순하게 시작한 법이 아름답고 정교한 형태로 분화되고 발전된다. 이러한 법의 진화는 필연적으로 기존의 모습을 탈피하려는 진보적인 노력을 요구한다. 법이 매일매일 또는 상황에 따라 요동치는 것은 피해야 하는 일이기는 하다. 그러나 법이 시간과 장소와 맥락과 무관하게 정체되어 있는 것도 피해야 하는 일이다. 그러므로 법관은 한편으로는 보수적이면서, 다른 한편으로는 진보적이라야 한다. 그러한 의미에서 법관은 변화를 거부하는 자가 아니고 변화의 속도 조절을 하는 자이다. 헤르만 칸토로비츠(Hermann Kantorowicz, 1877~1940)의 말을 빌리면, 법 발전의 모든 진보는 최종적으로 법관의 소양에 달려 있는 것이다.[72]

이와 같은 변화의 흐름을 짚어내고 이를 판결에 반영하려면 단지 기존의 법리를 숙지하는 것만으로는 부족하다. 법의 진화는 기존 법리의 극복을 필연적인 사명으로 하기 때문이다. 그러므로 기존 법리를 수동적으로 받아들이는 것만으로는 법의 진화를 이룰 수 없다. 표면적인 법리의 배후에 지하수처럼 흐르는 이론적인 가치 체계를 인식하고 그에 관하여 고민하는 노력이 요구된다.

프리드리히 칼 폰 사비니(Friedrich Carl von Savigny, 1779~1861)의

[72] 헤르만 칸토로비츠 지음, 윤철홍 옮김, 법학을 위한 투쟁, 2006, 79면.

말을 되새겨 보자.

> 법에 관련된 개개인의 정신적 활동은 두 개의 다른 방향으로 표출
> 될 수 있다. 하나는 法意識 일반을 인식하고 발전시키는 것, 즉 知識,
> 敎授, 敍述에 의하여서이고, 다른 하나는 실제 생활의 일들에 적용하
> 는 것에 의하여서이다. 이러한 법의 두 가지 요소, 즉 이론적 요소와
> 실천적 요소는 법 자체의 일반적 본질에 속한다. 그러나 최근의 몇
> 세기 동안의 전개과정에서, 이 두 가지 방향이 다양한 계층과 직업에
> 있어서 동시에 서로 분열되어 가서, 드문 예외를 제외하고는 법의 전
> 문가가 그 專業 또는 主業에 의하여 이론이 아니면 실천의 어느 하
> 나에만 속하게 되었다. … 이와 같이 구분된 활동을 하면서도 모든
> 사람이 원래의 통일성을 항상 마음에 두어서, 어느 정도는 모든 이론
> 가가 실천적 감각을, 모든 실무가가 이론적 감각을 자신 안에 保持하
> 고 發展시키는 것만 구제책이 된다. 이것이 행하여지지 않고 이론과
> 실천 사이의 분리가 절대적인 것이 되면, 불가피하게 이론이 공허한
> 遊戱로, 실천이 단순한 手工作業으로 퇴화할 위험이 발생한다.[73]

  사비니의 말처럼 법관을 비롯한 실무가들의 일이 단순한 수공
작업(手工作業)으로 퇴화하지 않으려면 그들의 직업적 삶 속에 이론
적인 고민이 스며들어야 한다는 점에 대해서는 어느 정도 공감대
가 형성될 수 있을 것이다. 하지만 과연 이러한 고민을 거치면 이
론은 체계화될 수 있는 대상일까? 설령 그러한 체계화가 가능하더
라도 그 결과물은 지나치게 도식적이고 인위적인 것은 아닐까? 이
를 통해서 법률가들의 실천과정에 의미 있는 무언가를 추출해 낼

---

[73] 양창수 역, “『現代로마法體系』, 제1권, 序言”, 서울대학교 법학 제36권 제3·
4호(1995. 12), 176면에서 인용.

수 있는 것일까? 거대하고 구조적이지만 별 쓸모는 없는 이론적 논의를 하기보다는 현상을 있는 그대로 보고 그때그때 현실이 요구하는 바에 따라 필요한 판단을 하는 것이 오히려 솔직한 태도가 아닐까?

이론을 향한 사람들의 태도는 다양하다. 어떤 사람들은 하나의 체계적이고 거대한 이론 구조 하에서 모든 것을 설명하고자 한다. 어떤 사람들은 이러한 이론의 체계에 현실을 끼워 맞추려 하지 않고 현실의 다양성을 있는 그대로 바라보고 음미한다. 이사야 벌린 (Isaiah Berlin, 1909~1997)은 『고슴도치와 여우』라는 저서에서 이러한 두 가지 유형의 사람들을 분류하면서 전자에 속하는 사람들을 "고슴도치", 후자에 속하는 사람들을 "여우"라 부른다.

> 인간은 크게 두 부류로 나뉜다. 한 부류는 모든 것을 하나의 핵심적인 비전, 즉 명료하고 일관된 하나의 시스템과 연관시키는 사람들이다. 그들에게 이런 시스템은 모든 것을 조직화하는 하나의 보편 원리이다. 따라서 그들은 이런 시스템에 근거해서 모든 것을 이해하고 생각하며 느낀다.
>
> 다른 한 부류는 다양한 목표를 추구하는 사람들이다. 이 목표들은 흔히 서로 관계가 없으며 때로는 모순되기도 한다. 물론 심리적이고 생리적인 이유에서 실제로 존재하는 관계이지만 도덕적이고 미학적 원리에 근거한 관계는 아니다. 이런 사람들은 적극적인 삶을 살아가고 행동지향적이며, 생각의 방향을 좁혀가기보다는 확산시키는 경향을 띤다. 따라서 그들의 생각은 산만하고 분산적이다. 또한 다양한 면을 다루면서 아주 다채로운 경험과 대상의 본질을 포착해나간다. 그러나 그들은 찾아낸 본질을 받아들일 뿐, 모든 것을 포괄적이며 결코 변하지 않는 하나의 비전에 그들 자신을 맞춰가려고 애쓰지 않는

다. 이런 비전은 간혹 자기모순적이고 불완전하며 때로는 광적인 경향을 띤다.[74]

하나의 보편원리로 다양한 현상을 모두 설명하려는 것은 비현실적인 시도이다. 하지만 다양한 현상 뒤에 흐르는 원리들의 존재를 완전히 부정하는 것도 무책임한 태도이다. 법관은 다양한 사건들을 있는 그대로 바라보면서도, 그 사건들의 배후에 존재하는 원리들을 유형화하는 작업에도 관심을 가져야 한다. 이러한 유형화의 가장 쉬운 출발점은 이분법이다. 이분법은 도식적이라는 비판을 면할 수 없는 운명을 가졌지만, 범사에 상대되는 것이 있음을 일깨워주는 중요한 기능을 수행한다. 이분법은 이론 체계를 완결짓는 데 턱없이 부족하지만, 이론 체계에 대한 논의를 시작하기 위한 요긴한 출발점이다. 사람의 유형을 고슴도치와 여우로 이분(二分)한 이사야 벌린의 말을 다시 살펴보자.

> 물론 이런 식의 지나친 단순화에 따른 이분법은 압축적이고 인위적이고 학문적이며 불합리하기도 하다. 그러나 이런 식의 이분법이 진지한 비평에는 큰 도움이 되지 않더라도 피상적이고 무가치한 것이라 일축해버릴 필요는 없다. 어떤 구분이라도 약간의 진실은 담고 있듯이, 이런 구분도 세상을 관찰하고 비교하는 하나의 관점, 즉 진지한 연구를 위한 출발점을 제시해준다.[75]

이 책에서는 이론이라는 개념이 여전히 지나치게 추상적이고 광범위하며 다양하여, 충분히 구체적인 내용을 담아내기가 어렵다

---

74) 이사야 벌린 지음, 강주현 옮김, 고슴도치와 여우, 개정판, 2010, 21~22면.
75) 이사야 벌린 지음, 강주현 옮김, 고슴도치와 여우, 개정판, 2010, 22~23면.

는 점을 자인한다. 더불어 그 체계화에도 한계가 있음을 자인한다. 다만 이 책의 목적상 민사법에 의미 있는 이론적 요소들을 의식적으로 도출할 수는 있을 것이다. 이러한 요소들은 대체로 개인과 공동체,76) 의사(意思)와 관계(關係),77) 형식과 실질,78) 정의와 효율,79) 원리와 정책,80) 실체적 정의와 절차적 정의, 사법소극주의와 사법적극주의, 현실과 당위, 규칙(rule)과 기준(standard)81) 등의 양상으로

76) 이는 민법 전체의 지도원리와도 깊은 관련이 있다. 개인의 자기결정, 자기책임을 토대로 하는 사적 자치의 원리를 강조하는 입장과 자본주의의 폐해에 주목하면서 공공복리의 원칙을 강조하는 입장이 있다. 이러한 입장차이는 구체적으로는 법원이 사적 법률관계에 개입하는 일반통로로서의 신의칙을 어떻게 자리매김할 것인가와 밀접한 관련이 있다.

77) 이는 주로 계약법에서 나타나는 사상적 대립이다.

78) 이에 관한 고전적 논문으로 D. Kennedy, *Form and Substance in Private Law Adjudication*, 89 Harv. L. Rev. 1685 (1976) 참조. 한편 위르겐 하버마스는 법의 근대사에 가장 큰 영향을 미쳤고 또 오늘날까지도 서로 경쟁하는 두 개의 법 패러다임으로 '부르조아 형식법'과 '사회복지국가적으로 실체화된 법'을 제시하는데, 이 역시 형식과 실질의 구도와 관련성이 있다. 위르겐 하버마스 지음, 한상진·이상도 옮김, 사실성과 타당성, 再版, 2007, 268면 참조.

79) 이는 주로 불법행위법에서 나타나는 사상적 대립이다.

80) 이는 드워킨이 말하는 원리논법(arguments of principle)과 정책논법(arguments of policy)에 기초한 것이다. 원리논법은 개인의 권리의 존중 및 확보라는 것에 의하여 정치적 결정을 정당화하는 방식이고, 정책논법은 사회 전체의 집합적 목표의 촉진 및 보호라는 것에 의하여 정당화하는 방식이다. 드워킨은 반공리주의(反功利主義)적 입장에서 원리논법적 접근, 즉 일단 창출된 권리는 사회적 목표에 우선하는 비중을 지니고 있다고 주장한다.

81) 규칙(rule)은 명쾌하게 정리되고, 고도로 관리가능하며 예측가능한 반면, 기준(standard)은 유연하게 작용하면서 각 사안의 구체적 타당성을 지향하며, 그 결과 도출된 결론의 선례성에 크게 집착하지 않는 특성을 가진다. D. Kennedy, *Form and Substance in Private Law Adjudication*, 89 Harv. L. Rev. 1685, 1687-1689 (1976) 참조. 가령 부동산점유취득시효는 20년의 시효기간이 완성한 것만으로 점유자가 곧바로 소유권을 취득하는 것은 아니고 민법 제245조에 따라 점유자 명의로 등기하여야 소유권을 취득한다는 법명제는 규칙에 해당한다. 반면 건물신축으로 인한 일조방해가 위법하다고 평가되려면 그 일조방해 정도가 사회통념상 일반적으로 인용하는 수인한도를 넘어야 한다는 법명제는 기준에 해당한다.

표현된다. 이는 전형적인 이분법적 사고방식으로 그 자체의 한계를 가지고 있지만, 민사법의 기본원리를 입체적으로 이해하는 중요한 출발점이 될 것이다. 이러한 이론적 요소들은 이 책의 제3장 이하에서 본격적으로 다루어질 것이다.

제3장

개인과 공동체

제1절 개 관

　민법의 기본 이론에서 가장 중요한 축은 개인과 공동체의 상호관계일 것이다. 민법의 3대 기본 원리라고 일컬어지는 사유재산권 존중의 원칙, 사적 자치의 원칙, 과실책임의 원칙은 대체로 개인의 자유를 넓게 보장하려는 사상적 기초 위에 서 있다. 한편 이러한 원칙의 적용 범위를 수정하려는 그 이후의 움직임은 대체로 개인의 자유가 과도하게 강조됨에 따라 발생하는 공동체 차원의 폐해를 최소화하려는 사상적 기초 위에 서 있다. 따라서 민법의 기본 원리라고 일컬어지는 것들의 배후에는 자유주의적 사상과 공동체주의적 사상, 또는 개인과 공동체의 긴장관계가 깔려 있는 경우가 많다.

　철학사에서 자유주의적 사상과 공동체주의적 사상의 긴장 관계는 오랜 뿌리를 가지고 있지만,[1] 이 문제가 특히 주목을 받기 시작한 것은 1980년대 이후 미국의 정치철학 분야에서 존 롤즈(John Rawls)의 『정의론』 및 『정치적 자유주의』에 대해서 마이클 샌델(Michale Sandel), 앨러스더 맥킨타이어(Alasdair MacIntyre), 찰스 테일러(Charles Taylor), 마이클 왈쩌(Machel Walzer) 등이 공동체적 관점을 고려한 비판을 가하면서 형성된 자유주의(libertarianism)와 공동체주

---

1) 김정오 외 4, 법철학: 이론과 쟁점, 2012, 181면에서는 자유주의적 전통은 홉스-로크-벤담-밀-칸트 등을 통하여 형성되었고, 공동체주의적 전통은 아리스토텔레스-아퀴나스-헤겔 등을 통하여 형성되었다고 설명한다. 또한 오늘날 자유주의와 공동체주의의 논쟁은 롤즈의 『정의론』 및 『정치적 자유주의』에 대한 샌델, 바버, 맥킨타이어, 테일러와 왈쩌 등의 비판으로 본격화되었다고 한다.

의(communitarianism)의 논쟁 때문이다.[2] 공동체주의자들은 개인의 정체성과 성장에 있어서 공동체에 존재하는 사회 제도 또는 덕의 윤리(virtue ethics)의 중요성을 강조하면서, 자유주의적 정의이론이 개인과 공동체의 관계에 대해 편향된 관점을 제시한다는 점을 주장하여 왔다. 이러한 최근의 흐름은 "근대 개인주의의 보편화에 따른 윤리적 토대의 상실, 즉 고도산업사회화에 따른 도덕적 공동체의 와해와 이기적 개인주의의 팽배에 의한 원자화 등의 현상에 대한 불만의 이론적 표출"이다.[3] 자유주의와 공동체주의의 문제는 비단 정치철학뿐만 아니라 법철학 분야에도 영향을 미치고 있다.[4] 이는 민법학과도 무관하지 않은 것이다.

자유주의의 사상을 나타내는 대표적 원리 중 하나는 존 스튜어트 밀이 주장한 「해악의 원리(harm principle)」이다. 해악의 원리는 다른 사람에게 해를 끼치지 않는 한 자유가 최대한 보장되어야 한다는 원리이다. 다음은 해악의 원리를 엿볼 수 있는 그의 진술이다.

> … 다른 사람들이 관심을 가지는 문제에 대해 그들을 괴롭히지 않는 한편, 그저 자신에게만 관계되는 일에 대해 자기 스스로의 기분과 판단에 따라 행동한다면, 각자가 자유롭게 자기 의견을 가질 수 있어야 하는 것과 마찬가지로, 자신의 책임 아래 남의 방해를 받지 않고 자기 생각에 따라 행동하는 자유가 허용되어야 한다. … 다른 사람에게 피해를 주지 않는 한, 각자의 개성을 다양하게 꽃피울 수 있어야

---

2) 이에 대해서는 스테판 뮬홀·애덤 스위프트 지음, 김해성·조영달 옮김, 자유주의와 공동체주의, 2001 참조.

3) 유흥림, "공동체주의의 철학적 기초: A. MacIntyre와 C. Taylor", 미국학 제19집(1996), 1면.

4) 오세혁, "해악원리, 법적 도덕주의, 그리고 후견주의-후견주의의 이중적 양면성", 중앙법학 제11집 제2호(2009. 8), 341면.

한다. 누구든지 시도해보고 싶다면, 자기가 원하는 삶의 양식이 얼마나 가치 있는 것인지 실천적으로 증명해볼 수 있어야 한다.[5]

어느 누구도 나이가 충분히 든 사람이 스스로 자기 인생을 위해 선택한 일을 하지 말라고 말할 자격은 없다. 누구보다도 본인이 자기를 가장 아끼는 법이다.[6]

각 개인은 자신의 행동이 다른 사람의 이해관계에 해를 주지 않고 자기 자신에게만 영향을 미칠 때 사회에 대해 책임지지 않는다. … 다른 사람의 이익을 침해하는 행동에 대해서는 당사자가 당연히 책임을 져야 한다.[7]

이러한 자유주의적 사상 아래에서는 개인이 공동체의 우위에 서게 된다. 공동체는 개인을 위해 존재하는 것이다. 그러므로 그 개인이 공동체에 해를 끼치지 않는 한 개인의 개별성과 자유가 최대한 발현될 수 있도록 개인을 놓아두는 것이 공동체의 도리이다.

하지만 공동체를 떠나서는 개인이 존재할 수 없다는 점을 생각하면 오히려 공동체가 개인의 삶의 출발점일지도 모른다. 공동체주의 진영의 학자인 맥킨타이어는 개인의 공동체 관련성을 다음과 같이 묘사한다.

나는 누군가의 아들이고 딸이며, 어떤 사람의 사촌이고 아저씨이다. 나는 이 도시나 저 도시의 시민이고, 이 조합이나 저 조합 혹은

---

5) 존 스튜어트 밀 지음, 서병훈 옮김, 자유론, 책세상, 2005, 109~110면. 존 스튜어트 밀의 저작물 선집(The Collected Works of John Stuart Mill)은 http://oll.libertyfund.org/groups/46에서 볼 수 있다.
6) 존 스튜어트 밀 지음, 서병훈 옮김, 자유론, 책세상, 2005, 145면.
7) 존 스튜어트 밀 지음, 서병훈 옮김, 자유론, 책세상, 2005, 177면.

어떤 직업의 구성원이다. 나는 이 부족이나 저 종족, 민족에 속한다. 따라서 나에게 선인 것은 이 역할들에 종사하는 사람들에게도 선이 된다. 이처럼 나는 과거의 나의 가족, 나의 도시, 나의 종족, 나의 민족으로부터 많은 부채와 유산 그리고 정당한 의무들과 기대들로 유래하는 것이다. 이것들이 주어진 나의 삶과 나의 도덕적 출발점을 구성하는 것이다.[8]

이러한 개인과 공동체의 문제는 우리 헌법이 추구하는 인간상 (das Menschenbild)과도 연결된다. 헌법 제10조는 "모든 국민은 인간으로서의 존엄과 가치를 가지며, 행복을 추구할 권리를 가진다."라고 규정한다. 이는 법질서 전체가 추구하여야 할 최종 목표이다. 또한 이는 우리 법질서가 한 명 한 명의 인간을 최고의 반열에 올려놓는 자유주의적 토대 위에 서 있음을 나타낸다. 그러나 인간과 인간이 모여 사는 사회에서는 인간의 존엄과 가치를 보호하는 데에도 사회적 조정이 필요하다. 그러므로 헌법이 상정하는 인간상은 공동체에 관련되고 공동체 안에서 살아가는 인간상이기도 하다.

우리 헌법재판소는 이러한 이중적 인간상을 다음과 같이 표현한다.

우리 헌법질서가 예정하는 인간상은 "자신이 스스로 선택한 인생관·사회관을 바탕으로 사회공동체 안에서 각자의 생활을 자신의 책임 아래 스스로 결정하고 형성하는 성숙한 민주시민"(헌재 1998. 5. 28. 96헌가5, 판례집 10−1, 541, 555; 헌재 2000. 4. 27. 98헌가16 등, 판례집 12−1, 427, 461)인바, 이는 사회와 고립된 주관적 개인이나 공동체의 단순한 구성분자가 아니라, 공동체에 관련되고 공동체에

---

8) A. MacIntyre 지음, 이진우 옮김, 덕의 상실, 1997, 324면.

구속되어 있기는 하지만 그로 인하여 자신의 고유가치를 훼손당하지
아니하고 개인과 공동체의 상호연관 속에서 균형을 잡고 있는 인격
체라 할 것이다.9)

독일 연방헌법재판소의 표현에 따르자면 개인과 공동체 사이
의 긴장관계는 "개인의 공동체적 관련성과 공동체에의 귀속성
(Gemeinschaftsbezogenheit und Gemeinschaftsgebundenheit der Person)"이
라는 관점에서 풀어나가야 하는 것이다.10)

이러한 자유주의와 공동체주의, 개인과 공동체의 문제는 법질
서 전체의 차원에 구조적으로 내재하는 것이므로 민법 역시 여기에
서 자유로울 수 없다.

이른바 카지노 판결은 자유주의와 공동체주의에 대한 관점을
잘 보여준다.11) 이 사건에서 피고는 강원도 정선군 사북읍에서 강
원랜드라는 상호로 국내에서 유일하게 내국인 출입이 가능한 카지
노를 개장하여 운영하는 회사였다. 원고는 2003. 4. 13.부터 2006.
11. 28.까지 총 333회에 걸쳐 피고가 운영하는 카지노에 출입하여
바카라 등 도박게임을 하다가 합계 23,179,100,945원을 잃은 사람
이었다. 원고는 피고가 원고의 병적 도박 중독 상태를 알고 있었는
데도 카지노 출입제한 조치를 하지 아니한 채 원고의 도박을 허용

---

9) 헌재 2003. 10. 30, 2002헌마518. 김도균, "한국 법질서와 정의론: 공정과 공
   평, 그리고 운의 평등 ― 試論 ― ", 서울대학교 법학 제53권 제1호(2012. 3),
   398면에서는 이를 "적어도 상식을 가진 개인이라면 이성적으로는 거부할 수
   없을 내용을 가지고 있어서 상당한 합의를 획득할 정도로 합당한 인간관이라
   고 여겨진다."라고 평가한다.
10) BVerfGE 4, 7 (15 f). 김도균, "법원리로서의 공익: 자유공화주의 공익관", 서
   울대학교 법학 제47권 제3호(2006. 9), 206면에서 이러한 독일연방헌법재판
   소의 입장을 소개하고 있다.
11) 대판(전) 2014. 8. 21, 2010다92438.

하였고, 피고 소속 직원들이 1회 베팅한도 제한규정을 위반하여 원고가 과다한 금액을 베팅하게 하는 등 피고 또는 피고의 피용자가 원고에 대한 보호의무나 배려의무를 위반하여 불법행위를 함으로써 원고가 재산을 탕진하게 되었다고 주장하였다. 이 판결에서는 관련 법령에서 내국인 출입 카지노사업자의 영업을 규제하는 것이 카지노 사업자의 고객보호의무까지 인정하는 취지인지가 쟁점이 되었다. 그런데 여기에서 한 꺼풀 더 들어가면 공동체 속에서 살아가는 개인의 자기결정과 자기책임을 어떤 위치에 놓을 것인가에 관한 근본적인 관점이 문제되고 있다. 이 점에 대한 다수의견의 입장을 살펴보자.

(가) 개인은 자신의 자유로운 선택과 결정에 따라 행위하고 그에 따른 결과를 다른 사람에게 귀속시키거나 전가하지 아니한 채 스스로 이를 감수하여야 한다는 '자기책임의 원칙'이 개인의 법률관계에 대하여 적용되고, 계약을 둘러싼 법률관계에서도 당사자는 자신의 자유로운 선택과 결정에 따라 계약을 체결한 결과 발생하게 되는 이익이나 손실을 스스로 감수하여야 할 뿐 일방 당사자가 상대방 당사자에게 손실이 발생하지 아니하도록 하는 등 상대방 당사자의 이익을 보호하거나 배려할 일반적인 의무는 부담하지 아니함이 원칙이다. 카지노업, 즉 '전문 영업장을 갖추고 주사위·트럼프·슬롯머신 등 특정한 기구 등을 이용하여 우연의 결과에 따라 특정인에게 재산상의 이익을 주고 다른 참가자에게 손실을 주는 행위 등을 하는 업'(관광진흥법 제3조 제1항 제5호)의 특수성을 고려하더라도, 폐광지역개발 지원에 관한 특별법(이하 '폐광지역지원법'이라 한다)에 따라 내국인의 출입이 가능한 카지노업을 허가받은 자(이하 '카지노사업자'라 한다)와 카지노이용자 사이의 카지노 이용을 둘러싼 법률관계에 대하여도 당연히 위와 같은 '자기책임의 원칙'이 적용된다.

(나) 카지노사업자가 카지노 운영과 관련하여 공익상 포괄적인 영업 규제를 받고 있더라도 특별한 사정이 없는 한 이를 근거로 함부로 카지노이용자의 이익을 위한 카지노사업자의 보호의무 내지 배려의무를 인정할 것은 아니다. 카지노사업자로서는 정해진 게임 규칙을 지키고 게임 진행에 필요한 서비스를 제공하면서 관련 법령에 따라 카지노를 운영하기만 하면 될 뿐, 관련 법령에 분명한 근거가 없는 한 카지노사업자에게 자신과 게임의 승패를 겨루어 재산상 이익을 얻으려 애쓰는 카지노이용자의 이익을 자신의 이익보다 우선하거나 카지노이용자가 카지노 게임으로 지나친 재산상 손실을 입지 아니하도록 보호할 의무가 있다고 보기는 어렵다.

다만 자기책임의 원칙도 절대적인 명제라고 할 수는 없는 것으로서, 개별 사안의 구체적 사정에 따라서는 신의성실이나 사회질서 등을 위하여 제한될 수도 있다. 그리하여 카지노이용자가 자신의 의지로는 카지노 이용을 제어하지 못할 정도로 도박 중독 상태에 있었고 카지노사업자도 이를 인식하고 있었거나 조금만 주의를 기울였더라면 인식할 수 있었던 상황에서, 카지노이용자나 그 가족이 카지노이용자의 재산상 손실을 방지하기 위하여 법령이나 카지노사업자에 의하여 마련된 절차에 따른 요청을 하였음에도 그에 따른 조처를 하지 아니하고 나아가 영업제한규정을 위반하여 카지노 영업을 하는 등 카지노이용자의 재산상실에 관한 주된 책임이 카지노사업자에게 있을 뿐만 아니라 카지노이용자의 손실이 카지노사업자의 영업이익으로 귀속되는 것이 사회 통념상 용인될 수 없을 정도에 이르렀다고 볼 만한 특별한 사정이 있는 경우에는, 예외적으로 카지노사업자의 카지노이용자에 대한 보호의무 내지 배려의무 위반을 이유로 한 손해배상책임이 인정될 수 있다.

대법관 김용덕, 대법관 고영한, 대법관 김창석, 대법관 김신, 대법관 김소영, 대법관 조희대의 반대의견은 다른 관점을 취하였다.

국가가 폐광지역의 경제 진흥이라는 정책목표를 정당한 재정집행을 통하여 이루려고 하지 않고 국민을 상대로 한 카지노업을 허용한 후 거기서 마련된 기금 등으로 달성하고자 한다면 카지노업의 폐해로부터 국민을 보호할 방법 또한 마련해야 할 필요가 있다. 특히 카지노이용자 중 심각한 병적 도박 중독의 징후를 보이는 이들은 대부분 자신의 의지로는 도박충동을 자제하지 못하고 게임에 거는 금액을 키우거나 게임 횟수와 시간을 늘려 카지노게임에 과도하게 몰입하는 이들이어서 정상인과는 달리 카지노 이용을 조절하고 절제할 능력이 부족하여 카지노 이용으로 경제적·사회적 파탄에 내몰리게 되어 있으므로, 자기책임의 원칙만을 내세워 이러한 이들에 대한 보호를 거부할 것은 아니다.

카지노 판결은 공동체가 개인의 삶에 얼마나 관여하여야 하는가 하는 궁극적인 물음을 다루는 판결이다. 이 판결은 자신이 스스로 선택하여 한 행위에 대한 책임을 타인에게 묻고자 하는 사건을 다루었다는 점에서 그 유명한 담배소송 판결[12]과도 유사하다. 피고의 손해배상책임 여부에 대해 다수의견은 부정하고, 반대의견은 긍정하였다. 이 사건에는 소멸시효 기산점, 손해배상 범위, 사용자책임 등 여러 가지 쟁점들이 있으나 핵심 쟁점은 다음 두 가지였다. 첫 번째 쟁점은 피고에게 원고에 대한 배려의무 내지 보호의무를 인정할 것인가 하는 점이었다. 다수의견은 자기책임의 원칙에 비추어 원칙적으로 이러한 의무는 인정되지 않는다고 하면서 이 사건에서 그러한 의무를 인정하지 않았다. 반대의견은 출입제한조치 자체가 위와 같은 의무를 전제로 한 것이므로 그러한 조치를 취하지 않았다면 손해배상책임을 부담하여야 한다고 보았다. 두 번째 쟁점은

---

12) 대판(전) 2014. 4. 10, 2011다22092.

베팅한도 제한규정(단속법규)이 이용자 개인의 재산상 이익을 보호
하기 위한 규정인가 하는 점이었다. 만약 그렇다면 이러한 규정위
반은 곧 보호의무위반에 해당하여 불법행위에 있어서 위법성 요건
을 충족하게 된다. 다수의견은 이러한 제한규정은 일반 공중의 사
행심 유발을 방지하기 위한 규정일 뿐 카지노 이용자 개개인의 재
산상 손실을 방지하는 규정이라고 보기 어렵다고 보아, 설령 그러
한 규정을 위반하였더라도 보호의무 위반을 인정하기 어렵다고 보
았다. 반면 반대의견은 위 규정이 카지노 이용자 개개인의 재산을
보호하기 위한 규정이라고 보아 보호의무 위반을 인정하였다. 전
체적으로 보면, 카지노 운영자가 카지노 이용자 개개인을 얼마나
보호하고 배려할 것인가에 대한 시각 차이에서 의견 차이가 비롯되
었다.

　이 판결에서는 카지노 사업자에게 불법행위책임의 근거가 되
는 보호의무를 인정할 것인가 하는 구체적인 쟁점과 결부되어 이
물음이 다루어지고 있다. 하지만 이 물음의 사정거리는 불법행위를
넘어서서 계약이나 소유권 등 민법 전반에까지 미친다. 그리고 이
러한 개인과 공동체의 문제는 때로는 명시적으로, 때로는 묵시적으
로 각종 사건들의 배후에서 법관의 관점에 영향을 미친다. 공동체
의 이름으로 법을 적용하고 강제하는 범위 내에서 법관은 국가권력
을 행사하는 것이다.

　저자는 법철학자가 지니는 정도의 전문성을 가지고 있지 않으
므로 이처럼 심오한 이론의 문제 자체를 권위 있게 설명하고 이해
시킬 능력은 가지고 있지 않다. 다만 민법학자로서 개인과 공동체
의 문제가 민법 각 분야에 다양한 형태로 반영되고 있다는 점 정도
는 자각하고 있다. 이러한 자각의 토대 위에서 이하에서는 계약법,

불법행위법, 소유권법의 세 가지 대표 영역에서 개인과 공동체의 문제가 발현되는 모습을 그려보고자 한다. 개인과 공동체를 표상하는 키워드(key word)로서 계약법에서는 자율과 후견을, 불법행위법에서는 회복과 예방을, 소유권법에서는 독점과 공유를 각각 다루고자 한다. 이로써 개인과 공동체의 긴장관계가 각 법 영역에 미치는 모든 모습을 보여줄 수는 없겠지만, 적어도 이로부터 도출되는 이론적 문제가 실제로 민법의 전체 모습에 영향을 미치고 있음을 보일 수는 있을 것이다.

제2절 계약법

※ 이 절은 저자가 공간한 다음 문헌들에 주로 의거하여 작성하였다.
"위험배분의 관점에서 본 사정변경의 원칙", 민사법학 제51호(2010. 12).
"계약법의 사상적 기초와 그 시사점", 저스티스 통권 제124호(2011. 6).
"계약관계에 있어서 신뢰보호", 서울대학교 법학 제52권 제4호(2011. 12).
"계속적 계약에 있어서 재교섭조항의 해석", 민사판례연구 제36집(2014. 2).
"한국 민법과 사적 자치", 우리 법 70년 변화와 전망, 청헌 김증한 교수 추모
논문집(2018. 10).

1. 출발점

우리나라에 계약법이라는 이름의 성문법은 존재하지 않는다.
그 대신 민법의 많은 조항들은 계약 또는 그 상위 개념으로서의 법
률행위에 대해 규정한다. 이러한 조항들을 다루는 민법 분야를 편
의상 계약법이라고 부르기로 한다.

계약법은 근대 민법의 핵심 정신을 직접적으로 담고 있는 분야
이다. 계약법은 태어날 때부터 또는 자기 의사와는 무관하게 사회
질서 속에서 타율적으로 결정된 신분(status)이 아니라 자기 의사에
따라 자기가 주인공이 되어 타인과 체결하는 계약(contract)이 그 개
인의 법적 운명을 결정하는 지표가 되어야 한다는 자유주의 이념을
담고 있다.[13] 개인의 법률관계는 신분제가 표상하는 수직적 관계가

---

[13] "개인의 자기운명결정권"은 헌법 제10조에서 보장하고 있는 개인의 인격권
과 행복추구권에도 포함되어 있는 것이다. 헌재 1990. 9. 10, 89헌마82; 헌재
2001. 10. 25, 2000헌바60; 헌재 2009. 11. 26, 2008헌마385.

아니라 계약이 표상하는 수평적 관계라야 한다는 평등주의의 이념을 담고 있다. 이러한 이념들은 근대 민법의 정수(精髓)이다. 민법에서 개인의 의사는 사법상(私法上) 법률관계의 중심에 선다. 개인의 의사 결합으로 구성된 계약(또는 그 상위 개념으로서의 법률행위)을 탐구하는 계약법이 민법의 중심에 자리잡고 있는 것은 충분히 이해할 만한 일이다.

　　그러나 개인이 중심이 되는 계약법의 세계에도 개인과 공동체의 역학관계가 존재한다. 계약관계도 사람의 삶과 비슷한 사이클을 거친다. 마치 사람이 태아기를 거쳐 출생하여 다양한 형태로 살아가다가 삶을 마감하고 그 삶의 마무리가 이루어지듯이, 계약관계도 교섭과정을 거쳐 성립되어 다양한 모습으로 존속하다가 때로는 정상적 채무이행을 통하여, 때로는 비정상적 해소로 종료되어 청산된다. 그런데 사회 속에서 살아가는 사람의 삶이 결코 혼자만의 것일 수 없듯이, 계약관계 역시 한 계약 당사자만의 것일 수 없다. 그러므로 사람이 상호의존적 삶을 살듯이 계약관계 역시 상호의존적 속성을 지닌다.

　　계약은 한편으로는 개인의 의사를 담아내는 도구이지만, 다른 한편으로는 계약 당사자들로 구성되는 계약공동체의 정관(定款)이기도 하고, 이러한 공동체를 넘어서서 사회공동체가 마땅히 따라야 할 법적 질서를 구성해 나가는 건축소재(building block)이기도 하다. 계약법의 대원칙은 계약자유의 원칙이므로 계약법의 키워드는 마땅히 '자율'이어야 한다. 하지만 한편으로는 위와 같은 계약의 공동체 관련성을 유념한다면 '후견'의 역할도 경시할 수는 없다. 계약법 중 '계약'이 자율을 표상한다면, '법'은 후견의 향기를 풍긴다. 따라서 계약법의 세계에는 자율과 후견이 병존한다. 항시 계약의 문제를 다루는 법률가의 입장에서도 계약법의 세계를 관통하는 이 두 가지 패러다임의 역동적인 상호 작용을 이해하는 것은 반드시 필요한 일이다. 아래에서는 두 가지 관점에 대해 설명한다.

2. 자율 패러다임

가. 자율 패러다임의 내용

(1) 자율 패러다임의 의미

계약법은 계약을 탐구대상으로 삼는다. 계약은 계약 당사자들의 자율적 합의에 의해 성립된다. 이를 통해 계약 당사자는 외부 세계의 법질서와는 별도로 그들 세계의 법질서를 사적으로 형성한다(이른바 'private ordering'). 헌법재판소의 표현을 빌리면, 사적 자치의 원칙은 "인간의 자기결정 및 자기책임의 원칙에서 유래된 기본원칙으로서, 법률관계의 형성은 고권적인 명령에 의해서가 아니라 법인격자 자신들의 의사나 행위를 통해서 이루어진다는 원칙"이다.[14] 이로써 인간이 자신의 인격을 발현하고 스스로의 법적 운명을 결정할 자유가 보장되고, 인간이 인간답게 살기 위해 꼭 필요한 상호작용의 자유가 제도적으로 신장됨으로써 궁극적으로 인간의 존엄성이 제고된다. 이러한 계약의 본질과 기능에 비추어 볼 때, 계약법은 당사자의 자율을 승인할 뿐만 아니라 이를 최대한 관철시키고 강화하는 규범체계라야 한다. 이러한 사고방식을 자율 패러다임이라고 표현하기로 한다.

---

14) 헌재 2001. 5. 31, 99헌가18 등(헌공, 57).

(2) 계약법의 기본 패러다임으로서의 자율 패러다임

자율 패러다임은 계약법의 기본 패러다임이다. 계약법의 전반
을 관통하는 계약자유의 원칙은 이러한 패러다임의 대표적 표현이
다.15) 우리 민법은 계약자유의 원칙을 명문으로 규정하지는 않는
다. 그러나 수많은 민법 조항들이 이 원칙을 당연한 전제로 삼고
있다. 예컨대 반사회적 법률행위의 무효에 관한 민법 제103조나 폭
리행위의 무효에 관한 민법 제104조는 법에서 정한 테두리 내에서
는 당사자들이 계약을 자유롭게 형성할 수 있다는 점을 당연한 전
제로 삼고 있다. 계약자유의 원칙을 선언하지 않은 채 그것이 제한
되는 경우만 열거하는 태도도 역설적으로 계약자유의 원칙이 당연
하다는 점을 나타낸다. 임의규정보다 당사자의 의사가 우선한다고
규정하는 민법 제105조 역시 그러하다. 이러한 사고방식은 민법의
대원칙으로 일컬어지는 사적 자치의 원칙의 계약법적 발현이다. 사
적 자치의 원칙은 "개인이 자신의 법률관계를 그의 자유로운 의사
에 의하여 형성할 수 있다"16)는 원칙이다. 이는 "인간의 자기결정
및 자기책임의 원칙에서 유래된 기본원칙"으로서, "법률관계의 형
성은 고권적인 명령에 의해서가 아니라 법인격자 자신들의 의사나
행위를 통해서 이루어"진다는 정신을 담고 있다.17) 이를 통해 법적

---

15) 저자가 여기에서 상정하는 "자율 패러다임"의 외연은 계약자유의 원칙보다
넓은 것이다. 이는 대체로 계약의 체결, 계약 당사자와 내용 및 방식결정의
자유를 내용으로 하는 계약자유의 원칙과 중첩되지만, 이와 같이 계약의 체
결 단계를 넘어서서 계약상 채무이행 또는 불이행, 계약의 기초가 된 사정변
경의 처리, 계약분쟁해결방법 등 계약관계의 모든 과정에서 가급적 국가의
후견을 최소화하고 당사자의 자율을 강화하려는 사고방식에까지 이른다는
점에서 계약자유의 원칙보다는 넓은 개념이다.

16) 대판 2016. 8. 24, 2014다9212.

17) 헌재 2011. 2. 24, 2008헌마87.

인 권리의무관계의 설계와 운영이 탈중앙화 되고, 인간사의 다양함에 걸맞은 다양한 규율이 가능해진다. 개인과 기업의 경제상의 자유와 창의를 존중함을 기본으로 하는 헌법 제119조의 정신에 부합하고, 나아가 헌법을 통해 표현되는 우리 법질서의 궁극적인 지향점, 즉 인간의 존엄과 가치 및 행복추구권과도 합치한다.[18)]

(3) 자율 패러다임의 형성과정

개인의 자율성을 중시하는 사고 방식은 로마법으로 거슬러 올라간다. 최병조 교수는 다음과 같이 설명하였다.

> 법질서의 범위 내에서 사인 간의 자유롭고 자율적이며 자기책임 하에 이루어지는 법률거래를 통한 상호적인 물자와 용역의 교환이 인간 생활공동체의 실상임을 솔직하고 허심탄회하게 인정하였다.[19)]
> 로마법은 도덕이나 종교의 이름으로 개개인의 삶을 규제하기보다는 권리와 정의의 이름으로 개개인의 사회활동을 북돋우고, 각자에게 돌아가야 할 권리의 실현을 위하여 매우 다양한 제도와 절차를 마련하였다.[20)]

로마법 이래 자율 패러다임은 이른바 고전적 계약법이론[21)]과 결부되어 근대적 계약법의 초석이 되었다. 자율 패러다임은 자기결

---

18) 헌재 1991. 6. 3, 89헌마204는 계약자유의 원칙은 행복추구권에 함축된 일반적 행동자유권으로부터 파생되는 것이라고 명시적으로 밝힌다.

19) 최병조, 로마법연구(Ⅰ): 법학의 원류를 찾아서, 1995, 112면 이하.

20) 최병조 대표편역, 한국민법의 로마법적 배경과 기초, 2013, 27면.

21) 고전적 계약법 이론은 18세기 후반부터 19세기에 걸쳐 자연법이론, 자유방임주의, 개인주의, 자유시장경제철학 등의 영향을 강하게 받아 형성된 근대 계약법의 사조를 말한다. Clare Dalton, *An Essay in the Deconstruction of Contract Doctrine*, 94 Yale. L. J. 997, 1012 (1985).

정을 핵심으로 한다. 자기결정을 법개념화한 것이 의사표시(意思表示)의 개념이었다. 자율 패러다임 아래에서 계약 당사자의 의사(意思)의 지위는 절대적이었다. 사비니(Savigny, 1779~1861)의 표현을 빌리면, 의사는 유일하게 중요하고 유효한 것이었다.22) 이러한 의사주의의 사상은 프랑스, 독일, 스위스, 오스트리아 등 주요 대륙법계 민법전에 고스란히 담겼다. 가령 프랑스 민법 제1134조 제1항은 "적법하게 형성된 합의는 이를 성립시킨 당사자 사이에서는 법률을 대신한다."라고 규정하였다. 독일 민법은 의사표시를 필수적 구성요소로 하는 법률행위의 개념을 민법의 초석으로 삼았고, 이러한 개념을 토대로 숱한 조문과 법리들이 뻗쳐 나갔다.

이러한 의사를 중시하는 사고는 대륙을 넘어 영국을 거쳐 미국에도 영향력을 행사하였다. 의사적 관점은 영국의 프레데릭 폴락(Frederick Pollock, 1845~1937) 등에 의해 주창된 "마음의 만남(meeting of the minds)"이라는 관념 아래23) 영국의 계약법에서도 힘을 얻기 시작하였다.24) 이러한 사고는 대서양을 건너 미국 계약법에도 영향을 미쳤다. 20세기 초 미국의 저명한 계약법학자였던 모리스 코헨(Morris Cohen, 1880~1947)의 표현을 빌리자면 미국 계약법에 있어서도 의사는 "존중되어야 할 고유한 가치가 있는 것(will is something

---

22) Friedrich Carl von Savigny, System des heutigen römischen Rechts Ⅲ, 1849, S. 258.

23) Frederick Pollock, The Principles of Contract (4th ed.), 1881에 이러한 사상이 표현되어 있다.

24) 이러한 관점을 잘 나타내 보여주는 초기의 영국 판례로서는 Household Fire and Carriage Accident Insurance Co. Ltd v. Grant [1879] 4 Ex D 216; Carill v. Carbolic Smoke Ball Company [1893] 1 QB 256 등이 있다. 다만 영미법계는 대륙법계와 달리 계약의 성립요건으로 의사합치 이외에도 약인 (consideration)을 요구한다는 점에서 대륙법계에서 발견되는 순수한 의사적 관점에 이르지는 못하였다.

inherently worthy of respect)"이고, 그 의사를 보호하는 것이 바로 계약법의 주된 사명이었다.[25] 당사자의 의사가 아니라 당사자간의 '주고 받기'라는 형평적 상호관계에서 계약의 구속력을 승인하려는 영미법상 약인(consideration)의 법리는 의사주의가 확장된 19세기를 거치면서 약화되었다.[26] 이를 통해 계약의 형평성을 모니터링하던 법원의 후견적 역할도 약화되었다.[27]

이러한 흐름 속에서 의사적 관점은 원칙적으로 당사자 자신의 의사에 기해 권리의무관계가 변동되어야 한다는 자유주의적 사상을 잘 대변하여 왔다. 이처럼 전 세계적으로 당사자의 자율적 결정에 초점을 맞추어 계약을 정당화하려는 사고방식이 팽창하면서 형평이나 정의, 신뢰보호, 효율성과 같은 의사 외부적인 가치에 근거한 계약 간섭은 제어되었다.

이는 다시 다음과 같은 세부적 흐름으로 이어졌다. 우선 계약법의 독자성으로 인해 계약법이 위와 같은 사회이념적 문제를 다루는 철학 등 다른 학문과 분리되는 현상이 두드러졌다. 이는 중세 계약법이 아리스토텔레스와 토마스 아퀴나스의 철학에 기초하여 발전한 것과 대조적인 특징이었다.[28] 또한 계약법은 의사와 무관하게 책임을 부과하는 불법행위법과는 확연하게 분리된 독자의 영역이라는 이분법적 사고가 발달하였다. 이를 통해 불법행위법적 사고가 계약법의 영역에 침투하는 것을 경계하였다.

---

25) Morris R. Cohen, *The Basis of Contract*, 46 Harv. L. Rev. 553, 575 (1933).

26) Morton Horwitz, "*The Historical Foundations of Modern Contract Law*", 87 Harv. L. Rev. 917, 944 (1974).

27) Morton Horwitz, "*The Historical Foundations of Modern Contract Law*", 87 Harv. L. Rev. 917, 944 (1974).

28) 중세 계약법의 철학적 기초에 대해서는 일반적으로 J. Gordley, The Philosophical Origins of Modern Contract Doctrine, 1991 참조.

(4) 자율 패러다임의 정당성 근거

그렇다면 이러한 자율 패러다임의 정당성은 어디에 근거하는가? 두 가지 입장으로 정리할 수 있다.

첫 번째 입장은, 자율은 그것이 가져오는 결과보다는 자율 그 자체에 가치가 있기 때문에 보호되어야 한다는 의무론적 입장이다. 철학사적으로는 자율성을 개인의 가장 근본적인 도덕적 특성의 반열에 올려놓고 그 자율성을 수단화해서는 안 된다는 도덕적 절대의무를 강조했던 칸트주의적 자유주의와 연결된다. 이에 기초해서 계약 당사자의 의사는 "원래" 존중할 가치가 있다는 사고방식이 나오게 된다.[29] 만약 당사자의 자율적인 결정 자체가 반드시 지켜져야 할 대상이라면, 그 결정이 설령 계약 당사자의 이익에 반하는 결과로 이어지더라도 그 결정은 존중되어야 한다. 즉 당사자들에게는 계약내용을 객관적으로 합리적이거나 정당하게 형성 혹은 해명할 의무가 부과되지 않는다.[30] 이는 결국 자율을 해치기 때문이다. 이러한 논리에 따르면 계약 당사자의 이익에 반한다는 결과만으로는 국가의 후견적 관여가 정당화되지 않는다. 국가의 후견적 관여는 자율의 행사가 오히려 자율 그 자체를 본질적으로 침해하는 정도에 이르러야 비로소 정당화된다.

두 번째 입장은 자율 그 자체의 가치보다는 자율이 가져다주는 효용에 주목하여 자율을 보호하는 공리주의적 입장이다. 이러한 결과론적 사고[31]는 역사적으로는 19세기 중반 영국에서 제레미 벤덤,

---

29) Morris R. Cohen, *The Basis of Contract*, 46 Harv. L. Rev. 553, 575 (1933).

30) Flume, Allgemeiner Teil des Bürgerlichen Rechts, Bd Ⅱ: Das Rechtsgeschäft, 3. Aufl. 1979, S. 6.f.

31) 결과론(consequentialism)은 도덕이론(ethical theory) 중 하나로서, 행동은

제임스 밀, 존 스튜어트 밀 등을 중심으로 전개된 사회사상에서 비롯된 것으로서 공리성(utility)을 가치 판단의 기준으로 삼는 사상에 기초하고 있다.[32] 가령 이러한 공리주의의 계보상에 있는 법경제학도 이러한 관점으로 계약법을 바라본다. 이 입장에 따르면 계약은 각 당사자가 계약을 통해 더 높은 효용을 얻으려는 인센티브 아래에서 자발적으로 체결되고, 이를 통해 이른바 파레토 효용(pareto efficiency)이 달성된다. 하지만 자율이 당사자의 효용을 증진한다는 전제가 깨어지면, 즉 계약 당사자의 자율을 제한하여 효용을 높일 수 있다면 자율에 대한 제한은 정당화될 수 있다. 그러한 의미에서 자율은 효율성에 복속되는 열위의 도구 가치라고 표현할 수 있을지도 모른다. 결국 외견상 자율을 옹호하더라도 그 정당성의 근거에 관한 입장 차이에 따라 자율과 후견의 세밀한 역학관계는 달라진다.

　　전자가 18세기 칸트의 자율성 개념과 도덕철학에 기초하여 형성된 의무론적 자유주의의 입장이라면, 후자는 19세기 벤담과 밀의 사회사상에 기초한 공리주의적 자유주의의 입장이라고 할 수 있다. 또한 전자가 '옳음(right)'에 기초한 자유주의의 입장이라면, 후자는 '좋음(good)'에 기초한 자유주의의 입장이라고 할 수 있다.

그 행동이 가지고 오는 결과의 가치에 따라 평가되어야 한다는 관점이다. Donald M. Borchert ed., Encyclopedia of Philosophy, 2nd Edition, 2006, p. 460(Henry West 집필 부분).

32) 공리주의(Utilitarianism)에 대한 일반적인 설명으로는 Donald M. Borchert (ed.), Encyclopedia of Philosophy, 2006, p. 603 참조.

나. 자율 패러다임의 한계

(1) 자율 패러다임의 내재적 한계

자율 패러다임의 정당성에 대해 이견을 제시하는 사람을 찾아보기는 어렵다. 그러나 총론의 영역에서 각론의 영역으로, 이상을 논하는 장에서 현실을 논하는 장으로 내려오면 논의 양상은 사뭇 달라진다. 이 패러다임은 어떤 영역에 적용되어야 하는가? 그 운신의 폭은 어디까지인가? 무엇이 진정한 의미의 자율성인가? 이를 고양하는 길은 무엇인가? 한계선상에 있는 구체적 사례의 맥락에서 이러한 질문이 주어지면 사람마다 서로 다른 해답을 내놓을 것이다. 자율 패러다임 또는 사적 자치에 대한 추상적 이해는 비슷하지만, 그에 대한 구체적 이해는 각자 다르기 때문이다.

따라서 자율 패러다임으로 계약법의 모든 것을 명쾌하게 설명할 수 없다. 계약은 사적(private)이지만, 계약법은 공적(public)이다. 계약법 내에도 당사자의 의사가 아니라 법률의 규정이 지배적 역할을 수행하는 부분이 적지 않다. 사회질서 또는 이를 실정법화한 민법 내외의 강행규정들에 의해 자율에는 일정한 테두리가 지워진다. 특히 계약의 체결 단계가 아니라 구제, 소멸 내지 청산 단계에 이르게 되면 당사자의 의사와 무관하게 형성되는 법률관계의 역할이 중요해진다. 한편 임의규정에는 공정이나 형평과 같은 사회적 가치가 녹아들어가 있다. 이는 비록 당사자의 의사에 의해 배제할 수 있는 것이지만 현실적으로는 당사자의 계약관계에 고스란히 영향을 미치는 경우가 많다. 그러므로 자율 패러다임의 적용범위에는 내재적인 한계가 있다.

(2) 자율 패러다임이 기초한 전제의 한계

자율 패러다임이 서 있는 전제에도 한계가 있다. 자율 패러다임은 충분한 정보의 토대 위에서 합리적이고 자유로운 의사결정을 행하는 인간상을 상정한다. 즉 자율 패러다임이 수긍되려면, ① 계약 당사자에게 충분한 정보가 제공되어야 하고(정보의 토대), ② 계약 당사자가 그 정보를 제대로 인식, 이해하고 합리적으로 판단할 수 있어야 하며(인지와 판단의 토대), ③ 그 판단의 토대 위에서 대등하게 상대방과 협상할 수 있어야 한다(협상력의 토대). 그런데 이러한 토대들은 심각한 도전 아래 흔들려 왔다. 우선, 사회가 복잡화·전문화되면서 정보를 가진 자와 못 가진 자 사이의 구조적인 정보비대칭 현상이 심화된다.[33] 설령 계약 당사자에게 정보가 주어져도 이를 제대로 인식 또는 이해하지 못하거나, 합리적 판단에 이르지 못하는 경우가 빈번하다.[34] 또한 정보를 올바르게 인식, 이해하고 합리적으로 판단할 수 있더라도 협상력이 결여되어 자신의 판단을 관철시킬 수 없는 상황이 적지 않다. 계약 당사자에게 정보, 인지와

---

33) 정보비대칭의 폐해에 대한 기념비적 논문으로 George Akerlof, *The Market for 'Lemons': Quality Uncertainty and the Market Mechanism*, 84 Quarterly Journal of Economics 488-500 (1970) 참조. 이 논문에서는 정보비대칭 현상이 국가의 개입을 정당화한다고 주장한다.

34) 인지과학 내지 뇌과학에서는 인간의 인지에 여러 가지 한계가 있음을 밝히고 있고, 이에 따라 형법학에서는 과연 인간에게 형사처벌을 정당화할 정도의 자유의지가 존재하는가에 대한 기본적인 의문이 제기되고 있는데 이는 민법에도 시사하는 바가 있다. 또한 최근 행동주의 경제학의 연구결과에 따르면 사람들의 판단은 편견에 좌우되고 극단적인 것을 싫어하며 자신에게 장차 일어날 위험성을 과소평가하지만 일단 위험이 가시권 안에 들면 과대평가한다. 최초 생각이나 과거 선례에 구속되는 경향을 보이고, 이익보다는 손실에 민감하며, 경제적 이해관계뿐만 아니라 비경제적 이해관계에도 상당한 영향을 받는다. 이에 대하여는 Cass R. Sunstein(ed), Behavioral Law & Economics, 2000, pp. 2-10.

판단, 협상력이라는 세 가지 토대가 갖추어져 있다는 전제는 현실
(reality)이라기보다는 신화(myth)에 가깝다. 이를 인정하는 순간 자율
패러다임도 흔들리게 된다.

(3) 자율적 결정 내용 확정에 수반되는 한계

더욱 궁극적으로는 계약에 있어서 무엇이 당사자가 자율적으
로 결정한 내용인가가 늘 명확하지는 않다는 문제가 있다. 개인의
의사는 외부로부터 쉽게 관찰, 확인될 수 있는 형태로 존재하지 않
는다. 이는 재판실무의 장(場)에서 생생하게 드러난다. 아무리 당사
자들의 자기결정을 존중하려고 해도 그 내용을 확정하는 것 자체가
곤란한 경우가 많다. 사실 그렇기 때문에 분쟁이 발생하여 재판에
이른 것이기도 하다. 이러한 상황에서 법원은 '규범적' 관점에서 계
약 당사자나 내용을 확정하는 수밖에 없고(규범적 해석), 때로는 당
사자의 '가정적 의사'를 내세워 실질적인 계약형성작용을 수행한다
(보충적 해석). 이는 당사자의 의사라는 외피(外皮) 속에서 공동체의
눈으로 법률관계를 확정하는 작업이다. 그래서 법사실주의(legal
realism) 진영에서는 순수한 의사주의가 판결의 향방을 점치는 데에
무력할 뿐만 아니라, 그 예측 불가능성 때문에 경제에도 해악이 된
다고 혹평하기까지 한다.[35] 나아가 아래에서 보는 바와 같이 계약
의 사회적 맥락이 강조되고 신뢰를 중시하는 사고가 계약법에 유입
되면서 자유주의적 계약법이 사망에 이르렀다는 과감한 선언까지
도 나온 것이다.[36]

---

35) Nicholas C. Dranias, *Consideration as Contract: A Secular Natural Law of Contracts*, 12 Tex. Rev. L. & Pol. 267, 292 (2008).

36) 이러한 입장을 취하는 문헌으로 Gilmore, The Death of Contract, 1974.

3. 후견 패러다임

가. 후견 패러다임의 내용

(1) 후견 패러다임의 의미

제어되지 않는 자율은 객관적인 제3자의 관점에서 볼 때에는 오히려 당사자나 사회에 해악을 미치기도 한다. 이러한 해악이 관찰되거나 예견된다면 이를 바라보는 공동체는 개인의 자율을 중시하여 이러한 결과를 그대로 둘 것인가, 아니면 개인의 자율을 일정부분 제어하더라도 이를 막을 것인가? 후자의 입장에 서면 계약에 관한 자율의 폭을 제한하면서 그로 인해 생긴 빈 공간에 국가가 후견적으로 관여할 필요가 있다. 계약법에 있어서 이러한 후견적 관여의 필요성을 적극적으로 인식하고 이를 도모하고자 하는 사고방식을 후견 패러다임이라고 표현하기로 한다.[37]

후견 패러다임에 따른 관여는 계약체결과정에 대한 관여와 계약 내용에 대한 관여로 나누어 볼 수 있다. 계약체결과정에 대한 관여는 계약 당사자의 의사[38] 및 지위[39]에 대한 후견적 관여로, 내

---

37) Anthony Kronman, *Paternalism and the Law of Contract*, 92 Yale. L. J. 763 (1983). 한편 Paul Burrows, *Analyzing Legal Paternalism*, 15 Int'l Rev. L. & Econ. 489, 495 (1995)에서는 후견을 "개인이 스스로 선택하는 것과 다른 방향으로 개인을 설득, 유도 또는 강제하여 그에게 유익을 안겨다 줄 의도로 행해지는 관여"라고 정의한다.

38) 이는 당사자가 자유롭게 흠 없는 의사를 형성하고 표시할 수 있도록 주어지는 규제이다. 이러한 의사에 대한 규제는 내용에 대한 규제와 달리 절차에 대한 규제(reflexive rationality)의 성격을 가진다. Roger Brownsword, *Towards a Rational Law of Contract*, in Thomas Wilhelmsson(ed.), Perspectives of Critical Contract Law, 1993, p. 242.

39) 이러한 지위규제로 무능력자 또는 제한능력자에 대한 법정대리, 후견제도를

용에 대한 관여는 내용의 적법성과 정당성에 대한 후견적 관여로 나타난다.

후견 패러다임은 자율 패러다임과 상호보완관계에 있다. 우선 자율 패러다임이 계약법의 기본 패러다임이라는 점은 부인할 수 없다. 하지만 계약법도 법질서의 일부이므로 필연적으로 사회관련성을 가지는 이상 자율 패러다임만으로 모든 것을 설명할 수는 없다.[40] 따라서 후견 패러다임에 따른 보완이 반드시 요구된다. 이미 계약법은 자율을 한계지우는 다수의 강행규정들을 담고 있어, 이미 그 범위 내에서 후견 패러다임을 승인하고 있다.[41] 또한 자율 패러다임이 기초하고 있는 인간상의 현실성이 의심받으면서 후견 패러다임이 운신할 폭은 점점 넓어지고 있다.

후견 패러다임은 철학사적으로는 공동체주의와 연결된다. 공동체주의는 개인이 도덕적 존재로서, 그리고 정치적 행위자로서 공동체의 맥락 안에서만 번영할 수 있다고 보는 도덕, 법, 정치철학의 한 이론으로서, 아리스토텔레스의 윤리학 및 정치학의 이론, 헤겔의 법철학 이론에 연원을 두고 있다.[42] 이러한 사고방식에서는 인간의 상호관련성 및 공동체 관련성이 강조된다. 계약법의 차원에서

들 수 있다. 또한 이를 좀 더 확장하면 사업자에 대응하는 소비자에 대한 후견적 개입도 지위규제의 일종이다.

40) Jean Braucher, *Contract versus Contractarianism: The Regulatory Role of Contract Law,* 47 Wash. & Lee. L. Rev. 697, 700 (1990).

41) Gerhard Wagner, *Zwingendes Privatrecht — Eine Analyse anhand des Vorschlags einer Richtlinie über Rechte der Verbraucher —,* ZEuP 2010/2, S. 257.ff.에서는 계약법에서 강행규정의 기능을 ① 외부비용의 내부화(Internalisierung externer Kosten), ② 합리적 결정의 확보(Sicherungen für rationales Entscheiden), ③ 정보비대칭의 극복 및 조정(Überwindung und Ausgleich von Informationsasymmetrien), ④ 상황적 시장권력의 해소(Ausgleich von situativer Marktmacht)라고 설명한다.

42) 오병선, "한국법체계와 자유주의", 법철학연구 제13권 제3호(2010), 20면.

관찰하자면, 전통적으로 자율 패러다임은 의사이론에 의해 뒷받침되어 온 반면, 후견 패러다임은 이에 대응하여 계약의 사회적 맥락을 강조하는 이론들에 의해 뒷받침되어 왔다. 후자의 이론들은 초점을 계약 당사자 자신에게서 상대방으로, 그들이 속한 거래단체로, 더 나아가 사회 일반으로 옮겨오면서 계약의 사회적 맥락을 찾고자 노력하였다.

(2) 후견 패러다임과 신뢰보호

우선 계약의 구속력 근거를 '자기 자신'이 아니라 '상대방'과의 관련성에서 찾으려는 시도가 그 첫 번째 단계이다. 대표적으로 상대방의 신뢰보호를 계약법의 핵심영역에 끌어들이려는 사고를 들 수 있다.

물론 이러한 사고를 과연 후견적 사고라고 이름붙일 수 있는가에 대해서는 견해가 다를 수 있다. 또한 계약법에서 신뢰의 문제는 고유한 의미의 후견의 문제와 구별되는 측면이 분명히 존재한다. 하지만 이러한 신뢰보호의 사고에서 후견의 맹아(萌芽)적 요소도 발견된다. 계약의 관련자들을 '단일한 계약 당사자 ⇒ 계약 당사자들이 모여서 형성하는 계약 공동체 ⇒ 계약 공동체 바깥에 있는 거래사회나 국가 등 더 큰 의미의 공동체'로 단계화해 본다면, 신뢰보호의 이념은 가급적 단일한 계약 당사자의 자유로운 의사를 최대한 보호하고 관철시켜 주려는 사고방식으로부터 상대방의 신뢰보호를 위해 계약 공동체의 합리적 규율을 도모하려는 사고방식으로의 이행을 수반한다. 여기에는 자기지향에서 공동체지향으로 옮겨가는 후견 패러다임적 요소가 숨어 있다.

실제로도 신뢰보호의 폭은 자율보호의 폭에 반비례하는 경우가 적지 않다. 예컨대 계약체결 전 단계에서 계약체결에 대한 상대방의 신뢰보호의 폭을 넓힐수록 '계약을 체결하지 아니할 자유'의 폭은 줄어든다. 또한 역사적으로도 신뢰보호는 의사가 아니라 법에 의한 요청이라는 이유 때문에 신뢰를 중시하는 계약이론은 의사를 중시하는 계약이론의 대척점에 있는 것처럼 인식되어 왔다. 독일에서는 1861년 예링(Jhering, 1818~1892)이 계약체결상 과실책임(Culpa in contrahendo)에 대한 이론을 전개하면서 신뢰책임론의 토대를 마련한 이후,43) 계약법에 있어서 신뢰책임(Vertrauenshaftung)에 대한 논의가 활발하게 진행되어 왔다.44) 미국에서는 1932년 제1차 계약법 리스테이트먼트 제90조45)에 약속에 의한 금반언(promissory estoppel)의 원칙이 수용되어 약인이 없어도 약속에 따른 신뢰보호를 근거로 계약을 강제할 길이 열렸고,46) 1936년에는 풀러(Fuller, 1902~1978)가 계약위반으로 인한 손해배상의 본질은 계약 당사자의 신뢰를 보호하는데 있다고 주장하면서, 의사주의의 압도적 영향력 아래에 있던 미국 계약법학에 신선한 자극을 주었다.47) 영국에서는

---

43) v. Jhering, *Culpa in contrahendo oder Schadensersatz bei nichtigen oder nicht zur Perfection gelangten Verträgen*, in: Jahrbücher für die Dogmatik des heutigen römischen und deutsche Rechts, Bd. 4. 1861.

44) 이에 대한 고전적인 문헌으로서 von Craushaar, Der Einflúß des Vertrauens auf die Privatrechtsbildung, 1969; Klaus-Wilhelm Canaris, Die Vertrauenshaftung im deutschen Privatrecht, 1971.

45) 원문은 다음과 같다. "§ 90. Promise Reasonably Inducing Definite and Substantial Action: A promise which the promisor should reasonably expect to induce action or forbearance of a definite and substantial character on the part of the promisee and which does induce such action or forbearance is binding if injustice can be avoided only by enforcement of the promise."

46) 이는 1979년 제2차 리스테이트먼트 제90조에도 수정을 거쳐 유지되었다. 한편 영국에서도 1947년 Central London Property v. High Trees House Ltd. 판결([1947] K.B. 130.)이 도화선이 되어 약속에 의한 금반언 원칙이 확장되기 시작한다.

47) L. L. Fuller & William R. Purdue, *The Reliance Interest in Contract*

1970년대부터 아티야(Atiyah)가 계약자유의 쇠퇴와 고전적인 계약법
이론의 실패를 관찰하면서, 계약 구속력의 근거는 약속자의 의사에
있는 것이 아니라 계약행위로 인한 상대방의 신뢰나 계약을 통해
얻는 이익과 같은 객관적 사실에 있다고 주장하였다.[48)]

이러한 신뢰적 관점에 기초하면 계약법은 대체로 다음과 같이
설명될 수 있다. 계약은 상대방에게 신뢰를 부여하여 그에 기초한
상대방의 행위 변화를 야기하였기 때문에 계약 당사자에게 구속력
을 가진다. 계약의 구체적 모습을 확정하는 계약해석 작업을 수행
함에 있어서도 상대방의 관점이 충분히 고려되어야 한다. 계약에
대한 정당한 신뢰를 보호하기 위한 범위 내에서는 계약을 가급적
유지·존속시키는 방향의 법리가 형성되어야 한다. 계약에 따른 채
무의 이행과 불이행도 계약의 목적에 대한 상대방의 기대 내지 신
뢰와의 관련성 하에 이해되고 다루어져야 한다. 따라서 손해배상이
나 강제이행 등 채무불이행에 대한 구제수단은 계약에 걸었던 상대
방의 신뢰를 실현시키거나 지키기 위해 행하는 것이다. 분쟁해결
단계에서도 합리성이나 신뢰와 같은 외부적 요소가 일정한 기능을
수행할 수 있어야 하고, 그 범위에서는 당사자의 의사가 한발 물러
설 수도 있다.

한편 이러한 신뢰강조의 흐름과 맞물려 계약 당사자간의 '관계'

Damages, 46 Yale. L. J. 52 (1936). 그는 이행이익의 배상도 결국은 계약위
반으로 깨어진 신뢰를 회복하는 도구이면서, 일반 거래계의 신뢰를 증진시키
는 도구이기도 하다고 주장한다.

48) 그는 급기야는 상대방으로부터 아무런 이익도 받지 않았고 상대방을 신뢰하
고 행위한 바도 없는 미실행계약(executory contract)에는 계약의 구속력을
인정할 수 없다는 과격한 논리로까지 발전시킨다. 아티야의 계약법 이론 일
반에 대해서는 이연갑, "아티야의 계약법 이론 — 미실행계약의 구속력을 중
심으로 —", 서울대학교 석사학위논문(1993) 참조.

에 초점을 맞추는 관계적 계약이론도 계약의 무게중심을 '자기 자
신의 결정'에서 '상대방과의 사회적 관계'로 옮기려는 이론이다.
1980년 미국의 맥닐(Macneil) 교수에 의하여 처음 주장된 관계적 계
약이론[49]에서는 계약을 단발적 계약(discrete contract)[50]과 관계적 계
약(relational contract)[51]으로 나눈 뒤, 관계적 계약에 초점을 맞추어
계약을 "과거에 교환하였거나 지금 교환하거나 장래에 교환할 사
람들 사이의 관계(relations among people who have exchanged, are
exchanging, or expect to be exchanging in the future)"라고 규정한다.[52]
관계적 계약에서는 당사자의 내적 의사보다는 법률, 거래관행, 상
대방의 기대, 평판 등에 의해 규정되는 당사자 사이의 사회적 관계
에 초점을 맞추어 계약관계를 규정한다는 특징을 가진다.

(3) 후견 패러다임과 사회적 이념의 관여

한편 계약의 구속력과 그 범위를 계약 당사자 및 상대방의 범
위를 넘어선 '사회'의 이념과 가치에 의해서 제어하려는 시도가 그
두 번째 단계이다. 가령 강행규정이나 사회질서 등 사회방위적 법
질서에 기초하여 계약의 효력을 완화하거나 부정하려는 제반 시도

---

49) Ian R. Macneil, The New Social Contract: an Inquiry into Modern
   Contractual Relations, 1980, p. 10.
50) 단발적 계약은 계약체결시점에 계약으로 인한 법률관계가 확정되는 일시적
   계약으로서 고전적 계약이론이 잘 작동하는 계약이다. 이를 spot contract라
   고 부르기도 한다. D. Gordon Smith & Brayden G. King, *Contracts as
   Organizations*, 51 Ariz L. Rev. 1, 4 (2009).
51) 관계적 계약은 계약으로 인한 법률관계가 동적으로 변화, 발전하는 계속적
   계약으로서 특히 당사자 간의 관계가 계약에 큰 영향을 미치는 계약을 의미
   한다.
52) Ian R. Macneil, *Relational Contract Theory as Sociology: A Reply to
   Professors Lindenberg and de Vos*, 143 J. Inst. & Theoretical Econ. 272,
   274 (1987).

가 여기에 속한다. 이는 계약관계 외부 요소로부터의 관여라는 점
에서 계약관계 내부에 있는 상대방의 신뢰보호에 초점을 맞추는 사
고보다 훨씬 후견적 요소가 강하다. 이처럼 사회적 맥락 속에서의
계약법(contract law in social context)을 부각시키는 움직임은 미국에서
는 비판적 인종이론(Critical Race Theory)[53]이나 여성주의 법이론
(Feminist Legal Theory),[54] 조직이론(organizational theory)[55] 등에서 나
타났다. 또한 계약이 사회적 관계 속에 존재한다는 점을 강조하기
위한 맥락에서 경험적 연구(empirical research)가 활성화되기 시작하
였다.[56] 유럽에서는 제2차 세계대전 이후 시작된 이른바 계약법의
실질화(Materialisierung des Vertragsrechts) 현상[57]에서 이러한 경향이

---

[53] Richard Delgado & Jean Stefancic, *Critical Race Theory: An Annotated Bibliography*, 49 Va. L. Rev. 461 (1993) 참조.

[54] Carolyn Heilbrun & Judith Resnick, *Convergences: Law, Literature & Feminism*, 99 Yale. L. J. 1913 (1990) 참조. 페미니즘은 고전적 계약법이론을 남성적이라고 평가하면서 이는 동태적 계약보다는 정태적 계약을, 장기적 계약보다는 일시적 계약을, 배려보다는 권리의무를, 유연성보다는 확정성을 추구한다고 한다.

[55] D. Gordon Smith & Brian G. King, *Contracts as Organizations*, 51 Ariz. L. Rev. 1, 4 (2009). 조직이론은 계약의 사회적 맥락을 강조하면서 계약과 조직의 상호관계에 눈을 돌린다. 이에 따르면 계약은 사람과 사람, 단체와 단체를 묶는 조직력을 가진다. 계약을 통하여 관계가 형성, 유지되고, 그 관계를 기반으로 또다른 계약이 탄생한다. 이러한 논리가 발전하여 회사는 계약의 묶음(nexus of contract)이라는 논리로까지 이어진다. 따라서 계약에 대한 탐구는 조직의 본질에 대한 설명으로 이어질 수 있다.

[56] Id. 또한 이러한 계약법의 경험적 연구에 대한 효시에 해당하는 논문으로서는 Stewart Macaulay, *Non-Contractual Relations in Business: A Preliminary Study*, 28 Am. Soc. Rev. 55 (1963).

[57] 계약법의 실질화는 계약법이 형평이나 평등 등 사회적 이념이나 법원의 공백 보충작용 등으로 채워져 가는 현상을 지칭한다. 이러한 현상에 대해서는 Canaris, *Wandlungen des Schuldvertragsrechts-Tendenzen zu seiner "Materialisierung"*, Archiv für die zivilistische Praxis (2000), S. 273; S. Grundmann, *European Contract Law(s) of What Colour?*, 1 E.R.C.L. 184 (2005); Study Group on Social Justice in European Private Law, *Social*

잘 나타나고 있고, 이는 각국의 민법전과 모델법에 속속 반영되고 있다. 계약법을 사회에서 배분적 정의를 실현하는 도구로 바라보는 시각,58) 계약법의 근본 이념으로서 자유(liberty), 평등(equality) 이외에 연대(fraternity)를 추가하려는 시각59)도 같은 맥락에 있다.

나. 후견 패러다임의 한계

그러나 후견 패러다임이 자율 패러다임을 제치고 계약법의 기본 패러다임으로 자리잡을 수는 없다. 그것은 당사자 간의 자유로운 의사합치에 의하여 성립하는 계약의 개념 자체에 반하기 때문이다. 따라서 본질적으로 후견은 자율을 보완하는 지위에 있을 수밖에 없다.60) 더구나 후견 패러다임은 여러 가지 한계를 안고 있다. 자율 패러다임과는 달리 후견 패러다임에서는 누가 언제 어떠한 방법으로 어느 정도까지 관여할 것인지를 판단해야 하는 어려운 문제

Justice in European Contract Law: A Manifesto, 10 Eur. L. J. 653, 712 (2004).

58) Study Group on Social Justice in European Private Law (前註), 673-674.

59) Ruft Sefton — Green, *Duties to Inform versus Party Autonomy: Reversing the Paradigm(from Free Consent to Informed Consent)? — A Comparative Account of French and English Law*, in Geraint Howells et al (ed.), *Information Rights and Obligations*, 2004, p. 172.

60) 대판(전) 2007. 11. 22, 2002두8626에서는 이른바 포스코열연코일 공급거절 사건에서 이러한 시각을 다음과 같이 나타내고 있다. "사유재산제도와 경제활동에 관한 사적자치의 원칙에 입각한 시장경제질서를 기본으로 하는 우리나라에서는 원칙적으로 사업자들에게 계약체결 여부의 결정, 거래상대방 선택, 거래내용의 결정 등을 포괄하는 계약의 자유가 인정되지만, 시장의 지배와 경제력의 남용이 우려되는 경우에는 그러한 계약의 자유가 제한될 수 있다 할 것이고, 이러한 제한 내지 규제는 계약자유의 원칙이라는 시민법 원리를 수정한 것이기는 하나 시민법 원리 그 자체를 부정하는 것은 아니며, 시민법 원리의 결함을 교정함으로써 그것이 가지고 있던 본래의 기능을 회복시키기 위한 것으로 이해할 수 있다."

가 있다. 이 문제의 어려움에 비례하여 예측가능성도 저해된다.

　이는 입법부에 의한 후견적 관여보다 사법부에 의한 후견적 관여에서 두드러진다. 이러한 관여는 '일단 상황이 벌어지면 그때 무엇이 가장 바람직한지 개별적으로 판단하겠다.'는 태도에 기초하고 있기 때문이다.61) 이러한 후견적 관여는 경사면(slippery slope)과 같아서 일단 시작되면 언제 끝이 날지 예측하기 어렵기도 하다. 또한 계약 당사자는 자신이 처한 상황과 이를 둘러싼 이해관계에 대해 가장 민감한 주체여서 이에 관한 가장 많은 정보를 가지고 있기 때문에 법원의 후견적 판단이 당사자의 자율적 판단보다 꼭 우월하다고 하기도 어렵다. 이러한 점 때문에 후견주의와 경제적 효율성은 서로 충돌하는 측면이 있다.62) 보다 근본적으로는 당사자에게 불리한 결과를 막기 위해 등장하는 후견이 진정 당사자와 사회에 유익한 것인가 하는 의문도 있다. 후견적 관여는 당사자가 실수를 통해 배울 자유를 박탈함으로써 교육과 성장의 기회를 놓치게 하고, 나아가 당사자에 의한 해결이 축적되어 점차 사회자생적인 관행과 규범이 적립되는 것을 저해할 우려가 있기 때문이다.63)

---

61) Duncan Kennedy, *Distributive and Paternalistic Motives in Contract and Tort Law with Special Reference to Compulsory Terms and Unequal Bargaining Power*, 41 Md. L. Rev. 563 (1982)에서도 이러한 점에 주목하여 후견주의는 결국 당사자 간의 상호주관성(inter-subjectivity)에 따라 사안별로 발동될 수밖에 없다는 점을 갈파하고 있다.

62) Eyal Zamir, *The Efficiency of Paternalism*, 84 Va. L. Rev. 229 (1998).

63) 갈등해결에 참여할 수 있는 기회라는 관점에서 갈등 당사자가 아니라 법이 개입하여 행하는 갈등해결을 "법에 의해 자행된 절도"라고 표현하는 것도 넓게 보면 이와 맥락을 같이 한다. 쿠르트 젤만 지음, 윤재왕 옮김, 법철학, 제2판, 2010, 24~25면.

4. 적 용

가. 두 패러다임의 상호관계

자율과 후견의 상호관계를 획일적인 기준으로 말할 수는 없다. 계약이라는 범주의 포괄성과 그 내부의 다양성을 고려하면 계약법을 하나의 일관된 패러다임만으로 설명하는 것은 가능하지도 않고 바람직하지도 않다. 언제 어느 범위에서 후견 패러다임의 개입이 정당화되는가는 계약의 특성에 따라 개별적이고 유연하게 판단할 수밖에 없다.

일반적으로는 당사자에 의해 결정된 내용의 확정성이 낮을수록, 계약체결과 이행완료에 이르기까지의 기간이 길어질수록, 후견을 불러오는 사회적 가치에 대한 공감대가 클수록, 당사자 간의 비대칭 상태가 심할수록 후견이 관여하기가 용이해진다는 점을 들 수 있다.

당사자 간의 계약 내용이 확실하고 자세할수록 자기결정의 강도가 높아지므로 후견이 관여하기 어렵다. 이는 결국 한 나라의 계약문화 또는 소송문화와 밀접한 관련이 있다. 구두계약이나 극히 짧은 계약서로 이루어진 계약과, 변호사의 관여 아래 세세한 계약서가 작성된 계약 사이에서 후견의 폭은 달라진다. 계약분쟁에 관한 소송절차에서 법원이 석명권을 넓게 활용하는 경우와 그렇지 않은 경우에도 후견의 폭은 달라진다. 유럽이나 아시아에 있어서 후견의 폭이 미국의 그것보다 넓은 것도 이러한 계약문화나 소송문화의 차이에서 설명할 수 있다.

계약기간의 장기성도 영향을 미친다. 계속적 계약에서는 계약 체결 시에 당사자들이 계약기간 동안 발생할 변수들을 완전히 예측하여 이를 의사결정에 반영하는 것이 용이하지 않다. 따라서 계약기간에 걸쳐 변화하는 환경 속에서 과거에 규정된 계약관계의 틀에 당사자를 묶어놓는 것이 부당한 결과를 가져오는 경우가 생기게 된다. 또한 이로 인해 이익을 보는 당사자는 기회주의적 행태를 보일 가능성이 높아진다. 따라서 계속적 계약에서는 사정변경의 원칙이나 각종 부수의무의 부과, 신뢰보호의 필요성 등 당사자의 의사만으로는 제대로 설명할 수 없는 관계지향적 요소들이 더욱 선명한 모습으로 등장하게 된다. 이는 속성상 후견을 불러들이기 쉽다.

후견을 불러오는 사회적 가치에 대한 공감대가 클수록 후견이 관여하기 쉬워진다. 이 역시 사회의 가치 체계에 따라 후견의 폭도 달라진다는 점을 시사한다. 연대주의가 강한 유럽이 자유주의가 강한 미국에 비해 계약법에 있어서 후견의 폭이 크다는 것은 이를 반증한다. 콩 하나라도 나누어 먹고, 백짓장 하나라도 함께 드는 우리 문화 속에서는 유달리 '손해의 공평한 분담'도 강조되기 쉽고, 이러한 사고방식은 아무래도 계약법에도 영향을 미쳐 계약해석이나 계약위반에 대한 구제수단, 나아가 법원에 의한 화해적 해결이 가지는 역할과 비중에도 순차적으로 영향을 미치게 된다.64) 계약법은 이처럼 특정 사회의 가치 체계와 연동되어 있으므로, 세계적인 계

---

64) 이은영, "한국의 계약문화", 법과 사회, 16·17 합본호(1999), 293면에서는 한국 계약문화의 특징의 하나로 인적 연계망 내의 계약과 그 밖의 계약을 나누고, 인적 연계망 내의 계약에서는 소송을 통한 분쟁해결을 기피하고 양보와 타협으로 분쟁을 종결짓는다는 점을 지적하였다. 이러한 법의식에 대한 분석 및 결과는 일본 문헌에서도 유사한 내용으로 나타난다. 川島武宜, 日本人の法意識, 1967, 98면 이하; 內田 貴, 契約の時代(부제: 日本社會と契約法), 2000, 54~59면 참조.

약법의 조화 흐름 속에서도 계약법은 그것이 적용되는 사회의 모습
에 따라 다양하게 발현될 수 있다.

그런데 현대 사회에서 자율과 후견의 역학관계에 특히 두드러
지게 작동하는 요소는 당사자 간의 역학관계이다. 이 점에 주목하
면 계약은 대칭적 계약과 비대칭적 계약으로 유형화해 볼 수 있다.
정보, 인지와 판단, 협상력의 토대가 대등하여 대칭적 상태에서 계
약을 체결할 수 있다면 대칭적 계약, 그 중 하나 또는 여러 개의 토
대가 대등하지 않아 비대칭적 상태에서 계약이 체결되어야 한다면
비대칭적 계약이라고 할 수 있다. 기업과 개인 간의 소비자계약은
비대칭계약의 전형적인 모습이다. 대체로 기업은 충분한 정보, 전
문적인 지식과 경험 및 이를 유기적으로 운용할 수 있는 조직을 가
지고 있는 반면, 개인은 이러한 정보나 지식, 경험, 조직을 가지고
있지 못하기 때문이다. 대칭적 계약에서는 자율의 요소가, 비대칭
적 계약에서는 후견의 요소가 각각 강조된다.

계약의 유형에 따라 계약 당사자들이 법원에 기대하는 바도 달라
질 것이다. 외국의 연구결과에 따르면 정교한 상업주체(sophisticated
commercial party)가 관여하는 계약일수록 법원의 후견적 개입에 부
정적 태도를 가지고,[65] 문언에 따른 예측가능한 계약해석을 선호하
며,[66] 분쟁해결 역시 법원의 관여에 기대기보다는 가급적 비즈니스
공동체 내에서 원만한 방법으로 해결하거나 중재 등의 자율적 분쟁
해결절차에 기대려고 한다. 반면 개인 간의 간단한 금전거래에서는

---

65) Jody Kraus, *Contract Design and the Structure of Contractual Intent*, 84
   N. Y. U. L. Rev. 1023, 1102 (2009) 참조.
66) Kraus (前註), 1102; Lisa Bernstein, *Private Commercial Law in the Cotton
   Industry: Creating Cooperation Through Rules, Norms, and Institutions*, 99
   Mich. L. Rev. 1724, 1735-1737 (2001) 참조.

계약서를 쓰지 않거나, 계약서를 쓰더라도 허술하게 쓰는 경우가 많다. 그리고 분쟁이 발생할 것을 크게 염두에 두지 않고, 분쟁이 발생하면 법원이 후견적으로 관여하여 해결해 주기를 기대하는 경우가 많다. 개인 간의 부동산거래를 생각해 보면, 우리나라의 경우 미국과 달리 변호사가 거래에 관여하는 경우는 드물고, 대체로 부동산중개인의 도움을 받아서 정형화된 간단한 계약서 양식을 사용하여 계약을 체결한다. 대금의 액수나 지급시기, 등기이전일 등 중요한 계약내용에 대해서는 진정한 의미의 교섭이 이루어지므로 자율 패러다임이 지배하지만, 그 이외의 사항들에 대해서는 거래관행 또는 정형화된 계약서 양식에 기재된 바를 크게 고민하지 않고 받아들이는 경향이 강한데[67] 이러한 측면에서는 자율 패러다임의 색깔이 다소 옅어진다.

법률가 집단 내에서도 주로 어떤 계약 유형을 접하는가에 따라 계약에 있어서 자율과 후견의 역할에 대한 시각 차이가 발생한다. 주로 대칭적 계약을 접하는 법률가와 주로 비대칭적 계약을 접하는 법률가 사이에는 당사자의 자율성 정도와 법원의 후견적 관여 필요성, 법적 안정성과 구체적 타당성 사이의 관계를 둘러싸고 계약에 대한 관점 차이가 확연하게 존재할 것이다. 이는 계약에 관한 어느 한쪽의 관점이 옳거나 그르기 때문이 아니다. 오히려 그들이 주로 다루는 계약 및 그 계약당사자의 특성이 현저히 다르기 때문일 것이다. 이는 계약법을 어떻게 바라볼 것인가는 어떤 계약을 관찰대상으로 하는가에 결정적인 영향을 받는다는 점을 방증한다.

---

67) 그 대표적인 예가 부동산임대차계약서에 전형적으로 삽입되어 있는 비용상환청구권 포기 조항이나 부동산매매계약서에 전형적으로 삽입되어 있는 위약금 조항일 것이다.

나. 구체적 법리에 비추어 본 두 가지 패러다임

자율과 후견의 상관관계에 대한 법관의 관점은 구체적인 법리를 적용함에 있어서도 결과의 차이를 가져올 수 있다. 몇 가지 예를 들어본다.

(1) 신의칙

민법 제2조에서 규정하는 신의칙은 후견적 사고가 개입되는 중요한 창구이다. 이 조항은 그 내용이 포괄적이어서 다양한 사례에 유연하게 적용될 수 있는 조항, 즉 일반조항이다. 이러한 일반조항은 추상적 방향성을 제시할 뿐 구체적 가이드라인을 제시하지 않는다. 구체적 사건을 만나면서 비로소 생명력을 획득한다. 이러한 생명력은 법관이 부여한다. 이 과정에서 자연스럽게 법관의 가치충전(價値充塡, wertausfüllung) 작업이 이루어지고, 이로써 법관의 후견적 관여도 일어난다. 따라서 법관이 계약 분쟁에서 신의칙을 얼마나 적극적으로 활용하는가에 따라 법관의 후견적 관여 정도가 달라진다. 일반적으로 신의칙에 쉽게 기대는 법관은 그만큼 후견주의적 판결을 할 가능성이 높다. 그는 가급적 자신이 담당한 사건에서 결론의 구체적 타당성을 희생시키지 않으려고 한다. 신의칙의 이름 아래 계약을 보충하기도 하고, 계약에 명시되어 있지 않은 부수적 의무를 창출하기도 하며, 계약상 권리 행사나 의무 이행에 상호 배려의 정신을 강조하기도 한다. 반면 신의칙에 쉽게 기대지 않으려는 법관은 그만큼 자율주의적 판결을 할 가능성이 높다. 그는 '일반조항으로의 도피'로부터 도피하기 위해 가급적 당사자가 계약에서 의도하였던 바를 끝까지 추적하여 발견하고자 몸부림친다. 때로는 당사자가 계약에서 진정 의도하였는지 명확하지 않은 지점에서도 당사자의 의사라는 이름 아래 계약을 해석한다. 이를 통해 해결이 되지 않는 문제는 "손실은 그것이 떨어진 곳에 놓여 있다(the loss lies where it falls)."는 사고 방식에 따라 처리한다. 즉 계약을 통해 자신의 이익을 미리 보호하지 못한 당사자에게 위험을 감수시키는 것이다.

신의칙이 우리 민법에서 어떤 이념적 위상을 가지는지에 대해서는 의견이 일치하지 않는다. 사실 이 문제는 민법 제정 당시부터 지금에 이르기까지 지속적으로 논의되어 온 대상이기도 하다. 그러나 적어도 민법 제정 당시에는 신의칙의 비중을 상당히 강조하였던 것 같다. 1957. 11. 5. 배영호 당시 법무부차관은 국회에서 민법안 제안 설명을 통해 민법안의 근본내용이 "종래의 소유권절대의 원칙을 권리남용의 사상으로 제한하고 계약자유의 원칙을 신의성실의 원칙으로 환치하고 과실책임의 원칙을 원인책임의 원칙으로 보충"하는 것이라고 과감하게 선언하기도 하였다.[68] "개인주의를 지양·발전시키고 공공복리라는 국민의 경제도의에 적응시킴"이라고 하는 우리 민법 초안의 기본입장은 신의칙에 관한 민법 제2조에서 가장 현저하게 나타났다. 조선민사령[69] 제1조에 의해 우리나라에 적용되던 의용민법, 즉 일본민법에는 원래 신의칙에 관한 규정이 없었다. 그런데 일본민법의 업그레이드 버전으로 1937년 6월 17일에

---

68) 배영호 법무부차관이 1957년 11월 5일 민법안에 대한 제1독회에서 한 발언 내용이다. 제1독회 회의록은 제26회 국회정기회의속기록 제29호, 국회사무처, 1957. 11. 5, 1면 이하에 실려 있다. 그 중 입법방침에 대한 배영호 법무부차관의 발언 내용은 명순구, 실록 대한민국 민법 3, 2010, 29~30면에서 재인용하였다.

69) 조선민사령(조선총독부 제령 제7호)은 1912. 3. 18. 제정되어 1912. 4. 1.부터 시행되었다.

공포되었던 만주민법 제2조는 "권리의 행사와 의무의 이행은 성실과 신의에 따라 하여야 한다."라고 규정하였다. 19세기 말부터 20세기 중반에 이르는 독일과 일본 학계의 흐름을 받아들인 것이다. 또한 우리 민법 초안 작업이 시작되기 전인 1947년 개정 일본민법은 신의성실의 원칙과 권리남용금지의 원칙을 명문으로 규정하였다(제1조 제2항, 제3항). 이러한 만주민법과 일본민법의 태도는 우리 민법 모두(冒頭)에 신의칙을 규정한 데에 어느 정도 영향을 미쳤으리라 생각된다.70) 좀 더 거슬러 올라가면 1907년에 신의칙을 민법 모두(冒頭)에 두어 이를 민법 전체의 원리로 확장한 스위스민법 제2조 제1항도 우리 민법 제2조 규정에 영향을 미쳤을 것이다. 이영섭 판사도 1958년에 출판한 교과서에서 아래와 같이 자유이념과 평등이념을 대비하면서, 우리 민법이 세계사적 조류에 따라 신의칙을 강조하였다고 분석하였다.71)

그러므로 20세기에 있어서의 민법의 지도이념은 자유를 바탕으로 삼기는 하되 종래 지나치게 무력하였던 평등이념을 강조하여 국부적으로만 살쪄가는 무절제한 사회경제현상을 지양하는데 전력을 기울이는 점으로 전환된 느낌이 있다. 도리켜 우리의 신민법을 보건대 우리의 신민법도 이상과 같은 세계사적인 조류에서 고립될 수 없었던지, 첫째로, 민법전체의 저류로서 신의성실의 원칙과 권리남용금지의 법리를 높히 내걸고 자유이념의 무궤도한 발전에 대하여 공공사회적인 조정자로서 군림시켰고, 둘째로, 그 이외의 법규에 있어서도 위에서 본 바와 같은 가지가지의 자유이념제한규정을 끼워놓았다. 그러나

---

70) 民議院 法制司法委員會 民法案審議小委員會, 民法案審議錄, 上卷(1957), 4면은 민법 제2조의 참조 외국민법 중 일본민법과 만주민법을 "최유사" 입법례로 소개하고 있다.

71) 이영섭, 신민법총칙, 1958, 55~56면.

신민법도 무정견(無定見)하게 평등이념만을 강조하고 이에 반비적(反比的)으로 자유이념을 후퇴시키려는 것이 아님도 분명하다.

신의칙을 강조하는 경향은 한동안 학계를 지배하였다. 예컨대 곽윤직 교수는 근대민법의 3대 원칙인 사유재산권 존중의 원칙, 개인의사 자치의 원칙, 과실책임의 원칙이 여러 폐해를 가져와 그에 관한 근본적인 반성과 수정이 필요하게 되었다고 하면서, 공공의 복리가 민법의 근본이념으로 떠올랐다고 설명하였다. 곽윤직 교수에 따르면 "거래안전·사회질서·신의성실·권리남용 금지 등은 민법의 근본이념으로서의 공공복리의 실천원리로서 3대원칙보다 고차원적인 기본원리로 승격되고, 3대원칙은 이들 실천원리의 제약 내에서 비로소 승인되는 것으로 되었다."는 것이다.[72] 반면 독일 학계에서 1970년대 이후 사적 자치의 중요성을 강조하는 흐름이 나타나면서,[73] 우리나라에서도 공공복리를 민법의 근본이념으로 강조하는 입장에 반대하고 사적 자치의 원칙을 민법의 근본이념으로 복권(復權)시키려는 시도가 늘어났다. 이영준 판사는 1987년 처음 출판한 그의 저서에서 공공복리의 원칙을 사적 자치의 원칙 위에 올려놓는 것에 대해 다음과 같이 비판하였다.[74]

---

72) 곽윤직, 민법개설, 개정수정판, 1991, 19~23면. 곽윤직, 민법총칙, 1986, 79면도 같은 취지이다.

73) 김동훈, "사적 자치의 원칙의 헌법적·민사법적 의의 — 헌재 결정례와 대법원 판례의 비교·분석을 중심으로 —", 법학논총(국민대학교) 제30권 제3호 (2018. 3), 44면.

74) 이영준, 민법총칙[민법강의 Ⅰ], 1987, 16~17면.

흔히 우리 민법은 자유인격의 원칙과 공공복리의 원칙을 최고원리로 하며, 공공복리라는 최고의 존재원리의 실천원리 내지 행동원리로서 신의성실·권리남용의 금지·사회질서·거래안전의 여러 기본원칙이 있고, 다시 그 밑에 이른바 계약자유의 원칙·소유권절대의 원칙·과실책임의 원칙 등의 3대 원칙이 존재한다고 설명한다. 그러나 후술한 바와 같이 사적 자치의 원칙은 우리 헌법이 선언하고 있는 개인의 존엄과 가치를 보장하기 위한 유일한 수단이다. 다른 한편 신의성실·권리남용의 금지·사회질서·거래안전 등은 원칙적으로 적용되는 「실천원리 내지 행동원리」가 아니고 예외적으로 적용되어야 할 제한규정에 불과하다. 그러므로 현행민법하에서 신의성실·권리남용의 금지·사회질서·거래안전을 '실천원리' 내지 '행동원리'라 하여 사적 자치의 위에 올려 놓는 이론은 근거 없는 것으로서 허용되지 않는다. 뿐만 아니라 이러한 이론은 위와 같은 신의성실 등의 남용을 유발할 우려가 있는 것이다. 요컨대 사적 자치를 보장하여 경제구조를 확대하고 이에 의하여 이룰 수 있는 소득증대를 조세 등에 의하여 흡수함으로써 이것을 가지고 공공복리를 실현하는 것이 정도이다.

반면 양창수 교수는 사적 자치의 이념과 한계를 설명하면서, '사회적 형평' 내지 '권리의 사회적 책임'이 제2의 이념이면서 소극적·제한적인 이념임을 분명히 하고 있다.[75]

민법의 기본을 이루는 것은 인간의 존엄이라는 이념으로부터 도출되는 사적 자치의 원칙이라고 생각된다. 사적 자치란 각자가 자신의 법률관계를 그의 의사에 따라 자유롭게 형성할 수 있다는 것을 말한다. … 이와 같이 각 개인의 자유로운 자기형성을 공동체보다 앞세우는 이념이 민법에 투사된 것이 바로 사적 자치의 원칙이다. 이로부터

75) 양창수, 민법입문, 초판, 1991, 315~318면.

인격존중의 원칙, 계약자유의 원칙, 소유권존중의 원칙, 유책성의 원
칙, 양성평등의 원칙 등이 도출되며, 이들 원칙들은 민법전상의 여러
제도로부터 귀납될 수도 있다. … 위와 같이 개인의 자유와 권리를
강조하는 시민법적 원칙이 우리 민법의 기본을 이루고 있다. 그러나
다른 한편으로 소유권, 계약, 불법행위 등은 하나의 사회적인 제도로
서 다른 모든 개인의 자유나 권리와 조화될 수 있도록 유지·발전되
어야 한다. 만일 어떠한 권리가 주어졌다고 하여서 이를 무차별하게
추구해 나아간다면, 결국 권리와 권리의 끝없는 충돌이 있을 뿐이고,
법이 종국적인 목표로 하는 평화와 질서는 내내 달성되지 않는다. 이
로부터 '사회적 형평' 내지 '권리의 사회적 책임성'이라고 부를 수 있
는 제2의 — 그러나 단지 소극적·제한적인 — 이념이 점차 명확하게
인식되고 있다.

이처럼 신의칙이 어떤 이념적 위상을 차지하는가는 자율과 후
견의 양 축 사이에 전개되는 논의 양상에 따라 변화하여 왔다. 그
러나 어떤 입장을 취하건, 적어도 우리 판례에서 전개되는 해석론
의 장에서는 신의칙이 계약 체결 전 책임, 계약 해석, 부수적 의무
의 인정, 계약상 의무의 이행, 계약상 책임의 범위, 계약의 종료, 소
멸시효의 적용 등 계약의 전 단계에 걸쳐 실제적인 영향력을 행사
하여 왔다는 점을 부인하기는 어려울 것이다.

가령 대법원은 숙박업자에게 신의칙상 부수의무로서 고객의
안전을 배려하여야 할 보호의무를 인정하였고,[76] 고용계약,[77] 여행

---

76) 대판 1992. 10. 27, 92다20125. 이 사건은 실화책임법의 적용대상이었고, 중
   과실은 인정되지 않았으므로, 숙박업자에게 숙박계약 본래의 급부의무를 넘
   어서서 신의칙상 이러한 의무까지 인정할 것인가는 당사자들의 책임관계에
   서 매우 중요한 의무를 지니고 있었다. 대판 2000. 11. 24, 2000다38718,
   38725에서도 숙박업자에게 이러한 신의칙상 부수의무를 인정하였다.
77) 대판 1997. 4. 25, 96다53086(도급계약의 형식을 띠고 있으나 실질은 고용계

계약78) 등 다른 유형의 계약에서도 이를 인정하였다. 이처럼 신의 칙이라는 통로를 이용하여 당사자의 계약상 의무를 도출하고, 그 의무를 위반하였을 때에 책임을 지우는 것은 법관이 계약에 후견적 으로 관여할 길을 열어놓는 하나의 방법이다.

계약상 책임제한에 대해서도 생각해 보자. 대법원 1984. 10. 10. 선고 84다카453 판결에서는 계속적 보증인이 보증 당시 예상하 였던 범위를 훨씬 상회하고 채권자가 신의칙에 반하는 사정으로 주 채무 과다발생에 원인을 제공하였다면 법원은 보증인의 책임을 합 리적으로 제한할 수 있다고 판시하였고(다만 이러한 일반론의 제시에도 불구하고 이 사건에서는 그러한 사정이 인정되지 않는다고 하여 책임제한을 하 지 않았다), 그 이후의 대법원 판결들에서도 이러한 입장이 유지되었 다.79) 이 경우 신의칙의 관여 폭을 어떻게 이해하는가에 따라 책임 제한 여부가 달라질 수 있는 것이다.

이는 신의칙을 지배 원리로 내세우는 종래 민법학의 특징에다 가 내심 원님 재판을 기대하는 국민들의 성정, 자신의 사건에서 구 체적 타당성을 갖춘 결론을 내야 한다는 법관의 강박 관념이 결합 하여 나타난 현상이다. 신의칙이 어느 지점에 개입할 것인지, 또한 어떻게 활용할 것인지는 지속적으로 논의되어야 할 주제이다.

약인 경우); 대판 1999. 2. 23, 97다12082; 대판 2000. 3. 10, 99다60115; 대
판 2000. 5. 16, 99다47129; 대판 2006. 9. 28, 2004다44506.

78) 대판 1998. 11. 24, 98다25061; 대판 2011. 5. 26, 2011다1330.

79) 대판 1986. 2. 25, 85다카892; 대판 1987. 4. 28, 86다카2023; 대판 1988. 4.
27, 87다카2143; 대판 1995. 6. 30, 94다40444; 대판 1995. 12. 22, 94다42129;
대판 1998. 6. 12, 98다8776 등.

(2) 사회질서

민법 제103조는 「반사회질서의 법률행위」라는 표제 아래 "선량한 풍속 기타 사회질서에 위반한 사항을 내용으로 하는 법률행위는 무효로 한다."라고 규정한다. 이 조항은 사적 자치 원칙의 한계를 획정하는 조항이다. 사적 자치 원칙은 계약법의 기본 원리이지만 이 역시 궁극적으로는 공동체가 존속하기 위해 수호해야 할 사회질서 안에서 인정된다. 민법 제103조는 사적 자치와 사회질서의 경계 설정에 관한 포괄적 가이드라인을 제공한다. 그 점에서 민법 제103조는 자율과 후견, 사적 질서와 사회 질서 사이의 관계를 설정함으로써 민법, 나아가 사법(私法) 전체의 모습을 조화롭게 형성해 나가는 중요한 조항 중 하나이다. 또한 민법 제103조에 관한 입장 설정은 해당 계약을 둘러싼 자율의 중요성을 얼마나 비중 있게 받아들이는가의 태도와 관련 있다. 몇 가지 예만 들어보자.

우선 위약벌 약정의 예를 보자. 민법은 손해배상액의 예정액을 직권으로 감액할 수 있다는 규정을 두고 있으나(민법 제398조 제2항), 위약벌에 관하여는 아무런 규정을 두고 있지 않다. 그 대신 대법원은 공서양속 위반에 따른 일부 무효 법리를 통해 위약금을 사실상 감액할 수 있다는 태도를 취한다. 이 법리는 대법원 1993. 3. 23. 선고 92다46905 판결에서 최초로 명시적으로 선언되었다. 대법원은 이 판결에서 "위약벌의 약정은 채무의 이행을 확보하기 위하여 정해지는 것으로서 손해배상의 예정과는 그 내용이 다르므로 손해배상의 예정에 관한 민법 제398조 제2항을 유추 적용하여 그 액을 감액할 수는 없는 법리이고 다만 그 의무의 강제에 의하여 얻어지는 채권자의 이익에 비하여 약정된 벌이 과도하게 무거울 때에는 그 일부 또는 전부가 공서양속에 반하여 무효로 된다."라는 일반론을 제시하였다.

대법원은 위약벌 약정을 손해배상액 예정보다 다른 일반적인 계약과 더 유사하게 취급하면서 사적 자치를 강조하는 입장을 취하고 있다. 예컨대 대법원 2015. 12. 10. 선고 2014다14511 판결은 "위약벌 약정과 같은 사적 자치의 영역을 일반조항인 공서양속을 통하여 제한적으로 해석할 때에는 계약의 체결 경위와 내용을 종합적으로 검토하는 등 매우 신중을 기하여야 한다."라고 판시하였다.[80] 곧이어 선고된 대법원 2016. 1. 28. 선고 2015다239324 판결에서도 "당사자가 약정한 위약벌의 액수가 과다하다는 이유로 법원이 계약의 구체적 내용에 개입하여 약정의 전부 또는 일부를 무효로 하는 것은 사적 자치의 원칙에 대한 중대한 제약이 될 수 있고, 스스로가 한 약정을 이행하지 않겠다며 계약의 구속력에서 이탈하고자 하는 당사자를 보호하는 결과가 될 수 있으므로, 가급적 자제하여야 한다."라고 하여 유사한 입장을 취하였다. 요컨대 손해배상액 예정에 대해서는 법원이 "적당히" 감액할 수 있지만(민법 제398조제2항 참조), 위약벌 약정에 대해서는 섣불리 공서양속을 끌어들여 전부 또는 일부를 무효로 하여서는 안 된다는 것이다. 그런데 우리 민법은 위약금의 일종인 손해배상액 예정에 대해서는 그 불공정성의 위험에 착안하여 자율보다 후견을 앞세우는 태도를 취하였다. 그렇다면 더욱 강력한 위약금으로서 더욱 큰 불공정성의 위험에 노출된 위약벌 약정에 대해서도 같은 논리가 적용되는 것이 맞다. 또한 양 조항은 계약 위반 시 사적 구제수단에 관하여 규정한다는 공

---

80) 다만 이러한 일반론에도 불구하고 대법원은 해당 사안에서 문제된 위약벌 약정의 일부 무효를 인정하는 취지로 원심판결을 파기환송하였다.

통점을 가진다. 권리 영역보다 구제 영역에서 후견이 더 큰 역할을 수행한다는 점을 고려하면, 양 조항 역시 같은 취급을 받는 것이 맞다. 그러므로 위약벌 조항에도 손해배상 예정액의 감액에 관한 민법 제398조 제2항이 유추 적용되어야 마땅하다.[81]

다음으로 명의신탁약정의 예를 보자. 판례는 부동산실명법 시행 이전부터 명의신탁약정이 그 자체로 선량한 풍속 기타 사회질서에 위반하는 경우에 해당하지 않는다는 입장을 취하였고,[82] 부동산실명법 시행 후에 이루어진 부동산명의신탁약정에 대해서도 같은 입장을 취하였다.[83] 판례는 명의신탁약정과 그에 기한 물권변동은 무효로 하지만, 신탁자가 다른 법률관계에 기하여 등기회복 등의 권리행사를 하는 것까지 금지하지는 않되 신탁자에게 행정적 제재나 형벌을 부과함으로써 사적 자치 및 재산권 보장의 본질을 침해하지 않도록 하는 것이 부동산실명법의 체제나 입법취지라고 파악하는 것이다.

이 문제는 대법원 2019. 6. 20. 선고 2013다218156 전원합의체 판결에서 다시 한 번 다루어졌다. 이 판결에서는 명의신탁약정에 따라 이루어진 명의신탁이 불법원인급여에 해당하는가가 다투어졌다. 민법 제103조의 적용 그 자체가 문제되지는 않았으나, 개인 간에 자유롭게 체결된 명의신탁 약정이라는 계약의 반사회성을 어느 정도로 파악할 것인가와 직결된 판결이었다. 대법원은 부동산실명법 규정의 문언, 내용, 체계와 입법 목적 등을 종합하면, 부동산실

---

81) 이 점에 관하여는 권영준, "위약벌과 손해배상액 예정 ─ 직권감액 규정의 유추 적용 문제를 중심으로 ─", 저스티스 통권 제155호(2016. 8) 참조.

82) 대판 1980. 4. 8, 80다1; 대판 1988. 11. 22, 88다카7306; 대판 1991. 3. 12, 90다18524; 대판 1994. 4. 15, 93다61307.

83) 대판 2003. 11. 27, 2003다41722 등.

명법을 위반하여 무효인 명의신탁약정에 따라 명의수탁자 명의로 등기를 하였다는 이유만으로 그것이 당연히 불법원인급여에 해당한다고 단정할 수 없다고 하여 종래 판례 입장을 유지하였다. 이에 대해서는 반대의견이 있었다.

부동산실명법이 부동산의 소유권을 명의수탁자에게 귀속시키려는 태도를 취하지 않았다는 점은 비교적 명확하다. 실제로 부동산실명법의 여러 조항들은 이 경우 부동산 소유권은 여전히 명의신탁자에게 귀속되어 있다는 점을 당연한 전제로 삼아 입법되었다.[84] 반대의견은 명의신탁의 반사회성 및 이에 대한 사회 일반인의 인식과 제재의 필요성을 주된 근거로 들었다. 흥미롭게도 다수의견은 명의신탁자로부터 부동산에 관한 권리까지 박탈하는 것은 일반 국민의 법감정에 맞지 않는다고 하여 무엇이 사회 일반인의 인식인가에 관하여 정반대로 관찰하였다. 이는 이 문제에 대한 사회의 공감대가 무엇인지가 불확실함을 방증한다. 또한 행정적 제재나 형벌을 넘어서서 민사적으로도 소유권 박탈이라는 무거운 제재를 가하기 위해서는 이를 뒷받침할 만한 법적 근거가 있어야 한다. 그런데 부동산실명법의 입법 취지나 경과를 보면 입법자는 이러한 민사적 제재는 염두에 두지 않았다. 또한 명의수탁자도 엄연히 부동산실명법 위반행위에 가담한 자인데 아무런 대가 없이 그가 부동산 소유권을 취득하게 하는 것이 정의의 관념에 부합하는지, 나아가 명의신탁자가 집행면탈이나 조세회피를 위해 명의수탁자에게 소유권을 넘겨둔 상태를 그대로 법적으로 승인함으로써 결과적으로 집행면탈이나 조세회피와 같은 목적을 달성하도록 놓아두는 것이 정의의 관념에 부합하는지도 의문이다. 결국 명의신탁 약정은 법적으로 부정적

---

84) 가령 부동산실명법 제4조 제3항, 제6조 등.

평가를 받아야 마땅하나, 부동산실명법은 그 약정이 사회질서에 반하여 무효라고 볼 만큼 강한 후견적 개입을 예정하고 있지는 않다.

(3) 정보제공

계약체결 과정에서의 정보제공도 계약법의 지형을 좌우하는 자율과 후견의 경계선에 걸쳐 있는 문제인만큼, 복잡한 층위에서 다양한 쟁점들과 관련을 맺고 있다. 계약체결을 위한 정보의 수집, 분석은 온전히 각자의 몫인지, 아니면 법이 일방에게 상대방에 대한 정보제공을 명할 수 있는지, 자기책임이 지배하는 계약법에서 왜 한쪽이 다른 쪽에게 정보를 제공할 법적 의무를 부담해야 하는지, 그것이 정보수집 내지 생성의 인센티브를 약화시키는 것은 아닌지, 정보는 사유재와 공공재 중 어떤 것에 가까운지, 사유재에 가까운 정보라면 이를 상대방에게 주도록 법으로 강제하는 것이 재산권 침해로 평가될 우려는 없는지, 정보제공의무는 계약관계에 있어서 일반적·원칙적 의무인지, 그렇지 않으면 구체적·예외적 의무인지, 정보제공의무 위반의 효과는 무엇인지,[85] 정보제공의무의 부과가 당사자의 비대칭성을 극복하는 데 얼마나 실효성 있는 수단인지[86] 등 수많은 쟁점들이 제기될 수 있다.

---

[85] 이에 관한 독일의 논의에 대해서는 우선 박인환, "독일법상 정보제공의무위반을 이유로 하는 계약해소청구권", 민사법학 제27호(2005. 3), 137면 이하 참조.

[86] 미국에서는 정보제공의무가 실제로 소비자의 후생 증진에 얼마나 도움이 되는지에 관한 실증적 연구가 제법 많이 행해지고 있다. 대표적으로 Omri Ben-Shahar, The Futility of Cost-Benefit Analysis in Financial Disclosure Regulation, 43 J. Legal Stud. 253S (2014); Ben-Shahar, Omri, and Carl E. Schneider. 2014. More Than You Wanted to Know: The Failure of Mandated Disclosure. Princeton, N.J.: Princeton University Press; Yannis Bakos, Florencia Marotta-Wurgler, and David R. Trossen, Does Anyone

자율적 관점에서는 정보의 수집, 분석을 각 계약 당사자의 몫으로 돌리려고 할 것이다. 후견적 관점에서는 정보비대칭 상태를 해소하기 위한 정보제공의무를 부과하고자 할 것이다. 민법은 일반적인 정보제공의무 규정을 두고 있지 않다. 민법이 규율하는 (유발된) 착오로 인한 의사표시의 취소(제109조), 사기로 인한 의사표시의 취소(제110조), 보증인의 주채무자에 대한 통지(제445조), 주채무자의 보증인에 대한 통지(제446조), 지명채권의 양도통지(제450조), 매매 등 유상계약의 담보책임(제567조, 제570조 내지 제581조) 등은 정보제공과 관련된 문제들이지만 계약 전반에 걸친 일반적인 정보제공의무에 관한 것이 아니다. 이는 정보의 수집, 분석은 원칙적으로 스스로가 감당해야 할 몫이라는 민법의 태도를 보여준다. 반면 정보제공의무를 부과하는 특별법의 예는 많다. 가령 우리나라의 약관규제법이 사업자에게 부과하는 약관의 명시의무(제3조 제2항 본문 전단)와 설명의무(제3조 제3항 본문), 자본시장법이 금융투자업자에게 요구하는 적합성 원칙(제46조), 적정성 원칙(제46조의2), 설명의무(제47조)는 정보비대칭 상태에서 정보를 더 많이 가진 자의 정보제공의무를 입법화한 예들이다. 양적으로 보면 현존하는 대부분의 계약은 약관의 형태로 체결된다. 한편 정보제공은 약관의 공정성을 뒷받침하는 핵심 축이다. 그러므로 고전적인 계약법의 세계에서는 정보제공의무가 예외로 취급되나, 현실적인 계약법의 세계에서는 정보제공의무가 원칙의 반열에 올라선다. 정보제공의무에 관한 학문적, 실무적 관심이 더욱 더 요구되는 이유이다.

Read the Fine Print? Consumer Attention to Standard-Form Contracts, 43 J. Legal Stud. 1 (2014). 흥미롭게도 이러한 연구에 따르면 정보제공의무는 소비자 보호와 연관된 강력한 이미지와는 달리 실제로는 소비자 후생 증진에 별다른 기여를 하지 못한다고 한다.

정보는 얼마나 상세하게 제공해야 하는 것인가? 세간의 관심을 모았던 키코(KIKO) 사건은 이 문제를 다루었다. 키코(KIKO)는 "Knock‒in, Knock‒out"의 영문 첫 글자에서 따온 말로서, 환율변동에 따른 위험을 피하기 위한 통화파생상품이다.[87] 이 상품은 환율이 일정한 한도 내에서 움직이면 기업이 이익을 보지만, 환율이 그 한도를 넘어 오르게 되면 은행이 이익을 보는 구조로 되어 있었다. 그런데 2008년 이후 환율급등으로 인해 키코 상품에 가입하였던 많은 기업들이 큰 손실을 입었고, 그 중 상당수 기업들이 은행을 상대로 소송을 제기하였다. 대법원 2013. 9. 26. 선고 2012다1146, 1153 전원합의체 판결은 이러한 일련의 키코 사건들에 대한 최종적인 법원의 판단을 담고 있다.[88] 이 판결의 쟁점 중 하나는 은행

---

87) 이 상품은 미리 약정환율과 변동의 상한(Knock‒In) 및 하한(Knock‒Out)을 정해놓고 환율이 일정한 구간 안에서 변동한다면 기업이 약정환율에 따라 달러를 매도할 수 있는 풋옵션을 설정한다. 반면 환율이 하한 이하로 떨어지면 그 기간에 해당하는 계약은 실효(Knock‒out 조건)된다. 또한 환율이 상한 이상으로 오르면 약정환율에 따라 은행이 달러를 매수할 수 있는 콜옵션을 가진다(Knock‒in 조건). 우리나라에서 문제된 키코 상품은 콜옵션 부분에 레버리지 조건을 결합시켜 은행이 콜옵션을 행사할 때 그 대상이 되는 계약금액을 풋옵션 계약금액보다 크게(통상 2배로) 만든다. 가령 미리 정한 행사환율이 1,000원이고, 상한이 1,200원, 하한이 800원인 경우 환율이 상하한선 사이에서 움직이면 기업은 풋옵션을 가진다. 따라서 환율이 900원이면 풋옵션을 행사하여 달러당 1,000원에 매도하여 이익을 얻고, 환율이 1,100원이면 풋옵션을 행사하지 않아 달러당 1,100원에 매도하여 환율하락의 위험을 회피한다. 계약기간 중 환율이 700원으로 떨어지면 Knock‒out 조건에 따라 계약은 실효되므로 기업은 시장가격에 따라 매도할 수밖에 없다. 계약기간 중 환율이 1,300원이 되면 Knock‒in 조건에 따라 은행은 콜옵션을 행사할 수 있게 되고, 이에 따라 은행은 약정환율인 1,000원이라는 싼 값으로 계약금액의 2배 상당 달러를 매수할 수 있다. 이때 기업은 싼 가격에 달러를 팔아야 하므로 손실을 입게 된다.

88) 그 외에도 대판(전) 2013. 9. 26, 2011다53683, 53690; 대판(전) 2013. 9. 26, 2012다13637; 대판(전) 2013. 9. 26, 2013다26746 등 같은 날 모두 네 건의 전원합의체 판결이 선고되었다. 이 판결들에 대한 설명으로는 최문희, "계약의 구조에 대한 설명의무 — KIKO(키코) 사건에 관한 대법원 전원합의체 판

이 중소기업에게 키코 상품에 관하여 얼마나 상세한 정보를 제공하
여야 하는가 하는 점이었다. 중소기업은 은행에게 상세한 정보제공
의무가 부과되어야 한다고 주장하였다. 대법원은 이러한 장외파생
상품의 상세한 금융공학적 구조나 다른 금융상품과의 손익상 차이
까지 설명할 필요는 없으나, 계약 구조와 주요 내용 및 그 위험성
을 이해하는 데 필요한 사항은 설명해야 된다고 보았다. 이 점에
대한 대법원의 판단을 옮기면 다음과 같다.

> 금융기관이 일반 고객과 사이에 전문적인 지식과 분석능력이 요구
> 되는 장외파생상품 거래를 할 경우에는, 고객이 당해 장외파생상품에
> 대하여 이미 잘 알고 있는 경우가 아닌 이상, 그 거래의 구조와 위험
> 성을 정확하게 평가할 수 있도록 거래에 내재된 위험요소 및 잠재적
> 손실에 영향을 미치는 중요인자 등 거래상 주요 정보를 적합한 방법
> 으로 명확하게 설명하여야 할 신의칙상 의무가 있다. 이때 금융기관
> 이 고객에게 설명하여야 하는 거래상 주요 정보에는 당해 장외파생
> 상품 계약의 구조와 주요 내용, 고객이 그 거래를 통하여 얻을 수 있
> 는 이익과 발생 가능한 손실의 구체적 내용, 특히 손실발생의 위험요
> 소 등이 모두 포함된다. 그러나 당해 장외파생상품의 상세한 금융공
> 학적 구조나 다른 금융상품에 투자할 경우와 비교하여 손익에 있어
> 서 어떠한 차이가 있는지까지 설명해야 한다고 볼 것은 아니고, 또한
> 금융기관과 고객이 제로 코스트(zero cost) 구조의 장외파생상품 거
> 래를 하는 경우에도 수수료의 액수 등은 그 거래의 위험성을 평가하
> 는 데 중요한 고려요소가 된다고 보기 어렵다고 할 것이므로, 수수료
> 가 시장의 관행에 비하여 현저하게 높지 아니한 이상 그 상품구조 속
> 에 포함된 수수료 및 그로 인하여 발생하는 마이너스 시장가치에 대

결을 소재로 하여—", 상사판례연구 제27집 제1권(2014. 3) 참조.

해서까지 설명할 의무는 없다고 보는 것이 타당하다. 한편 금융기관은 금융상품의 특성 및 위험의 수준, 고객의 거래목적, 투자경험 및 능력 등을 종합적으로 고려하여 고객이 그 거래상의 주요 정보를 충분히 이해할 수 있을 정도로 설명하여야 한다. 특히 당해 금융상품이 고도의 금융공학적 지식에 의하여 개발된 것으로서 환율 등 장래 예측이 어려운 변동요인에 따라 손익의 결과가 크게 달라지는 고위험 구조이고, 더구나 개별 거래의 당사자인 고객의 예상 외화유입액 등에 비추어 객관적 상황이 환 헤지 목적보다는 환율변동에 따른 환차익을 추구하는 정도에 이른 것으로 보이는 경우라면, 금융기관으로서는 그 장외파생상품 거래의 위험성에 대하여 고객이 한층 분명하게 인식할 수 있도록 구체적이고 상세하게 설명할 의무가 있다.

한편 정보의 진실성을 검증하고 판단하는 주체는 누구인가? 만약 잘못된 정보의 제공이 기망행위에 해당하는 것이 명백하다면 사기의 법리로 해결하면 충분할 것이다. 그러한 정도에 이르지 못한 경우는 어떠한가? 가령 대법원 2012. 2. 9. 선고 2011다14671 판결은 "거래 등의 기초가 되는 정보의 진실성은 스스로 검증하여 거래하는 것이 원칙이므로 정보제공자가 법령상·계약상 의무 없이 단지 질의에 응답한 것에 불과한 경우에는 고의로 거짓 정보를 제공하거나 선행행위 등으로 위험을 야기하였다는 등의 특별한 사정이 없는 한 위와 같은 응답행위가 불법행위를 구성한다고 볼 수 없다."라고 판시하는데, 이는 비록 불법행위 사건에 관한 것이지만 정보 수집과 검증에 관한 거래 당사자의 자율적 책임의 중요성을 선언한 판결이다. 이러한 자기책임의 원칙은 계약법상 자율 패러다임과 연결된다. 반면 대법원 2009. 8. 20. 선고 2008다51120, 51137, 51144, 51151 판결은 상업시설을 위한 임대차계약의 체결 과정에

서 임대인이 임차인에게 그 상업시설을 경유하는 모노레일이 설치되
리라는 잘못된 정보를 제공한 경우에는 불법행위에 따른 책임을 부
담한다고 판시하였는데, 이는 이러한 정보의 진실성에 대한 검증의
위험 배분에 있어서 임대인에게 후견적으로 부담을 지운 것이다.

이처럼 각자가 자기 책임 아래 정보를 수집하고 분석하도록 놓
아두지 않고, 더 정보를 많이 가진 자에게 그렇지 않은 자에 대한
정보제공의무를 부과하는 것은 후견적 사고방식으로부터 비롯된
것이다. 하지만 이것이 계약내용결정에 관한 당사자의 자율 자체를
궁극적으로 해치는 것이 아니고, 오히려 이를 강화할 수 있다는 점
에도 주목할 필요가 있다. 사실 정보제공의무는 계약 당사자의 자
율을 실질적으로 보장하기 위해 행해진다. 이를 통해 자율 패러다
임의 중요한 토대인 정보의 토대, 그리고 인지와 판단의 토대가 강
화될 수 있기 때문이다. 또한 정보제공의무의 부과는 절차적·사전
적 성격의 후견으로서 계약내용의 통제보다 훨씬 부드러운 성격을
띤다. 그러한 면에서 정보제공의무의 부과는 다소간의 후견적 요소
를 안고 있음에도 불구하고, 기본적으로 자율 패러다임을 유지하면
서 후견을 통해 달성할 수 있는 결과에 가깝게 이를 수 있는 매력
적인 절충안으로 여겨지고 있다. 이를 통해 단지 후견적 간섭으로
부터의 배제를 의미하는 소극적 자율로부터 진정한 자기지배와 자
기실현을 가능하게 하는 적극적 자율로의 이동이 가능해진다.89) 자
율 패러다임 내부에서도 의사(will)에서 정보(information)로 서서히

---

89) 이는 자유의 두 가지 개념을 '간섭의 부재'인 소극적 자유와 '자기지배'를 핵
   심으로 하는 적극적 자유로 구성하는 이사야 벌린(Isaiah Berlin)의 사고에서
   시사받은 것이다. 이사야 벌린의 자유론에 대해서는 안준홍, "이사야 벌린의
   소극적 자유론과 헌법 제10조", 법철학연구 제13권 제3호(2010), 91면 이하
   참조.

논의의 무게중심이 이동하는 움직임도 관측된다.[90]

(4) 계약해석

계약해석은 계약법의 핵심 문제이다.[91] 따라서 어떻게 계약해석을 할 것인가는 실천적으로 중요한 의미를 가진다. 우리 판례에 따르면 "법률행위의 해석은 당사자가 그 표시행위에 부여한 객관적인 의미를 명백하게 확정하는 것으로서, 당사자가 표시한 문언에 의하여 객관적인 의미가 명확하게 드러나지 않는 경우에는 그 문언의 내용과 법률행위가 이루어지게 된 동기 및 경위, 당사자가 법률행위에 의하여 달성하려고 하는 목적과 진정한 의사, 거래의 관행 등을 종합적으로 고찰하여 사회정의와 형평의 이념에 맞도록 논리와 경험의 법칙, 그리고 사회 일반의 상식과 거래의 통념에 따라 합리적으로 해석"하여야 한다.[92]

---

90) 이에 관한 기본적인 시각을 제공하는 논문으로는 우선 G. Stigler, *The Economics of Information*, 3 Journal of Political Economy 213-225 (1961). 그 이외에도 H. Fleischer, Informations-asymmetrie im Vertragsrecht, 2001; S. Grundmann, W. Kerber & S. Weatherill (eds), Party Autonomy and the Role of Information in the Internal Market, 2001; R. Schulze, M. Ebers & H. Grigoleit (eds), Informationspflichten und Vertragsschluss im Acquis Communautaire, 2003; S. Grundmann, *Information, Party Autonomy and Economic Agents in European Contract Law"* 39 Common Market Law Review 269-293 (2002) 참조.

91) 최준규, "계약해석의 방법에 관한 연구 — 문언해석과 보충적 해석을 중심으로 —", 서울대학교 법학박사학위논문(2012), 17면에서는 계약해석의 중요성에 관하여 "① 계약과 계약법을 매개하는 연결고리이자, ② 당사자들의 권리의무관계를 결정함으로써 계약을 체결하려는 자들에게 구체적 지침을 주는 틀로서, 결국 계약법의 핵심적 문제 나아가 계약법 그 자체라고 할 수 있다" 라고 설명한다.

92) 대판 1996. 10. 25, 96다16049; 대판 1999. 11. 26, 99다43486; 대판 2000. 11. 10, 98다31493; 대판 2001. 3. 23, 2000다40858; 대판 2009. 10. 29, 2007 다6024, 6031; 대판 2010. 2. 11, 2009다74007 등.

이러한 기나긴 판례의 표현은 역설적으로 계약해석론의 일반
화가 이루기 어려운 과제임을 보여준다. 계약해석은 계약자유의 원
칙 아래 생산된 무수히 다양한 개별 계약들을 대상으로 한다. 또한
계약해석은 계약문화, 나아가 법률문화나 법의식과도 관련된 것이
어서 나라마다 조금씩 다른 모습을 띨 수 있고 이런 맥락을 무시한
채 꼭 어떤 태도가 옳다고 단정할 수도 없다. 이러한 다양성 위에
서 계약해석의 기준을 획일화하는 것은 불가능하다. 결국 판례가
채택하는 위와 같은 종합판단의 방법은 불가피하다. 그러한 종합판
단이 끊임없이 반복되면서 비로소 일종의 경향성 내지 느슨한 기준
이 형성될 수 있을 뿐이다.93) 다만 굳이 약간의 일반화를 시도하자
면, 계약해석에 고려되는 수많은 사항들은 대체로 계약법을 관통하
는 자율과 후견이라는 두 가지 사상적 흐름과 관련이 있다는 점은
말할 수 있을 것이다.94)

계약은 계약 당사자들의 자율적 합의에 의하여 성립한다. 따라
서 계약해석은 당사자들 사이에 실제 존재하는 자율적 합의를 발
견, 승인, 관철하는 작업이다(자율의 요청). 외국의 예를 보면 이러한
원칙이 법률에 명문화되어 있는 경우가 많다.95) 우리 민법에는 이

---

93) 이러한 견지에서 해석은 획일화된 명제들로부터 배울 수는 없고 오로지 끊임없
는 연습과 경험을 통해 배울 수 있을 따름이다. Werner Flume, Allgemeiner
Teil des Bürgerlichen Rechts, Bd. 2., Das Rechtsgeschäft, 3. Aufl., 1979, S.
317. 참조.

94) 권영준, "계약법의 사상적 기초와 그 시사점", 저스티스 통권 제124호(2011.
6), 181면.

95) 유럽의 경우 독일 민법 제133조, 스위스 채무법 제18조, 오스트리아 민법 제
914조, 이탈리아 민법 제1362조, 그리스 민법 제173조, 스페인민법 제1281조,
포르투갈 민법 제236조, 프랑스 민법 제1156조 등에서 당사자의 실제 의사를
탐구해야 한다거나 표현의 문자적 의미에 구속되지 않아야 한다는 원칙을
명시적으로 선언하고 있다. 국제물품매매계약에 관한 국제연합협약(United
Nations Convention on Contracts for the International Sale of Goods) 제8조

러한 조항이 없다. 하지만 판례는 문언의 표현과 무관하게 당사자
의 실제 의사를 우선하는 자연적 해석을 승인하고 있다.96) 강학상
으로도 이러한 자연적 해석을 원칙적인 해석방법으로 소개하면서
당사자의 실제 의사가 가지는 중요성을 강조한다.97) 그런데 당사자
의 실제 의사는 외부적으로 표현되지 않는 이상 알아내기 어렵다.
따라서 이를 알아내기 위해서는 당사자의 의사가 가장 명확한 형태
로 고정되어 있는 계약의 문언을 살펴보아야 한다. 그러므로 계약
해석은 문언해석으로부터 출발하는 것이 일반적이고, 또 문언해석
이 가장 중요하다.98)

그런데 문언이 없거나 문언이 있더라도 불명확 또는 부정확하
다면 문언만으로 당사자의 실제 의사를 온전히 탐구하기는 어렵다.
따라서 계약의 문언(text) 이외에도 계약의 맥락(context)을 면밀히
살펴볼 필요성이 생긴다. 이러한 계약의 맥락은 계약의 체결 전후

제1항, 국제상사계약원칙(Principles of International Commercial Contract)
제4.1조 제1항, 유럽계약법원칙(Principles of European Contract Law) 제
5:101조 제1, 2항, 공통참조기준초안(Draft Common Frame of Reference)
Ⅱ. - 8:101조 제1항에서도 이를 명시하고 있다. 우리나라 법무부 2004년 민
법개정안 제106조 제1항 역시 "법률행위의 해석에 있어서는 표현된 문언(文
言)에 구애받지 아니하고 당사자의 진정한 의사를 밝혀야 한다"라고 규정한
바 있다. 법무부 민법개정자료발간팀 編, 2004년 법무부민법개정안 총칙·물
권편, 2012, 166면 참조. 이 개정안은 2004년 10월 제17대 국회에 제출되었
지만 실질적 심의도 거치지 못한 채 국회 임기만료로 폐기되었다.

96) 대판 1993. 10. 26, 93다2629, 2636.

97) 이영준, "법률행위의 해석론"(1)~(3), 대한변호사협회지(1986). 4, 5, 6; 송덕
수, "법률행위의 해석", 경찰대 논문집 제6집(1987), 237면 이하에서 법률행
위의 해석 방법을 자연적 해석, 규범적 해석, 보충적 해석으로 분류하는 독
일의 학설을 소개하기 시작하면서 이러한 이론이 우리나라의 지배적 학설이
되었다고 한다. 윤진수, "계약 해석의 방법에 관한 국제적 동향과 한국법",
민법논고 Ⅰ(2007), 225면 참조.

98) 윤진수, "계약 해석의 방법에 관한 국제적 동향과 한국법", 민법논고 Ⅰ(2007),
240, 245면.

사정을 의미하는 것으로서 계약체결의 동기와 경위, 계약의 성격과 목적, 계약 교섭 당시의 정황, 당사자 간의 거래내역, 관행 등 다양한 요소로 구성되어 있다.

이처럼 계약의 문언과 맥락을 통해 당사자의 실제 의사를 명확하게 확정할 수 있다면 계약해석은 거기에서 멈춘다. 하지만 늘 그러한 것은 아니다. 문언은 다의적이므로 여러 갈래로 해석할 수 있다. 같은 문언을 놓고 각각 다른 이해를 보이는 것도 그 때문이다. 맥락에 관한 증거는 충분하지 않은 경우가 많아 이를 객관적으로 확인하기 어렵다. 이를 확인할 수 있더라도 관점에 따라 얼마든지 다른 평가가 가능하다. 이러한 복잡한 현실의 굴레 속에서 당사자의 의사는 오히려 사후적으로 "형성" 또는 "재구성"되어야 하는 경우가 많다.

여기에서 법원의 후견적 관여가 일어난다(후견의 요청). 이러한 후견적 관여는 교과서에서 관찰하는 계약법의 세계에서는 일단 경계하여야 할 대상이지만, 법정에서 관찰하는 계약해석분쟁의 세계에서는 불가피하게 의지하여야 할 대상이다. 법정까지 온 계약해석분쟁은 당사자의 의사에 대한 이해가 충돌하기 때문에 발생한 것이고, 재판을 거절할 수 없는 법원으로서는 규범적인 기준에 의거하여 당사자의 의사를 확정하지 않으면 안 되기 때문이다.

계약해석에 있어서 후견적 관여는 법원의 규범적 판단으로 나타난다. 당사자의 실제 의사를 알아내기 위해 노력하되, 이것으로 부족하다면 당사자의 실제 의사로부터 한 발짝 떨어진 관행, 법령, 신의칙 등 객관적 기준을 동원하여 당사자가 마땅히 추구하여야 할 의사를 확정해 나간다. 이는 통상 규범적 해석의 형태로 이루어지나, 더 나아가 계약의 흠결이 있을 때 당사자의 가정적 의사에 기대어 그 흠결을 보완하는 보충적 해석의 형태에 이르기도 한다.[99] 첨예한 계약해석분쟁에서는 정도의 차이가 있을 뿐 거의 언제나 이러한 규범적 판단이 이루어진다고 할 수 있다.

요컨대 계약해석은 당사자의 의사를 향한 여정이지만 그 여행의 모습은 다양하다. 당사자의 자율성이 계약의 문언이나 맥락을 통해 강하게 발현되면 법원의 후견적 관여는 뒤로 물러서지만, 당사자의 자율성이 희미해질수록 법원의 후견적 관여는 앞으로 나아온다. 양자는 때로는 긴장관계, 때로는 보완관계를 이루면서 계약해석의 실재를 역동적으로 형성해 나간다.

대법원 2011. 6. 24. 선고 2008다44368 판결은 이 점에서 흥미로운 탐구소재이다.[100] 사실관계와 이에 대한 법원의 판단을 단순하게 설명하면 다음과 같다.

갑(甲)은 을(乙)에게 용역을 제공하고 그 용역수수료는 을의 매출액에 비례하여 받기로 하였다. 그런데 을의 매출액이 갑과 을의 예상을 훨씬 뛰어넘었다. 매출액에 비례하여 수수료를 받기로 한 갑에게는 반가운 소식이었지만, 을에게는 그렇지 않았다. 갑은 을에게 계약상 수수료율에 따른 수수료 지급을 구하였다. 그런데 갑과 을

---

99) 특히 보충적 해석에 이르면 당사자들의 실제 의사가 존재하지 않는 대상에 대해 법원이 그 내용을 확정한다는 점에서 계약해석의 규범성이 극대화된다. 이와 관련하여 보충적 해석의 실질은 법의 적용이라고 하는 견해가 유력하게 주장되고 있다. 윤진수, "법률행위의 보충적 해석에 관한 독일의 학설과 판례", 재판자료 제59집(1992), 118면; 엄동섭, "법률행위의 보충적 해석", 茂巖李英俊博士華甲紀念論文集, 한국민법이론의 발전(1999), 87~89면. 그 표현에 있어서도 보충적 해석 대신 법관에 의한 계약의 계속적 형성이라고 일컫는 것이 타당하다는 견해가 있다. 김진우, "계약의 공백보충", 비교사법 제8권 제2호(2001), 420면.

100) 이 판결에 대한 평석으로는 권영준, "계속적 계약에 있어서 재교섭조항의 해석", 민사판례연구 제36집(2014. 2).

사이의 계약에는 수수료에 대한 재교섭조항이 포함되어 있었다.

　이러한 재교섭조항은 계약체결 시 쌍방을 심리적으로 안정시키고, 재교섭사유 발생 시 자율적 해결의 길을 열어놓는다. 그러나 재교섭조항은 막상 재교섭상황에 직면한 당사자에게 명확한 지침을 제공해 주지 못한다. 쌍방이 원만하게 합의하여 정하면 된다는 말은 듣기는 좋지만 실현하기 쉽지 않다. 이러한 상황에서는 당사자의 이해관계가 치열하게 대립하기 마련이다. 한 쪽은 계약내용의 변경을 원하고, 다른 쪽은 이를 원하지 않는다. 한 쪽은 다른 쪽이 성실하게 재교섭에 응하지 않는다고 비난하고, 다른 쪽은 성실하게 재교섭에 응했지만 입장 차이로 합의에 이르지 못한 것일 뿐이라고 반박한다. 이 가운데 분쟁이 발생한다. 신뢰관계는 깨지고 법률관계가 다투어진다. 여기에서 재교섭조항의 해석이 첨예하게 문제된다.

　다시 이 사건으로 돌아와 보자. 이 사건에서는 을은 너무 높은 수수료를 지급하는 것이 부당하다고 생각하였다. 마침 갑과 을 사이의 계약에는 이 경우를 대비한 재교섭조항이 포함되어 있었다. 을은 이 재교섭조항을 들어 갑에게 재교섭을 요구하였다. 그러나 뜻하지 않게 거액의 수수료를 챙기게 된 갑이 순순히 이 재교섭에 응할 이유가 없었다. 예상대로 갑과 을 사이의 재교섭은 결렬되어 자발적인 수수료율 조정은 이루어지지 않았다. 갑은 본래 계약에서 정한 대로 수수료를 지급하라고 을을 상대로 소를 제기하였다. 을은 반발하였다.

　법원에게는 두 가지 선택지가 있었다. 첫 번째 선택지는 재교섭조항에 따른 수수료율 조정이 이루어지지 않았으므로 당사자가 자율적으로 선택한 바에 따라 을이 갑에게 당초 정한 대로 (고가의)

수수료를 지급하라고 하는 것이다. 두 번째 선택지는 당초의 수수료율을 유지하는 것은 형평에 반하므로 법원이 합리적인 수수료율을 정할 수 있다고 하는 것이다. 1심법원은 첫 번째 선택지를 취하여 을에게 당초 계약에 따른 수수료를 모두 지급하라고 하였다. 반면 원심법원과 대법원은 두 번째 선택지를 취하여 을에게 법원이 정하는 합리적 범위의 수수료만 지급하라고 하였다. 이 부분에 대한 판시 내용을 옮긴다.

> 원심은, 원고가 2003. 6. 25.부터 2004. 4. 22.까지 피고와 사이에 수차례에 걸쳐서 수수료율 인하 조정 협상을 시도하다가 결국 합의에 이르지 못한 사실을 인정한 다음, 이러한 경우에는 이 사건 계약에 이르게 된 동기 및 경위, 조정의 필요성이 대두되게 된 원인, 원·피고 쌍방의 이익의 균형 등 제반 사정을 참작하여 수수료율의 합리적인 범위를 정하여야 한다고 판단하고, 나아가 그와 같은 전제하에, 회계법인이 원고의 적정한 이익을 보장할 수 있는 것으로 산정한 3.144% 또는 3.394%가 합리적인 수수료율이라는 점만으로 당초의 고정수수료율이 변경되었다고 볼 수는 없지만, 원·피고 사이에 수수료율의 조정이 필요하게 된 사유, 당초 예상했던 7년간의 누적매출액이 불과 1년 6개월 만에 달성된 점, 피고와 피고보조참가인의 관계와 그 지위 등을 고려하면 이 사건 계약 제29조 제3항101)에 따라 적용될 수수료율은 이 사건 고시에서 정한 수수료율의 상한인 4.9%로 봄이 상당하

---

101) [제29조 제3항] 제1항의 수수료{온라인연합복권 매회 매출액의 9.523%(부가가치세 포함)에 해당하는 금액}는 계약기간에도 불구하고 다음 각 호와 같은 경우에는 피고와 원고가 상호협의하여 조정할 수 있다. 단, 증감되는 금액이 종전 수수료의 100분의 5에 해당하는 금액 이하이면 조정하지 아니하기로 한다.
   1. 관계법령에 의한 통제가격, 정부 등의 규제가격, 인·허가 또는 고시가격, 세법 등이 변동된 때

다고 판단하였다.

이 사건 계약 제29조 제3항 제1호의 취지에 비추어 볼 때, 위 규정에 따른 수수료율 조정사유가 발생하였음에도 수수료율 조정을 위한 협의 결과 합의가 이루어지지 아니한 경우에는 법원이 여러 사정을 종합하여 합리적인 범위 내에서 위 계약조항에 따라 변경·적용할 수 수료율을 정할 수 있다고 봄이 상당하다 할 것이므로, 원심의 위와 같은 판단은 정당한 것으로 수긍할 수 있고, 거기에 계약해석에 관한 법리를 오해하는 등의 잘못이 있다고 할 수 없다. 이와 관련된 원고 와 피고의 각 상고이유 주장은 모두 이유 없다.

이와 관련하여 다음과 같은 문제들을 생각해 보자. 자율과 후견의 관점은 이 사건에서 어떻게 작동하였는가? 법원은 어떠한 근거에서 스스로 수수료율을 결정할 수 있었는가? 그 "합리적 범위"의 수수료 결정에는 합리적 근거가 있었는가? 이 판결의 적용범위는 어떠한가? 가령 법원은 앞으로 이러한 유형의 사건을 접하게 될 때 직권으로 계약의 내용을 정할 수 있는가?

(5) 계약과 사정변경

사정변경의 원칙도 자율과 후견의 패러다임 교차를 잘 보여주는 문제 중 하나이다.

계약이 준수되어야 한다는 것은 계약법의 대원칙이다. 이는 계약 당사자의 의사에 부합할 뿐만 아니라 계약에 관한 법적 안정성을 제고하여 거래를 촉진한다. 그런데 사정변경의 원칙은 이러한 계약법의 대원칙과 긴장관계에 있다. 계약의 기초를 이루는 사정이 현저하게 변경되어 계약을 그대로 이행하게 하는 것이 신의칙에 반하는 경우에 계약 당사자가 계약의 구속력에서 벗어나도록 허용하기 때문이다.

일반론으로서 사정변경의 원칙을 최초로 인정한 대법원 2007. 3. 29. 선고 2004다31302 판결은 "이른바 사정변경으로 인한 계약 해제는, 계약성립 당시 당사자가 예견할 수 없었던 현저한 사정의 변경이 발생하였고 그러한 사정의 변경이 해제권을 취득하는 당사자에게 책임 없는 사유로 생긴 것으로서, 계약내용 대로의 구속력을 인정한다면 신의칙에 현저히 반하는 결과가 생기는 경우에 계약준수 원칙의 예외로서 인정되는 것이고, 여기에서 말하는 사정이라함은 계약의 기초가 되었던 객관적인 사정으로서, 일방당사자의 주관적 또는 개인적인 사정을 의미하는 것은 아니다."라고 판시함으로써 일반적인 법리로서 사정변경의 원칙을 명확하게 승인하기에 이르렀다.

이처럼 일반론으로서는 사정변경의 원칙이 받아들여졌지만, 재판실무상 사정변경의 원칙에 기초한 당사자의 주장은 거의 받아들여지지 않고 있어 "원칙"이라는 표현이 무색할 정도이다. 학술적으로는 사정변경의 원칙이 간간이 관심을 받아왔으나, 여전히 이것이 계약법상 주요 쟁점들의 반열에 올라있다고는 할 수 없다.

이러한 점만 보면 사정변경의 원칙은 계약법에서 그다지 중요하지 않은 논제라고 할 수 있을지 모른다. 하지만 사정변경의 원칙은 여전히 논의 가치가 있다. 우선 이는 계약법의 기본 이론을 자극하여 풍성한 논의를 창출한다. 예외를 논하는 것은 곧 원칙의 적용범위와 한계를 논하는 것이다. 그런 점에서 "예외"로 여겨지는 사정변경의 원칙은 더 고차원적인 "원칙"인 계약자유원칙(자기결정과 자기책임)의 한계선을 어디에 그을 것인가를 다룬다. 비유하자면 사정변경의 원칙은 계약의 병리학(病理學)에 해당하는 것으로서, 계약자유의 원칙이 미치지 않거나 제대로 작동할 수 없는 영역을 테이블 위에 올려놓고 분석한다. 이 과정에서 자율과 후견의 상관관계, 계약당사자와 법원의 역학관계, 비대칭적 정보 보유 및 이로 인한 위험의 배분 등 계약법의 근본적인 문제들을 고스란히 접하게 된다. 이처럼 사정변경의 원칙은 계약법의 바탕을 되돌아보게 하는 점에서 이론적으로 중요하다.

민법 기타 법률에는 사정변경의 원칙이 녹아 있는 개별조항들이 존재하고, 현실에서도 이와 관련된 사건들이 끊임없이 발생한다. 변동성과 위험성이 일상화되어 있는 오늘날의 위험사회(risk society)에서는 전쟁이나 천재지변, 급격한 경제사정의 변동, 또는 통일과 같은 격변에 직면하여 일반적인 사정변경원칙의 적용이 진지하게 고려되어야 할 사건이 발생할 가능성도 있다.

또한 실무가들은, 사정변경의 원칙이라는 이름으로 다루어지지는 않지만 이와 맥락을 같이 하는 쟁점들을 자주 접한다. 가령 하수관거공사를 하다가 예기치 못하게 폐기물이 발견되어 그 처리비용이 발생할 때 도급인과 수급인 중 누가 그 비용을 부담하는가? 이에 관한 계약조항이 없고 새로운 합의에도 이르지 못한다면 어떻게 할 것인가? 당사자의 의사해석으로 해결할 것인가? 아니면 법원이 조정절차를 통해 후견적으로 개입하여 해결할 것인가? 또한 분쟁이 심화될 때 계약관계유지와 계약관계해소 중 어느 것이 타당한 해결책인가? 요컨대 사정변경의 원칙은 재판실무에서 자주 활용되지는 않지만, 이론적으로는 계약법의 배후에 있는 가치들 간의 긴장관계를 고찰하게 해 주고, 실무적으로도 여러 가지 맥락에서 문제될 수 있다는 점에서 의미 있는 주제이다.

사정변경의 원칙에 있어서 가장 중요한 의미를 가지는 것은 언제 사정변경의 원칙이 적용되는가 하는 문제이다. 이는 요건론이라고 말할 수 있다. 앞서 살펴 본 2007년 판례는 사정변경의 요건으로 ① 현저한 사정변경, ② 예견불가능성, ③ 해제 주장 당사자의 귀책사유 부존재, ④ 신의칙에 현저히 반하는 결과를 들었다. 학설도 대체로 같은 입장이다. 다만 대법원 2017. 6. 12. 선고 2016다249557 판결은 ③ 요건을 삭제하고 ④ 요건 대신 "당사자의 이해에 중대한 불균형을 초래"하거나 "계약을 체결한 목적을 달성할 수 없는 경우"라는 두 가지 구체적 유형을 제시하였다. 이러한 요건론의 미묘한 변화는 아래에 설명할 민법 개정안의 내용과 일치하는 것이다.

　　요건론은 위험배분이라는 관점으로도 설명할 수 있다. 즉 사정변경의 원칙은 누구도 예견하지 못하였던 현저한 상황 변화가 발생하였을 때 그 이익상황의 변화로 인한 위험을 누구에게 배분할 것인가 하는 문제를 다룬다. 당초 계약 당사자가 짜 놓은 계약의 틀에 따라 위험을 배분하게 되면(즉 자율의 관점을 중시하면) 사정변경의 원칙이 적용될 여지는 사라지고, 법관이 이 계약의 틀을 깨뜨리고 변경된 사정에 맞는 새로운 틀에 따라 위험을 배분하게 되면(즉 후견의 관점을 중시하면) 사정변경의 원칙이 적용될 여지가 커지는 것이다.

　　한편 사정변경 원칙의 요건이 충족되면 어떠한 효과가 발생하는가에 대해서 우리 판례는 계약해지권을 인정할 뿐 계약수정권을 인정하지는 않는다. 그런데 외국의 입법례들을 보면 당사자의 의사와 무관하게 법원이 계약을 합리적으로 수정할 수 있도록 허용하는 예들이 적지 않다. 예컨대 독일 민법 제313조 제1항, 알제리 민법 제107조 제3항, 네덜란드 민법 제6:258조 제1항, 러시아 민법 제

451조, 그리스 민법 제388조, 이탈리아 민법 제1664조, 스칸디나비
아 계약법 제36조에서는 법원의 계약수정권을 인정하고 있다. 또한
유럽계약법원칙(PECL) 제6.111조, 유니드로아 국제상사계약원칙(PICC)
제6.2.2조, 공통참조기준초안(DCFR) 제3편 제1:110조 등 대부분의
국제 모델법도 이를 인정한다. 영국이나 미국, 프랑스, 벨기에, 룩
셈부르크, 일본 등은 대체로 사정변경 원칙의 적용에 소극적 입장
을 보이고 있지만, 미국의 연방법원 판결 가운데에는 이를 인정한
사례가 있다.102)

2014년 2월에 완성된 우리나라 민법 개정안 제538조의2는 "계

---

102) *Aluminum Co. of America v. Essex Group, Inc.*, 499 F. Supp. 53, 29
U.C.C. Rep. Serv. 1 (W.D. Pa. 1980). 이 사건에서 법원은 공통의 착오 법
리에 기하여 계약을 수정하였지만 그 판결이유를 살펴보면 착오뿐만 아니
라 목적좌절(frustration), 실행불가능(impracticability)의 경우에도 계약수
정권이 인정된다는 점을 전제로 하고 있다. 법원은 단지 계약을 취소할 수
있게 허용하는 것은 원고에게 기대 이상의 이익을 안겨주는 반면 장기간
안정적으로 알루미늄을 공급받고자 하는 피고의 이익을 심하게 해친다고
보았다. 따라서 이러한 요건 아래에서는 적정하게 계약을 수정하는 것이
다른 그 어떤 구제수단보다 당사자의 계약목적과 기대에 부합하고 부정의
(injustice)를 피할 수 있는 방법이라고 판단하였다. 이러한 근거 위에서 법
원은 ① 계약서에 명시된 상한가(ceiling price)와 ② 계약서의 가격산출지
수에 따라 산출된 가격과 원고에게 1파운드당 1센트의 이윤을 안겨주는 가
격 중 높은 것, 두 가지 중 더 낮은 가격을 계약가격으로 정하는 것으로 변
경하였다. 이 판결에서 법원은 이러한 계약수정이 계약자유의 원칙을 침해
할 것이라는 비판에 대하여 1) 오늘날 법원은 실제로 당사자들을 위하여
계약을 만드는 경향을 보이고, 2) 계약체결 시 법원이 개입하는 것과 분쟁
발생 시 계약조항을 해석하고 보충하는 것은 준별하여야 하며, 3) 계약이
당사자의 합의에서 도출된다고 하지만 이 경우에는 합의가 존재하지 않았
고, 법원은 계약내용을 창출할 능력이 없는 것이 사실이지만 법원은 계약
이후 분쟁과정을 거쳐 드러난 많은 사후 정보를 가지고 있고 당사자들이
스스로 계약을 만들지 않는 이상 법원이 불가피하게 이를 만들 수밖에 없
다고 하였다. 아울러 이처럼 법원이 계약을 합리적으로 변경할 수 있다는
가능성은 협상력의 우위에 서 있는 일방 당사자가 자신의 우연한 이익을
계속 보유하기 위하여 협상에 제대로 임하지 않는 사태를 방지하게 한다는
점도 지적하였다.

약성립의 기초가 된 사정이 현저히 변경되고 당사자가 계약의 성립 당시 이를 예견할 수 없었으며, 그로 인하여 계약을 그대로 유지하는 것이 당사자의 이해에 중대한 불균형을 초래하거나 계약을 체결한 목적을 달성할 수 없는 때에는 당사자는 계약의 수정을 청구하거나 계약을 해제 또는 해지할 수 있다."라고 규정함으로써 법원의 계약수정권을 인정하고 있다. 이처럼 법원의 계약수정권을 인정할 것인가의 문제도 사정변경의 요건이 충족된 경우에 법원이 과연 어느만큼 후견적으로 관여할 수 있는가 하는 고민과 같은 차원에서 이해될 수 있다.

이처럼 사정변경으로 인하여 발생하는 위험을 가급적 계약 당사자 사이에 자율적으로 배분된 것으로 보려는 입장과 그렇지 않은 입장(요건의 엄격성에 대한 시각 차이), 그 사후적 위험배분에 있어서도 가급적 계약 당사자 사이의 교섭을 통한 해결을 강조하려는 입장과 그렇지 않은 입장(사정변경 후 자율적 해결에 대한 시각 차이), 또한 위험 배분에 있어서 법원의 개입을 가급적 배제하려는 입장과 그렇지 않은 입장(계약수정 또는 해소에 있어서 법원의 역할에 대한 시각 차이) 등의 관계는 자율과 후견 사이의 긴장관계를 잘 나타낸다.

제3절   불법행위법

※ 이 절은 저자가 공간한 다음 문헌들에 주로 의거하여 작성하였다.
"불법행위와 금지청구권", Law & Technology 제4권 제2호(2008. 3).
"불법행위법의 사상적 기초와 그 시사점", 저스티스 통권 제109호(2009. 2).
"미국법상 순수재산손해의 법리", 민사법학 제58호(2012. 3).
"해킹(hacking) 사고에 대한 개인정보처리자의 과실판단기준", 저스티스 통권 제132호(2012. 10).
"불법행위의 과실 판단과 사회평균인", 비교사법 제22권 제1호(2015. 2).

1. 출발점

전통적으로 계약법은 계약관계에 있는 당사자들의 법 문제를, 불법행위법은 그러한 관계 바깥에 있는 사람들 사이의 법 문제를 다루어 왔다. 그런데 비계약적 접촉이 늘어나는 사회에서는 불법행위법의 비중도 커진다. 자동차나 비행기 등 교통수단의 발달과 인터넷이나 SNS와 같은 정보통신수단의 발달로 현대사회에서는 과거에 상상할 수 없었던 폭으로 비계약적 접촉이 늘어나고 있다. 이처럼 비계약적 접촉이 증가하는 현대사회에서는 불법행위의 가능성도 구조적으로 증가한다. 비계약적 접촉면의 확대는 개인과 기업의 활동 영역이 확대됨과 동시에 사고의 위험성도 증가됨을 의미하기 때문이다.

불법행위 분쟁은 다양한 형태로 해결된다. 우선 책임보험 제도의 발달, 다양한 소송외 분쟁해결 방법의 존재, 행정규제나 형사시스템의 운용, 배상기준의 명확화에 따른 자주적 분쟁해결 가능성의 증대 등은 불법행위 분쟁이 소송 없이 해결되는 데 기여하는 메커니즘들이다. 하지만 궁극적으로 불법행위 분쟁은 불법행위 소송으로 해결된다. 불법행위 소송은 수적으로도 상당한 비중을 차지한다. 그런데 불법행위 소송이 사회에 미치는 실질적 영향력도 상당하다. 최근 개인정보침해소송이나 고엽제 및 담배 등 각종 유해물질로 인한 제조물책임소송, 금융상품과 관련된 투자손실소송과 같은 분쟁 사례에서 알 수 있듯이 불법행위 분쟁은 관련 정책 방향을 좌우할 정도로 사회 구석구석에 깊숙한 영향을 미친다. 개인의 권리 구제보다는 공동체의 정책 변경을 목표로 하여 제기되는 이른바 정책형 불법행위 소송이 늘어나면서 불법행위법이 사회에서 차지하는 무게도 늘어나고 있다.

불법행위법의 규범적 중요성도 결코 과소평가될 수 없다. 불법행위법은 불행을 야기하는 이 세상의 숱한 행위들 중 법적으로 허용되는 것과 그렇지 않은 것의 경계선을 제시하는 법이다. 또한 그 경계선을 넘었을 때 누가 누구에게 어떠한 책임을 져야 하는지를 다루는 법이다. 형사시스템, 행정규제, 보험, 공적 부조, 사회윤리, 기술적 보호조치 등 관련 제도 내지 영역도 존재한다. 그런데 형사시스템은 죄형법정주의라는 엄격한 한계 내에서 보충적으로 작동할 뿐이다. 행정규제는 규제완화라는 전체적 흐름 속에서 규제의 타당성이 인정되는 분야에 한하여 단편적으로 행하여질 뿐이다. 사보험(私保險)은 적정한 보험료의 산출과 이익보장이 담보되는 분야에서 보험상품이 마련되고 실제로 보험계약이 체결되어야 작동한다. 공적 부조(公的 扶助)제도는 그야말로 최소한의 사회 안전망일 뿐이고, 그나마 포괄적이지도 않다. 사회윤리는 사회구성원들이 자신의 행위를 돌아보고 바람직하지 못한 행위는 스스로 억제하도록 돕지만 강제될 수 없어 실효성이 떨어진다. 사이버 공간의 기술적 보호조치는 저작권침해 등 사이버공간상에서 이루어지는 불법행위를 원천봉쇄한다. 그러나 이를 능가하는 또다른 반기술(反技術)의 등장으로 번번이 주저앉곤 한다. 결국 불법행위법은 이러한 인접 영역들이 다루지 못하거나 해결하지 못하는 문제들을 최종적이고 포괄적으로 다루는 강제력 있는 규범이다. 그리고 "과실", "위법성", "인과관계", "손해"와 같이 가장 기본적인 법 개념에 대한 법리를 제공하는 규범이다. 그러한 의미에서 불법행위법은 관련 분야들에 끊임없는 생명력을 제공하는 뿌리와 같은 규범이다.

이러한 불법행위법의 규범적 무게 외에도 법관이 불법행위법에서 차지하는 특수한 역할은 재판실무에서 불법행위법의 중요성을 더욱 실감하게 해 준다. 전통적인 민법학은 씨줄과 날줄로 정교하게 연결된 법해석학의 모습을 지닌다. 이러한 구도 아래에서는 법 도그마틱에 능한 법해석학자의 역할이 강조된다. 그런데 불법행위법은 고의, 과실, 위법성 등 여러 불확정 개념들의 토대 위에 서 있다. 따라서 정교한 법리구성에는 한계가 있다. 이는 우리나라처럼 불법행위법에 관한 일반 조항(민법 제750조)을 두고 있는 나라에서는 더욱 그러하다. 결국 불법행위법은 법관이 사안별로 법의 의도적 여백을 메워나가며 법형성작용을 분담하는 법, 즉 '법관이 만드는 법(judge－made law)'의 속성을 가진다.[103] 이러한 속성으로 말

---

103) 우리나라 민법 제750조는 "고의 또는 과실로 인한 위법행위로 타인에게 손해를 가한 자는 그 손해를 배상할 책임이 있다."라고 포괄적으로 규정하여 불법행위의 개념을 신축적으로 열어놓는다. 이는 프랑스 민법 제1382조, 오스트리아 민법 제1295조, 일본 민법 제709조와 유사한 것이다. 이에 비해

미암아 불법행위법은 직관이나 정책을 중시하는 실무가, 입법가 내
지 정책가들에게 친숙한 영역이지만, 정교한 법도그마틱을 지향하
는 실정법학자들에게는 그다지 매력적인 영역이 아닐 수 있다. 요
컨대 불법행위법은 실무지향적·이론지향적인 성격은 강하지만, 법
리지향적인 성격은 약하다.

그러므로 불법행위법의 밑바닥에 흐르는 사상적 기초 또는 불
법행위법의 목적에 대한 근본적 논의의 필요성은 더욱 크다고 할
수 있다. ① 불법행위법이 가지는 '법관이 만드는 법'의 속성, ② 불
법행위법 내부에서 의료, 환경, 교통사고, 지식재산권, 제조물책임
등 세부분야별로 일어나는 개별화·전문화 현상, ③ 불법행위법이
행정규제, 형사시스템, 보험제도, 사회윤리 등 인접한 사회제도들과
가지는 밀접한 상호관련성 등은 불법행위법의 다채로움을 보여준
다. 이들을 아우르는 통합원리를 발견하고 이를 통하여 불법행위법
이 거시적인 방향성과 체계성을 획득하기 위해서는 불법행위법의
표면에 드러나는 실정법적 쟁점 이외에도 그 배후의 사상적 기초에
대한 논의가 더욱 절실히 요구되는 것이다.

불법행위법의 목적이 무엇인가에 관하여는 매우 다양한 논의
들이 있다. 이러한 논의의 다양성은 불법행위법이라는 이름 아래
존재하는 수많은 규범 군들을 생각하면 당연하고 자연스럽다. 따라

독일 민법 제823조, 제826조나 커먼로에 기초한 영미의 불법행위법에서는
불법행위의 개별적 유형을 열거한다. 그러나 어느 법제에서나 불법행위법
은 정교한 도그마틱에 얽매이기보다는 온당한 책임범위에 이르기 위한 신
축적이고 유연한 운영(전자는 주로 책임의 '제한'이, 후자는 주로 책임의 '확
장'이 문제될 뿐임)이 불가피하다는 점에서 크게 다르지 않다. 이에 관하여
는 Zweigert/Kötz, Einführung in die Rechtsvergleichung, 3. Aufl., 1996,
S. 625ff; Francesco Parisi, Liability for Negligence and Judicial Discretion,
157 (1992) 참조.

서 불법행위법의 이념을 하나의 관점으로만 설명하려는 시도는 인위적이다.[104] 그러나 전체 그림을 파악하기 위해서는 일정한 정도의 유형화 또는 체계화가 불가피하다. 불법행위법을 둘러싼 복잡다기한 논의들은 대체로 아래와 같은 큰 흐름으로 정리할 수 있다.

우리는 사고가 일어나지 않는 세상을 원한다. 하지만 우리가 살아가는 세상은 완전하지 못하므로 사고는 일어나기 마련이다. 그 중에는 단순한 불운(不運)이 아니라 불법(不法)의 영역에 속하는 사고들도 다수 있다.[105] 불법행위는 이러한 사고들을 야기하는 행위이다. 이에 관하여는 두 가지 문제가 있다. 즉 ① 어떻게 하면 불법행위를 감소시킬 것인가(예방의 문제), ② 불법행위가 발생하였다면 이로 인하여 불이익을 받은 자에게 무엇을 해 줄 것인가(회복의 문제)이다. 이 중 전자에 강조점을 두는 관점을 예방 패러다임, 후자에 강조점을 두는 관점을 회복 패러다임이라고 부르기로 한다.

불법행위법의 목적과 관련하여 예방과 회복 이외에 제재의 문제가 논해지기도 한다.[106] 현실적으로 불법행위로 인한 손해배상에

---

104) 이에 관해서는 John Murphy, *The Heterogeneity of Tort Law*, 30 Oxford Journal of Legal Studies 3, 455-482(2019) 참조.

105) 불운(不運)과 불법(不法)의 영역은 예방가능성과 귀책가능성에 의하여 판단한다. 단순한 불운은 사람의 힘으로는 사전에 예방할 수 없거나, 예방할 수 있었더라도 특정인에게 귀책시키기 곤란한 성격을 가진다.

106) 독일에서는 불법행위법의 기능을 전보적 기능(Ausgleichsfunktion), 예방적 기능(Präventionsfunktion), 제재적 기능(Sanktionsfunktion)의 세 가지로 설명한다. 이에 관하여는 우선 Mertens in Münchener Kommentar zum BGB, 4. Aufl. Vor §823, Rn. 32. 이하 참조. 한편 우리나라 문헌들도 그 영향 아래 대체로 제재적 기능을 불법행위법의 기능 중 하나로 포함시키고 있다. 남윤봉, "불법행위제도의 기능", 재산법연구 제18권 제1호(2001. 3); 박동진, "손해배상법의 지도원리와 기능", 비교사법 제11권 제4호(2004.

제재적 성격이 없다고는 할 수 없다.[107) 따라서 불법행위법의 목적
의 하나로서 제재가 언급되는 것도 이해할 수 있다. 하지만 형법이
아닌 사법(私法)의 영역에서 제재가 회복이나 예방과 어깨를 나란히
할 정도로 독자적이고 격상된 지위를 차지하는지는 의문이다. 아래
에서 살펴 볼 미국의 논의는 대체로 회복과 예방의 양 구도를 전제
로 이루어지고 있고, 2005년 불법행위법 유럽위원회에서 공표한 유
럽불법행위법원칙(The Principles of European Tort Law)[108) 제10:101조
에서도 불법행위법의 목적을 회복과 예방의 두 가지로 선언하고 있
다. 그러므로 이 책에서는 제재적 기능을 독자적으로 분리하여 논
하기보다는 예방 패러다임과의 관련성 아래에서 필요에 따라 설명
하기로 한다. 이러한 문제의식을 가지고 아래에서는 불법행위법을
관통하는 주요한 이론 축으로서 회복과 예방이라는 두 가지 패러다
임을 살펴보고자 한다. 상세한 설명에 앞서 양 패러다임의 특색을
표로 비교하면 다음과 같다.

	예방 패러다임	회복 패러다임
목표	공동체의 사고비용 최소화	당사자간 정의상태의 회복
관점	외적 관점(공동체적 관점)	내적 관점(당사자적 관점)

---

12) 등 참조.

107) 영미권의 징벌적 손해배상이 대표적 예이다. 한편 대륙법계에서도 인격권
침해로 인한 위자료를 중심으로 손해배상의 제재적 기능이 논의된다. 이에
관한 소개로는 임건면, "초상권 침해에 대한 민사법적 책임에 관한 소고",
재산법연구 제18권 제1호(2001, 3), 235면 및 Ina Ebert, Pönale Elemente
im deutschen Privatrecht. Von der Renaissance der Privatstrafe im deutschen
Recht, 2004 참조.

108) 유럽불법행위법원칙에 관한 일반적인 소개로서 Helmut Koziol, 신유철 옮
김, 유럽손해배상법 ― 통일과 전망 ― , 2005 참조.

	예방 패러다임	회복 패러다임
학문적 기초	법경제학	교정적 정의론
법의 기능	예방적 기능 강조(행위규범)	구제적 기능 강조(재판규범)
법관의 역할	개별사건해결자 + 정책판단자	개별사건해결자
판단 방향	사전적, 미래적 연속단면	사후적, 회귀적 일단면
지향 가치	효율성	당사자간 개별적 정의
기타 특색	도구주의, 공리주의, 결과주의, 탈도덕화, 법과 정책의 융합, 객관적 기준 중시	반도구주의, 반공리주의, 의무론, 도덕화, 법과 정책의 분리, 구체적 타당성 중시

2. 예방 패러다임

가. 예방 패러다임의 내용

(1) 예방 패러다임의 의미

1) 법경제학적 접근과 예방 패러다임

이 세상에서 사고(accident)를 완전히 제거할 수는 없지만, 이를 줄일 수는 있다. 객관적 환경을 변화시킴으로써, 혹은 사회구성원들의 바람직한 행위를 유도하고 바람직하지 못한 행위는 억제함으로써 사고를 줄일 수 있다. 이 책에서는 이와 같이 불법행위법을 통하여 사회 구성원들에게 바람직한 행위지침을 제시하고, 그러한 행위로 나아갈 인센티브를 부여함으로써 불법행위를 예방한다는 관점을 예방 패러다임이라고 부르기로 한다.

사실 법은 재판규범성 이외에도 행위규범성을 가지므로 이처럼 불법행위법이 사회 구성원들에 대한 행위지침제시 및 유도기능

을 수행하는 것은 당연하다.109) 그런데 이러한 관점이 전통적 사고
방식에서 벗어난다고 여기는 데에는 그것이 법경제학과 가지는 밀
접한 관련성이 크게 작용하고 있다.

　불법행위법에 있어서 법경제학의 기본논리는 다음과 같다. 불
법행위법의 목적은 사고를 줄이는 것, 즉 사고로 인하여 사회에 발
생하는 총비용을 줄이는 것이다.110) 따라서 불법행위법은 사회 구
성원들이 사고의 총비용을 줄이는 방향으로 행동할 인센티브를 제
공하여야 한다. 법경제학은 바로 이를 강조한다는 점에서 예방 패
러다임과 밀접한 관련성을 가진다. 이러한 관련성 때문에 불법행위
법에 있어서 "예방 패러다임 = 법경제학적 사고방식"의 등식이 대
두하기 시작하였다. 그런데 논리적으로는 예방 패러다임이 반드시
법경제학과 결합해야 할 필연성은 없다. 가령 형법학에서는 형벌의
목적이 무엇인가에 관하여 전통적으로 응보론과 예방론이 주장되
어 왔다. 그러나 여기에서의 전통적 예방론은 법경제학과 무관한
것이었다.111) 이 두 가지 원리가 결합하면 형벌은 범죄예방의 도구
이지만, 개인에 대한 처벌은 그 응보범위 내에서만 정당화된다. 이

---

109) 이와 같이 불법행위법의 행위규범적 성격을 예방의 측면에 포함시킨다면,
　　실제 손해를 초과하는 배상책임(가령 징벌적 손해배상책임)을 부과하여 향
　　후 유사한 사태를 방지하고자 하는 것은 예방 패러다임 중 제재를 통한 예
　　방이라는 한 단면을 포착한 것에 불과하고, 그것만이 예방 패러다임의 전부
　　라고 할 수는 없다. 즉 손해배상의 예방기능은 불법행위법이 가지는 예방기
　　능의 한 단면일 뿐이다.

110) 이는 Guido Calabresi, *Some Thoughts on Risk Distribution and the Law
　　of Torts*, 70 Yale L. J. 499 (1961)에서 비롯된 사고(思考)이다.

111) 형벌에 있어서 예방과 응보적 정의에 관한 문헌으로 우선 H.L.A. Hart,
　　Punishment and Responsibility: Essays in the Philosophy of Law 1–12,
　　1968 참조. 이에 따르면 예방(deterrence)은 형법의 정당화 목적(justifying
　　aim)이고, 응보적 정의(retributive justice)는 형벌을 개인에게 분배(distribute)
　　해 주는 원리이다.

는 불법행위법에서도 다르지 않다. 독일에서도 예방(Prävention)이 불법행위법의 사상적 기초의 한 축을 이루어 왔으나, 그 논의가 꼭 법경제학에만 의존한 것은 아니다.112) 또한 법경제학이 회복 패러다임과 관련이 없는 것도 아니다. 오히려 법경제학은 회복될 정당한 손해액을 산정하는 중요한 틀을 제공한다.

하지만 현실적으로 본다면, 현대의 불법행위법에 있어서 예방 패러다임을 가장 잘 대표하는 입장은 법경제학이다. 법경제학은 불법행위법이 사고로 인한 손해를 회복시키는 메커니즘이라는 생각에만 잠겨있던 전통적인 이해에 신선한 자극을 주었다. 그리고 이로써 불법행위법의 목적에 관한 양 진영의 치열한 논쟁이 시작되었다. 따라서 후술하는 것처럼 미국에서는 불법행위법의 목적 논쟁이 교정적 정의론과 법경제학의 대립으로 인식되고 있다. 그러므로 이 글에서도 법경제학을 중심으로 예방 패러다임을 살펴본다.

2) 불법행위법과 미국의 법경제학의 발전

법경제학의 등장과 그로 인하여 촉발된 논쟁은 대체로 미국을 중심으로 이루어졌다. 법경제학은 규범을 인간행태에 대한 인센티브 부여수단으로 보고 공리의 증진을 추구한다. 그러한 점에서 법경제학은 기능주의적이고 공리주의적이다.113) 이러한 배경에서 본다면, 미국 연방대법관을 지낸 올리버 웬델 홈즈(Oliver Wendell Holmes)가 1881년 그의 유명한 저서 "Common Law"에서 불법행위법을 사회복리 증진의 수단으로 파악한 것은 법경제학적 논의의 중

---

112) Mertens in Münchener Kommentar zum BGB, 4. Aufl. 2004, Vor § 823, Rn. 34ff.

113) Hans-Bernd Schäfer, *Tort Law: General* in; Boudewijn Bouckaert & Gerrit De Geest(ed), Encyclopedia of Law and Economics, Vol Ⅱ, 570, 2000.

요한 씨앗이다. 19세기 후반 미국에 팽배하였던 공리주의, 그리고 1920년대 이후부터 발달하기 시작한 법현실주의(legal realism)는 그 씨앗의 싹을 틔우는 토양을 제공하였다. 그 이후 1930~40년대에는 제임스 에임즈(James Ames)나 헨리 테리(Henry Terry) 등이 법을 경제학적 시각으로 파악하려는 시도를 계속하여 왔다. 하지만 법경제학적 분석이 불법행위법의 영역에서 중대한 도약을 하게 된 것은 귀도 캘러브레시(Guido Calabresi)가 "Some Thoughts on Risk Distribution and the Law of Torts"를 발표한 1961년이라고 할 수 있다.114) 그의 논문에 따르면 불법행위법의 목적은 사고의 총비용을 감소시키는 데에 있는데, 이러한 접근방식은 불법행위법의 법경제학 분석의 기본으로 자리잡게 된다.115) 그에 즈음하여, 또는 그 이후에 게리 벡커(Gary Becker), 조지 스티글러(George Stigler), 로버트 쿠터(Robert Cooter), 리차드 포즈너(Richard Posner), 스티븐 쉐벌(Steven Shavell) 등에 의하여 법경제학의 지평이 점점 넓어졌다. 특히 포즈너는 그의 저서 "Tort Law: Case and Economic Analysis"(1982)에서 19세기 후반부터 20세기 초반까지 1,500건 이상의 불법행위 관련 판례를

---

114) 법경제학의 또다른 기념비적 논문인 Ronald Coase, *The Problem of Social Cost*, 3 J. Law & Econ. 1 (1960)까지 감안한다면 1960년대 초반은 법경제학사에서 특별한 의미를 가진다고 할 수 있다.

115) 그에 따르면 사고 총비용은 ① 1차적 사고비용(primary cost of accidents), ② 2차적 사고비용(secondary cost of accidents), ③ 행정비용(administrative costs)으로 구성된다. 1차적 사고비용은 사고발생 그 자체로 인한 비용(예컨대 피해자의 재산상 손해 및 정신적 손해)이고, 2차적 사고비용은 사고로부터 야기되는 간접적 비용(예컨대 가해자에 대한 과도한 보상부담으로 인한 사회비용)이며, 행정비용은 사고예방과 처리에 들어가는 비용(경찰 또는 사법비용)이다. 이러한 세 가지 비용은 서로 상충관계에 있기도 하는데(예컨대 1차적 사고비용을 줄이기 위해 행정비용이 증가되는 경우), 세 가지 비용의 총합을 가장 낮추는 조합을 찾는 것이 사고법(accident law)의 목적이다.

검토한 결과 불법행위법상 제반 원리가 경제자원을 효율적으로 배분시키는 수단으로 고안되었다는 주장을 하면서 불법행위법과 법경제학의 상호관련성을 정면에 부각시켰다. 이제 적어도 미국 법학계에서는 법경제학의 영향력을 부인하기 어렵게 되었다. 그리고 이러한 영향력은 불법행위법 분야에서도 예외가 아니다.

3) 대륙법계 국가들에 있어서 법경제학의 제한적 발전

한편 대륙법계 국가들에서는 미국과 달리 법경제학이 사뭇 제한적이고 조심스러운 모습으로 논의되었다. 이러한 논의 양상의 차이는 철학적 배경과 법시스템의 차이로 설명할 수 있다.

주지하다시피 미국에서는 법경제학이 불법행위법에 대한 치열한 사상적 기초론을 촉발시킨 촉매제였다. 그리고 이러한 법경제학의 발전 뒤에는 미국에서 고전적 법철학(classical legal thought)을 침몰시키고 거의 모든 법철학 사조에 크고 작은 영향을 미쳐온 법현실주의(legal realism)가 자리잡고 있었다. 독일이나 프랑스 등 대륙법계 국가에서도 이러한 기조의 사고가 존재하지 않았던 것은 아니지만 미국처럼 지배적인 영향력을 행사하는 데에는 이르지 못하였다. 특히 독일 철학을 지배하던 반공리주의 사조는 법경제학의 정착을 어렵게 하는 요인이었다.116) 따라서 대륙법계 국가들에서는 법경제학이 미국에 비견할 만한 영향력을 행사하지 못하고 있다. 그 결과 이들 국가에 있어서 불법행위법의 사상적 기초론의 치열함은 미국에 훨씬 미치지 못한다.

또한 미국은 판례법 국가이고 대륙법계 국가들은 성문법 국가

---

116) Krostoffel Grechenig & Martin Gelter, *The Transatlantic Divergence in Legal Thought: American Law and Economic vs. German Doctrinalism*, 31 Hastings Int'l & Comp. L. Rev. 295, 296 (2008).

이다. 판례법국가에서는 법원이 법을 형성한다. 법형성에 있어서는 경제적 효율성이 고려되지 않을 수 없다. 그러나 성문법국가에서는 입법부가 법을 형성한다. 따라서 경제적 효율성의 고려는 대체로 입법부에 의하여 행하여지게 된다. 그러므로 대륙법계의 일반적 경향이 나타내듯이 법학의 초점을 법해석학에 맞추게 되면 법경제학이 운신할 폭은 상대적으로 좁아지게 된다. 따라서 미국에서 법경제학이 촉발시킨 사상적 기초론도 대륙법계에서는 상대적으로 덜 논의된다.

그러나 이러한 차이는 다소 도식적인 것이다. 판례법국가와 성문법국가의 격차는 점점 줄어들고 있고, 공리주의적 사고의 폭도 어디까지나 상대적 차이에 불과하다. 따라서 대륙법계에서도 불법행위법의 목적이나 기능 가운데 전보 이외에도 예방이나 제재가 어떠한 역할을 수행하는가에 관한 연구는 꾸준히 이루어져 왔다. 그리고 이러한 연구는 법경제학과 결합하여 더욱 정치하게 발전하고 있다.

가령 독일에서는 법의 자족성과 순수성을 강조한 한스 켈젠 (Hans Kelsen)의 영향 및 역사적으로 발달해 온 엄격한 도그마틱 해석법학의 흐름 속에서 법경제학을 위시하여 불법행위법의 기초에 흐르는 사상적 논의가 미국만큼 풍부하지 못하였다.117) 그러나 불법행위법의 목적론이라는 울타리 안에서 손해전보(Schadensausgleich)와 예방(Prävention)이라는 두 가지 축에 대한 논의는 상당한 정도로 이루어져 왔다. 본래 독일 불법행위법의 전통적인 입장에 따르면, 불법행위법은 피해자의 손해를 전보하는 것을 출발점으로 하되 유

---

117) 독일의 법도그마틱과 법경제학의 상호관계에 관하여는 Krostoffel Grechenig et al, (前註) 참조.

책주의(Verschuldensprinzip)에 근거하여 과실이 없는 한 책임이 없다는 원칙을 선언함으로써 법적 주체의 행동자유의 반경을 확보해 주는 데에 그 목적이 있다. 독일 민법이 손해배상에 관하여 완전배상주의를 취하고 있는 점에서도 회복의 기능은 독일 불법행위법의 지도원리라고 할 수 있다.[118] 반면 불법행위법에 있어서 예방이나 손해분산과 같은 목적을 강조함으로써 미국의 법경제학적 접근방식과 유사한 양상을 보이는 입장들도 있다.[119] 또한 실무적으로는 손해배상의 예방적 효과를 명시적으로 수용한 판례도 나타나기 시작하였다.[120]

---

118) 독일에서는 대체로 보상기능(Ausgleichfunktion)을 불법행위법의 주된 기능으로 파악한다. 이에 관하여는 우선 Münchener Kommentar, Vor § 823, Rn. 41 참조. 이는 독일 민법 제249조에서 "배상의무자는 가해사실이 발생하지 아니하였더라면 존재하였을 상태를 회복시켜야 한다"라고 규정하여 손해배상에 관하여 명문으로 완전배상의 원칙을 채택하는 것과도 관련이 있다.

119) Bernd Schäfer & Claus Ott, Lehrbuch der ökonomischen Analyse des Rechts, 3. Aufl., 2001; Wolfgang Weigel, Rechtsökonomik, 2. Aufl., 2003; Michael Adams, Okonomische Theorie des Rechts, 2. Aufl., 2004; Jürgen Noll, Rechtsökonomie-Eine anwendungsorientierte Einführung 2005 등 참조. 그 이외에도 Weyers, Schiemann, Adams, Kötz, Magnus, Hager, Wagner, Schilcher 등 다수 학자들이 종래 경시되던 불법행위법의 예방적 기능을 격상시켜 이를 본격적으로 조망하기 시작하였다

120) BGHZ 128, 1 (Nov. 15. 1994). 이 사건은 "캐롤라인 1" 사건으로 알려져 있다. 그 이후 캐롤라인 2 사건(15 NJW 984, 1996), 캐롤라인 3 사건(BGHZ 131, 332), 캐롤라인의 아들 사건(15 NJW 985) 등이 있었다. 이 사건의 개요는 다음과 같다. 독일의 한 신문사는 모나코의 캐롤라인 공주와 독점 인터뷰를 실었다. 그러나 실제로 이러한 인터뷰는 이루어진 바 없었다. 함부르크 항소법원은 이에 관하여 신문사 측에 3만 마르크의 위자료 배상을 명하였다. 독일 연방대법원은 이러한 신문사의 행위가 캐롤라인 공주의 인격권을 침해하였다고 인정하였다. 특히 영리를 추구하기 위하여 고의적으로 캐롤라인 공주의 명성을 이용한 행위에 초점을 맞추어 연방 대법원은 일반적인 경우보다 높은 배상액을 책정하여야 한다고 판시하였다. 이에 따라 독일 연방대법원은 피고의 상고는 기각하고 원고의 상고는 받아들여 이를 함부르크 연방항소법원으로 환송하였다. 함부르크 연방항소법원은 최종적으

이러한 독일의 경향은 대륙법계 국가들이 법경제학에 대하여
가지는 대체적인 경향을 대표한다.[121] 즉 주요 대륙법계 국가에서
법경제학적 접근방법은 기존의 시각을 보완하는 정도의 접근방법
으로 활용되고 있다고 할 수 있다. 앞서 언급한 유럽불법행위법원
칙 제10:101조에서도 불법행위법의 부차적 목적으로서 예방기능을
선언하고 있는데, 이는 불법행위법의 경제적 분석과 연결될 수 있
는 것이다.

(2) 예방 패러다임의 특징

1) 사전적 관점

예방 패러다임의 핵심은 사회 구성원들에 대하여 메시지를 발
신하는 것이다. 즉 예방 패러다임은 법의 세계에서 무엇이 허용되
고 무엇이 허용되지 않는지에 대한 행위지침을 제공하는 한편, 이
에 따르지 않을 때에는 따르지 않음으로써 얻는 편익보다 더 높은
비용을 지불하게 될 것이라는 경고의 메시지를 사회 구성원들에게
보낸다.[122] 이러한 메시지는 사회 구성원들의 장래 행위를 향한 것

로 신문사에 18만 마르크의 배상을 명하였다. 이는 인격권 침해에 대한 배
상액으로는 당시를 기준으로 독일 사법사상 가장 높은 액수였다. 이러한 판
결은 인격권 침해행위에 대한 제재와 향후 유사한 사안에 대한 억제를 지
향한 것이다.

121) 예를 들어 대표적인 대륙법계 국가인 프랑스에서는 법경제학이 미국만한
영향력을 행사하고 있다고 보기는 어렵다. 그러나 적어도 이에 대한 관심
이 증대하면서 법경제학에 대한 찬반이 팽팽하게 맞서 있는 것은 사실이다.
이에 관하여는 Ruth Sefton-Green(남궁술 역), "프랑스와 영미 간의 사법
교류: 공격적 교류인가 우호적 교류인가?", 세계화 지향의 사법: 그 배경과
한국·프랑스의 적응(2006), 215면 참조.

122) 이러한 논리는 형사처벌에도 마찬가지로 적용된다. 즉 형벌이 부과하는 비
용은 범죄로 취득하는 이익보다 높아야 한다. 가령 Gary Becker는 가령 위
법주차의 벌금액설정은 위법주차로 인하여 발생하는 편익보다 높은 수준에
서 결정되어야 한다고 주장한다. Gary Becker, *Crime and Punishment:*

이므로 사전적(ex ante) 관점에 기초하여 구성된 것이다.

법경제학적 접근방법에 따르면 불법행위법의 경제적인 목적은 외부효과를 내부화하는 것이다. 일단 외부효과가 내부화되면 행위자는 이를 고려하여 행위할 적정한 인센티브를 가지게 된다. 그리고 이러한 인센티브에 의하여 행위하면 불법행위는 사회적으로 바람직한 정도로 억제된다. 이에 의하면 불법행위법의 사후적(ex post)인 손해보상기능 못지않게 사전적(ex ante)인 예방기능이 중요한 요소로 떠오르게 된다. 결국 불법행위법은 사회에서 장차 일어날 행위들을 선도하기 위하여 고안된 사법적 교훈인 것이다. 불법행위법을 이러한 관점에서 파악하게 되면 불법행위법의 억제적 기능이 전면에 나서게 된다.[123]

2) 공동체적 관점

예방을 위한 메시지 발신은 불법행위소송에 있어서 피고 개인에게 행하여지는 것이 아니라, 피고를 포함한 공동체 구성원 전원에게 행하여진다. 그러므로 어떠한 메시지를 전달할 것인가를 정함에 있어서도 무엇이 공동체에 최고의 선(善)인가 하는 점을 진지하게 고려하게 된다. 물론 신고전주의 경제학에 입각한 법경제학은

An Economic Approach, 76 J. Pol. Econ. 196 (1968) 참조.

123) Gary T. Schwartz, *Mixed Theories of Tort Law: Affirming Both Deterrence and Corrective Justice*, 75 Tex. L. Rev. 1801, 1803 (1997). 이러한 억제기능은 불법원인급여에서도 나타난다. 가령 미국 판례법상 인정되는 '불법실행의 철회에 의한 원상회복청구(Restitution on withdrawal)'는 일방 당사자가 불법원인급여를 하였으나 그 불법실행 전에 그 원인행위의 실행의사를 철회한 경우에는 급여의 반환청구가 허용된다는 법리인데, 이는 불법실행의 억제를 위한 법리로 받아들여지고 있다. 이에 관하여는 박병대, "불법원인급여의 판단기준에 관한 구조분석", 저스티스 통권 제76호(2003. 12). 또한 이와 같은 맥락에서 형벌의 일반예반기능을 불법원인급여에도 적극 적용하려는 견해로 최봉경, "불법원인급여 — 민법 제746조 본문의 해석과 적용기준을 중심으로", 비교사법 제13권 제3호(2006. 9) 참조.

합리적이고 평등한 개인을 전제로 하여 논의를 전개한다는 점에서 개인이 중요한 단위로 등장한다. 그러나 궁극적으로는 개인 효용의 총합을 사회적 효용으로 파악하고 이를 극대화하는 것을 목표로 한다. 이러한 측면에 착안한다면 예방 패러다임은 공동체적인 관계성 또는 사회적 연대성이라고 하는 기초 위에서 불법행위법을 구축한다.

3) 도구주의적 관점

법경제학은, 법규범은 인간에게 바람직한 행동에 대한 인센티브를 제공하여 효율성과 같이 가치 있는 정책적 목표를 달성하는 도구라고 파악한다. 나아가 이러한 법도구주의(legal instrumentalism)에 기초하여 불법행위법을 기능적으로 사회에 가장 긍정적인 영향을 미칠 수 있도록 고안하고 운용하여야 한다고 주장한다. 이러한 접근방식에 따르면 불법행위법은 공적 규제수단의 하나가 된다. 이에 따라 사법과 공법의 경계가 불분명해진다. 또한 이처럼 법규범을 정의의 화신(化神) 그 자체가 아니라 정의로운 결과에 이르는 정책적 도구로 이해함으로써 법의 외부에 있는 경제학이 개입될 여지가 발생한다. 이러한 관점은 법원의 정책판단자적 역할을 수긍하는 입장과 연결되기 쉽다.

나. 예방 패러다임의 한계

(1) 실정법과의 비정합성

예방 패러다임의 가장 큰 한계는 실정법으로서의 불법행위법이 손해예방보다는 손해회복에 중점을 두고 있다는 것이다. 민법은 불법행위로 인하여 "손해가 발생할 때" 비로소 개입한다. 불법행위 관련 조항의 상당수는 그 손해의 회복에 초점을 맞춘다.[124] 한편 불법행위소송은 "손해를 입은 자"가 제기하고, 불법행위책임은 "손해를 야기한 자"에게 부과된다. 책임의 크기는 "손해의 크기"에 비례하여 부과되는 것이지, 그 책임이 사회구성원에게 미칠 인센티브의 적정성에 따라 부과되는 것이 아니다. 이러한 불법행위법의 특징은 예방 패러다임과 정합성을 유지하기 어렵다. 예방 패러다임은 "손해발생 이전 단계"에 초점을 맞추는데다가, 꼭 피해자가 불법행위소송을 제기하여야 예방의 목적을 달성할 수 있는 것도 아니고, 불법행위책임도 손해야기자가 아닌 최소비용회피자에게 부과되면 족하기 때문이다.

(2) 인근 제도와의 중첩성

예방 패러다임의 또 다른 한계는 인근 제도와 그 기능이 중첩된다는 점에서 찾을 수 있다. 불법행위법의 예방적 기능은 행정규제나 형사시스템, 기술적 보호조치, 교육제도 등과 기능이 중첩된다. 오히려 이러한 인근 제도들이 더 직접적이고 효율적으로 예방적 기능을 수행한다. 반면 불법행위법의 예방적 기능은 그다지 직접적이거나 효율적이지 못하다.

예방의 효과는 불법행위소송이 제기되어 집행까지 이루어질 때 배가되지만 그 과정에는 많은 장애가 존재한다. 우선 실제로는 모든 불법행위 피해자들이 소를 제기하지 않는다.[125] 소를 제기하

---

124) 민법 제750 내지 752, 763 내지 766조는 모두 손해회복에 관련된 조항들이다.
125) 특히 환경침해나 소비자권침해처럼 손해가 광범위하게 분산되는 경우에는 전체 손해규모는 크지만 개별 피해자의 손해규모는 적다. 이 때 개별 피해자는 굳이 복잡하고 비용이 드는 소송절차를 통하여 손해를 회복하려고 하

더라도 피고 특정의 어려움, 과실과 인과관계 증명의 어려움, 소송
절차에 소요되는 시간과 비용, 손해액 산정의 곤란, 법원의 전문성
부족 등으로 인하여 정확하고 신속한 결과를 담보하기도 어렵다.
또한 재판부가 각각 독립하여 개별적 사안에 대하여 재판하기 때문
에 전체적으로 재판의 결과가 방향성이나 일관성을 갖추리라는 보
장도 없다. 또 다른 복잡한 절차와 기나긴 시간을 요구하는 집행단
계에 이르게 되면 책임부담의 현실화는 더욱 요원해진다. 이러한
상황에서는 소송을 통하여 불법행위의 전 영역에 걸쳐 균형 잡힌
예방의 기능을 수행하는 것이 어려워지고 과소예방의 문제가 발생
한다. 불법행위법의 예방적 기능이 가지는 비효율성을 감안한다면,
이 사회에서 불법행위법은 행정규제나 형사시스템에 비하여 2차적
이고 간접적인 예방도구일 뿐이다.[126]

　　예방 패러다임은 보험제도와 상충되는 측면도 있다는 점도 언

　　기보다는 차라리 이를 감수할 가능성이 크다. 이러한 문제를 극복하기 위하
　　여 집단소송제도가 논의된다. 그러나 이 제도가 적용되는 영역이 제한되어
　　있을 뿐만 아니라, 집단소송제기의 요건을 갖추어야 하는 문제도 있다. 현
　　재 우리나라에서는 증권관련집단소송법에서 증권관련집단소송을 규정하고
　　있다. 소비자기본법 제70조 이하에서 규정하고 있는 소비자단체소송(이 때
　　는 피해자 개인이 아니라 일정한 단체가 당사자가 된다는 점에서 증권집단
　　소송과는 구분된다)도 같은 문제의식에서 비롯된 것이다.

126) 그러나 불법행위의 예방적 기능은 의미가 없지 않다. 죄형법정주의의 틀 안
　　에서 형사처벌은 보충적으로만 이루어진다. 행정규제의 내용이나 규제수준
　　이 불충분한 경우 또는 그것이 잘 준수되지 않는 경우도 많다. 특히 사익침
　　해 불법행위에서는 피해자가 불법행위를 억제할 인센티브와 정보를 보유하
　　고 있어 수사기관이나 행정관청보다 더 중요한 억제주체가 될 수 있다. 또
　　한 행정규제는 일률적 기준에 따라 이루어지므로 과잉규제의 문제가 발생
　　할 수 있고, 이해집단의 로비에 의하여 과소규제의 문제가 발생할 수도 있
　　다. 그러므로 불법행위법은 행정규제나 형사시스템이 만들어 놓은 예방의
　　큰 틀이 충분히 그리고 미세하게 포착하지 못하는 부분들에 있어서 대체적,
　　보완적 예방기능을 수행하는 셈이다. 이에 관하여는 우선 Cooter & Ulen,
　　Law & Economics, 5th ed., 2007, pp. 372-373 및 古城 誠, 公法的規制と
　　不法行爲, 法律時報 78卷 8号(2006. 7) 참조.

급하고자 한다.127) 불법행위책임과 보험제도는 쌍성(binary star)과
같아서 서로에게 영향을 주며 발전하여 왔다. 양자의 결합은 나날
이 증가하고 있다. 그 결과 불법행위자와 실제 책임을 부담하는 자
가 분리된다. 책임을 부담하는 보험회사는 일반적으로 충분한 자력
을 가진다. 따라서 책임보험제도는 회복을 촉진시킨다. 하지만 잠
재적 불법행위자는 보험에 가입함으로써 위험기피적 성향이 완화
되고 도덕적 해이에 노출된다. 이는 결국 예방의 효과를 감소시킨
다.128) 이를 극복하려면 불법행위자에 대한 구상 제도를 정교하게
설계하고 집행해야 한다.

(3) 법경제학 자체의 한계

또한 예방 패러다임이 법경제학과 관련성을 가지는 이상, 법경
제학의 한계에 관하여 일반적으로 행해지는 비판에서도 자유로울
수 없다. 소송당사자를 효율성 증진의 도구로 전락시키는 것이 아
닌가, 효율성 증진이 반드시 정의로운 결과를 가져오는가,129) 법경
제학이 전제하는 합리적 인간상은 과연 현실적인가,130) 예방의 목

---

127) 19세기에는 보험제도가 불법행위책임을 무력화한다는 이유로 책임보험제도
  자체를 부정해야 한다는 논의도 있었다. M. Davies, *The End of the Affair:*
  Duty of Care and Liability Insurances, 9 Legal Studies 67, 74, 984-997
  (1989).

128) Gerhard Wagner (ed), Tort and Insurance Law, 2005, pp. 338-339. 다만
  후술하듯 뉴질랜드는 교통사고로 인한 불법행위책임을 완전히 대체하는 공
  적 부조제도를 채택하였는데, 이 제도 채택 이후 교통사고가 오히려 감소하
  였다고 한다. C Brown, *Deterrence in Tort and No-Fault: The New*
  Zealand Experience 73 Calif. L. Rev. 976 (1985). 그런데 이는 불법행위법
  의 예방 효과가 현실적으로 크지 않다는 점을 방증한다.

129) 사고에 관계되지 않은 최소비용회피자에게 책임을 부담시키는 것은 효율성
  을 증진시킬 수 있을지는 몰라도 정의의 관념에 부합한다고 보기는 어렵다.

130) 행동주의 경제학의 연구결과에 따르면 실제 사람들은 편견에 좌우되고, 극

적이 달성되려면 사람들이 불법행위법에 관한 메시지를 "인지"하고 비용과 편익을 "분석"하여 불법행위를 회피해야 하는데, 과연 현실 속에서 이러한 과정이 원만하게 이루어지는가, 또한 법률가가 법령과 판례를 숙독해도 주의의무의 구체적인 내용을 파악하기 어려운 상황에서 사회 구성원들은 과연 그 메시지를 충분히 이해할 수 있는가, 설사 그렇다고 하더라도 비용/편익분석에 필요한 객관적 데이터가 존재하는가(사회 구성원들뿐만 아니라 재판을 담당한 법관 입장에서도 마찬가지이다), 가령 지금 발생할 비용과 장차 발생할 이익 사이의 시간적 차이로 인한 가치할인(마치 장래 일실수익을 현재가로 할인하는 것과 마찬가지이다)의 문제는 어떻게 계량화할 수 있을 것인가 등 다수의 의문들이 제기된다. 법경제학은 멋진 외관을 가지고 있으나 아직 실제 세계의 복잡함을 담아내기에는 역부족이다.[131]

단적인 것을 싫어하며, 자신에게 장차 일어날 위험성을 과소평가하지만 일단 위험이 가시권 안에 들면 과대평가하고, 최초 생각이나 과거 선례에 구속되는 경향을 보이며, 이익보다는 손실에 민감하고, 경제적 이해관계 뿐만 아니라 비경제적 이해관계에도 상당한 영향을 받는다고 한다. 이에 대하여는 Cass R. Sunstein(ed), Behavioral Law & Economics, 2000, pp. 2–10.

131) SJ Bayern, *The Limits of Formal Economics in Tort Law*, 75 Brooklyn L. Rev. 707 (2010).

3. 회복 패러다임

가. 회복 패러다임의 내용

(1) 회복 패러다임의 재등장

손해회복은 과거부터 불법행위법의 가장 중요한 목적으로 당연히 받아들여져 왔다. 따라서 회복이냐 예방이냐의 문제는 지금처럼 치열한 논란의 대상이 아니었다. 그런데 미국에서 법경제학의 등장 때문에 이 문제가 고개를 들기 시작하였다. 법경제학이 추구하는 공리주의에 대한 대응논리 또는 보완논리로서 전통적인 정의론적 또는 윤리적 관점에서 불법행위법의 기본원리를 설명하려는 학자들이 나타나기 시작하였다. 이 입장은 불법행위를 본래 존재하던 정의로운 상태 또는 형평상태를 파괴하는 행위로 본다. 따라서 불법행위법은 가해자의 불법행위로 인하여 파괴된 본래 상태를 개인의 권리보호 내지 피해구제를 통하여 회복 내지 교정하는 시스템이다. 이 글에서는 이러한 입장이 취하는 관점을 회복 패러다임이라고 표현하기로 한다.

법경제학이 융성하였던 미국에 있어서 이에 비판적인 진영의 전개상황은 대체로 다음과 같다. 우선 조지 플레처(George Fletcher)나 리차드 엡스틴(Richard Epstein)은 1970년대부터 법경제학의 반대편에서 불법행위법에 대한 정의론적 접근을 시도하였다.132) 이러한

---

132) 특히 George P. Fletcher, *Fairness and Utility in Tort Theory*, 85 Harv. L. Rev. 537 (1972)는 이 부분에 관한 효시적 논문이다. 그는 이 논문에서 억제(deterrence), 기타 다른 사회복리적 요청에 따라 불법행위법을 파악하는 입장을 합리성 패러다임(reasonableness paradigm)이라고 이름지으면서 개

움직임은 1990년대에 들어와 본격화한다.[133] 줄스 콜만(Jules Coleman)
은 1992년 그의 저서 "Risks and Wrongs"에서, 불법행위법의 핵심
은 가해자가 피해자에게 자신의 책임으로 인한 잘못된 손해를 회복
시켜 주는 교정적 정의의 요청에 있다고 주장하였다. 또한 이츠학
엥글라드(Izhak Englard)는 1993년 그의 저서 "The Philosophy of
Tort Law"를 통하여 이러한 정의론의 연장선상에서 불법행위법에
는 교정적 정의의 요청 이외에도 다른 요청들이 혼재한다는 이른바
복합적 정의론(pluralism)을 전개하기 시작하였다. 이러한 복합적 정
의론은 1995년 어니스트 와인립(Ernest Weinrib)의 "The Idea of
Private Law"에서 또 다른 양상으로 전개되었는데, 그에 따르면 불
법행위법에는 그 법 자체에 내재하는 형식적 질서(formal ordering),
교정적 정의(corrective justice), 칸트적 권리사고(kantian right)가 복합
적으로 존재한다고 한다. 그는 불법행위법의 핵심이 잘못에 대한
회복을 요구하는 교정적 정의론에 있다고 보면서 불법행위법에서
무과실책임이라는 관념은 불법행위법의 이상과 맞지 않다고 주장
하였다.[134] 칸트나 헤겔의 철학에 주목하는 사조는 같은 해 알랜
브루드너(Alan Brudner)의 저서 "The Unity of the Common Law"에

인을 사회적 선에 복속시키려는 시도는 도덕적 정당성을 확보하지 못한다
고 비판한다. 그는 이에 대응하여 상호성 패러다임(reciprocity paradigm)을
제안하는데, 이에 따르면 사람들은 누구나 다른 사람들에게 일정한 위험을
창출하며 살아가지만, 그 위험이 상호적인 한 서로 책임을 지지 않는다. 하
지만 어느 한쪽의 위험이 비정상적으로 커진다면, 즉 비상호적 위험을 창출
한다면 그 때 비로소 그 위험창출자는 불법행위책임을 진다. 이 이론은 과
실책임과 무과실책임을 통틀어 책임부과의 정당성을 찾을 수 있다는 장점
이 있다.

133) 1990년대 이후 교정적 정의론의 전개상황에 관하여는 Ernest J. Weinrib
(ed.), Tort Law, 2002의 Introduction 부분을 참조하였다.

134) Ernest J. Weinrib, The Idea of Private Law, 1995, p. 203.

서도 발견되는데, 그에 의하면 다른 보통법 영역과 마찬가지로 불법행위법 영역도 자유와 복지의 개념들을 내적 발전(internal devel-opment), 화해(reconcile), 보존(preserve), 통합(unify)하는 헤겔적 대화과정의 사법적 전형이라고 한다. 1995년에는 주로 윤리적, 철학적 관점에서 불법행위법을 분석한 논문선집으로 "Philosophical Foundation of Tort Law"가 출간되었다.[135] 나아가 어느 한 당사자에게도 치우치지 않는다는 상호성의 아이디어 하에서 평등과 책임이 이해되어야 한다는 개념으로 불법행위법을 파악한 아더 립스틴(Arthur Ripstein)의 "Equality, Responsibility, and the Law"(1999) 역시 이러한 정의론의 연장선상에 있다.

(2) 회복 패러다임의 기초 – 교정적 정의론

이러한 회복 패러다임은 대체로 아리스토텔레스의 교정적 정의론에 기초하고 있다.[136] 교정적 정의(corrective justice)는 아리스토텔레스가 니코마코스 윤리학 제5권[137]에서 처음 주창한 개념으로 배분적 정의(distributive justice)와 대칭을 이룬다.[138] 배분적 정의는 명예나 재화 등을 시민들 각자의 가치나 자격에 따라 비례적으로 균등하게 배분하는 것이다. 한편 교정적 정의는 배분적 정의에 따

---

135) D. Owen(ed.), Philosophical Foundation of Tort Law, 1995.

136) James Gordley, *Tort Law in the Aristotelian Tradition*, in: D. Owen(ed.), Philosophical Foundation of Tort Law, 1995, p. 131.

137) 니코마코스 윤리학은 아리스토텔레스가 사망한 이후 그의 아들 니코마코스가 편찬한 책이다. 모두 10권으로 구성되어 있는데, 그 중 5권은 정의와 법에 관하여 상세하게 규정하고 있다. 니코마코스 윤리학에 대한 국내 번역서들도 있다. 최근의 것으로는 이창우 외 공역, 니코마코스 윤리학, 2006이 있다.

138) 이하 교정적 정의와 배분적 정의에 대한 일반적 설명은 대체로 이영희, 정의론, 2005, 341면 이하를 참조하였다.

라 이루어진 형평 상태가 깨어졌을 때 이를 원래 상태로 교정하는 정의이다. 배분적 정의는 "같은 사람에게는 같은 것을, 같지 않은 사람에게는 같지 않은 것을" 배분할 것을 요구하고, 교정적 정의는 "각자에게 그의 것을" 회복할 것을 요구한다. 배분적 정의에는 비례적, 차별적 평등의 원리가 적용되고, 교정적 정의에는 산술적, 무차별적 평등의 원리가 적용된다. 배분적 정의가 최종 목표라면, 교정적 정의는 깨어진 배분적 정의의 복구 수단이다. 배분적 정의가 공동체내 재화의 최초 분배에 관한 것이라면, 교정적 정의는 분배로 인하여 형성된 질서를 침해하는 행위의 교정에 관한 것이다.

아리스토텔레스는 교정적 정의를 다시 다음 두 가지 경우로 구분한다. 하나는 당사자 간의 자발적 교섭에 있어서 어느 한쪽이 이득을 취하고 다른 한쪽이 손실을 받는 일이 없도록 조정하는 정의이다. 계약에 있어서 정의가 그 전형적인 예이다.[139] 다른 하나는 당사자 간의 비자발적 접촉에 있어서 가해한 쪽이 피해를 입은 쪽에게 보상하는 정의이다. 불법행위에 있어서 정의가 그 전형적인 예이다. 교정적 정의에 있어서도 비례의 원칙이 적용된다. 즉 행위자는 자신이 야기한 손해에 대하여만 책임을 진다. 이러한 원리를 구현하기 위한 제도로는 과실상계, 손익상계 및 각종 책임제한제도가 있다.

아리스토텔레스의 정의론은 중세와 근대에 반복적으로 연구되어 왔다.[140] 13세기에 토마스 아퀴나스(Thomas Aquinas)는 로마법과

---

139) 자발적 교섭에 있어서 교정적 정의의 역할을 강조하면, 어느 한쪽이 다른 한쪽의 급부로 이득을 취하지 않는 이른바 등가성이 중요한 비중을 차지하게 된다. 이는 불공정한 계약의 효력을 부인하는 철학적 기초가 된다.

140) 아리스토텔레스의 정의론이 중세와 근대에 어떻게 계승, 전파되었는지에 대하여는 James Gordley, *Tort Law in the Aristotelian Tradition*, in: D.

교회법으로부터 유래한 사상들을 수용하기 위하여 아리스토텔레스를 해석하였다. 또한 16세기와 17세기 초에는 토마스 아퀴나스의 부흥운동의 주도자들이 이러한 아퀴나스의 해석론에 대하여 깊이 있게 연구하기도 하였다.141) 또한 아리스토텔레스의 사상에 기초한 법이론들 중 다수는 17세기와 18세기에 북부 자연법 학파(Northern Natural Law School)의 창시자인 휴고 그로티우스(Hugo Grotius), 사무엘 푸펜도르프(Samuel Pufendorf) 등에 의하여 계승되어 19세기에 이르기까지 유럽 전체에 전파되었다. 이들은 아리스토텔레스의 교정적 정의론을 특정인이 타인에게 해를 입힌 경우의 책임을 설명하는데에 사용하였다. 이러한 원리 아래 인과관계나 과책에 관하여 일관적인 설명을 제공할 수 있었다. 그리고 이 설명은 불법행위법이 왜 존재하는지, 또한 어떠한 원리에 의하여 움직이는지에 대한 논리를 제공하였다. 이러한 시각은 불법행위법의 당연한 기초로 여겨지고 있다가, 법경제학의 자극에 대응하여 위에서 본 바와 같이 현대의 불법행위법 학자들에 의하여 활발하게 재생된 바 있다.

(3) 회복 패러다임의 특징

1) 사후적 관점

회복 패러다임에서 법원은 미래가 아닌 과거를 바라보고, 과거의 정의롭던 상태로 회복시켜 주는 역할을 수행한다. 따라서 이 입장에서는 불법행위법의 사전적 사고예방기능보다는 사후적 손해전

Owen(ed.), Philosophical Foundation of Tort Law, 1995, p. 131을 참조하였다.

141) Tomasso de Vio(1468~1534), Domingo de Soto(1494~1560), Luis de Molina(1535~1600), Leonard Lessius(1554~1623) 등이 그 대표적 학자들이다. James Gordley(前註), p. 131.

보기능에 더 초점을 맞춘다.

그런데 이러한 사후적 손해전보기능은 곧 '사고야기＝회복책임'의 공식을 의미하는 것인가? 즉 무과실책임주의를 불법행위법의 원형으로 삼는 것인가? 논리적으로는 그렇게 볼 여지도 있다.[142] 그러나 대체로 회복 패러다임의 사후적 손해전보의 요청은 유책주의와 결합하는 경향을 보이고 있다. 손해발생이라는 사후적인 결과만으로 행위자에게 회복의 모든 부담을 전가하는 것은 행동의 자유를 무너뜨리는 것으로서 그 자체가 정의롭지 못하기 때문이다.[143] 따라서 위법한 행위(wrongful conduct)에 의하여 야기된 손해만 회복의 대상이 된다. 또한 정당방위나 긴급피난과 같은 위법성 조각사유들도 같은 맥락에서 교정적 정의론과 조화롭게 해석될 수 있다. 이러한 입장에 따르면 불법행위법이 지향하여야 할 목표는 법익보호와 자유보호의 두 가지 가치를 조화롭게 달성하는 것이다.[144] 즉 무조건적 회복이 아니라 규범적으로 수긍할 수 있는 회복이 요청되는 것이다. 과실책임주의는 이러한 회복의 원칙적 기준이고, 무과실책임주의도 통제가능성이나 위험창출 등 규범적 귀책근거를 통하여 비로소 정당화된다.

2) 당사자적 관점

회복 패러다임의 다른 특징은 불법행위 당사자 사이의 내적 정의에 주목한다는 것이다. 이는 불법행위 소송에 있어서 법원의 역

---

142) Richard Epstein이 이러한 입장을 취하고 있다. Richard Epstein, *A Theory of Strict Liability*, 2 J. Legal Stud. 151 (1973). 그에게 불법행위법의 핵심 논제는 인과관계이다.

143) 불법행위법의 목적으로서의 자유보호에 관한 독일 문헌으로 Markus Gruber, Freiheitsschutz als ein Zweck des Deliktsrechts, 1998.

144) Fuchs, Deliktsrecht, 6. Aufl., 2005, S. 4.

할과 밀접한 관련이 있다. 법원은 당사자 사이의 양극성(bipolarity) 속에서 원고와 피고, 그리고 잘못된 행위(wrong)와 구제(remedy)의 상관관계를 고려하여 정의로운 결론을 도출할 임무를 띤다.145) 제3자 또는 사회에 미칠 파급효과가 결론을 내는 데에 결정적인 인자가 되어서는 안 된다.

이처럼 초점을 당사자와 공동체 중 어디에 맞출 것인가는 회복 패러다임과 예방 패러다임을 가르는 중요한 기준이다. 조지 플레처(George Fletcher)가 지적하였듯이, 법관이 오로지 소송당사자들의 이익조정에 초점을 맞출 것인가, 그렇지 않으면 일견 사적으로 보이는 분쟁을 공동체 차원의 이익에 부합하는 방향으로 해결할 것인가 하는 문제는 불법행위법에서 가장 근본적인 대립구도라고 할 수 있다.146)

3) 反도구주의적 관점

회복 패러다임에 따르면, 불법행위법에서 회복이 이루어져야 하는 것은 정의 또는 윤리에 기초한 요청 때문이고, 그것이 사회의 효용 증진에 이바지하거나 기능적으로 유용하기 때문이 아니라고 한다. 이 입장은 불법행위법 자체에 내재한 도덕적 판단이 불법행위법의 운영원리를 이루므로, 불법행위법의 외부에 있는 어떠한 이념(가령 효율성)에 불법행위법의 구조와 원리가 복속되는 것에 반대한다.147) 그러므로 중요한 것은 이러한 도덕적 판단을 발견하여 적

---

145) 교정적 정의론의 양극성(bipolarity)에 관하여는 Ernest J. Weinrib, *Corrective Justice*, 77 Iowa. L. Rev. 403, 409 (1992)에 설명되어 있다.

146) George P. Fletcher, *Fairness and Utility in Tort Theory*, 85 Harv. L. Rev. 537, 540 (1972).

147) Nancy Weston, *The Metaphysics of Modern Tort Theory*, 28 Val. U. L. Rev. 919, 956 (1994).

용하는 것이지 불법행위법을 어떻게 유용하게 만들 것인가가 아니다.[148] 따라서 회복패러다임은 반도구주의(anti‒instrumentalism)를 취한다고 말할 수 있고, 그러한 점에서 회복패러다임을 지지하는 입장에서는 도구주의적 성격을 가지는 공리주의나 결과주의에 대하여 비판적이다.

나. 회복 패러다임의 한계

(1) 추상성

법질서가 허용하지 않는 행위로 손해가 발생하였다면, 그 손해가 회복되어야 마땅하다. 그러한 점에서 회복 패러다임은 사회 구성원들이 별 저항감 없이 쉽게 받아들일 수 있다는 장점을 가진다. 하지만 회복 패러다임이 이러한 당연한 명제 그 이상의 무엇을 제시하고 있는지는 불명확하다. 특히 현대 불법행위법 이론의 한 축을 차지하고 있는 교정적 정의론은 불법행위에 대한 기능주의적 접근에 대한 비판으로 점철되어 있으나, 과연 불법행위법의 해석론을 전개하는 데 있어서 손에 잡히는 적극적인 틀을 제시하는지는 의문이다.

또한 교정적 정의론의 내용 자체를 보더라도 쉽게 답변하기 어려운 추상적 문제들이 산적해 있다. 정의로운 상태가 깨졌으면 본래 존재하던 정의로운 상태로 회복되어야 한다는 점에 대하여는 누구도 이의를 제기하기 어렵다. 그러나 과연 무엇이 정의로운 상태인가? 이는 최초의 정의로운 배분상태, 즉 배분적 정의를 논하지 않

---

148) Nancy Weston, *The Metaphysics of Modern Tort Theory*, 28 Val. U. L. Rev. 919, 956 (1994).

고서는 결정될 수 없는 것 아닌가? 또한 어느 정도에 이르러야 정의
로운 상태가 깨어진 것인가? 가령 조지 플레처(George Fletcher)에 따
르면 비상호적인 위험이 창출되었을 때,[149] 리차드 엡스틴(Richard
Epstein)에 따르면 특정한 행위로 인하여 타인의 권리가 침해되었을
때[150] 불법행위가 성립한다는 것이지만, 이 역시 여전히 사안별 가
치 충전이 필요한 불확정한 기준일 뿐이다.

교정적 정의론자들은 이러한 의문들을 명쾌하게 해결해 줄 수
없는 고도로 추상적인 언어를 사용하고 있다. 불법행위법에 필연적
으로 존재할 수밖에 없는 불확정개념의 한계를 감안하더라도 여전
히 그러한 느낌을 지울 수 없다. 무엇이든 더 구체적인 것을 말해
야 양질의 검증도 토론도 가능한 것이 아닌가? 이론의 검증 가능성
이 이론의 가치를 평가하는 하나의 척도라고 생각한다면, 이러한
점에서 교정적 정의론은 문제를 안고 있다. 오히려 그러한 점에서
는 법경제학적 입장이 그 당부를 떠나서 실용적이고 솔직하다는 생
각이 든다.

(2) 과소보상

불법행위법은 피해자의 손해를 회복시켜 주는 것을 목적으로
한다고 하지만, 현실에서 그러한 목적을 달성하는 데에는 여러 가
지 장애가 있다.

우선 모든 피해자가 소를 제기하는 것은 아니다. 순수하게 피
해자의 자발적 의사에 기하여 소제기를 포기하기도 하지만, 여러

---

149) George P. Fletcher, *Fairness and Utility in Tort Theory*, 85 Harv. L. Rev. 537, 540 (1972).
150) Richard Epstein, *A Theory of Strict Liability*, 2 J. Legal Stud. 151 (1973).

가지 장애사유로 어쩔 수 없이 이를 포기하기도 한다. 가령 손해가
다수의 피해자들에게 소규모로 분산되어 있고 소송을 위한 집단화
에 장애가 있다면, 피해자들은 쉽게 손해배상청구를 포기하게 되어
과소보상의 문제로 이어진다.[151) 따라서 가해자가 의도적으로 손해
를 분산시킨다면 사회에 바람직하지 못한 결과를 가져올 수 있다.
예컨대 공해문제에 있어서 기업이 긴 굴뚝을 이용하여 가급적 광범
위한 지역에 이를 흩뜨린 경우에는 회복도구로서의 불법행위법을
비효율적 도구로 전락시킬 수 있다. 이 경우에는 오히려 행정규제
가 더욱 효율적이다. 가해자의 무자력도 불법행위법을 비효율적으
로 만드는 요인 중 하나이다. 손해배상액이 자력을 초과하게 되면
과소보상현상이 발생한다. 이는 물론 법인격부인론이나 주주에 대
한 책임추궁, 또는 책임보험이 존재하는 경우에는 보험회사에 대한
책임추궁을 통하여 어느 정도 만회될 수는 있으나, 여기에도 한계
가 있다.

　　또한 불법행위로 인한 손해배상청구의 소가 제기되더라도 여
러 가지 절차적 제약들이 존재한다. 소송절차는 소송당사자에게 비
용과 시간과 정신적인 부담을 요구한다. 이러한 부담은 지연손해금
의 형태로 일부 회복될 수 있으나 여전히 회복되지 않는 무형적 손
실도 남는다. 과실, 인과관계, 손해의 발생 등 책임요건과 손해범위
를 증명하는 것도 쉽지 않은 일이다. 이러한 문턱은 법원이 요구하
는 증명책임의 정도가 높아질수록, 또한 손해의 정당한 평가가 곤
란해질수록 높아진다.[152) 따라서 불법행위로 실제 발생한 손해와

---

151) Hans-Bernd Schäfer, *Tort Law: General* in; Boudewijn Bouckaert &
　　Gerrit De Geest(ed), Encyclopedia of Law and Economics, Vol Ⅱ, 2000,
　　p. 576.
152) 물론 손해액의 산정이 불투명한 사안에서 법원이 손해액을 너그럽게 산정

소송을 통하여 회복되는 손해 사이에는 언제나 격차가 존재하게 된다.153) 특히 현실적, 확정적 손해에 한하여 배상을 허용하는 현행 법리 하에서는 이른바 회색지대에 존재하는 손해는 피해자의 위험부담으로 남게 된다.154) 이처럼 실제 손해와 책임 사이에 격차가 존재하면 최적의 주의의무를 기울일 인센티브가 감소된다.

오히려 회복의 목적만을 생각한다면 보험제도나 공적 부조제도가 불법행위제도보다 훨씬 더 큰 기여를 할지도 모른다. 실제로 자동차책임보험제도나 산업재해보상제도는 전통적인 불법행위제도가 담당하던 손해전보의 기능을 상당 부분 떠맡고 있다. 이는 손해회복의 목적을 달성함에 있어서 불법행위법의 비중이 낮아진다는 것을 의미할 수도 있다.155) 공적 부조제도도 마찬가지이다. 적어도

하는 방법을 택한다면 과소보상의 문제는 해결될 수 있다. 그러나 현재 우리 법원의 실무는 이러한 경우 가급적 보수적으로 손해액을 산정하려는 경향을 보이고 있다.

153) 손해의 발생은 인정되나 손해액을 산정하기 곤란한 경우에 법원이 변론의 전취지 및 증거조사 결과를 참작하여 상당한 손해액을 인정할 수 있도록 하는 법조항들은 이러한 격차를 줄여보기 위한 입법적 시도라고 할 수 있다. 이러한 입법은 대체로 사안의 특성으로 인하여 손해액을 산정하기 어려운 영역에서 발견된다. 독점규제 및 공정거래에 관한 법률 제57조, 특허법 제128조 제5항, 저작권법 제126조, 온라인 디지털콘텐츠산업 발전법 제19조 등 참조. 일본 민사소송법 제248조에서는 이에 관한 일반조항을 두고 있다. 우리나라 실무도 이러한 일반조항의 부재에도 불구하고 이에 근접하고 있다. 채무불이행으로 인한 재산상 손해액수 증명에 관한 대판 2007. 11. 29, 2006다3561; 대판 2004. 6. 24, 2002다6951, 6968 참조.

154) 대판 1992. 11. 27, 92다29948; 대판 2001. 7. 13, 2001다22833; 대판 2003. 4. 8, 2000다53038 등.

155) 하지만 책임보험제도는 아직 불법행위의 전 영역을 포괄하지 못한다. 또한 책임보험제도 역시 불법행위법리의 토대 위에 건설된 것이다. 상당수의 책임보험금 청구는 상법 제724조 제2항에 따라 피해자가 보험자에게 직접 행한다. 이는 불법행위 손해배상청구의 상대방이 바뀐 것과 크게 다르지 않다 (상법 제724조 제2항을 보험자의 손해배상채무인수로 파악하는 대판 2005. 10. 7, 2003다6774 참조). 또한 보험회사의 구상문제는 불법행위법의 법리에 의지하지 않을 수 없다.

손해전보라는 관점에서 본다면 귀책사유를 요구하는 불법행위보다 이를 요구하지 않는 공적 부조제도가 훨씬 회복의 목적에 부합한다.156) 뉴질랜드의 종합적 구제시스템이 그 대표적 예이다. 뉴질랜드의 1972년 사고보상법(Accident Compensation Act)은 국가는 모든 인신사고에 대하여 가해자의 과실 유무를 불문하고 피해자의 손해(의료비와 재활비, 일실이익의 80%, 27,000 뉴질랜드 달러를 상한선으로 하는 비재산적 손해, 기타 필요비용 상당)를 보상해 주는 제도를 그려내고 있다.157) 이는 공동체책임의 이념에 의거하여 국가의 재원158)에 의하여 손해를 전보해 주는 것이다. 한편 그 범위 내에서는 피해자의 가해자에 대한 손해배상청구소송이 금지된다. 이는 공적 부조제도가 불법행위법의 기능을 떠맡게 된 대표적인 예이다.

(3) 인위적 분리

회복 패러다임은 법과 정책을 분리하고, 당사자와 사회를 분리하는 경향을 보인다. 법과 정책, 당사자와 사회를 각각 개념적으로

---

156) 藤岡康宏, 損害賠償法の構造, 2001, 34면.

157) 이러한 뉴질랜드의 제도에 대하여 소개하고 있는 문헌으로 이홍욱·김세돈, "자동차사고로 인한 인적보상제도의 발전방향", 상사법연구 제22권 제2호 (2003); 동상홍, "자동차사고로 인한 인적 손해보상제도 연구: 미국의 no-fault 제도와 뉴질랜드의 사고보상제도를 중심으로", 서울대학교 박사학위논문(1991), 84면 이하; Craig Brown, *Deterrence in Tort and No-fault: The New Zealand Experience*, 73 Cal. L. Rev. 967 (1985); Richard S. Miller, *An Analysis and Critique of the 1992 Changes to New Zealand's Accident Compensation Scheme*, 52 Md. L. Rev. 1070 (1993) 참조.

158) 그 재원은 사용자 및 취업자로부터 징수하는 취업자보상기금(earners account), 자동차 보유자 및 면허취득자로부터 징수하는 자동차사고보상기금(motor bicycle account), 정부의 일반회계에 속하는 보상기금(supplement account) 으로 충당된다.

구별할 수 있는 것은 물론이지만, 그렇다고 이를 엄격하게 분리하는 것은 다분히 인위적이다.

회복 패러다임에서는 불법행위법의 목적은 불법행위법 자체에 내재하는 도덕적 판단에 의거하여 판단하여야 하고, 불법행위법 외부에 있는 공리주의적 요청에 의거하여 판단하여서는 안 된다고 한다. 그러나 그 도덕적 판단 자체가 이미 사회 관련성을 가진다. 무엇이 도덕적인가 하는 점은 이미 그 공동체가 지향하는 가치를 고려하지 않고서는 판단할 수 없기 때문이다. 과실판단도 그러하다. 과실판단의 기준이 되는 합리적 인간 또는 평균적 인간,159) 요구되는 주의의무의 내용, 그 위반 여부 등은 개인에게 사회가 요청하는 바가 무엇이고 그 요청이 충족되었는가에 따라 결정한다. 이러한 질문은 불법행위법 자체 또는 당사자만 바라보는 것으로는 답변할 수 없고, 불법행위법을 둘러싼 정책적 요청과 사회의 제반 상황을 둘러보았을 때에 비로소 해결이 가능한 것이다.

이는 이미 회복 패러다임 진영 내에서도 교정적 정의와 배분적 정의의 관계에 대한 논쟁의 형태로 언급되고 있다. 이 진영에서는 와인립(Weinrib)과 같이 불법행위법에서는 오로지 교정적 정의만 문제될 뿐이라고 주장하는 학자가 있는가 하면,160) 키팅(Keating)과 같이 교정적 정의도 배분적 정의에 기초하여야 한다고 주장하는 학자

---

159) 미국의 리스테이트먼트(The Restatement Second of Torts § 283)나 유럽불법행위법원칙(제3:201조, 제4:102조 등)에서 상정하는 합리적 인간(reasonable person)과 우리나라 판례(가령 대판 2001. 1. 19, 2000다12352 참조)가 상정하는 평균적 인간(ordinary person) 사이에는 미묘한 뉘앙스의 차이가 있다. 전자는 마땅히 있어야 할 인간상(당위), 후자는 현재 평균적으로 존재하는 인간상(현실)을 상정한다. 실제 운용과정에서 이러한 뉘앙스의 차이가 불식될 가능성이 크지만, 개념의 문제로서는 생각할 소재를 제공한다.

160) Ernest Weinrib, *Corrective Justice*, 77 Iowa L. Rev. 403, 409 (1992).

도 있다.[161] 이는 결국 불법행위법을 순수하게 당사자적 관점으로
만 파악할 것인가에 관한 논쟁에 다름 아니다. 배분적 정의를 통하
여 자원이 각자에게 정당한 몫으로 배분되었을 때 비로소 그 기초
위에서 그 몫의 침해에 대한 교정이 정당화될 수 있는 것이다. 그
러므로 교정적 정의(즉 당사자 차원의 정의)와 배분적 정의(즉 사회 차원
의 정의)를 인위적으로 분리하는 것은 타당하지 않다.[162] 따라서 불
법행위소송을 맡은 법원은 사회라는 창(窓)을 통하여 두 당사자 사
이의 정의를 바라보고 실현하여야 한다.[163] 정의는 사회적 맥락에
서만 고찰될 수 있기 때문이다.

4. 적 용

가. 두 패러다임의 상호관계

지금까지 살펴보았듯이 두 패러다임의 강조점은 서로 다르다.
그러나 그렇다고 양자가 반드시 대척점에 있다고 할 수만은 없다.

---

161) Gregory C. Keating, *Distributive and Corrective Justice in the Tort Law of Accident*, 74 S. Cal. L. Rev. 193, 200–201 (2000).

162) Hanoch Dagan, *The Distributive Foundation of Corrective Justice*, 98. Mich. L. Rev. 138, 139 (1999)에서도 사법이 공적 가치에 의지하지 않는 내재적 지성(inner intelligibility)을 가지고 있다는 와인립(Weinrib)의 주장에 반대하면서, 이를 둘러싼 사회적 가치를 무시해서는 안 된다고 주장한다.

163) 이처럼 법원이 배분적 정의의 취지를 고려하여 교정적 정의를 실현하는 것은 법원이 배분적 정의의 틀을 적극적으로 창설하려는 것과는 구분하여야 한다. 법원은 사회의 총자원량, 개인에게 배분되어야 할 자원량에 대한 정보가 부족할 뿐만 아니라 부를 재분배하는 데 필요한 민주적 정당성도 충분하지 않아 적극적으로 배분적 정의의 내용을 형성하기에 적합한 기관이 아니다.

양자는 관념적으로는 분리할 수 있지만, 현실적으로는 밀접하게 얽혀 있다. 두 패러다임 모두 안전(security)과 자유(liberty)라는 두 가지 상반된 요청을 조화롭게 풀어내려고 한다는 점에서 공통된 문제의식을 가진다.[164] 또한 이러한 문제의식에서 풀어내는 많은 이야기들은 사실 다른 문법과 표현에 기초하고 있을 뿐 결국 비슷한 내용을 담고 있다. 전통적인 회복 패러다임이 규범적 정의관념에 따라 획정하고자 하는 자유와 책임의 경계선은, 다른 한편으로는 예방 패러다임이 효율성의 원칙을 통하여 획정하고자 하는 효율과 비효율의 경계선과 같은 것인지도 모른다.

예컨대 과실판단에 관한 대표적인 법경제학적 접근방법으로 평가되는 핸드 공식(Hand Formula)[165]은 이러한 중첩현상을 잘 보여준다. 이는 이른바 비용/편익 분석에 기초하여 가장 효율적인 주의의무의 정도를 제시한 공식이다(예방 패러다임의 특징). 그런데 행위자는 비용과 편익을 분석함에 있어서 자신과 타인의 이익을 공평하게 교량하도록 요구되는바, 이는 "누구도 타인의 손실로 이득을 취해서는 안 된다"라는 교정적 정의론의 기본명제와 잘 어울리기도 한다(회복 패러다임의 특징). 만약 자신의 적은 이익을 희생하여(즉 비용을

---

164) 안전과 자유의 상호관계에 대하여는 Gregory C. Keating, *Reasonableness and Rationality in Negligence Theory*, 48 Stan. L. Rev. 311, 341 (1996) 참조.

165) 핸드공식은 미국의 Learned Hand 판사가 *U.S. v. Carrol Towering Co.* (159 F. 2d 169, 2d Cir. 1947) 판결에서 제시한 과실판단기준이다. 손해를 발생시킬 확률을 P, 손해의 크기를 L, 손해를 방지하기 위하여 들어가는 부담이 B라면 과실은 B<PL일 때 성립한다는 것이다. 즉 주의의무는 사고방지비용이 사고기대손실보다 작은 경우에 성립한다. 이러한 사고방식은 핸드 판사 이전부터 미국에서 묵시적으로 받아들여지고 있었다. William Landes & Richard A. Posner, The Economic Structure of Tort Law, 1987, pp. 85-86 참조. 핸드 공식은 대판 2019. 11. 28, 2017다14895에서도 명시적으로 언급되었다.

들여) 보다 큰 타인의 이익을 지킬 수 있는데도 자신의 이익에 더 큰 비중을 두어 타인의 이익을 희생시키는 행위는 윤리적으로도 적절하지 않은 부정의한 것이기 때문이다.166) 예방 패러다임의 특징으로 이야기하였던 "공동체적 관점"을 배려의 윤리에 기초한 공동체주의적인 "정의"로 표현하거나,167) "사고예방"은 부정의(不正義)의 발생을 지향한다는 면에서 중요한 "정의"의 요소를 담고 있다는 주장168)도 양 패러다임에서 사용하는 용어의 외관을 벗겨냈을 때 드러나는 본질이 크게 다르지 않다는 것을 시사한다.

그렇다면 땅 속에서 복잡하게 얽혀있는 불법행위법의 잔뿌리들을 묶고 정리할 수 있는 원리는 무엇인가? 회복인가, 예방인가? 이에 대하여 한 마디로 답변하는 것은 불가능하다. 인위적으로 하나의 패러다임만으로 불법행위법 전체를 설명하려고 애쓰는 것은 마치 눈을 가린 채 코끼리의 일부만 만져보고 코끼리의 모습을 그리려는 시도와 유사하다.169) 불법행위법은 하나의 끈으로 단단하게 묶기에는 지나치게 다양하고 복잡한 사회현상을 규율하기 때문이다. 그렇다면 불법행위법은 하나의 패러다임에 의하여 지배된다기보다는, 각 국면에서 회복과 예방의 상호작용을 통하여 그 모습을

---

166) Gary T. Schwartz, *Mixed Theories of Tort Law: Affirming Both Deterrence and Corrective Justice*, 75 Tex. L. Rev. 1801, 1820 (1997).

167) 棚瀨孝雄 編, 現代の不法行爲法 − 法の理念と生活世界, 1994 중 棚瀨孝雄, "不法行爲責任の道德的基礎", 16면 이하.

168) Gary T. Schwartz, *Mixed Theories of Tort Law: Affirming Both Deterrence and Corrective Justice*, 75 Tex. L. Rev. 1801, 1834 (1997).

169) 불법행위법 전체를 하나의 통일된 이념으로 표현하는 것이 불가능하다는 견해로서 Christopher J. Robinette, *Can There be a Unified Theory of Torts? A Pluralist Suggestion from History and Doctrine*, 43 Brandeis L. J. 369 (2005); Hans Stoll, Haftungsfolgen im bürgerlichen Recht, 1993, S. 150 ff. 등 참조.

형성한다고 할 수 있다.

그러므로 그 중 하나의 패러다임만으로 불법행위법 전체를 설명해 내려는 태도는 온당하지 않다. 다만 언제 어느 편에 더 무게를 둘 것인가 하는 문제가 있을 뿐이다. 그렇다면 불법행위법 안에서 양자의 역학관계는 어떠한가? 저자는 양자의 특징을 구분하는 중요한 요소인 공동체적 관점으로부터 그 실마리를 찾고자 한다.

법은 공동체적 관점을 일정 부분 안고 있다. 문제는 누가 공동체적 관점의 내용을 결정하는가이다. 성문법국가에서 그 가장 큰 틀은 입법부에 의하여 그려지고 있고, 그래야 마땅하다. 따라서 사법부는 그 틀 안에서 본연의 역할, 즉 당사자의 피해를 구제해 주는 역할을 수행하면 충분하다. 즉 입법부는 공동체적 선(善)을, 사법부는 개별당사자적 선(善)을 추구한다. 하지만 입법부가 그 틀 안에 의도적인 여백을 남겨두고 사법부로 하여금 이를 메우게 하는 경우가 있다.170) 그럴수록 사법부가 공동체적 관점을 고민하고 원용해야 할 여지가 커진다. 그런데 불법행위법에는 이러한 여백이 많다. 특히 불법행위법을 요건론(무엇이 불법행위인가)과 효과론(어떤 책임을 지울 것인가)으로 나누어 본다면, 전반적으로 전자에서 더 큰 여백이 발견된다. 즉 불법행위의 요건에 해당하는 과실, 위법성, 손해 등은 법원에 의하여 구체화되어야 하는 불확정개념이다. 이를 구체화하는 과정에서 공동체적 관점이 개입하지 않을 수 없다.171)

---

170) 프랑스의 법학자 포르탈리스의 표현을 빌면, "우리가 남겨 두는 공백은 실제 운영과정을 통하여 점차로 메워질 것이다. 법전이란 시간이 가면서 이루어지는 것이다." 김기창, "법적 담론 전개양식의 차이 — 성문법 국가와 판례법 국가의 비교 —", 세계화 지향의 사법: 그 배경과 한국·프랑스의 적응, 2006, 219면 이하 참조.

171) 이 역시 입법 또는 사회적 컨센서스를 통하여 법원의 개입 없이도 충분히 구체화되어 있는 권리보호영역(절대권이 그 대표적 예이다)인가, 그렇지 않

반면 일단 불법행위로 인하여 손해가 발생하였음이 확정된다면, 그 효과로서 "손해를 배상하여야 한다"는 부분에서는 비교적 적은 여백이 발견된다. 민법은 원칙적으로 법원에게 확정된 손해의 배상을 명할 권한을 부여할 뿐이고, 과실상계나 생계곤란자에 대한 배상액 감경[172]을 제외하면 배상액의 융통성 있는 조정을 통한 정책적 목적달성의 여지는 상당히 좁게 부여한다. 따라서 불법행위 요건론에서는 예방 패러다임이, 효과론에서는 회복 패러다임이 중요한 역할을 수행한다.[173]

나. 구체적 법리에 비추어 본 두 가지 패러다임

예방과 회복의 상관관계에 대한 법관의 관점은 구체적인 법리를 적용함에 있어서도 영향을 미칠 수 있다. 몇 가지 예를 들어본다.

(1) 제재적 손해배상의 문제

민법 제750조는 불법행위로 타인에게 손해를 가한 자는 '그 손해를 배상할 책임'이 있다고 선언한다. 따라서 적어도 불법행위 효

으면 아직 그러한 구체화가 이루어지지 않아 법원의 개입이 필요한 보호영역(순수한 경제적 이익이 그 대표적 예이다)인가에 따라 구체화의 필요성이 달라진다.

172) 민법 제765조에 의하면 고의 또는 중과실이 아닌 불법행위를 한 배상자는 배상으로 인하여 생계에 중대한 영향을 받을 경우 그 배상액의 경감을 청구할 수 있고, 법원은 이에 따라 배상액을 경감할 수 있다.

173) 다만 이는 어디까지나 정도 내지 가중치의 문제일 뿐 전부 혹은 전무(all or nothing)의 문제가 아님에 유의하여야 한다. 또한 그 밀도는 법의 여백을 지렛대로 하는 사법부와 입법부의 상호관계, 사회에 존재하는 '불법'에 대한 불법행위법과 다른 제도 사이의 상호관계에 따라 유동하는 것임에도 주목할 필요가 있다.

과론의 관점에서 본다면, 불법행위법은 사회 구성원에게 인센티브
를 부여하는 시스템이기에 앞서서 불법행위로 인한 피해자의 손해
를 전보하기 위한 규범체계이다.[174] 이러한 이해는 불법행위법의
역사나 일반인들의 상식에 부합할 뿐만 아니라, 법관의 사고양상도
잘 반영한다. 법관은 대부분의 불법행위 사건에서 바로 눈앞에 있
는 현실의 피해자의 배상 문제를 우선적으로 고민하고, 장래의 잠
재적 피해자를 위한 규칙설정을 부차적으로 고려하기 때문이다. 물
론 원고 스스로도 본인의 권리구제보다는 사회정책에 대한 파급력
을 염두에 두고 제기하는 정책지향형 불법행위소송들이 있다. 가령
사회적으로 이슈가 되는 사안에 대해 명목적인 액수의 손해배상만
청구하되 이를 언론이나 인터넷 등을 통해 널리 알려 국민들의 공
감을 이끌어 내려고 하는 경우이다. 이 경우 불법행위소송은 권리
구제수단보다는 정책참여수단으로서의 의미를 더 크게 가진다. 법
원도 현실적으로 이러한 원고의 의도와 사건의 성격에 영향을 전혀
받지 않을 수는 없다. 그러나 이러한 소송이 전체 불법행위소송에
서 차지하는 비중은 미미하므로 여기에서 나타나는 현상을 불법행
위법 전반으로 일반화할 것은 아니다. 또한 이러한 소송에서조차도
법원이 정책적 파급효과를 주된 고려요소로 하여 손해배상책임 여
부나 손해배상액의 산정을 하는 것은 타당하지 않다.

　이처럼 불법행위로 인한 손해배상책임은 전보적 책임이지만,
불법행위법의 적용에 의하여 손해회복이 이루어지면, 이에 수반하

174) 우리나라의 문헌들은 대체로 이러한 입장에서 불법행위법의 목적을 설명하
고 있다. 예컨대 곽윤직 편, 민법주해 ⅩⅧ, 2005, 31면(김성태 집필부분).
독일에서도 대체로 전보기능(Ausgleichfunktion)을 불법행위법의 주된 기능
으로 파악한다. 이에 관하여는 Münchener Kommentar, Vor §823, Rn. 41.
참조. 또한 유럽불법행위법원칙 제10:101조에서도 손해회복을 예방에 앞서
는 선행 목적으로 천명한다.

여 예방적 효과가 이에 수반하여 발생한다. 타인에게 손해를 야기
하였다면 자신의 부담으로 회복시켜 주어야 한다는 관념은 손해야
기행위를 억제하기 때문이다. 이처럼 회복기능에 수반되는 예방기
능을 보충적 예방기능이라고 부를 수 있다. 요컨대, 불법행위 효과
론을 지배하는 것은 회복기능이고, 예방기능은 이로부터 2차적으로
발생하는 것이 현재 불법행위법의 모습이다.[175]

　　다만 회복과 예방의 상호관계가 모든 유형의 불법행위에서 똑
같은 양상으로 나타나지는 않는다. 사건이나 손해의 성격상 손해액
산정이나 손해회복이 온전히 이루어지기 어려운 경우에는 예방적
요소를 참작하지 않을 수 없다. 불법행위 제도의 손해회복기능이
제대로 작동하기 어려운 사건들이 그러하다. 가령 소송절차에 많은
시간이 소요되고, 과실이나 인과관계의 증명이 곤란하며, 객관적
손해를 산정하기 힘들고, 소송비용도 많이 들어가는 사건에서는 예
방적 요소의 고려가 정당화되기 쉽다. 이와 관련하여 미국의 한 연
구결과에서는 불법행위제도가 교통사고와 의료사고에서 각각 가지
는 예방적 효과를 비교하면서, 의료사고에 있어서의 예방적 효과가
교통사고보다 약 3배 높다고 밝히고 있다.[176]

---

175) 이와 같이 불법행위의 효과에 관한 회복기능을 감안한다면, 불법행위법의
　　구제수단으로서 손해배상이 아닌 원상회복(또는 그 일환으로서의 금지청
　　구)을 불허할 이유가 없다. 독일 민법 제249조 제1항은 손해배상에 있어서
　　원상회복원칙을 천명하고 있고, 이는 과거 우리 민법 개정안(다만 이는 제
　　17대 국회회기의 만료로 폐기되었다) 제394조 제1항에 반영되기도 하였다.
　　이에 관하여는, 윤진수, "손해배상의 방법으로서의 원상회복: 민법개정안을
　　계기로 하여", 비교사법 제10권 제1호(2003), 85~86면 및 권영준, "불법행
　　위와 금지청구권 ― eBay vs. MercExchange 판결을 읽고 ―", Law &
　　Technology 제4권 제2호(2008. 3) 참조. 특히 장래 불법행위의 금지를 구
　　하는 청구권은 예방의 측면에서 보더라도 정당화되기 쉽다.

176) Gary T. Schwartz, *Reality in the Economic Analysis of Tort Law: Does
　　Tort Law Really Deter?* 42 UCLA. L. Rev. 377, 444 (1994).

또한 생명, 건강, 정신적 안온 등에 대한 비재산적 손해가 문제되는 영역에서는 예방적 요소가 좀 더 적극적 기능을 수행한다. 회복기능이 온전히 수행되려면 우선 회복되어야 할 손해액이 정확하게 산정되어야 한다. 그런데 비재산적 손해는 재산적 손해보다 범위를 확정하기 어렵다. 또한 재산적 손해에 대한 재산적 회복과 비교하면, 비재산적 손해에 대한 재산적 회복이 과연 전보의 기능을 온전히 달성할 수 있는지도 의문이다. 따라서 비재산적 손해배상의 영역에서는 상대적으로 예방의 기능이 중요하게 고려된다. 이는 위자료 액수를 산정함에 있어서는 예방적, 정책적, 규범적 판단이 개입할 여지가 크다는 것을 시사한다. 인격권침해에 대한 위자료의 만족적·제재적 측면,177) 교통사고 손해배상에 대한 위자료의 정액화 현상도 이와 같은 예방 패러다임의 작동으로 설명할 수 있다.178)

---

177) 스위스채무법 제49조 제1항은 "피해자는 만족으로서 금전의 급부를 청구할 수 있다"고 규정하여 만족기능을 명문화하고 있다. 이에 관한 독일 판례로는 BGHZ 18, 149ff 참조. 또한 인격가치 침해의 경우에는 만족기능이 전보기능보다 앞선다는 취지의 독일 판례로 BGHZ 35, 363, 369 참조.

178) 재산상 손해범위를 쉽게 확정하기 어려운 경우에도 정책적 손해배상의 흔적을 발견할 수 있다. 쉽사리 손해액을 산정하기 어려운 지식재산권침해에 있어서 상대방의 이익액을 손해액으로 추정하는 특허법 제128조 제2항, 저작권법 제125조 제1항, 상표법 제67조 제2항, 디자인보호법 제64조 제2항, 컴퓨터프로그램보호법 제32조 제3항이 그 예이다. 이는 추정규정이지만 현실적으로 그 추정을 깨뜨리기 어렵다. 이를 통하여 불법행위법에 있어서 손해회복을 넘어서서 불법하게 취득한 이익상환이 실현된다. 한편 교통사고에 있어서 똑같은 주의의무위반에 대하여 피해자의 소득이라는 우연한 사정에 따라 재산상 손해배상액이 달라지는 것에 대하여 반대하면서 피해자의 나이, 성별, 교육정도 등에 해당하는 평균인의 평균수입을 통상손해로 보자는 주장도 회복보다는 예방 패러다임에 가까운 주장이다. 양삼승, "민법 제393조를 준용하는 민법 제763조의 의미(불법행위로 인한 손해배상범위를 산정함에 있어서 가해자의 고의, 과실의 정도는 참작되어야 한다)", 손해배상법의 제문제, 성헌 황적인박사 화갑기념논문집(1990), 120면 이하.

　손해배상과 관련하여 고의와 과실의 경우를 달리 보는 제도들
도 예방의 성격이 부각된 것들이다. 고의의 불법행위로 인한 손해
배상채권을 수동채권으로 하는 상계의 금지(민법 제496조), 고의의
불법행위자에 대한 배상액경감금지(민법 제765조)는 예방과 밀접한
관련성을 가지는 제재적 요소를 지니고 있다. 회복 패러다임으로
일관한다면, 동일한 양의 손해를 야기한 불법행위는 그것이 고의
에 의한 것이건 과실에 의한 것이건 동일하게 취급되어야 하였을
것이다.

　불법행위법에 있어서 예방과 회복의 패러다임이 갈등관계에
놓이게 되는 것은 가해자가 야기한 손해보다 더 큰 책임을 부과하
는 것이 정당화되는가 하는 점에 있어서이다. 징벌적 손해배상의
문제는 이러한 갈등관계를 선명하게 드러낸다.[179] 징벌적 손해배상
은 악의 또는 현저한 과실로 불법행위를 한 자에 대한 제재의 의미
로 실제 손해액 이상의 배상책임을 부과하는 영미법상의 손해배상
제도이다.[180]

　예방 패러다임에 따르면, 가해자가 불법행위를 통하여 피해자
에 대한 손해배상액 이상의 효용을 얻는다면 그 행위를 억제할 충
분한 인센티브를 가지지 못한다. 또한 불법행위를 하더라도 실제

179) 징벌적 손해배상에 대한 비교적 최근의 국내 문헌으로 김재형, "징벌적 손
　　해배상제도의 도입문제", 언론과 법의 지배(2007); 윤용석, "징벌적 손해배
　　상에 관한 미국의 최근 동향", 재산법연구 제23권 제1호(2006. 6); 정해상,
　　"손해배상의 법리와 징벌적 손해배상의 관계", 중앙법학 제6집 제4호
　　(2004. 12); 장덕조, "징벌적 손해배상의 보험보호에 관한 논의와 그 시사",
　　상사법연구 제22권 제2호(2003. 8) 참조.
180) 이 경우 불법행위의 피해자는 국가로부터 법을 집행할 승인을 얻은 것과 마
　　찬가지의 상태가 된다. Edward L. Rubin, Punitive Damages: Reconceptualizing
　　the Runcible Remedies of Common Law, 1998 Wis. L. Rev. 131, 154
　　(1998) 참조.

소송으로 이어져서 법적 책임을 지게 될 가능성이 낮아져서 기대책
임이 낮아지는 경우에도 마찬가지이다.[181] 이때 예방 패러다임은
이른바 비용/편익 분석의 사고에 기초하여 행위자가 그러한 인센티
브를 가질 수 있을 정도의 책임을 산정하여 부과하고자 한다.[182]
그 결과 실제 피해자에게 발생시킨 손해보다 더 큰 책임을 부담할
수도 있다.[183] 따라서 징벌적 손해배상제도는 공동체적 차원에 서
있는 예방 패러다임에서는 정당화될 수 있지만, 당사자적 차원에
서 있는 회복 패러다임에서는 쉽게 수긍할 수 없다.

　일반론으로 말하자면, 징벌적 손해배상을 불법행위법의 일반적
제도로 전면 수용하는 것은 바람직하지 않다. 징벌적 손해배상은
법원이 사회 전체의 관점에서 비용과 편익을 분석하고 적정한 인센
티브를 유도하는 손해액을 산정할 수 있다는 전제 위에서 정당화될
수 있다. 하지만 이러한 전제는 타당하지 않다. 민사소송법이 채택
하고 있는 변론주의의 원칙상 법원은 당사자로부터 주어지는 정보
에 의거하여 판단할 수 있을 뿐이다. 이 정보는 위와 같은 전제를
충족하기에는 턱없이 부족할 뿐만 아니라 당사자적 편향에 따라 왜
곡되기까지 한 것이다. 더구나 징벌적 손해배상은 가해자를 제재하

---

181) 총 피해자 중 배상받는 피해자의 비율을 집행오류(enforcement error)라고
　　하고, 그 집행오류를 상쇄하기 위하여 배상액을 조정하는 승수를 징벌승수
　　(punitive multiple)라고 한다. 가령 피해자가 2명인데 그 중 1명만 소를 제
　　기하여 배상받는다면 집행오류는 1/2이고 징벌승수는 2이다. 따라서 이 경
　　우에 명할 징벌적 손해배상액은 실제 입은 피해의 2배가 된다. Cooter &
　　Ulen, Law & Economics (5th ed.), 2007, Chapter 9 참조. 다만 현실적으
　　로 정확한 집행오류를 찾아내는 것은 거의 불가능에 가깝다.
182) Steven Shavell, Economic Analysis of Accident Law, 1987, p. 147.
183) 이러한 징벌적 손해배상의 이념에 찬성하는 국내 문헌으로 이명갑, "제재적
　　위자료의 이론", 사법행정 제28권 제3 내지 5호(1987); 김윤구, "불법행위법
　　상 손해배상이론의 재검토", 법학연구 제11권(2000).

는 것에 그치지 않고 그로부터 징수한 부(富)를 피해자 개인에게 귀속시킨다는 점에서 배분적 정의에 관한 문제를 야기한다. 또한 배심재판이 이루어지는 미국과 달리 민주적 정당성의 기반이 취약한 법원에게 손해액 산정의 전권이 주어지는 우리나라에서 이 문제를 법원에 백지위임하는 것은 부적절하다.

또한 징벌적 손해배상액은 미리 예측하기 곤란하다. 그러므로 이 제도는 행위자에게 적정한 인센티브를 제공하기 어렵다. 손해배상의 예방적 기능은 행위자가 자신의 행위로 인하여 부담하게 될 비용을 고려하여 행위 여부와 수준 및 태양을 결정한다는 것을 전제로 할 때 비로소 제대로 작동하기 때문이다. 예측하기 어려운 징벌적 손해배상은 행위자의 행위 자체를 억제하는 효과는 있을지 몰라도, 행위자의 행위수준을 최적의 정도로 유도하는 효과는 불충분하다.

아울러 불법행위를 억제하는 것은 불법행위법만의 몫은 아니다. 경우에 따라 불법행위의 억제는 행정규제를 통하여, 또는 더욱 강력한 제재인 형사시스템을 통하여 직접적이고 효율적으로 달성될 수 있다. 그러므로 일반적으로는 이러한 제도에 제재를 통한 억제를 맡겨놓아도 충분하다. 특히 형사재판이 민사재판보다 훨씬 엄격한 절차와 원리에 따라 제재에 이르는 점을 감안한다면, 징벌적 손해배상을 통한 사적 제재의 용인은 민사재판을 통한 형사절차원리의 회피 문제를 야기한다. 그러므로 불법행위법은 손해배상부과를 통한 예방에 관한 한 이러한 제도들의 틈을 보충해 주는 부차적 역할을 수행한다고 보아야 한다. 소의 제기, 절차의 수행, 손해액의 산정에서 충실하고 신속한 회복이 이루어지도록 본래의 역할을 적극적으로 수행함으로써 부수적으로 예방적 효과를 높이는 것이 불

법행위법이 가야 할 정도(正道)이다. 그런데 현실적으로 불법행위법
은 아직 이러한 "회복"의 문제조차도 온전히 해결하지 못하고 있
다.[184) 불법행위법이 회복의 기능만 제대로 수행하더라도 이에 수
반되는 예방적 효과도 의미있게 증가할 것이다. 결국 행정규제나
형사시스템은 사전예방에, 불법행위법은 사후회복에 더욱 초점을
두는 방향으로 역할분담을 하는 것이 타당하다. 그러므로 사회적
합의가 충분히 성숙된 일부 영역에 한하여 그 상한을 정하여 특별
법으로 징벌적 손해배상제도를 도입하는 것은 별론으로 하고, 이를
불법행위법 일반의 원리로 승화시키는 것은 곤란하다.[185)

　　그런데 실제로는 우리나라에서 징벌적 손해배상에 관한 논의
가 활발하게 이루어지고 있고, 실제로 여러 특별법에 이른바 3배
배상제도의 형태로 도입되고 있다. 예컨대 「하도급거래 공정화에
관한 법률」 제35조에서는 일정한 위반행위를 한 원사업자에게 손
해의 3배까지 배상할 수 있도록 한다.[186) 「개인정보보호법」 제39조

---

184) 회복은 "불법행위가 없었더라면 존재하였을 상태"를 지향한다. 따라서 피해
　　자로서는 불법행위가 애당초 행해지지 않았던 상태와 불법행위의 결과 손
　　해배상이 이루어진 상태를 규범적으로 동등한 것으로 평가할 수 있어야 한
　　다. 하지만 현재의 손해배상제도가 과연 그러한가? 이와 관련하여 인신사고
　　에 대한 각국 배상수준을 검토한 일본 문헌으로 佐野誠, "諸外國における
　　人身賠償額の水準", 判例タイムズ 1086号 (2002), 74면 이하.

185) 징벌적 손해배상제도는 불법행위의 효과로 손해의 전보만을 인정하는 우리
　　민사법 체계에서 인정되지 아니하는 형벌적 배상으로서 우리나라 공서양속
　　에 반할 수 있어 승인할 수 없다는 취지의 하급심 판결로 서울지법 동부판
　　1995. 2. 10, 93가합19069 참조. 이 사건의 항소심 판결(서울고판 1996. 9.
　　18, 95나14840)과 상고심 판결(대판 1997. 9. 9, 96다47517)에서는 징벌적
　　손해배상에 관한 명시적 언급 없이 1심 판결을 그대로 지지하였다.

186) 동법 제35조 제3항은 법원이 배상액을 정할 때 ① 고의 또는 손해 발생의 우
　　려를 인식한 정도, ② 위반행위로 인하여 수급사업자와 다른 사람이 입은 피
　　해규모, ③ 위반행위로 인하여 원사업자가 취득한 경제적 이익, ④ 위반행위
　　에 따른 벌금 및 과징금, ⑤ 위반행위의 기간·횟수 등, ⑥ 원사업자의 재산
　　상태, ⑦ 원사업자의 피해구제 노력의 정도를 고려하여야 한다고 규정한다.

제3항 및 제4항 역시 개인정보 유출 피해구제 강화를 위하여 3배 배상제도에 관하여 규정하고 있다. 엄밀히 말하면 이러한 3배 배상제도와 징벌적 손해배상은 뿌리를 달리하는 별도의 제도이다. 그러나 그 배후에는 제재적 사고 방식이 공통적으로 자리 잡고 있다. 이러한 제재적 손해배상의 법리는 당장 민법에 일반적인 제도로 도입되기는 어렵겠지만, 미국법적 풍토의 확산과 경제적 강자에 대한 경고와 제재에 대한 공감대 확장과 아울러 향후 더 많은 특별법에서 도입될 가능성이 크다.

　이제 이러한 특별법을 해석하고 적용해야 하는 법관의 입장에서는 법이 정한 3배의 범위 내에서 제재적 손해배상을 명할 재량이 주어지게 된다. 마치 법정형의 상한에서 양형을 하듯이 배상액의 상한 내에서 손해배상액을 정할 수 있는 권한이 주어진 것이다. 형사재판에서도 법관의 경향에 따라 일단 유죄가 인정되면 가급적 엄벌에 처하는 법관이 있는가 하면, 상대적으로 관대한 형벌을 부과하는 법관도 있다. 민사재판에서도 똑같은 일이 벌어지게 된다. 손해배상액의 산정이 법이 정한 범위 내에서 이루어지기만 한다면, 그 중 어떤 액수가 정답이라고는 말할 수 없다. 그렇다면 불법행위로 인한 손해배상의 목적을 어떻게 바라보는가, 예방이나 제재와 전보의 상호관계를 어떻게 이해하는가에 따라 동일한 사건에 대해서도 법관마다 손해배상의 액수가 달라질 합법적 근거가 생긴 것이다. 그렇다면 이 범위 내에서는 예방 패러다임과 회복 패러다임의 역학관계는 중요한 의미를 가지게 된다.

　또한 일반적인 손해배상에 있어서도 양 패러다임은 여전히 중요한 의미를 가진다. 손해배상액의 산정에 법관의 재량이 주어지는 범위 내에서는 제재적 손해배상과 동일한 작용이 일어나기 때문이

다. 가령 위자료 산정의 경우에는 법관의 손해배상액 산정에 대한
재량이 크다. 따라서 법관이 위자료의 제재적, 예방적 성격에 얼마
나 중점을 두는가에 따라 손해배상액수에 차이가 충분히 발생할 수
있다. 이는 법관의 재량이 상당한 정도로 인정되는 과실상계에 있
어서도 마찬가지이다. 법관은 과실상계의 폭을 조절함으로써 자신
이 가지고 있는 손해배상에 대한 시각을 실제 손해배상액 산정에
투영할 수 있다. 나아가 우리 판례는 손해분담의 공평이라는 손해
배상제도의 이념에 비추어 법원이 재량에 따라 손해배상액을 감액
할 수 있는 길을 열어 놓고 있다. 가령 대법원은 이사나 감사가 회
사에 대하여 부담하는 손해배상책임의 범위와 관련해서, "당해 사
업의 내용과 성격, 당해 이사나 감사의 임무위반의 경위 및 임무위
반행위의 태양, 회사의 손해 발생 및 확대에 관여된 객관적인 사정
이나 그 정도, 평소 이사나 감사의 회사에 대한 공헌도, 임무위반행
위로 인한 당해 이사나 감사의 이득 유무, 회사의 조직체계의 흠결
유무나 위험관리체제의 구축 여부 등 제반 사정을 참작하여 손해분
담의 공평이라는 손해배상제도의 이념에 비추어 그 손해배상액을
제한"할 수 있다고 판시하여 왔다.[187] 하급심 실무에서는 의료사고
에 따른 의사의 책임제한에도 같은 법리가 종종 활용되고 있다. 그
리고 이러한 책임제한의 법리는 불법행위로 인한 손해배상청구사
건 이외의 영역에서도 발견되고 있다.[188] 이 경우에도 "손해분담의

---

187) 대판 2004. 12. 10, 2002다60467, 60474; 대판 2005. 10. 28, 2003다69638;
   대판 2006. 12. 7, 2005다34766, 34773; 대판 2007. 11. 30, 2006다19603 등.

188) 대판 2006. 6. 9, 2004다24557은 수탁자가 부동산 신탁사업을 수행하다가
   예측하지 못한 경제상황의 변화로 사업을 중단함으로써 위탁자가 막대한
   신탁비용채무를 부담하게 된 경우, 신의칙과 손해의 분담이라는 관점에서
   상당하다고 인정되는 한도로 수탁자의 비용상환청구권의 행사를 제한할 수
   있다고 한다. 대판 2008. 3. 27, 2006다7532, 7549도 같은 취지. 한편 위임

공평"이라는 추상적 이념에 투영된 법관의 성향은 손해배상액의 산정에 직접적으로 영향을 미치게 되는 것이다.

(2) 과실 판단기준

불법행위에서 과실을 논하는 성문법적 근거는 민법 제750조이다. 민법 제750조는 일반적인 불법행위의 요건과 효과를 선언하는 조항으로, "고의 또는 과실로 인한 위법행위로 타인에게 손해를 가한 자는 그 손해를 배상할 책임이 있다"라고 규정한다. 이러한 일반적 선언으로부터 불법행위의 성립에는 고의 또는 과실 같은 귀책사유를 요구한다는 원칙이 도출된다. 이러한 원칙을 과실책임주의라고 한다.

과실책임주의는 사적 자치, 소유권 보장과 함께 근대 민법의 3대 기본 원칙 중 하나로 꼽힐 만큼 중요한 원칙이다.[189] 이 원칙은 개인과 기업의 자유로운 활동을 보장하고, 사회 일반의 주의를 촉진하여 불법행위를 억제하는 기능을 가진다.[190] 물론 현대에 들어오면서 피해자의 두터운 보호와 위험창출행위의 감소를 위해 위험책임 또는 무과실책임의 영역이 서서히 넓어지고 있다.[191] 이는 상대적으로 과실책임주의의 입지를 좁히고 있다. 하지만 전체적으로 보면 과실책임주의는 여전히 불법행위법의 대원칙이고, 과실은 여전히 불법행위법의 핵심 개념이다. 그러한 점에서 과실 판단기준은

에 관해서는 대판 2002. 4. 12, 2000다50190 참조.

189) 곽윤직·김재형, 민법총칙, 제9판, 2013, 39면.

190) 양창수·권영준, 권리의 변동과 구제(민법 Ⅱ), 제3판, 2017, 598면.

191) 과실책임주의와 무과실책임주의 중 어느 것이 경제적으로 더 효율적 결과를 가져오는가에 대해서는 논란이 있다. Boudewijn Bouckaert & Gerrit De Geest(ed.), Encyclopedia of Law and Economics, Vol Ⅲ, Edward Elgar, 2000, pp. 613–614; 朴世逸, 法經濟學, 改訂版, 2000, 303면 참조.

불법행위법에서 가장 중요한 문제 중 하나이다.

　　그렇다면 과실은 무엇인가? 일반적으로 과실은 '사회생활상 요구되는 주의를 게을리 하여 일정한 결과가 발생하리라는 것을 인식하지 못하는 상태'라고 정의된다.192) 따라서 과실의 본질적 내용은 주의의무 위반이라고 할 수 있다.193) 그렇다면 누구를 기준으로 주의의무 위반을 결정하는가? 또한 주의의무 위반의 정도는 어떠해야 하는가? 이에 관해 지배적인 견해는 추상적 경과실의 개념을 통해 이를 설명한다.194) 여기에서 "추상적"이라는 것은 통상인 또는 평균인을 기준으로 한다는 의미이다.195) "경과실"은 주의의무를 게을리 하였으나 현저하게 게을리 한 데에는 이르지 않은 과실을 의미한다.

　　이러한 과실이 있는지의 판단은 ① 판단대상인 행위와 관련된 사실관계를 확정하고, ② 그 행위에 적용되어야 할 주의의무의 내용을 확정하며, ③ 확정된 주의의무를 문제되는 행위에 적용하여 그 행위가 주의의무를 다하지 못한 것인지를 판단하는 순서로 이루어진다.196) 그 중 ①과 ③의 단계는 구체적인 사안이 주어지지 않으면 미리 정

---

192) 곽윤직, 채권각론, 제6판, 2003, 389면; 양창수·권영준, 권리의 변동과 구제(민법 Ⅱ), 제3판, 2017, 607면.

193) 독일 민법 제276조 제1항은 사회생활상 요구되는 주의를 게을리하는 사람은 과실로 행위하는 것이라고 규정한다.

194) 박준서 편, 주석민법, 채권각칙(6), 1999, 115면(박영식 집필부분) 등. 반면 이를 구체적 과실로 파악하는 견해로는 김형배, "과실개념과 불법행위책임 체계", 민사법학 제4·5호(1995), 302면.

195) 곽윤직, 채권각론, 제6판, 2003, 389면. 여기에서 통상인 또는 평균인은 추상적 일반인을 말하는 것이 아니라 그때 그때의 구체적인 사례에 있어서의 보통인을 말한다. 대판 2001. 1. 19, 2000다12532.

196) Gert Brüggemeier, Common Principles of Tort Law, 2004, pp. 66-69 참조. 독일 문헌에서는 이처럼 주의의무에 따라 이루어져야 마땅할 행위를 Soll-Verhalten, 실제로 이루어졌던 행위를 Ist-Verhalten이라고 명명하고 과실판단에 있어서 양자를 비교한다. Kötz/Wagner, Deliktsrecht, 9. Aufl. 2001, Rn. 106.

할 수 없다. 그러나 ②의 단계는 사안이 주어지지 않더라도 미리 일정한 정도로 구체화할 수 있다. 그러므로 과실판단에 관하여 학술적 논의가치가 큰 것은 ②의 단계, 즉 주의의무 내용의 확정단계이다.

주의의무의 내용은 주의의무의 발생근거가 정하는 바에 따라 결정된다. 주의의무는 단순한 도의적 의무가 아니라 법적 의무이고, 이러한 법적 의무는 법령이나 계약에 의해 정해지는 것이 원칙이다. 그러나 법령에서 늘 사람의 주의의무를 빠짐없이 열거할 수 있는 것은 아니다. 또한 모든 사람이 장차 발생할 수 있는 불법행위를 염두에 두고 미리 계약을 체결해 놓기도 어렵고, 설령 그런 계약이 가능하더라도 그 계약에서 모든 주의의무를 빠짐없이 열거하기도 어렵다. 이러한 불완전성 때문에 주의의무는 법령과 계약 이외에도 선행행위나 조리(條理), 신의칙 등 보충적인 근거에 의해 발생하기도 한다.197) 이들도 넓게 보면 법질서의 한 내용을 구성하므로 이 역시 법적 근거의 하나라고 할 수 있다. 다만 조리나 신의칙 등 무정형적 속성을 가지는 근거에 의해 주의의무를 인정하는 것은 신중해야 한다.198) 특히 법령이 주의의무를 포괄적이고 망라적으로 제시하고 있다면 주의의무의 내용은 별도로 계약에서 정함이 없는 이상 법령에 의해 정해진다.199)

---

197) 대판 2005. 7. 22, 2005도3034; 대판 2006. 4. 28, 2003도4128; 대판 2009. 5. 14, 2008다75676, 75683 등.

198) 대판 2012. 4. 26, 2010다8709.

199) 한편 이용약관에서 개인정보보호에 관한 주의의무를 규정하는 예도 많다. 그러나 약관은 본래 사업자에 의해 일방적으로 작성되어 제시되는 것이므로 법령에 규정되지 않은 추가적인 주의의무까지 포함시킬 가능성은 그다지 크지 않다. 따라서 약관상 개인정보보호의무는 법령상 주의의무를 열거하거나 구체화한 정도일 가능성이 크다.

  한편 판례상 또는 강학상으로는 주의의무의 내용을 예견의무
와 결과회피의무로 나누기도 한다.[200] 예견의무는 불법행위가 될
가능성이 있는 결과를 미리 예견할 의무이다. 이는 해당 상황 아래
에서 어떠한 사고가 통상 발생할 수 있다고 예견할 수 있는 경우에
인정된다.[201] 결과회피의무는 일정한 결과를 예견하였을 때에 이를
회피하도록 노력할 의무이다. 결과회피의무는 예견가능성 내지 예
견의무를 전제로 한다. 다만 예견의무가 추상적 위험에 관한 것이
라면 결과회피의무는 구체적 위험에 관한 것이어서 예견 가능한 결
과 중 구체적 위험이 존재하게 된 것에 대해 결과회피의무가 인정
된다.[202] 종국적으로 중요한 것은 결과회피의무의 이행 여부이다.
예견의무를 이행하였건 불이행하였건 결과를 회피하였다면 과실책
임이 문제되지 않지만, 결과회피의무를 다하지 않아 결과가 발생하
였다면 과실책임이 부과되기 때문이다.

  그런데 예방 패러다임과 회복 패러다임은 각각 주의의무의 설
정 기준에 대하여 어떤 입장을 취하는가?

  예방 패러다임에 따른 주의의무 설정을 잘 대변하는 것은 앞서
언급한 핸드 공식(Hand Formula)이다. 미국의 러니드 핸드 판사
(Judge Learned Hand)가 1947년 한 판결[203]에서 제시하여 유명해진
이 공식은 다음과 같은 내용을 담고 있다.[204] 핸드 공식은 ① 사

---

200) 김증한 저, 김학동 증보, 채권각론, 제7판, 2006, 800면; 대판 1984. 6. 12, 82도3199; 대판 1998. 2. 13, 96다7854; 대판 2011. 4. 14, 2010도10104 참조.
201) 대판 1998. 4. 10, 97다52103.
202) 예견의무와 결과회피의무의 차이는 행위의무가 설정된 전제로서의 위험이 추상적 위험인가, 구체적 위험인가의 차이라고 설명하기도 한다. 潮見佳男, 民事過失の歸責構造, 信山社, 1995, 303면.
203) *U.S. v. Carrol Towering Co.*, 159 F.2d 169 (2d Cir. 1947).
204) 핸드 공식 일반에 대해서는 Richard A. Posner, Economic Analysis of Law

고를 방지하기 위한 부담(Burden), ② 사고가 날 확률(Probability), ③ 사고로 인한 피해(Loss)의 세 가지 요소 중 ① 요소가 ②와 ③ 요소를 곱한 값보다 적다면(B<PL), 주의의무가 인정된다고 제시한다.205) 가령 동네 야구장에 펜스를 설치하는 데 들어가는 비용이 100, 야구경기 도중 파울볼로 인하여 사람이 다칠 확률이 5%, 사고로 인하여 발생하는 피해가 1,000이라면, B(Burden)에 해당하는 100은 PL(Probability×Loss)에 해당하는 50(1,000×0.05)보다 크다. 이때에는 주의의무 이행에 들어가는 비용이 그 이행으로 인하여 보호할 수 있는 이익보다 크므로 야구장에 펜스를 설치하도록 법적으로 강제할 수 없다. 즉 핸드 공식은 주의의무를 비용/편익 분석(cost-benefit analysis)에 기초하여 사회 총효용을 극대화하는 관점에서 결정한다.206) 이 공식에서는 어떠한 경우에 사고 예방을 법적으로 강제하는 것이 사회적 효율성을 높이는가, 바꾸어 말하면 무엇이 "효율적 예방"인가에 따라 주의의무를 설정한다. 그러므로 예방 패러다임을 강조하게 되면 주의의무 수준의 결정은 다분히 비용/편익 분석적 사고방식에 기초한 정책적 결정이 될 가능성이 높아진다.

(7th ed), Aspen Publishers, 2007, pp. 167-171; 핸드 공식의 사고방식을 수용한 것으로 Restatement (Third) of Torts, Negligence: Liability for Physical Harm §3, Comment e 참조.

205) 다만 핸드 판사 공식에 대해서는 총비용과 총이익의 개념이 아니라 한계비용과 한계이익의 개념을 사용해야 한다는 비판이 가해진다. Richard A. Posner, *Economic Analysis of Law*, 6th ed., 2003, pp. 168-169.

206) 이러한 비용에 기초한 접근은 이미 Henry T. Terry, *Negligence*, 29 Harvard. L. Rev. 40, 42-43 (1915)에서 발견된다. Patrick J. Kelley, *The Carroll Towing Company Case and the Teaching of Tort Law*, 45 St. Luis Univ. L. J. 731, 746-748 (2001)에서 재인용. 그리고 이러한 태도는 이미 1934년 미국 불법행위법 제1차 리스테이트먼트에도 반영되었다. Richard W. Wright, *Justice and Reasonable Care in Negligence Law*, 47 Am. J. Juris. 148-149 (2002) 참조.

한편 회복 패러다임은 대체로 행위자의 유책성과 자유보장의 필요성을 비교·교량하여 그에 따라 정의로운 정도의 의무를 부과한 뒤, 그 의무위반의 범위 내에서 피해자의 손해전보를 꾀하는 태도를 가진다고 설명할 수 있다. 이는 "무조건적인 회복"이 아니라 "정의의 이념에 따라 제한된 회복"이다. 하지만 핸드 공식과는 달리 이러한 회복에 필요한 주의의무를 산출하는 공식이 존재하지는 않는다. 그 대신 우리 판례는 이러한 주의의무를 "사회평균인"이라는 가상의 주체를 기준으로 하여 정한다.207) 사회평균인이라는 개념을 통해 규범적 판단을 하는 것이다. 그러나 이러한 정도의 설명만으로는 회복 패러다임이 추구하는 주의의무 설정 기준이 무엇인지를 뚜렷하게 알기 어렵다. 이미 언급하였듯이 이는 회복 패러다임의 한계 중 하나이기도 하다.

일반적으로는 예방 패러다임이 "효율적인 예방"에 초점을 맞춘다면, 회복 패러다임은 "정의로운 회복"에 초점을 맞춘다고 말할 수 있다. 대부분의 경우에는 이러한 두 가지 패러다임이 실제 과실판단에 복합적으로 작용한다. 그러나 어느 쪽을 강조하는가에 따라 주의의무 설정이 미세하게나마 영향을 받을 수 있다. 이는 특히 비교적 뚜렷한 주의의무 설정 기준을 제시하는 예방 패러다임을 강조할 때 더욱 그러하다.

가령 예방을 강조하면 어떤 주의의무를 강제할 때 발생하는 사회적 비용 또는 거래비용이 과실판단에서 중요한 고려 요소로 떠오르게 된다. 대법원 2007. 10. 25. 선고 2006다44791 판결은 절취한

---

207) 대판 2001. 1. 19, 2000다12532. 판례에서는 '사회'와 '평균인'을 붙여 쓰기도 하고 (대판 2012. 3. 15, 2011두24644), 띄어 쓰기도 하나(대판 2008. 6. 12, 2007도3815; 대판 2009. 2. 26, 2006도3119), 여기에서는 2000다12532 판결의 용례에 따라 이를 붙여 쓰기로 한다.

예금통장에서 제1예금인출이 행해진 후 단시간 내에 거래지점을 바꿔가면서 제2예금인출이나 제3예금인출이 이루어진 사건을 다루고 있다. 이 사건에서 진정한 예금주가 은행을 상대로 예금청구를 하자, 은행은 위와 같은 예금인출 시 인감대조 및 비밀번호 확인 등 업무상 주의의무를 다하였으므로 이에 따른 예금의 지급이 채권의 준점유자에 대한 변제로서 유효하다고 다투었다. 이와 관련하여 위와 같이 단시간 내에 거래지점을 바꿔가면서 여러 차례 예금인출이 이루어지는 상황에서는 은행 직원이 위와 같은 통상적인 조사 외에 해당 청구자의 신원을 확인하거나 전산 입력된 예금주의 연락처에 연결하여 예금주 본인의 의사를 확인하는 등의 방법으로 예금 청구자의 권한 여부를 조사할 업무상 주의의무를 추가로 부담하는 것이 아닌가가 문제되었다. 이에 대해 위 판결은 다음과 같은 취지로 판시하였다.208)

절취한 예금통장에서 제1예금인출이 행해진 후 단시간 내에 거래 지점을 바꿔가면서 행해진 제2예금인출이나 제3예금인출과 관련하여 은행 직원이 단순히 인감 대조 및 비밀번호 확인 등의 통상적인 조사 외에 당해 청구자의 신원을 확인하거나 전산 입력된 예금주의 연락 처에 연결하여 예금주 본인의 의사를 확인하는 등의 방법으로 그 청 구자가 정당한 예금인출권한을 가지는지 여부를 조사하여야 할 업무 상 주의의무를 부담하는 것으로 보기 위해서는 그 예금의 지급을 구 하는 청구자에게 정당한 변제수령권한이 없을 수 있다는 의심을 가 질 만한 특별한 사정이 인정되어야 한다. 그리고 그러한 특별한 사정 이 있다고 볼 것인지 여부는, 인감 대조와 비밀번호의 확인 등 통상 적인 조사만으로 예금을 지급하는 금융거래의 관행이 금융기관이 대

---

208) 대판 2013. 1. 24, 2012다91224도 마찬가지 취지이다.

량의 사무를 원활하게 처리하기 위한 필요에서 만들어진 것이기도 하지만, 다른 한편으로는 예금인출의 편리성이라는 예금자의 이익도 고려된 것인 점, 비밀번호가 가지는 성질에 비추어 비밀번호까지 일치하는 경우에는 금융기관이 그 예금인출권한에 대하여 의심을 가지기는 어려운 것으로 보이는 점, <u>금융기관에게 추가적인 확인의무를 부과하는 것보다는 예금자에게 비밀번호 등의 관리를 철저히 하도록 요구하는 것이 사회 전체적인 거래비용을 줄일 수 있는 것으로 보이는 점</u> 등을 참작하여 신중하게 판단하여야 한다.

위 판시 내용 중 밑줄 친 부분에 따르면, 법원은 위와 같은 사태를 방지하기 위하여 주의의무를 어떻게 설정하는 것이 예방의 효율성을 높일 수 있는가의 관점을 고려하였다. 즉 금융기관이 통상적으로 요구되는 정도를 넘어서서 청구자의 신원을 확인하고 예금주에게 연락하여 의사를 물어보는 데에 들어가는 비용보다, 예금주 스스로가 자신의 인감이나 비밀번호를 철저히 관리하는 데에 들어가는 비용이 저렴하므로 금융기관에게 위와 같은 추가적인 주의의무를 부담시키는 대신 그 위험을 예금주에게 부담시키는 쪽이 오히려 사회 전체적으로 효율적인 예방을 도모할 수 있다는 점을 고려한 것이다.[209]

또한 예방을 강조하면 가급적 예측 가능하고 명확한 행위지침을 사전에 제공하는 데에 좀 더 관심을 기울이게 되고, 그러한 행

---

[209] 다만 일단 은행에 과실이 인정되어 채권자의 준점유자에 대한 변제가 성립할 수 없게 되었다면 예금주는 예금청구권을 행사할 수 있고, 이때 채무불이행이나 불법행위에 적용되는 과실상계의 법리가 적용될 수는 없다. 예금주가 인감을 변경하고 통장을 재발급받자마자 당일 거액의 예금을 인출하였는데 은행이 본인 확인을 제대로 하지 않은 것으로 드러난 경우 예금주의 개인정보관리 부실을 이유로 과실상계를 할 수 없다고 한 대판 2015. 6. 24, 2014다231224 참조.

위지침을 넘어서서 과실을 인정하는 것에 좀 더 신중하게 된다. 가
령 해킹(hacking)으로 인한 대규모의 개인정보 유출사고를 생각해보
자. 이러한 사고에서는 다수의 개인정보 주체가 그 개인정보를 수
집·관리하는 개인정보처리자를 상대로 손해배상청구를 하는 경우
가 많다. 해커와의 관계에서 보면 이러한 소송은 피해자들 간의 다
툼이라는 특성을 가진다. 한편에는 해킹으로 인해 자신의 소중한
정보가 유출된 다수 개인들이, 다른 한편에는 해킹으로 인한 이미
지 추락에 연이어 거액의 손해배상청구에 직면한 개인정보처리자
가 있다.[210] 이러한 사건에서는 많게는 수천만 명이 연관될 정도로
잠재적 피해자들의 숫자가 어마어마하거니와[211] 이로 인해 문제되
는 손해배상 규모도 천문학적이어서 개인정보처리자는 도산의 위
험에 직면할 수도 있다. 문제는 이들의 법적 운명을 판가름할 손해
배상책임 판단기준이 명확하지 않다는 점이다. 대법원 2015. 2. 12.
선고 2013다43994, 44003 판결은 해킹으로 인한 개인정보 유출사

---

[210] Ethan Preston & Paul Turner, *The Global Rise of a Duty to Disclose Information Security Breaches*, 22 J. Marshall J. Computer & Info. L. 457 (2004)에서는 개인정보유출이 알려진 상장기업은 이틀 내에 시장가치 2.1% 가 하락한다는 연구결과를 소개하고 있다. 또한 유진호·지상호·임종인, "개인정보 유·노출 사고로 인한 기업의 손실비용 추정", 정보보호학회논문지 제19권 제4호(2009. 8) 65~72면에서는 개인정보 유출 및 노출 사고로 인한 기업의 비용을 침해사고 대응비용, 생산성 손실비용, 잠재적인 손해배상금으로 나누면서 2007년의 비용을 3조 653억원(그 중 잠재적인 손해배상금은 3조 429억원)으로 추산하고 있다.

[211] 개인정보침해와 관련된 소송은 변호사가 원고 모집 등 소송 전반에 대하여 주도적 역할을 하는 기획소송의 형태로 이루어지는 경우가 많다. 기획소송은 원고들의 권리구제기회를 확대하고 사건에 관한 사회적 여론을 환기시키는 측면이 있지만, 원고들이 변호사를 적극적으로 감독할 유인이 없어 대리인 문제(agent problem)가 발생하고, 승소로 인한 이익도 대부분 변호사가 보게 되어 권리구제에 별 실효성이 없다는 문제가 있다. 손창완, "집단 기획소송의 법적 문제 — 변호사 윤리를 중심으로 —", BFL 제54호(2012), 6~7면.

고에 대한 개인정보처리자의 손해배상책임 문제를 최초로 다룬 최
초의 최고법원 판결이다. 이 사건에서는 중국인 해커(hacker)가 인
터넷 오픈마켓 사이트인 옥션(auction)의 서버에 침입하여 옥션 회원
들의 개인정보를 누출한 것에 대해 옥션의 책임이 문제되었다. 대
법원은 다음과 같이 판시하였다.

> 정보통신서비스가 '개방성'을 특징으로 하는 인터넷을 통하여 이루
> 어지고 정보통신서비스제공자가 구축한 네트워크나 시스템 및 운영
> 체제 등은 불가피하게 내재적인 취약점을 내포하고 있어서 이른바
> '해커' 등의 불법적인 침입행위에 노출될 수밖에 없고, 완벽한 보안을
> 갖춘다는 것도 기술의 발전 속도나 사회 전체적인 거래비용 등을 고
> 려할 때 기대하기 쉽지 아니한 점, 해커 등은 여러 공격기법을 통해
> 정보통신서비스제공자가 취하고 있는 보안조치를 우회하거나 무력화
> 하는 방법으로 정보통신서비스제공자의 정보통신망 및 이와 관련된
> 정보시스템에 침입하고, 해커의 침입행위를 방지하기 위한 보안기술
> 은 해커의 새로운 공격방법에 대하여 사후적으로 대응하여 이를 보
> 완하는 방식으로 이루어지는 것이 일반적인 점 등의 특수한 사정이
> 있으므로, 정보통신서비스제공자가 구 정보통신망 이용촉진 및 정보
> 보호 등에 관한 법률(2008. 2. 29. 법률 제8852호로 개정되기 전의
> 것, 이하 '구 정보통신망법'이라 한다) 제28조 제1항이나 정보통신서
> 비스 이용계약에 따른 개인정보의 안전성 확보에 필요한 보호조치를
> 취하여야 할 법률상 또는 계약상 의무를 위반하였는지 여부를 판단
> 함에 있어서는 해킹 등 침해사고 당시 보편적으로 알려져 있는 정보
> 보안의 기술 수준, 정보통신서비스제공자의 업종·영업규모와 정보통
> 신서비스제공자가 취하고 있던 전체적인 보안조치의 내용, 정보보안
> 에 필요한 경제적 비용 및 효용의 정도, 해킹기술의 수준과 정보보안
> 기술의 발전 정도에 따른 피해발생의 회피 가능성, 정보통신서비스제

공자가 수집한 개인정보의 내용과 개인정보의 누출로 인하여 이용자가 입게 되는 피해의 정도 등의 사정을 종합적으로 고려하여 정보통신서비스제공자가 해킹 등 침해사고 당시 사회통념상 합리적으로 기대 가능한 정도의 보호조치를 다하였는지 여부를 기준으로 판단하여야 한다.

특히 구 정보통신망 이용촉진 및 정보보호 등에 관한 법률 시행규칙(2008. 9. 23. 행정안전부령 제34호로 전부 개정되기 전의 것) 제3조의3 제2항은 "정보통신부장관은 제1항 각 호의 규정에 의한 보호조치의 구체적인 기준을 정하여 고시하여야 한다."라고 규정하고 있고, 이에 따라 정보통신부장관이 마련한 「개인정보의 기술적·관리적 보호조치 기준」(정보통신부 고시 제2005-18호 및 제2007-3호, 이하 '고시'라 한다)은 해킹 등 침해사고 당시의 기술수준 등을 고려하여 정보통신서비스제공자가 구 정보통신망법 제28조 제1항에 따라 준수해야 할 기술적·관리적 보호조치를 구체적으로 규정하고 있으므로, 정보통신서비스제공자가 고시에서 정하고 있는 기술적·관리적 보호조치를 다하였다면, 특별한 사정이 없는 한, 정보통신서비스제공자가 개인정보의 안전성 확보에 필요한 보호조치를 취하여야 할 법률상 또는 계약상 의무를 위반하였다고 보기는 어렵다.

이 판시 내용에서 특기할 만한 점은 해킹에 대한 완벽한 보안은 불가능하다는 현실을 솔직히 인정한 뒤 정보통신서비스제공자의 과실 판단에 있어서 정보보안에 필요한 경제적 비용 및 효용의 정도를 감안하였다는 점이다. 이 역시 핸드 공식적 사고방식이 발현된 부분이다. 이러한 사고방식은 새로운 것이 아니다. 합리적인 법은 합리적으로 기대할 수 없는 것을 강제한 뒤 이를 지키지 못하였다고 하여 책임을 부과하지 않는다. 무엇이 합리적으로 기대 가능한 것인가 하는 점을 고려함에 있어서는 경제적 기대가능성도 당연히 고려되어야 한다. 판결 이유에서 결론적으로 "침해사고 당시 사회통념상 합리적으로 기대 가능한 정도의 보호조치를 다하였는지 여부를 기준으로 판단하여야 한다."라고 판시한 것도 그러한 이유 때문이다. 특기할 만한 다른 점은 개인정보처리자가 정보통신부 고시에서 정한 기술적·관리적 보호조치를 취하였다면 특별한 사정이 없는 한 그에게 과실을 인정할 수 없다고 한 부분이다. 이는 다분히 예측가능하고 명확한 과실판단기준의 필요성을 염두에 둔 것이다. 일반적으로는 법령이나 고시에서 정한 내용을 모두 지켰다고 하여 반드시 불법행위법상 과실이 부정되는 것은 아니다. 그런데 이러한 결론은 수범자를 불안하게 만든다. 국가기관이 공식적으로 지키라고 한 것을 모두 지켰는데도 책임을 질 수 있다는 생각으 그 자체로 행위자를 위축시킨다. 예방 패러다임에서는 이러한 불명확성을 사고예방의 적(敵)으로 여긴다. 그런데 공개된 세부 기준을 준수하면 특별한 사정이 없는 한 책임을 지지 않는다는 선언은 그러한 불명확성을 상당 부분 제거한다. 이는 예방 패러다임의 정신에 부합하는 것이다.

(3) 손해배상의 범위

불법행위법의 가장 큰 과제 중 하나는 손해배상의 범위를 합리적으로 제한하는 것이다. 현대사회는 각 주체의 이익이 거미줄처럼 밀접하고 광범위하게 연결되어 있어 과거에 상상할 수 없을 정도로 상호작용의 빈도와 파급효과가 커지고 있다. 따라서 한 이익의 변동이 다른 이익들에 미치는 영향도 커지고 있다. 바꾸어 말하면 하나의 손해가 다른 손해로 연쇄반응할 가능성이 커지고 있다. 이때 최초로 손해 야기의 방아쇠를 담긴 사람에게 그 모든 책임을 지우는 것이 타당한가 하는 문제가 등장한다. 여기에 합리적인 경계선을 두지 않을 경우 손해배상이 무한하게 늘어날 위험성이 있다.

독일의 루돌프 예링(Rudolph Jhering)은 이미 19세기 중반에 손해배상의 범위가 무제한 확장되는 것에 관하여 다음과 같이 우려하였다.

> 계약관계가 존재하지 않는 경우 고의뿐만 아니라 중과실로 인한 불법행위에 대해서까지 소송을 제기할 수 있다면 어떻게 될 것인가! 잘못 행해진 언명, 떠돌아다니는 소문, 허위의 보고, 부적절한 결정, 업무에 적합하지 않은 음식점 직원을 추천한 종전 고용주, 여행자의 요청에 의하여 제공한 길에 관한 정보 등등 … 간단히 말해 신의에 반하지 않으나 중대한 과실이 개입된 모든 손해를 배상할 책임을 부담하게 될 것이다.[212]

어느 비법서(非法書)에 실린 다음 상황도 생각해 보자.

> 느닷없이 사무실에 전기가 나간다. 일제히 경악과 탄식의 한숨이 몰아친다. 아무런 예고도 없었던 돌발 사태다. 컴퓨터 화면이 갑자기 꺼져버려 사람들은 몇 시간 동안 작업한 것이 허사로 돌아갔다고 허탈해한다. 사무실 바깥의 상황은 어떤가. 그 시간에 그 건물의 모든 엘리베이터는 당연히 멎어버렸다. 비좁은 암흑 상자 속에서 사람들은 공포에 떨고 있다. 서로 알지 못하는 사람들끼리 갇혀 있는 것이 두렵고 점점 부족해지는 산소 때문에 호흡도 가빠온다. 건물 바깥으로

---

212) R. von Jhering, *Culpa in contrahendo oder Schadensersatz bei nichtigen oder nicht zur Perfektion gelangten Verträgen*, Jherings Jahrbücher 4 (1861), S. 12f; James Gordley & Arthur Taylor Von Mehren, An Introduction to the Comparative Study of Private Law, 2006, p. 309에서 재인용.

나가보자. 어느 병원의 수술실에서는 환자의 심장을 대신하던 기계가 작동을 멈추는 바람에 생명을 잃었다. 이러한 돌발 사태에 대비해 자가 발전기가 마련되어 있지만 수시로 점검하는 일을 게을리 하여 작동하지 않았다. 다른 한편 인근의 어느 공장에서는 24시간 연속으로 돌아가야 하는 공정이 멈추는 바람에 화학약품이 변질되어 몇억 원 손해를 보았다. 또한 어느 농촌의 양계장에서는 난방이 끊겨 수천 마리의 닭이 얼어 죽었다. 수산 시장에서도 물속에 살아 움직이는 물고기들에게 산소를 공급하던 장치가 멈춰 수천 마리가 떼죽음을 당했다.[213)]

위와 같은 끝없는 연쇄고리 속에서 손해배상책임을 합리적으로 제한하는 문제에 관한 한 예방과 회복 양 패러다임은 입장을 같이 한다.

예방 패러다임은 사회 구성원들이 사고의 총비용을 줄이는 방향으로 행동할 인센티브를 제공하는 것을 불법행위법의 목적으로 파악한다. 이러한 인센티브는 "이와 같이 행동하지 않으면 이러한 손해배상책임을 부담한다."는 메시지가 전달됨으로써 생긴다. 그런데 만약 손해배상책임의 크기를 전혀 예측할 수 없다면 이러한 메시지는 무용지물이 된다. 핸드 공식에 비추어 보더라도 사고로 인한 피해(loss)를 정할 수 없다면 비용/편익 분석 자체를 할 수가 없게 된다. 결국 통제할 수 없이 불어나는 손해배상책임 앞에서 사람들은 적법하게 행동할 인센티브를 놓아버린다. 이는 예방 패러다임의 관점에서 볼 때 위험한 결과이다. 그러므로 예방 패러다임에서는 손해배상책임의 합리적 제한 기준으로 예견 가능성을 강조하게 된다.

---

213) 김찬호, 사회를 보는 논리, 문학과 지성사, 2001, 14~15면에서 발췌.

회복 패러다임은 불법행위로 인하여 발생한 손해를 전보하는 것을 불법행위법의 목적으로 파악한다. 이것만 놓고 보면 회복 패러다임에서는 예방 패러다임보다 손해배상책임의 합리적 제한에 더 소극적일 것처럼 보인다. 그러나 손해의 전보는 비례적으로 이루어져야 한다. 즉 가해자는 자신이 야기한 행위에 비례하여 전보책임을 부담한다. 그러므로 회복 패러다임에서도 손해배상책임의 합리적 제한은 여전히 중요하다. 이와 관련하여 가해자에게 어느 정도의 손해를 귀속시키는 것이 비례적으로 정의로운가 하는 문제가 등장한다. 이러한 연결고리를 구체화하기 위해 객관적 귀속의 문제 또는 정당한 귀속의 문제가 등장한다. 현재 우리 판례는 상당인과관계론을 취하고 있는데, 이러한 "상당성"의 개념은 정당한 귀속관계를 표상하는 것이다.

※ 보론: 순수재산손해(pure economic loss)

비교법적으로 보면, 이러한 문제는 이른바 순수재산손해(pure economic loss)의 문제로 활발하게 논의되고 있다. 순수재산손해는 피해자의 생명, 신체나 물건에 대한 침해를 수반하지 않은 채 그 피해자의 소유권 이외의 재산적 이익에만 발생한 손해이다.[214] 순수재산손해는 상업적 손해(commercial loss),[215] 독립적인 재산손해(free-standing economic loss),[216] 또는 관계적 손해(relational loss)[217]

---

214) Bussani & Palmer, Pure Economic Loss in Europe, 2005, p. 5.

215) *Miller v. United States Steel Corp.*, 902 F.2d 573 (7th Cir. 1990).

216) E. Silverstein, *On Recovery in Tort for Pure Economic Loss*, 32 U.Mich. J.L. Ref. 403 (1999).

217) Ronen Perry, *The Economic Bias in Tort Law,* 2008 U. Ill. L. Rev. 1573, 1577 (2008).

라고 불리기도 한다. 이해의 편의상 몇 가지 사례를 들어본다.

가령 교통사고로 부상을 입은 피해자에게 발생한 치료비, 개호비, 일실이익은 모두 피해자의 신체침해에 수반되는 것이므로 순수재산손해가 아니다.[218] 또한 그 교통사고로 피해자의 자동차가 손상되어 경제적 가치가 감소하였다면 이는 자동차라는 물건의 손상에 수반되는 것이므로 순수재산손해가 아니다.

반면 위와 같은 교통사고로 부상을 당한 남편을 돌보기 위해 자신이 운영하는 가게를 닫아야 했던 아내의 손해나 그 남편을 고용한 사업주의 손해는 순수재산손해이다. 왜냐하면 이러한 손해는 피해자인 아내나 사업주의 신체 또는 물건에 대한 침해에 수반된 손해가 아니기 때문이다. 불법시위로 인근 교통이 마비되어 그 근처에서 가게를 운영하는 상인에게 발생한 일실이익도 마찬가지이다. 그 이외에 차량으로 전신주를 충격하여 인근 공장에 전력공급이 중단됨으로써 발생한 영업손해,[219] 유류오염사고로 인해 그 인근 해안 주민이 입게 된 영업손해,[220] 은행의 잘못된 회신에 기초

---

218) 유명 피아니스트가 손가락을 다쳐 연주가 불가능해진 경우처럼 신체의 손상 자체는 경미하지만 그로 인한 재산상 손해는 큰 경우에도 순수재산손해에 속하지 않는다. 한편 여기에서 신체에 대한 침해는 정신적 침해를 포함하는 넓은 개념이다. American Law Institute, Restatement of the Law Third Torts: Liability for Economic Harm, Preliminary Draft No. 1 (August 30, 2011), Reporter's note to § 1.

219) 대판 1996. 1. 26, 94다5472가 이러한 사안을 다루고 있다. 대법원은 영업손실은 예견하기 어려운 특별손해라고 하여 그 배상을 부정하였다. 영국의 유명한 판결인 Spartan Steel & Alloys Ltd. v. Martin & Co. (Contractors) Ltd. 1973 Q.B. 27 (1972) (Eng. C.A.)도 전선절단사안을 다루고 있는데 영업손실을 방지하기 위한 주의의무가 없다거나 그것이 너무 먼(remote) 손해라는 이유로 배상을 부정하였다.

220) 2007. 12. 7. 충청남도 태안군 해안에서 발생한 허베이 스피리트호 유류오염사고가 이러한 유형의 손해를 발생시킨 대표적 사례이다. 이 사고로 인한 손해배상의 문제를 해결하기 위해 2008. 3. 14.「허베이 스피리트호 유류오

해 작성된 감사보고서를 믿고 투자한 주주가 입은 손해[221] 등도 순
수재산손해에 속한다.

다수가 긴밀하게 얽혀있는 사회공동체에서는 한 주체의 행위
가 다른 주체들에게 직·간접적으로 재산적 불이익을 야기하는 경
우가 허다하다. 순수재산손해의 논의는 그 경우 손해배상을 너그럽
게 허용하기 시작하면 그 배상대상과 범위가 끝없이 확장될 수 있
다는 우려에 기초한 것이다.

독일이나 영국, 미국 등은 순수재산손해를 별도로 구분한 뒤
이에 대한 배상을 원칙적으로 부정함으로써 순수재산손해를 특별
히 취급한다. 이러한 국가들에서 순수재산손해의 개념은 일정한 재
산상 손해를 배상범위에서 배제하거나 제한하기 위한 도구로 요긴
하게 활용된다. 전체적으로 보면 영미법계 국가들이 순수재산손해
에 대한 배상가능성을 원칙적으로 부정하는 태도를 취하지만, 대륙
법계에 속하는 독일도 이러한 입장을 취한다는 점에서 꼭 법계(法
系)의 구분에 따라 순수재산손해에 대한 취급이 달라지는 것은 아
니다.

한편 순수재산손해와 그 이외의 손해를 법적으로 다르게 취급
하지 않는 국가들에서는 순수재산손해의 개념이 독자성을 가지지
않기 때문에 그 개념을 인정할 실익도 크지 않다. 불법행위에 관한
일반조항을 두고 있는 프랑스(민법 제1382조), 일본(민법 제709조), 스
페인(민법 제1902조), 그리스(민법 제914조 및 제919조) 등 다수 국가들이
여기에 해당한다. 우리 민법 제750조 역시 고의 또는 과실로 위법

염사고 피해주민의 지원 및 해양환경의 복원 등에 관한 특별법」이 제정되
었다.
221) 대판 2007. 7. 26, 2006다20405.

하게 타인에게 가한 손해는 배상하여야 한다고 규정할 뿐이어서 그 손해의 성격에 따라 배상 여부가 달라지지 않는다. 이러한 우리 민법의 태도는 일본을 거쳐 프랑스법의 영향을 농후하게 받은 결과이다.222) 이러한 태도에 입각하면 어느 손해가 순수재산손해라는 이유만으로 배상대상에서 제외되지는 않는다. 이처럼 우리나라에서는 순수재산손해가 법적으로 독자적 취급을 받지 않기 때문에 그 개념을 인정할 실익도 크지 않다.

그러나 이론(theory)의 차원에서 보면 양 법제는 모두 적정한 손해배상범위를 어떻게 확정할 것인가 하는 커다란 문제에 함께 직면하여 있다. 우리나라에서는 위법성, 인과관계, 통상손해와 특별손해 등 다양한 불법행위 성립요건의 국면에서 손해배상의 과도한 확장 가능성을 제어하지만 보호법익의 특성에 따른 제어는 명시적으로 드러나지 않는다.223) 그러나 보호법익의 종류와 성격 등 보호법익

---

222) 프랑스 민법 제1382조는 "타인에게 손해를 야기하는 인간의 모든 행위는 자신의 과책(faute)으로 인해 손해가 발생한 자에 대하여 이를 배상할 의무를 부담하게 만든다."라고 규정한다. 한편 프랑스의 순수재산손해 논의에 관해서는 곽민희, "프랑스법상 불법행위의 직접적 대상이 아닌 제3자에게 파급한 손해의 배상", 외법논집 제35권 제3호(2011. 8) 참조.

223) 현행 민법 제750조에 대응되는 의용 민법 제709조는 위법성이 아닌 권리침해를 요건으로 하고 있었다. 따라서 문언상으로는 보호대상이 "권리"에 한정되어 있었다. 이는 본래 부아소나드안에서는 발견되지 않던 태도로서 손해배상범위가 지나치게 확대되는 것을 막기 위하여 다분히 "독일적"으로 행한 조치였다고 생각된다. 그런데 권리가 침해되는 경우에만 불법행위의 성립을 긍정하면 피해구제의 폭이 너무 좁아지는 문제점이 있었다. 권리의 반열에 이르지 않은 보호법익도 존재할 수 있기 때문이다. 일본의 경우 이른바 大學湯 판결(大審院 判決 1925(大正 14). 11. 28., 民集4卷, 670면)에서 아직 권리에 해당하지 않지만 법률상 보호하여야 하는 이익도 보호되어야 한다고 판시한 이래 1930년대부터 학계에서도 '권리침해로부터 위법성'으로의 확장이 받아들여지기 시작하였다. 우리나라 민법 제정자들도 이를 받아들여 권리침해의 요건을 삭제함으로써 불법행위의 성립요건을 확장하였다. 이러한 입법경위에 대하여는 民議院 法制司法委員會 民法案小委員會, 民法案審議錄 上卷 440면 이하, 민사법연구회 편, 民法案意見書, 1957,

의 특성이 불법행위법에 의한 보호 여부와 정도에 영향을 미쳐야 하는 것은 당연한 일이다. 우리나라는 이를 대체로 위법성의 개념 속에 포함시켜 고려하고 있다.[224] 그런데 순수재산손해를 인정하는 미국 등은 이를 독자적인 논의유형으로 승격시켜 정면으로 논의하고 있다. 그 논의의 겉모습은 다르지만 궁극적으로는 경제적 이익이라는 보호법익의 특성이 손해배상에 어떤 영향을 미치는가 하는 주제를 고민한다는 점에 있어서는 큰 차이가 없다. 바로 이러한 공통기반이 있기 때문에 순수재산손해에 대한 비교법적 연구도 활성화되고 있는 것이다. 따라서 우리나라에서도 외국의 순수재산손해에 관한 논의에 관심을 가져 볼 필요가 있다.

가령 미국의 문헌들은 순수재산손해의 법리를 종종 수문(floodgate)에 비유한다.[225] 즉 순수재산손해의 법리는 이처럼 손해배상이 끝도 없이 확장되는 것을 차단해 주는 수문이라는 것이다. 만약 이러한 수문이 뚫리게 되면 손해배상이 누구에게까지 또한 어느 정도까지 확산될지 도무지 알 수 없는 불안정한 상태가 된다. 이는 사회 총체적인 관점에서 보면 행동의 자유를 억제하는 원인이

199면 이하(김기선 집필부분) 및 곽윤직 편, 民法注解 XVIII, 2005, 206면(이상훈 집필부분) 참조. 이를 통해 보호법익의 문제는 불법행위의 성립 여부를 결정하는 최전선에서 물러나게 되었다.

224) 이른바 상관관계설이 이를 잘 나타내 보여준다. 상관관계설에 의하면 위법성은 "침해이익"이라는 결과불법적 요소와 "침해행위의 태양"이라는 행위불법적 요소의 상관관계에 의하여 결정된다. 두 가지 요소 중 어느 한 요소가 약하더라도 다른 한 요소가 강하면 위법성이 충족될 수 있다. 이 이론은 본래 일본의 我妻榮 교수가 그의 1936년 저서인 『事務管理·不當利得·不法行為』에서 주장하여 일본의 통설적 지위를 차지하게 된 것이 우리나라에도 영향을 미친 것이다.

225) 가령 Ann O'Brien, *Limited Recovery Rule as a Dam: Preventing a Flood of Litigation for Negligent Infliction of Pure Economic Loss*, 31 Ariz. L. Rev. 959 (1989).

된다. 예컨대 변호사가 자문과정에서 실수로 기업에 잘못된 법률정
보를 제공하여 중요한 거래가 좌절되었고, 그로 인하여 기업이 파
산에 이르렀으며, 그 때문에 그 기업에 근무하는 수천 명의 직원들
이 일자리를 잃게 되었고, 그 결과 그 직원들과 그 가족들이 경제
적 손실을 입었다면 변호사는 기업과 그 직원, 가족들에게 발생한
모든 경제적 손실을 배상하여야 하는가? 순수재산손해의 법리가 없
다면 변호사는 관련자들에게 손해를 배상해 주어야 할 수도 있다.
그러나 이러한 배상은 그 변호사의 잘못에 비해 지나치게 과도한
책임을 지우는 것으로서 형평성을 상실한 것이다. 또한 개인의 자
력에도 한계가 있으므로 실제로 이러한 배상이 가능한지도 의문이
거니와 그것이 변호사들의 업무수행에 가져올 냉각효과도 만만치
않을 것이다.

결국 지나친 손해배상책임은 개인과 기업의 행동의 자유를 위
축시킨다. 또한 이러한 유형의 손해배상청구소송을 널리 허용하면
법원의 행정적 부담도 폭증하게 된다. 아울러 그 과정에서 수많은
사건들 사이의 처리방향이 일관되지 않으면 법원의 자의적 재판에
대한 비난에 직면할 위험성도 있다. 그러므로 비유하자면 일단 순
수재산손해의 법리라는 수문을 만들어 놓은 후에 필요한 경우에만
조금씩 물을 흘려보내는 것이 바람직하다는 것이다. 이러한 불법행
위법에 의한 순수재산손해책임의 제한은 아래에서 살펴보듯이 순
수재산손해와 관련된 위험을 사전에 계약으로 배분하는 방향으로
유도하는 효과도 있다.226)

법경제학에서도 효율성의 관점에서 순수재산손해의 법리에 대

---

226) Mario J. Rizzo, *A Theory of Economic Loss in the Law of Torts*, 11 J.
Legal Stud. 281 (1982).

한 논증이 이루어지고 있다.227) 이 관점에 따르면 불법행위법은 사
회적 효용을 극대화하기 위한 규범으로서 그 효용을 해하는 행위를
예방하거나 그 효용감소를 회복시키는 기능을 수행한다. 그런데 순
수재산손해는 신체나 물건에 대한 손해와 달리 사회적 효용의 감소
로 이어지는 것은 아니다. 사람의 신체가 상하거나 물건이 멸실되
면 그만큼의 가치가 사회에서 절대적으로 사라진다. 반면 회계전문
가 1명의 잘못된 진술로 누군가 손해를 입게 되면 그만큼 이익을
입게 되는 사람도 있다. 사고로 도로가 봉쇄되어 A의 아이스크림
가게의 매상이 줄게 되면 그 경쟁자인 B의 아이스크림 가게의
매상이 올라간다.228) 즉 여기에서는 부(富)의 상실이 아니라 이전
이 발생할 뿐이므로 개인의 손해가 곧 사회의 손해로 이어지지
않는다. 이러한 경우까지 손해배상책임을 지우는 것은 과도억제
(overdeterrence)의 결과를 가져온다. 따라서 이러한 경우에 개인의
손해는 배상될 필요가 없다.229) 이러한 논리는 실제 판결문에 명시
적으로 표현되기도 하였다.230)

---

227) 이러한 논거에 대해서는 William Bishop, *Economic Loss in Tort*, 2 Oxford
J. Leg. Stud. 1 (1981); Mario J. Rizzo, *A Theory of Economic Loss in the
Law of Torts*, 11 J. Legal Stud. 281 (1982); Victor P. Goldberg, *Recovery
for Economic Loss Following the Exxon Valdez Oil Spill*, 23 J. Legal Stud.
1 (1994); Richard A. Posner, *Common Law Economic Torts: An Economic
and Legal Analysis*, 48 Ariz. L. Rev. 735 (2006) 참조.

228) William Bishop, *Economic Loss in Tort*, 2 Oxford J. Leg. Stud. 1, 5 (1981).

229) 독일 문헌에서도 이와 유사한 사고방식이 발견된다. 예컨대 Säcker/Wagner,
Münchener Kommentar zum Bürgerlichen Gesetzbuch, 4. Aufl., 2004, §
823, Rn. 184.에서는 순수재산손해의 배상제외의 한 근거로서 자유경쟁으로
인하여 개인이 경제적 손해를 입었더라도 국민경제에 아무런 손해가 발생
한 것은 아니라는 점을 든다. 그 이외에도 G. Wagner, *Grundstrukturen des
Europäischen Deliktsrechts*, in: R. Zimmermann (ed.), Grundstrukturen
des Europäischen Deliktsrechts, 2003, S. 220 ff.도 마찬가지 취지이다.

230) *Grip-Pak, Inc. v. Illinois Tool Works, Inc.*, 694 F.2d 466 (7th Cir. 1982)

또 다른 측면에서는 다음과 같은 설명도 가능하다. 즉 순수재
산손해에 대한 배상이 허용되어 배상책임이 계속 확장되면 억제
(deterrence)의 한계이익(marginal benefit)이 0이 되어 더 이상 억제의
효과가 발생하지 않는 상황이 벌어질 수도 있다는 것이다.[231] 거칠
게 말하자면 계속해서 확산되어 가는 손해는 더 이상 행위자가 통
제할 수 있는 영역이 아니므로 이를 방지하기 위한 추가적인 주의
(precaution)를 기울일 수도 없다는 것이다. 이처럼 억제효과 내지 예
방효과는 추가적으로 기대할 수 없으면서 배상책임의 확장에 따른
사회적 비용(특히 사법적 비용)은 계속 증가하게 된다. 이는 비효율적
인 결과를 가져온다. 오히려 순수재산손해에 대한 배상을 허용하지
않으면 거꾸로 잠재적 피해자들이 자신들의 손해를 사전에 계약이
나 보험 등을 통해 분산 또는 회피하거나 손해가 발생하더라도 이
를 경감하기 위해 노력할 인센티브를 가지게 된다.[232] 이것이 더
효율적인 결과를 가져온다.

　순수재산손해 법리는 그 부담을 계약법이나 보험법에 분산시
키려는 태도를 보이고 있다는 점에서 특기할 만하다.[233] 아울러 이
러한 협업적 시각을 조금 더 확장한다면 형사시스템이나 사회보장
시스템도 고려의 틀 속에 포함시킬 수 있다. 좀 더 거창하게 이야
기하자면 순수재산손해 법리는 전체 사회 시스템에서 불법행위법

(Posner, J.).

231) Ronen Perry, *The Deepwater Horizon Oil Spill and the Limits of Civil Liability*, 86 Wash. L. Rev. 1, 15 (2011).

232) Ronen Perry, *The Deepwater Horizon Oil Spill and the Limits of Civil Liability*, 86 Wash. L. Rev. 1, 20 (2011).

233) 순수재산손해 법리와 보험의 상관관계에 대해서는 Ellen S. Pryor, *The Economic Loss Rule and Liability Insurance*, 48 Ariz. L. Rev. 905 (2006) 참조.

이 수행해야 할 임무가 무엇인가에 대해 고민해 보게 한다. 아직 우리나라에서는 불법행위법이 전체적인 사회규범체계 속에서 어떻게 자리매김해야 하는가에 대한 진지한 논의가 충분히 이루어졌다고 볼 수 없다. 오히려 우리나라 법원은 각 법관들이 개별적으로 담당하는 손해배상사건의 테두리 내에서 자신의 손으로 정의를 완벽하게 실현해야 한다는 강박관념 때문에 혹시 이러한 불법행위법의 자리매김에 대한 진지한 고민을 놓치고 있는 것은 아닌지 생각해 볼 필요도 있다. 순수재산손해 법리는 이러한 논의를 촉진시키는 면이 있다.

(4) 불법행위와 금지청구권

민법은 불법행위의 효과로서 금전에 의한 손해배상청구권 이외에는 불법행위를 금지하거나 그 결과를 제거하는 청구권(이하 '금지청구권')을 명문으로 규정하지 않고 있다. 따라서 종래 우리나라의 실무계와 학계에서는 금지청구권을 불법행위에 대한 일반적 구제수단으로 인정하지 않았다. 이러한 입장에 따르더라도 ① 불법행위가 동시에 물권방해행위도 구성하는 경우(제214조), ② 불법행위가 동시에 인격권침해도 구성하는 경우,[234] ③ 법률에서 금지청구권에 관한 명문의 규정을 두고 있는 경우[235]에는 금지청구권이 인정된

---

[234] 대판 1996. 4. 12, 93다40614·40621(인격권은 그 성질상 일단 침해된 후의 구제수단(금전배상이나 명예회복처분 등)만으로는 그 피해의 완전한 회복이 어렵고 손해전보의 실효성을 기대하기 어려우므로, 인격권 침해에 대하여는 사전예방적 구제수단으로 침해행위 정지·방지 등의 금지청구권이 인정됨). 그 이외에도 대판 1997. 10. 24, 96다17851 참조.

[235] 생활방해에 관한 민법 제217조의 "적당한 조처"에는 금지청구가 포함되고, 특허법 제126조, 실용신안법 제30조, 디자인보호법 제113조, 상표법 제65조, 저작권법 제123조, 부정경쟁방지 및 영업비밀보호에 관한 법률 제4조 및 제10조, 상법 제41조 등에서도 금지청구권을 인정한다.

다. 이때에도 금지청구권은 불법행위에 대한 일반적 구제수단으로
인정되는 것이 아니라, 절대권 침해에 해당하거나 법률상 이를 허
용하는 구체적인 조항이 있기 때문에 비로소 인정되는 것으로 파악
한다.236)

하지만 법률의 규정이 없어도 인격권침해에 대한 금지청구권
을 인정하는 이상 다른 법익의 침해에 대하여서도 이를 일률적으로
부정할 것은 아니다. 절대권이건 상대권이건 그 권리가 침해되었을
때 금지청구권으로 구제받을 필요성은 본질적으로 다르지 않다.237)
특히 계속적 불법행위로 인하여 법익이 지속적으로 침해되고 있을
때는 손해배상보다 그 불법행위의 금지가 더 절실하게 요구된다.
판례가 일조이익 등이 문제되는 환경관련사건에서 다소 무리하게
소유권의 개념을 확장하여 금지청구를 인정하는 것도 이러한 맥락
에서 이해할 수 있다.238)

그런데 민법에서 명시적으로 불법행위에 대한 일반적 금지청
구권을 규정하지 않는 것은 꼭 이를 부정하는 취지라기보다는 이에
관하여 침묵하고 있는 것이라고 볼 수도 있다. 따라서 불법행위를
금지하지 않으면 실효성 있는 피해자의 구제가 현저히 곤란하고,

---

236) 따라서 이에 대한 대체수단으로 임시의 지위를 정하기 위한 가처분제도(민
사집행법 제300조)가 널리 활용되고 있다. 그러나 가처분제도는 어디까지
나 임시의 지위를 정하기 위한 것으로서 피보전권리의 존부를 종국적으로
확정하는 기판력이 인정되지 않고, 여러 가지 사유에 기하여 취소될 수 있
다(민사집행법 제287조, 제288조, 제301조, 제307조 참조).
237) 대판 1953. 2. 21, 4285민상129(현행 민법 시행 전의 판례임에 유의). 그러
나 그 이후에는 이를 부정한다. 가령 대판 2001. 5. 8, 99다38699.
238) 조망권이나 일조권, 기타 안온한 환경에 관한 이익을 지켜내기 위하여 소유
권의 개념을 확장하는 태도. 예컨대 대판 1997. 7. 22, 96다56153, 대판
2007. 6. 15, 2004다37904, 37911 참조. 그러나 이러한 태도가 근본적인 해
결방법인지에 대해서는 의문이 있다. 가령 이러한 구도 하에서는 구제의 인
적 범위에 제한이 있다.

그러한 구제를 허용하지 않는 것이 피해자에게 가혹한 결과를 가져
온다면 불법행위에 대한 금지청구권을 인정하는 것도 가능한 해석
론이라고 생각한다.[239] 이를 직접적으로 허용하는 명문의 규정은
없더라도 해당 사건에 가까운 금지청구권 규정의 개별유추적용 또
는 민법 제214조, 제217조 제1항, 제389조 제3항, 제764조 등으로
부터 도출되는 "법이 보호하고자 하는 권리나 이익이 침해되었다면
피해자는 그로부터 회복될 수 있는 가장 유효하고 적절한 수단에
의하여 구제되어야 마땅하다."라는 원리에 기하여 법의 흠결을 보
충하는 전체유추적용을 통해 법적 근거가 마련될 수 있다. 궁극적
으로는 입법적 해결이 필요한 문제이다.

이와 관련해서 대법원 2010. 8. 25.자 2008마1541 결정은 특기
할 만하다. 이 결정의 요지는 다음과 같다.

경쟁자가 상당한 노력과 투자에 의하여 구축한 성과물을 상도덕이
나 공정한 경쟁질서에 반하여 자신의 영업을 위하여 무단으로 이용함
으로써 경쟁자의 노력과 투자에 편승하여 부당하게 이익을 얻고 경쟁
자의 법률상 보호할 가치가 있는 이익을 침해하는 행위는 부정한 경쟁
행위로서 민법상 불법행위에 해당하는바, 위와 같은 무단이용 상태가
계속되어 금전배상을 명하는 것만으로는 피해자 구제의 실효성을 기
대하기 어렵고 무단이용의 금지로 인하여 보호되는 피해자의 이익과
그로 인한 가해자의 불이익을 비교·교량할 때 피해자의 이익이 더 큰
경우에는 그 행위의 금지 또는 예방을 청구할 수 있다고 할 것이다.

이 결정에서는 일정한 요건을 갖춘 부정한 경쟁행위가 민법상

---

239) 이에 대해서는 권영준, "불법행위와 금지청구권 — eBay vs. MercExchange
판결을 읽고 —", Law & Technology 제4권 제2호(2008. 3) 참조.

불법행위에 해당한다고 한 뒤, 그러한 행위에 대한 금지 또는 예방을 청구할 수 있다고 함으로써, 일정한 요건 아래 불법행위에 대한 금지청구권을 인정할 수 있는 길을 열어 놓았다.[240] 이 결정이 부정경쟁행위의 범주를 넘어서서 불법행위에 대한 일반적인 금지청구권을 널리 인정한 것이라고 단정하기는 어렵다. 그러나 적어도 엄격한 요건 아래에서나마 불법행위에 대한 구제수단으로 금지청구권을 인정할 길을 열어 놓았다는 점에서는 획기적인 결정이다.

이러한 판례가 나온 이후 2013. 7. 30. 법률 제11963호로 개정된 「부정경쟁방지 및 영업비밀보호에 관한 법률」 제2조 제1호 차.목에서는 "그 밖에 타인의 상당한 투자나 노력으로 만들어진 성과 등을 공정한 상거래 관행이나 경쟁질서에 반하는 방법으로 자신의 영업을 위하여 무단으로 사용함으로써 타인의 경제적 이익을 침해하는 행위"를 부정경쟁행위의 한 유형으로 추가함으로써 이에 대한 금지청구권을 입법적으로 허용하고 있다(동법 제4조 참조). 또한 법무부 민법개정위원회가 마련한 민법 개정시안 제766조의2도 제1항에서 "타인의 위법행위로 인하여 손해를 입거나 입을 염려가 있는 자는 손해배상에 의하여 손해를 충분히 회복할 수 없고 손해의 발생을 중지 또는 예방하도록 함이 적당한 경우에는 그 행위의 금지를 청구할 수 있다."라고 규정하고, 제2항에서 "제1항의 금지를 위하여 필요한 경우에는 손해를 입거나 입을 염려가 있는 자는 위법행위에 사용되는 물건의 폐기 또는 그 밖에 적절한 조치를 청구할 수 있다."라고 규정한다.[241]

---

240) 그 이후에도 대법원은 다른 회사의 광고영업 이익을 침해한 불법행위에 대해 금지청구를 인정한 바 있다. 대판 2014. 5. 29, 2011다31225.

241) 법무부는 2009. 2. 4. 민법개정위원회를 설치하여 2014. 2. 17. 마지막 전체 회의에 이르기까지 민법(재산편) 개정시안 작성 작업을 진행하였다.

이러한 금지청구권은 예방과 회복의 관점에서 다음과 같이 설명될 수 있다.

우선 회복 패러다임의 입장에서 정당한 손해회복에 초점을 맞추게 되면, 불법행위법의 원칙적인 구제수단은 원상회복이다. 그것이 가장 직접적이고 온전한 손해회복방법이기 때문이다. 그리고 이러한 사상은 실제로 여러 국가들의 불법행위법에서 다양한 형태로 발현되고 있다. 가령 독일 민법은 원상회복을 손해배상의 원칙적 모습으로 상정한다. 즉 독일 민법 제249조 제1항은 "손해배상의무를 지는 자는 배상의무를 야기한 사정이 없었으면 존재하였을 상태로 회복시킬 의무가 있다"라고 규정하여, 원상회복이 금전배상에 우선한다는 원칙을 천명하고 있다. 프랑스 민법은 독일과 달리 손해배상에 관하여 금전배상원칙을 취하고 있지만, 학설과 판례상으로는 손해배상 방법의 하나로서 원상회복을 인정한다.[242] 영미법상으로는 형평법에 의하여 부분적으로 원상회복의 기능을 수행하는 금지명령이 인정되고 있다.

이처럼 불법행위에 대한 구제수단으로서의 원상회복은 손해회복을 불법행위법의 주된 목적으로 파악하는 입장을 가장 충실히 반영하는 제도일 뿐만 아니라, 실제로 여러 나라의 불법행위법에서도 전적으로, 또는 부분적으로 관철되고 있다. 한편 불법행위를 금지하는 것은 원상회복의 중요한 형태이거나 그 필수적인 선행단계이다. 따라서 손해회복이 불법행위법의 목적이라면, 불법행위의 금지

---

242) 프랑스 민법 제1142조는 모든 작위 또는 부작위 의무의 불이행은 손해배상으로 변한다고 규정함으로써 금전배상 이외의 배상은 청구할 수 없는 것처럼 보이나, 프랑스의 학설은 일치하여 손해배상의 방법으로서 원상회복을 인정하고 있다고 한다. 윤진수, "손해배상의 방법으로서의 원상회복: 민법 개정안을 계기로 하여", 비교사법 제10권 제1호(2003), 85~86면.

는 그 목적에 직접적으로 부합하는 구제수단 중의 하나이다.

　한편 예방 패러다임의 입장에 서게 되면 불법행위에 대한 금지청구가 반드시 필요한 구제수단이라는 점을 더욱 쉽게 이해할 수 있다. 손해예방은 향후 다른 사건을 통하여 발생할 수 있는 유사한 손해에 대한 예방 이외에도 해당 사건에서 발생하게 될 손해를 예방한다는 의미도 가진다.[243] 그리고 후자와 같은 의미의 손해예방을 위해서는 계속되는 불법행위 자체를 금지하는 것이 가장 효율적인 방법이다. 반면 이미 발생한 손해를 회복하기 위한 손해배상은 장차 일어날 다른 불법행위에 대한 경고메시지일 수는 있어도 해당 불법행위의 억제에는 아무런 기능을 발휘하지 못한다.

　이렇게 본다면 불법행위법의 목적이라는 관점에서 바라볼 때 "손해회복"과 "손해예방"을 둘러싼 어떠한 입장에 서더라도 불법행위에 대한 금지청구권은 그 목적을 달성하는 데에 반드시 필요한 구제수단이다.

---

243) 이와 같은 일반적 예방기능과 구체적 예방기능에 대하여는 남윤봉, "불법행위제도의 기능", 재산법연구 제18권 제1호(2001), 165~170면 참조.

제4절 소유권법

※ 이 절은 저자가 공간한 다음 문헌들에 주로 의거하여 작성하였다.
"배타적 사용수익권 포기 법리에 관한 비판적 검토", 서울대학교 법학 제47권 제4호(2006. 12).
"인터넷상 정보에 대한 접근 및 취득행위의 위법성", 비교사법 제14권 제3호 (2007. 9).
"불법행위와 금지청구권", Law & Technology 제4권 제2호(2008. 3).
"재건축에 관한 의사결정", 민사법학 제45호(2009. 6).
"소유권과 저작권의 상호관계 — 독점과 공유의 관점에서 — ", 경제규제와 법 제3권 제1호(2010. 5).
"한국에 있어서 특허권 남용의 법리와 그 관련 문제", 산업재산권 제36호 (2011. 12).
"사실상 도로로 이용되는 사유토지 소유권의 문제", 민사재판의 제문제 제21권(2012. 12).
"2016년 민법 판례 동향", 민사법학 제78호(2017. 2).

1. 출발점

소유권은 민법에서 가장 명확한 개념 중 하나이다. 이러한 명확성은 소유권의 내용이 가지는 명쾌함에서 비롯된다. 소유권은 다른 사람의 간섭 없이 물건을 전면적으로 지배할 수 있는 권리이다. 이러한 지배에 대한 욕구는 인간의 본능에 내재해 있다. 따라서 소유권이라는 개념의 심상(心象)은 삶 속에서 쉽게 체득된다. 소유권은 이러한 삶 속에서의 지배에 대한 심상을 법적인 언어로 규범화한 개념이다. 그래서 지상물매수청구권이나 상속회복청구권을 이해하는 데에는 오랜 시간이 걸리지만, 소유권을 이해하는 데에는 그다지 시간이 걸리지 않는다. 소유권은 그저 인간이라면 누구나 유아기부터 가졌을 자연스러운 지배욕을 법적 언어로 변환시켜 놓은 것이기 때문이다.

민법에 규정된 소유권이 단순하고 명확한 또 다른 이유는 소유권이 현존하는 재산권 중 가장 강력한 권리라는 점에서 찾을 수 있다. 근대 민법상 소유권은 물건이 가지는 사용가치와 교환가치를 전면적으로 지배하는 권리이고(전면성), 여러 세부 권리가 결합한 것이 아니라 하나의 단일한 권리이다(혼일성). 또한 제한물건이 설정되더라도 그것이 소멸하면 언제든지 본래의 모습으로 회복되는 권리이며(탄력성), 소유권의 객체가 존재하는 한 소멸하지 않는 항구적인 권리이다(항구성). 쉽게 말해서 소유권은 완전물권(完全物權)이고, 재산권의 왕(王)이다. 그 어떤 권리도 소유권처럼 독점과 지배의 이념을 온전히 구현하는 것은 없다. 이러한 측면에서도 소유권은 이해하기 쉬운 권리이다. 어떤 권리가 완전체에 가까울수록 그 권리를 이해하기가 쉽고, 복잡하게 분석할 필요가 줄어들기 때문이다.

헌법학에서는 소유권을 비롯한 사유재산권의 사회적 구속성이 핵심적인 논제로 등장한다. 헌법 제23조 제2항에서 "재산권의 행사는 공공복리에 적합하도록 하여야 한다."라고 규정하고 있기 때문이다. 소유권도 어디까지나 여러 사람들이 어울려 살아가는 공동체 내에서 승인되는 것이므로 이러한 사회적 구속성의 요청으로부터 자유로울 수 없다. 그런데 민법학에서는 이러한 문제를 헌법이나 이에 기초한 행정규제의 문제로 치부하는 경향도 없지 않다. 그러면서 소유권의 전면적 지배성을 논의의 당연한 출발점으로 삼는다. 소유권을 단순하고 강고한 권리로 파악하는 사고방식은 그 후속 논리전개를 쉽게 만들어 주기도 한다. 이러한 현상은 민사재판에서도 크게 다르지 않다. 그만큼 공법(公法)과 대비되는 사법(私法)의 영역에서 소유권의 위상은 공고하다.

　이러한 소유권의 강력함은 근대 사법의 기본원칙 중 하나인 소유권 절대의 원칙에서 비롯된다. 1789년 프랑스 인권선언 제17조는 "소유권은 불가침이고 또한 신성한 권리이며, 공공의 필요가 그것을 요구하고 있다는 것이 법률에 의하여 명백히 인정되고 또한 정당한 보상이 지급된다는 조건 아래에서만 이를 박탈할 수 있다."라고 규정한다. 소유권의 불가침성은 근대 입헌주의 헌법 하에서도 널리 인정되었다.[244] 이는 소유권을 국가 이전에 존재하는 천부인권으로 이해하였기 때문이다.[245] 이러한 소유권의 강력함은 역사적 배경을 가진다. 근대적 소유권 제도는 봉건영주의 간섭 배제를 위해 권리를 개인에게 강력하게 귀속시키려는 요구가 반영된 것이다. 봉건사회에서 근대사회로 이행하던 시기에는 소유권을 공허하게 할 소지가 있는 강한 제한물권을 억제함으로써 전근대적이고 봉건적인 권리계층구조에서 탈피하여, 공고하고 확실한 사적 소유권 제도를 확립할 필요가 있었다.[246] 이러한 소유권 제도를 통해 자유주의의 이념을 실현할 수 있는 물적 토대를 공고하게 할 필요가 있었다. 단일하고 강력한 소유권, 즉 "강고한 소유권"은 근대적 소유권 제도의 핵심 개념이었다.

　이러한 소유권의 공고한 위상 때문에 계약이나 불법행위 등 채권법의 핵심 영역에 비해 소유권법에 대한 학문적 관심은 덜한 듯

---

244) 성낙인, 헌법학, 제15판, 2015, 1273면.
245) 성낙인, 헌법학, 제15판, 2015, 1273면.
246) 양창수·권영준, 권리의 변동과 구제(민법 Ⅱ), 제3판, 2017, 15~16면.

하다. 법학은 일종의 병리학(病理學)과 같은 성격이 있어 복잡하고 미묘하며 내적 갈등이 심한 영역에서 더 큰 존재감을 드러내기 때문이다. 근대 민법의 3대 기본원칙은 계약자유의 원칙(계약법 영역), 과실책임의 원칙(불법행위법 영역), 소유권보장의 원칙(소유권법 영역)인데 이에 관한 국내의 학술적 논의의 빈도를 보면, 소유권에 관한 논의는 다른 영역에 비해 현저하게 침잠(沈潛)되어 있다. 외국도 그리 다르지는 않은 모양이다. 가령 가장 많이 읽히는 법경제학 교과서 중 하나를 집필했던 Cooter와 Ulen은 그 책에서 "소유권법의 전통적 법률학은, 이론의 결여로 악명 높다. 적어도 계약법이나 불법행위법의 이론과 비교하여 소유권법의 이론이 빈약한 것은 부정할 수 없다."[247]고 서술하기도 하였다.

민사법의 통일 내지 조화를 위한 비교법적인 동향을 보더라도 그러하다. 계약법이나 불법행위법에 대한 비교법적 연구는 매우 활발하게 진행되고 있고 그 연구의 기초 위에 각종 국제모델법도 왕성하게 제시되고 있다. 가령 계약법 분야에서는 국제물품매매협약(Conventions on International Sale of Goods), 유럽계약법원칙(Principles of European Contract Law), 국제상사계약원칙(Principles of International Commercial Contracts), 공통참조기준초안(Draft Common Frame of Reference) 등 다수의 국제규범들이 제시되어 왔다. 불법행위법 분야에서도 유럽불법행위법원칙(Principles of European Tort Law)과 공통참조기준초안(Draft Common Frame of Reference) 등 국제적인 불법행위법의 통일 내지 조화를 위한 노력이 이어져 왔다. 그러나 소유권법에 관한 한 이러한 결과물을 발견할 수 없음은 물론이고, 이러한 결과물을 생산하기 위한 의식적인 노력조차 제대로 행해지지 않고

247) Cooter/Ulen, Law and Economics, 1990, p. 99.

있다.248) 이는 계약법이나 불법행위법에 비해 소유권법을 둘러싼 법계와 국가 사이의 간극이 훨씬 크기 때문이기도 하겠지만, 소유권법 자체에 대한 호기심과 열정이 계약법이나 불법행위법에 비해 크지 않기 때문이기도 하다.

이러한 분위기는 민사재판실무에서도 크게 다르지 않다. 민사재판에서 소유권은 단골 소재로 등장한다. 당사자들은 자신에게 소유권을 이전하여 달라고 청구하고, 자기의 소유권에 기해서 방해배제를 청구하며, 자기 소유권의 확인을 구한다. 소유권과 관련된 분쟁은 끊이지 않는다. 하지만 소유권 자체에 내재한 법적 문제양상은 그다지 복잡하지 않다. 소유권의 주체 문제는 등기나 점유와 같은 공시방법에 따른 추정으로 대부분 해결된다. 소유권의 이전 문제는 매매계약 등 원인행위나 소유권 변동을 가져오는 법률 규정의 문제로 귀착되는 경우가 대부분이고, 소유권 자체에 특유한 복잡한 문제는 잘 등장하지 않는다. 소유권의 보호는 소유권의 강력함과 어우러진 물권적 청구권의 강력함 때문에 다른 법적 쟁점보다는 비교적 단선적이다. 재판실무에서 소유권은 그 자체가 치열한 법적 논의의 대상이 되기보다는 일종의 소여(所與) 또는 다른 법적 논의로 나아가기 위한 단순한 징검다리로 기능하는 경우가 많다. 바꾸어 말하면 법률가라면 누구나 소유권에 대해 끊임없이 말하지만 막상 법률가들이 소유권 자체의 본질과 내용에 대해 고민할 기회는 자주 가지지 못한다. 누구나 소유권을 잘 알고 있다고 생각하지만, 막상 소유권이 무엇인가에 대해 깊이 있는 답변을 할 수 있는 사람들은 그리 많지 않다. 일본의 민법학자 가토 마사노부 교수는 「소

---

248) Yun-chien Chang & Henry E. Smith, *An Economic Analysis of Civil versus Common Law Property*, 88 Notre Dame L. Rev. 1, 55 (2012) 참조.

유권의 탄생」이라는 저서의 머리말에서 소유권에 관한 민법적 논의의 빈곤함을 다음과 같이 서술한다.

> 민법학의 영역에서도 소유권은 가장 기본적인 개념으로 여겨지고 있으나, 소유권이란 무엇인가 하는 문제는 특별히 논해지지도 않고, 이미 존재하고 있는 소유권이 어떻게 이전하여 가는가 등이 논해지는 것에 그치고 있다.[249]
> … 법률학의 분야에서도 소유권은 가장 기초적인 개념으로 여겨지면서도 그것이 무엇인가에 대해서는 논하지 않는 것이 지금까지의 연구의 일반적인 태도였다.[250]

물론 도그마틱을 중심으로 하는 전통적인 민법해석학에서 소유권의 본질 연구에 대해 많은 시간을 투자하지 않은 것은 수긍할 수 있다. 소유권에 관한 법리는 명확하게 확립되어 있다. 그만큼 소유권의 법리적 이해는 쉬워지고 소유권의 내용에 대한 세밀한 분석의 필요성은 뒤로 물러난다. 소유권에 관한 이론적 문제들은 철학이나 경제학과 같은 인근 학문에 맡겨 놓아도 충분하다고 생각한다. 그래서 민법학에도 유행이 있다면 소유권법은 그 최신 유행의 대열에서는 벗어나 있다. 그러한 의미에서 소유권법은 동면(冬眠) 중이다.

---

249) 加藤雅信(가또마사노부) 지음, 金祥洙 번역, 「소유권」의 탄생, 2005, 머리말.
250) 加藤雅信(가또마사노부) 지음, 金祥洙 번역, 「소유권」의 탄생, 2005, 21면.

2. 소유권 이론의 재조명 필요성

가. 소유권 개념의 역동성과 다면성

(1) 소유권의 여러 가지 모습과 역할

그러나 사실 소유권 개념은 그렇게 단선적으로 받아들일 것만은 아니다. 소유권의 실제 모습은 그렇게 단순하지만은 않기 때문이다. 오히려 소유권은 유연하고 역동적인 것이다. 소유권은 시간과 공간과 객체의 다양한 국면에서 다양한 모습으로 나타난다.

소유권은 시대에 따라 그 모습을 달리한다. 소유권이라는 관념 자체가 없었던 시대도 있었고, 소유권이 여러 갈래로 분화되어 있었던 시대도 있었다. 소유권 절대의 사상이 맹위를 떨치던 시대도 있었고, 이를 수정하는 데에 총력을 기울이던 시대도 있었다. 소유권은 분화의 시대(중세), 집중의 시대(근대)를 거쳐 발전적 분화의 시대(현대)를 거치며 쉴 새없이 변신하여 왔다.

소유권은 국가에 따라 그 모습을 달리한다. 그 나라가 어떤 환경에 처해 있는지, 또한 그 나라가 어떤 법계에 속한 곳인지에 따라 소유권에 대한 관념은 달라진다. 한 곳에 정주하고 그 곳의 토지에 투자하며 각자에게 배분된 토지를 자기 힘으로 가꾸어 나가는 농경사회의 토지 소유권은 강력하고 안정적이어야 하지만, 집단을 이루어 지속적으로 이동하고 수렵하는 유목사회에서는 토지 소유권의 관념조차 희박하다. 대륙법계 국가와 영미법계 국가, 자본주의 국가와 사회주의 국가에 있어서의 소유권 관념도 같지 않다. 역사가 다르고 추구하는 이념이 다르고 사회 환경이 다르기 때문이다.

    소유권은 그 객체에 따라 그 모습을 달리한다. 부동산과 동산은 모두 민법상 "물건"이라는 하나의 개념 아래에 포함되지만, 부동산 소유권과 동산 소유권이 실제로 가지는 의미는 같지 않다. 같은 부동산이라도 대지와 도로에 대한 소유권의 실제 의미는 같지 않다. 또한 단독주택과 공동주택에 대한 소유권의 실제 의미도 같지 않다. 같은 동산이라도 자취하는 대학생의 재산에 대한 소유권과 부부 공동재산에 대한 소유권의 실제 의미는 같지 않다. 좀 더 시야를 넓혀보면 같은 지배권이라도 물건과 같은 유형재산에 대한 소유권과 저작물 같은 무형재산에 대한 저작권의 의미는 다르다.

    소유권의 범위가 늘 명확한 것도 아니다. 예컨대 A 등 다수인이 정부를 비판하는 시위를 한다고 가정해 보자. 그런데 그 시위장소가 우연히 B 소유의 상가 앞이었다. 그렇다면 B는 A를 상대로 소유권에 기한 방해배제청구를 할 수 있는가? 이때 B의 소유권과 A 등이 누리는 표현의 자유는 어떤 관계에 있는가? 또한 B에게는 대중에게 널리 알려진 강아지가 있는데, A가 B 몰래 그 강아지의 사진을 찍어서 인터넷에 올렸다면 A는 B를 상대로 강아지 소유권에 기하여 그 사진을 삭제하라고 청구할 수 있는가? 어떤 객체에 대한 소유권은 그 객체에 대한 사진 촬영을 금지하는 데까지 미칠 수 있는가? 또는 사진 촬영은 허용하되 이를 배포하는 것을 금지할 수 있는 데에 그치는 것인가? 만약 그 사진으로 인하여 강아지가 더 유명해지고 이로 인해 그 강아지의 재산적 가치가 높아진 경우에도 여전히 B는 A에게 위와 같은 청구를 할 수 있는가? 소유자는 자기 물건의 위치정보를 수집하지 못하도록 할 수 있는가?「위치정보의 보호 및 이용 등에 관한 법률」제15조는 소유자의 동의를 얻지 아니하고는 이동성이 있는 물건의 위치정보를 수집·이용 또는 제공하여서는 아니된다고 규정하는데, 이는 소유권의 보호범위가 그 소유물의 위치정보 통제에까지 미친다는 것을 의미하는가? 이러한 유형의 질문들은 모두 소유권의 범위가 어디까지 미치는가에 대한 문제로 귀착되는데, 소유권에 관한 관점의 차이에 따라 이러한 문제에 대한 입장은 다양하게 달라질 수 있다.

그러한 점에서 소유권은 총천연색의 역동적이고 다면적인 권리이다. 소유권 이론은 이러한 소유권의 역동성과 다면성을 담아낼 수 있는 것이어야 한다. 이러한 관점에서 보면 현재 민사법학이나 민사재판에 있어서 소유권 이론은 좀 더 높은 관심을 요구한다.

(2) 지배권의 모권(母權)으로서의 소유권

그런데 소유권 이론의 진정한 의미는 다른 곳에서도 찾을 수 있다. 소유권은 지배권의 원형이다. 그러므로 소유권에 대한 이미지를 어떻게 형상화하는가는 지배의 문제를 다루는 모든 권리에 영향을 미친다.

지배권에 속하는 권리들은 많다. 각종 제한물권들도 지배권이고, 인격권도 지배권이며, 친권이나 후견권도 지배권이다. 지식재산권도 지배권이다. 그런데 이들은 은연중에 소유권 법리의 영향을 받는다. 따라서 소유권을 어떻게 형상화하는가 하는 문제는 비단 소유권법만의 문제가 아니다. 어머니의 행동이 아이의 행동에 무심코 스며들듯이 소유권의 이미지는 슬그머니 다른 지배권의 이미지에도 영향을 미친다. 소유권과 이러한 모든 지배권의 상호관계를 여기에서 일일이 살펴볼 여유는 없다. 저작권의 예만 들어보자.

저작권의 역사는 저작권 확장의 역사이다. 저작권의 보호대상과 향유주체, 보호기간은 계속 확장되어 왔다. 근대 저작권법의 효

시라 불리는 1710년 영국의 앤 여왕법(Statute of Ann)은 책만을 저작
권으로 보호하였으나, 이제는 컴퓨터 프로그램이나 디자인을 포함
한 모든 문화적 창작물을 저작권으로 보호하는 것이 세계적으로 일
반적인 흐름이 되었다. 저작권의 향유주체는 저작권 보호대상이 확
장되면서 이에 수반하여 범위가 확장되어 왔을 뿐만 아니라 음반제
작자나 방송사업자 등 저작인접권자, 나아가 데이터베이스제작자와
같은 새로운 주체들이 보호대상에 합류하였다. 저작권 보호기간은
1710년 영국의 앤 여왕법에서 출판일로부터 14년간이었던 것이 지
금은 우리나라를 비롯해 많은 나라에서 저작자 사후 70년으로 늘
어났다.

　　실정법을 통한 저작권의 보호대상과 향유주체, 보호기간의 확
장이 저작권의 규범적 확장이라면, 실정법 바깥에서는 저작권의 사
실적 확장이라고 부를 만한 현상도 일어난다. 예를 들어 공유(公有)
의 영역에 속하여 저작권에 의해 독점될 수 없는 정보인데도 정보
보유주체가 약관이나 기술적 보호조치, 또는 기존의 법리를 이용하
여 저작권자처럼 그 정보를 통제하는 현상이 늘어났다.[251] 또한 미
국을 위시한 저작권 수혜국들이 주도하여 형성하는 국제질서 속에
서 저작권 또는 저작인접권은 통상압력이나 형사처벌 등의 제재수
단에 의하여 철저하게 보호됨으로써 더욱 강한 권리로의 변화를 거

---

251) 가령 이 책의 뒷부분에 설명할 미국의 *eBay v. Bidder's Edge, Inc.* [100
F.Supp. 2d 1058 (N.D. Cal. 2000)] 판결에서는 eBay사의 동의 없이 그 서
버에서 소프트웨어 로봇을 활용하여 공개된 경매정보를 대량으로 검색, 수
집, 분류한 뒤 자신이 운영하는 가격비교 웹사이트에 관련 정보를 게재한
Bidders' Edge사의 행위를 동산불법침해(trespass to chattel)라고 규정하여
예비적 금지명령을 발령하였다. 이는 저작권에 의해 보호받지 않는 정보를
가져가는 행위를 서버라는 동산(動産)의 소유권을 침해하는 행위라고 판단
함으로써, 기존의 물권적 법리에 기대어 실질적으로 저작권 보호의 범위를
넘어서는 정보통제권을 인정한 사례이다.

듭하고 있다.252) 저작권이 가지는 독점성을 고려한다면, 저작권의 확장은 독점(獨占)의 확장으로 나타났다. 물론 이는 공유(公有)의 요청에 따른 제어를 받아 왔다. 그러나 전체적으로 보면, 이러한 독점과 공유의 상호작용 속에서도 독점의 공간은 늘어나고, 공유의 공간은 줄어드는 흐름이 지속되어 왔다.

저자는 저작권법을 공부하면서 왜 저작권이 이토록 지속적인 확장의 길을 걸어 왔는지에 대해 호기심을 가진 적이 있다. 저작권법 제1조에 따르면 저작권 제도는 "저작자의 권리와 이에 인접하는 권리를 보호"하기도 하지만, "저작물의 공정한 이용을 도모"하기도 하기 때문이다. 저작권법은 저작자와 이용자 양측을 균형 있게 보호하고 이를 두 바퀴로 삼아 "문화 및 관련 산업의 향상발전에 이바지함을 목적"으로 하는 규범이다. 그런데도 왜 한쪽 바퀴가 지속적으로 커져 온 것일까? 혹시 그러한 현상이 저작권 제도라는 자전거를 기우뚱하게 만든 것은 아닐까?

우선 이러한 확장의 흐름 뒤에는 현실적 배경이 있다. 많은 법제도가 그러하듯이 저작권 제도도 정치적·경제적·사회적 이해관계의 산물이다. 저작권 제도는, 문화적 창작물을 통해 수익을 창출하려는 주체들과 그 관련 산업을 육성하여 전체적 국부(國富)를 증진하려는 국가의 이해관계가 합치되고 그 결합이 확대·재생산되면

---

252) 저작권 보호범위를 획기적으로 확장한 미국 1976년 저작권법의 개정과정에서 국가의 재정적자를 만회하기 위한 의도가 개입되었고, 이익집단들이 세부적인 작업까지 적극적으로 관여하였다는 점에 관해서 William M. Landes & Richard A. Posner, The Political Economy of Intellectual Property Law, 2004, p. 14, 24. 또한 최근 미국의 저작권 보호강화 경향 및 통상압력 강화에 대하여는 육소영, "미국정부의 저작권 보호에 대한 입장 — 국회 상정된 법안에 대한 분석을 중심으로 —", 계간 저작권 통권 87권(2009. 9), 94면 이하 참조.

서 생성된 정책적 결과물이다. 통상 협상 과정에서 단골 주제도 저작권을 비롯한 지식재산권의 보호와 집행이다.

그런데 이러한 확장의 흐름 뒤에는 어떤 법리적인 뒷받침들도 있었을 것으로 추측된다. 저자는 소유권의 법리가 저작권의 확장과정에서 일정한 역할을 수행하였다고 생각한다. 저작권은 정신적 창작물에 대한 일종의 소유권으로 여겨져 왔다. 독일에서 쓰이는 지적 소유권(geistiges Eigentum)이라는 개념도 소유권(특히 소유권을 인격의 발현으로 보는 헤겔적 소유권)과의 연관성을 잘 보여준다. 저작권은 준물권(準物權)의 일종이라고 설명하는데, 소유권은 물권의 전형이므로 준물권이라는 개념을 매개로 저작권과 소유권은 쉽게 연결된다. 실제로 저작권은 여러 면에서 소유권과 대비되어 설명되고 있고, 이러한 설명방식은 저작권침해에 대한 구제에서 특히 두드러진다. 저작권침해금지청구권은 소유권방해배제청구권과 법리적인 관련성을 맺고 있다. 또한 저작권의 과도한 확장을 막기 위한 저작권남용의 법리는 소유권 남용의 법리와 관련성을 맺고 있다. 참고로 물권과 준물권을 개념적으로 구별하지 않고 이를 모두 재산권(property right)이라는 동일한 개념 하에서 논의하는 영미법계 국가들에서는 유형물에 대한 소유권과 무형물에 대한 저작권 사이의 법리적인 연계가 더욱 수월해진다.

그런데 저작권과 소유권의 법리적 결합은 의도하건 의도하지 않건 다음과 같은 이유로 저작권의 확장을 용이하게 만든다. 소유권은 독점성과 지배성이 최대로 발현된 권리이다. 소유권의 이러한 속성은 사회적 구속성에 따른 제한에도 불구하고 이념적 차원에서는 원칙성 또는 정당성을 부여받아 왔다. 그러므로 저작권과 소유권의 연결고리가 강해질수록 저작권의 독점성과 지배성을 정당화하기도 쉬워진다. 저작권의 확장이라는 큰 흐름을 저작권과 소유권의 상호관계라는 창(窓)을 통하여 살펴보는 것도 흥미로운 작업일 것이다.

(3) 지배의 문제

위에서는 저작권과 소유권의 상호관계에 대해서 상세하게 살펴보았지만, 이러한 흐름은 비단 저작권에만 국한되지 않는다. 소유권은 모든 지배권의 표상이므로, 지배의 객체가 넓어지면 소유권의 형상이 다른 지배권의 형상에도 영향을 미치게 될 것이다. 최근 들어 전통적 소유권의 개념과 본질을 끊임없이 시험하는 계기들이 생겨나고 있다. 집합투자기법의 발달에 따라 소유권의 증권화 및 이를 통한 소유이익의 분자화가 진행되고, 신탁의 증가에 따라 소유권이 추구하는 핵심적인 경제적 혜택이 수익권의 형태로 분리되어 나가면서 소유권의 내용이 요동치고 있다. 생명공학의 발달에 즈음하여 인체나 그 연장물의 상품화가 사회문제가 되면서 이를 기존의 소유권법적 시각에서 어떻게 파악하여야 하는가가 새로운 쟁점들로 떠오른다. 그런가 하면 개인과 불가분의 관련을 맺는 개인정보나 유명세(publicity)에 대하여 개인은 어떤 권리를 행사할 수 있는가, 그것은 재산권에 해당하는가 등 정보와 인간의 결합에 대한 논의도 같은 맥락에 서 있다. 인간의 지배영역이 바다로, 지하로, 우주로 넓어질수록, 또한 인간의 사고방식이 유연하여질수록 이러한 '객체에 대한 지배'의 문제는 점점 첨예하게 등장할 것이다. 어쩌면 원시취득, 선점이나 가공과 같은 전통적인 물권 법리들이 첨단의 문제에 대응하기 위하여 나서야 할지도 모른다. 이처럼 재산적 가치를 가지고 있어 누군가가 독점하기를 원하는 객체들의 지배

구조에 대한 문제가 끊임없이 늘어나면서 법학은 전통적 틀만으로는 쉽게 설명하기 어려운 현상들에 직면하고 있다. 정보화와 과학기술 발전의 흐름 속에서 저작물 또는 정보에 대한 독점과 공유의 문제도 그 중 하나이다. 소유권의 틀은 이러한 문제에도 확장되고 있으나, 그 구체적인 범위는 여전히 규명되어야 할 과제인 것이다.

그렇다면 이제 학문으로서의 소유권법은 전면적·배타적·항구적 지배권으로서의 전통적인 소유권을 넘어서서, 재산적으로 가치있는 것에 대한 독점과 공유의 문제를 포괄적으로 다룸으로써, 소유권 법리의 뒷받침을 요구하는 새로운 영역들에 체계적인 지혜를 제공하여야 하는 것이 아닌가 생각된다.

결국 지배권의 모권(母權)인 소유권을 어떻게 이해하고 형상화할 것인가는 소유권으로부터 자양분을 제공받는 지배권을 어떻게 이해하고 형상화할 것인가에 은연중에 영향을 미칠 것이다. 이는 역설적으로 소유권 논의의 폭을 넉넉하게 넓히고 모든 독점과 공유의 문제를 아우르는 거시적인 접근이 필요하다는 점을 시사한다. 그러므로 소유권법학은 곧 여기저기로 뻗어나갈 물줄기와 같은 존재이다. 그리고 소유권을 어떻게 이해하는가 하는 점은 어떤 가치에 대해 공동체와 대비되는 개인의 지배권을 얼마나 넓게 인정할 것인가 하는 문제를 바라보는 법관의 태도에도 연결된다. 그렇다면 당장 어떤 문제에 대해 답을 주지는 못하더라도 소유권의 진면목을 있는 그대로 이해하기 위해 노력할 필요가 있는 것이다. 그러한 노력은 앞으로 새롭게 등장할 각종 지배권의 문제에 대해 열린 마음으로 접근하여 창의적인 법 구성을 해 내는 데에 도움을 줄 것이다.

나. 강고한 소유권과 유연한 소유권 — 소유권의 다면성 탐구의 출발점

이러한 노력의 출발점은 소유권의 다면성을 솔직히 인정하고 이를 탐구하는 것이다. 루돌프 폰 예링은 그의 저서 『권리를 위한 투쟁』에서 소유권의 이중적 측면을 다음과 같이 묘사한다.

> 소유권도 법과 마찬가지로 양면의 얼굴을 가진 야누스(Janus)와 같다. 즉 어떤 이에게는 이쪽 면만을, 어떤 이에게는 저쪽 면만을 보여주기 때문에 그로부터 양쪽에서 받아들이는 점은 완전히 다른 모습이다.[253]

소유권이 야누스와 같다고 표현한 예링의 생각은 곱씹어 볼 가치가 있다. 그렇다면 예링이 말한 소유권의 "이쪽 면"은 무엇이고, "저쪽 면"은 무엇일까? 아마도 이는 다양한 시각으로 설명될 수 있을 것이다.

이 책에서는 편의상 소유권의 이쪽 면을 「강고한 소유권」으로, 소유권의 저쪽 면을 「유연한 소유권」으로 표현하고자 한다. 우선 이러한 분류가 인위적이고 도식적인 면을 가지고 있음을 솔직하게 시인한다. 강고한 소유권만 외치거나 유연한 소유권만 강조하는 사람들은 별로 없다. 그럼에도 불구하고 소유권의 양쪽 측면을 다소나마 극단화하여 대비하는 것에는 수단적인 의미가 있다. 이를 통하여 소유권이 가지는 야누스적인 측면을 좀 더 극적으로 일깨울 수 있기 때문이다. 또한 소유권에는 "이쪽 면"과 "저쪽 면"의 두 면

---

[253] 루돌프 폰 예링 지음, 윤철홍 옮김, 권리를 위한 투쟁, 2007, 38면.

만 있지는 않을 것이다. 아마도 소유권은 앞과 뒤로 구성되는 동전
이 아니라 육각면체나 팔각면체처럼 다각도의 면을 가진 제도일 것
이다. 그러나 처음부터 소유권이 가지는 다면성을 모두 체계적으로
이해하는 것은 어렵다. 한술 밥에 배부를 수 없는 것이다. 따라서
이러한 이분법은 이분법 자체가 필연적으로 가지는 도식성의 한계
에도 불구하고 소유권의 다면성을 인식하는 유용한 출발점은 될 수
있을 것이다. 아래에서는 소유권의 양쪽 측면, 즉 강고한 소유권과
유연한 소유권을 여러 가지 관점에서 대비해 본다.

3. 강고한 소유권과 유연한 소유권의 비교

(1) 대물적·수직적 권리 vs 대인적·수평적 권리

강고한 소유권은 소유권의 대물적(對物的) 속성을 강조한다. 소
유권은 물권이고, 물권은 사람이 물건에 대해 가지는 권리이다. 사
람과 사람 이외의 것을 이분(二分)하여 사람과 사람 사이의 관계는
평등한 관계이지만 사람과 사람 이외의 것 사이의 관계는 수직적
관계라고 파악하는 근대 민법의 사상적 대전제에 따르면, 소유권
역시 사람과 물건 사이의 수직적 관계를 다루는 권리이다.

유연한 소유권은 소유권의 대인적(對人的) 속성을 강조한다. 소
유권이 문제되는 이유는 자원이 희소한데 이를 지배하고자 하는 사
람들은 많기 때문이다. 만약 이 세상에 혼자만 존재하고 모든 것을
독차지할 수 있다면 소유권 제도는 애당초 필요하지 않았을 것이
다. 그러므로 소유권은 표면적으로는 사람과 물건 사이의 관계를
다루는 것 같지만, 궁극적으로는 사람과 사람 사이의 관계를 다루

는 권리이다. 그런 의미에서 소유권은 수평적 권리이기도 하다. 또
한 이러한 속성을 강조하면 사람과 사람이 모여 사는 공동체라는
맥락에서 소유권을 파악하게 될 가능성이 높아진다.

(2) 강력한 권리 vs 부드러운 권리

강고한 소유권은 강력한 소유권을 의미한다. 소유권은 사권(私
權) 중 가장 강력한 권리이다. 소유권은 물건을 "배타적"이고 "전면
적"으로 지배하는 권리이다.254) 소유권은 인간의 본능에 내재한 지
배욕을 규범의 틀 속에서 가장 잘 정당화하는 제도이기도 하다. 소
유자는 물건을 사용하고 수익하고 처분할 수 있다(민법 제211조). 따
라서 물건을 변형하거나 개조하거나 파괴하는 것도 허용된다. 즉
소유자는 물건의 생사여탈권을 쥐고 있다. 그뿐만 아니다. 소유권
의 존속기간에는 제한이 없다. 소유권은 소멸시효에도 걸리지 않는
다(민법 제162조 제2항). 소유권에 기한 물권적 청구권도 그러하다. 소
유권의 객체가 존재하는 한 소유권은 불사신(不死身)이다. 무주물(無
主物)이 존재하지 않는 부동산과 달리, 동산의 경우에는 무주물이
될 가능성은 남아 있다. 그러나 그 동산은 존재하는 한 언제라도
누군가의 소유권의 객체가 될 가능성이 있다. 또한 소유권의 이전
으로 인해 소유권이 섬기는 주인이 달라질 수는 있다. 그렇다고 하
여 소유권 그 자체가 사라지지는 않는다. 그 점에서 소유권은 현존
하는 재산권 중 가장 완전한 모습에 가까운 권리이다. 소유권은 권
리의 이데아(idea)이다.

유연한 소유권은 부드러운 소유권을 의미한다. 때로는 후퇴할
줄도 알고, 때로는 공존할 줄도 아는 권리이다. 이는 소유권의 사회

---

254) 곽윤직·김재형, 물권법, 제8판(전면개정)보정, 2015, 221면.

적 구속성과 깊은 관련이 있다. 소유권은 사회적 제약으로부터 자유로울 수 없는 권리이다. 소유권의 성격은 재산권 행사의 공공복리 적합성에 대해 규정하는 헌법 제23조 제2항을 배제하고는 논할 수 없다. 한 사람이 가지는 소유권을 지나치게 강력하게 상정하면, 이는 결국 다른 사람의 다른 소유권을 지나치게 제한하는 결과로 귀결된다. 그러므로 역설적으로 한쪽의 강력한 소유권은 다른 한쪽의 연약한 소유권으로 이어져 애당초 의도하지 않았던 결과를 발생시킨다. 민법 제211조가 소유자에게 소유물을 "사용, 수익, 처분할 권리"를 부여하면서도 다른 한편으로 "법률의 범위 내에서"라는 단서를 붙이는 것도 소유권의 과도한 강력함으로 인한 폐해를 방지하기 위한 것이다.

(3) 단일한 권리 vs 복합적 권리

강고한 소유권은 단일한 권리이다. 소유권은 단일체로서 소유권자가 임의로 분리·해체할 수 없는 권리이다. 소유권은 여러 개의 개별적 권리들의 집합이 아니다. 민법 제211조는 "소유자는 법률의 범위 내에서 그 소유물을 사용, 수익, 처분할 권리가 있다."라고 규정한다. 그러므로 소유자에게는 사용권과 수익권, 처분권이 있다. 그런데 이러한 이들은 각각 개별적이고 단일한 권리가 아니라, 하나의 소유권으로부터 도출되는 여러 가지 권능에 불과하다. 그러므로 소유권 중 사용권이나 처분권만 영구적으로 분리하여 다른 사람에게 귀속시킬 수는 없다. 소유물을 임대하거나 담보로 제공할 수는 있지만 이 경우에도 소유자의 사용권이나 처분권은 일시적으로 제한되는 것일 뿐 그 권능이 완전히 분리되거나 박탈되는 것은 아니다. 소송법적 관점에서 보더라도 소유권에 기한 청구는 하나의 소송물을 구성할 뿐이고 사용권이나 수익권이나 처분권에 기한 청구가 별개의 소송물을 구성하는 것이 아니다. 그 점에서 저작인격권이나 저작재산권을 이루는 개별적 권리들(가령 저작인격권의 경우에는 성명표시권이나 동일성유지권 등, 저작재산권의 경우에는 복제권이나 배포권, 전송권 등)이 저작인격권이나 저작재산권이라는 동일한 권리의 한 내용에 불과한 것이 아니라 각각 독립적인 권리로 파악되어 별도의 소송물을 구성하는 것과 대비된다.[255] 소유권은 분리·해체될 수 없는 단일한 권리이다.

　　일물일권주의도 소유권의 단순성과 관련이 있다. 일물일권주의에 따르면 하나의 단일한 물건 위에는 하나의 단일한 소유권이 성립한다. 여러 개 물건의 집합체인 집합물은 원칙적으로 단일한 소유권의 대상이 아니라 그 물건의 숫자만큼 성립하는 복수의 소유권의 대상이다. 집합물 자체를 단일한 거래 객체로 보아야 할 경제적 필요성이 크고 이를 효과적으로 공시할 수 있는 경우에는 집합물을 하나의 물건처럼 취급하기도 하지만,[256] 이는 어디까지나 현실적인 필요성에 기초한 하나의 법적 의제(擬制)일 뿐이다. 이러한 법적 구성에 대해서는 일물일권주의에 배치되는 집합물이라는 개념을 굳이 동원하지 않고서도 「포괄적 사전점유개정의 약정」이라는 법적 구성으로 이 문제를 해결할 수 있다는 비판도 있다.[257]

　　반면 유연한 소유권은 복합적 권리이다. 소유권이 단일한 권리

255) 대판 2013. 7. 12, 2013다22775 참조.
256) 대판 1990. 12. 26, 88다카20224; 대판 2004. 11. 12, 2004다22858 등.
257) 이에 대하여는 양창수, "내용이 변동하는 집합적 동산의 양도담보와 그 산출물에 대한 효력", 저스티스 제30권 제1호(1997), 115면 이하. 포괄적 사전점유개정약정은 담보설정 후 새로 반입되는 물건에 대하여 담보권자가 소유권을 취득하되 점유개정의 방법으로 담보권자가 간접점유를, 담보설정자가 직접점유를 각각 취득하기로 미리 체결하는 약정을 의미한다.

가 아니라 여러 개의 권리가 복합적으로 합쳐진 것이라는 관념은 대륙법계 법률가들에게는 생소하다. 반면 재산권(property right)을 '권리의 다발(bundle of rights)'로 이해하는 영미법계 법률가들에게는 오히려 이러한 소유권의 관념이 더욱 자연스럽다. 권리의 다발이라는 개념은 우리나라에 거의 소개되어 있지 않다. 그저 저작권법 교과서에 저작재산권 또는 저작인격권을 '권리의 다발'이라고 표현하는 부분이 눈에 띌 뿐이다. 그런데 이 개념은 소유권을 바라보는 새로운 관점을 선사할 수 있다. 특히 이 개념이 사상적으로는 소유권의 강고함을 유연하게 만들어줄 뿐만 아니라 소유권의 사회적 구속성을 강조하는 쪽으로 연결시키기가 쉽기 때문이다. 아래에서는 글 상자에서 별도로 이 개념에 대해 설명한다.

※ 권리의 다발(bundle of rights)

권리의 다발(bundle of rights)은 권리를 여러 개의 막대기로 구성된 다발로 형상화한 개념이다.[258] 즉 권리는 하나의 단일체가 아니라 여러 개별체가 묶여 있는 다발이라는 생각을 형상화한 것이다.

우리나라에서는 권리의 다발이라는 개념을 거의 사용하지 않는다. 거의 유일하게 저작권법 문헌들에서는 미국 문헌들의 설명에 따라 이 개념을 사용하고 있다. 저작권의 속성을 권리의 다발이라고 표현하는 데에서 더 나아가 권리의 다발이 구체적으로 어떤 역사 속에서 어떤 의미로 발전하여 온 것인지, 그 개념이 우리 법제와 어떻게 연결될 수 있는지에 대해서 논의하는 국내 문헌은 발견하지 못하였다. 그러나 저작권이 왜 권리의 다발인지를 이해하는 것은 권리의 다발 개념 자체를 이해하는 데에 도움이 된다.

---

258) Stephen Munzer, A Theory of Property, 1990, p. 16.

저작권은 이질적인 여러 권리들의 다발(bundle of rights)로 구성된다. 우선 저작권은 저작재산권과 저작인격권으로 구성된다. 양자는 같은 저작권이라는 개념의 우산 아래 있지만 재산권과 인격권의 차이에 상응하여 현저하게 구별된다. 가령 저작인격권은 저작재산권과 달리 일신전속적이고(제14조), 저작재산권의 제한사유(제23조 내지 제36조)가 적용되지 않으며(제38조), 보호기간도 원칙적으로 저작자 생존기간에 국한되고(단 저작자 사후의 인격적 이익 보호에 대한 제128조 참조), 손해배상도 위자료의 형태로 지급된다. 이는 저작인격권을 저작재산권과 함께 저작권의 양대 축 중 하나로 보는 대륙법적 태도에 기초한 것이다.[259] 한편 우리 저작권법을 기준으로 하여 보자면 저작재산권은 다시 복제권, 공연권, 공중송신권, 전시권, 배포권, 대여권, 2차적 저작물 작성권으로 구성되고(제16조 내지 제22조), 저작인격권은 다시 공표권, 성명표시권, 동일성유지권으로 구성된다(제11조 내지 제13조).

이러한 지분적 권리들은 모두 개별적인 권리로서의 성격을 가진다. 우리나라 판례가 주로 취하고 있는 구소송물이론의 입장에 따르면 위 권리들은 그 권리발생근거조항, 요건, 효과가 동일하지 않기 때문에 그

---

[259] 이와 상반되게 영국이나 미국에서는 저작인격권이라는 개념을 알지 못하였다. 그러나 1928년 개정된 베른협약은 제6조에서 저작인격권에 관하여 규정하였고, 영국과 미국은 시간을 달리하여 모두 베른협약에 가입하였기 때문에 변화가 수반될 수밖에 없었다. 영국은 베른협약이 최초로 성립된 직후인 1887년에 가입국이 되었고, 그 이후 부정경쟁, 계약위반, 명예훼손 등 개별 법리에 의하여 인격적 이익을 보호하다가 1988년 저작권, 디자인, 특허법(Copyright, Designs and Patents Act 1988) 제77조 이하에서 명문으로 저작인격권(moral rights)에 대한 상세한 규정을 두게 되었다. 미국도 본래 저작인격권을 인정하지 않다가 1989년 베른협약에 가입하면서 Visual Artists Rights Act of 1990을 제정하여 회화, 소묘, 판화 또는 조각 등 시각예술저작물에 대하여 제한적으로만 저작인격권을 인정하게 되었다. 미국에서의 저작인격권에 관해서는 박준우, "미국 연방저작권법의 저작인격권의 보호 – Visual Artists Rights Act of 1990", 계간 저작권 통권 84권(2008. 12), 62면 이하 참조.

각 권리에 기한 청구는 별개의 소송물로 보게 된다.[260] 이에 따르면 저작권침해소송에 있어서 원고가 복제권 침해만을 주장할 뿐 2차적 저작물 작성권 침해를 주장하지 않는다면 법원이 함부로 2차적 저작물 작성권 침해에 대하여 판단할 수 없다. 그러므로 복제권침해에 기한 소송계속 중 동일한 사실관계에 기초하여 2차적 저작물 작성권 침해에 기한 소송을 제기하였다고 하더라도 중복제소가 되는 것이 아니고,[261] 동일한 소송절차에서 전자의 청구를 후자의 청구로 추가하거나 변경하는 것은 민사소송법 제253조의 소의 객관적 병합 및 제262조의 청구의 변경에 해당하며, 복제권 침해에 기한 청구에 대한 판결이 확정되었더라도 그 기판력은 2차적 저작물 작성권 침해에 기한 청구에 미치지 않는다.[262] 나아가 이러한 지분적 권리의 개별성은 저작재산권의 양도에도 영향을 미친다. 따라서 저작재산권 중 일부의 지분적 권리만 양도하는 것이 가능하다(제45조 제1항). 결국 우리 법제의 시각에서 보자면, "저작권"이니 "저작재산권"이니 하는 것은 편의상 여러 가지 개별적 권리들을 묶어서 부르는 호칭에 불과하고, 진정한 의미의 권리는 "복제권"이나 "전송권"과 같은 개별적 권리라고 보는 것이 더 정확한 설명이다. 그

---

260) 대판 2013. 7. 12, 2013다22775; 이상경, 지적재산권소송법, 1998, 646면.

261) 일본의 최고재판소 2003(平成 15). 3. 11. 판결은 이러한 사안을 다루고 있다. 원고는 1심에서 음악저작물의 복제권침해를 주장하였다가 패소하자, 항소심에서 편곡권(2차적 저작물 작성권) 침해를 주장하여 승소하였고, 이 결론은 상고심에서도 유지되었다.

262) 다만 위와 같은 결론은 어디까지나 구 소송물이론에 충실할 때에 도출되는 것이고, 소송물이론에 관하여 유연한 입장을 취하게 되면 다른 결론도 가능하다. 즉 저작재산권이나 저작인격권을 별도의 소송물로 파악하되 그 이하의 지분적 권리는 공격방어방법으로 파악하는 것이다. 실제로 그렇게 소송이 수행되는 경우도 적지 않은 듯 하고, 판결문에서도 결론 부분에 '복제권 침해'나 '공연권 침해' 등 구체적인 권리침해태양을 적시하지 않은 채 저작재산권이나 저작인격권이 침해되었다고만 적시하는 경향도 발견된다. 이는 궁극적으로는 구소송물이론의 타당성과 유연성의 문제로 귀착되는 것으로서 향후 추가적인 논의가 필요하다.

러나 권리의 다발 개념을 이해하는 데에는 "저작권"이나 "저작재산권"
이라는 상위의 독자적 권리 개념을 상정한 뒤 "복제권"이나 "전송권"과
같은 하위의 지분적 권리들이 그 내용을 채우고 있는 장면을 떠올려 보
는 것은 도움이 된다.

그렇다면 소유권도 똑같이 설명할 수 있을까? 적어도 우리 법제 하에
서는 그렇게 설명하기가 어렵다. 소유권은 법률의 범위 내에서 그 소유
물을 사용·수익·처분할 수 있는 권리이다(민법 제211조). 이 조항은 소
유권이 개별적 권능의 단순한 총합임을 표현한 것이 아니라, 소유권의
전면적 지배권으로서의 성격을 표현한 것이다(전면성).263) 한편 전면적
지배권으로서의 소유권은 하나의 단일한 권리이고,264) 여러 개의 독립
적 권리를 내용으로 하는 권리의 다발이 아니다. 따라서 사용권, 수익
권, 처분권 등 개별적 권능은 모권(母權)으로서의 소유권과 화학적으로
결합되어 있다(혼일성). 그 결과 제한물권의 설정을 통하여 일시적으로
특정한 권능이 제한되더라도 그 제한이 소멸하면 다시 본래의 소유권으
로 돌아온다(탄력성). 따라서 소유권의 개별 권능만 분리하여 양도하는
것은 허용되지 않고 이를 공시할 방법도 마련되어 있지 않다. 공유지분

263) Windscheid, Lehrbuch des Pandektenrechts, Bd. 1, 7. Aufl., 1891, § 167; Säcker in Münchener Kommentar zum Bürgerlichen Gesetzbuch, 4. Aufl., 2004, § 903 Rn. 8.에서 재인용.

264) 역사적으로 게르만법에서는 소유권을 처분권능을 내용으로 하는 상위소유권(Obereigentum)과 사용가치를 파악하는 이용소유권(Nutzungseigentum)으로 분할되고 양자가 결합되어 하나의 소유권을 구성하는 이른바 분할소유권(Geteiltes Eigentum)의 개념을 가지고 있었다(이영준, 한국민법론[물권편], 2004, 404면 참조). 그리고 이러한 분할소유권은 토지소유권을 통하여 영주 등 상급소유자가 농노 등 하급소유자를 지배하는 결과를 초래하여 신분구속적인 부담부소유권의 성격을 띠고 있었다[김상용, "소유권보호에 관한 판례의 태도", 민사판례평석(1)(1995), 134면 참조]. 그러나 개인주의와 자유주의가 시대적 조류로 자리잡게 되면서 토지소유권의 분할은 점차 그 모습을 감추게 되고 단일소유권과 이를 제한하는 제한물권의 체계가 채용된다. 이러한 태도는 우리 민법에도 그대로 이어지고 있다.

의 양도는 가능하지만 이는 그 공유지분을 1개 소유권의 분량적 분할, 즉 일종의 미니(mini) 소유권으로 보기 때문이다.265) 소유권의 이러한 특성은 소송절차에도 영향을 미쳐 소유권에 기한 청구는 그 형태를 불문하고 하나의 소송물로 취급된다.266)

그런데 미국에서는 권리의 다발(bundle of rights)이라는 관점에서 소유권을 비롯한 재산권을 바라보는 입장이 일반적이다.267) 재산권을 물건에 비유하자면 재산권은 하나의 단단한 유체물로 구성된 단일물이라기보다는 여러 다발의 집합으로 구성된 집합물이라는 것이다. 여기에서 각각의 다발은 재산권에 수반되는 각각의 이익(interest), 나아가 일정한 경우에는 의무(obligation)까지도 표상한다. 이러한 관점에 따르면 재산권은 법으로 보호되는 이익 또는 법에 의하여 부과되는 의무의 총체이다. 재산권을 구성하는 이익은 필요에 따라 분리·해체될 수 있다. 재산권은 당연히 보호되는 것이 아니라 각 이익의 보호필요성 및 다른 이익과의 형량결과에 따라 사회정책(social policy)의 관점에서 그 보호 여부와 범위가 결정된다.268) 재산권을 권리의 다발로 느슨하게 파악하는 입장에 의하면, 재산권은 전부 아니면 전무(all or nothing) 식의 경직된 개념이 아니라 사회적 요청에 따라 유연하게 제한되고 변형될 수 있는 개념이다. 권리의 다발 개념은 미국에서 20세기 초반부터 중반에 이르기까지 서서히 형성되기 시작하였는데, 진보주의(progressivism)와 법사실주의(legal realism)가 이러한 개념의 사상적 배경으로, 경제대공황

---

265) 대판 1991. 11. 12, 91다27228 등 참조.
266) 가령 진정명의회복을 원인으로 한 이전등기청구와 소유권말소등기청구는 모두 소유권에 기한 방해배제청구권으로서 그 법적 근거와 성질이 동일하여 소송물도 동일하다고 보아야 하므로, 소유권이전등기말소청구소송에서 패소확정판결을 받았다면 그 기판력은 그 후 제기된 진정명의회복을 원인으로 한 소유권이전등기청구소송에도 미친다. 대판(전) 2001. 9. 20, 99다37894.
267) Thomas W. Merrill, Henry Smith, Property, 2010, p. 5.
268) Thomas W. Merrill, Henry Smith, Property, 2010, p. 5.

과 양극화 현상에 대한 극복의 요청이 그 사회적 배경으로 제시되고 있
다.269) 결국 권리의 다발 개념의 형성과정 자체가 소유권의 사회적 구
속성과 깊은 관련이 있는 것이다.

요컨대 권리의 다발은 소유권의 틀을 유연하게 만들어 재산권의 타인
관련성 또는 사회적 맥락을 강조하기에 적합한 개념이다. 미국에서 재
산관계를 사람과 물건 사이의 관계보다 사람과 사람 사이의 관계로 환
원시켜 설명하려는 경향이 강한 것이나 생활방해(nuisance)가 재산법
(property law)의 논의구도에서 차지하는 비중이 큰 것도 결국 재산권
의 사회적 맥락을 강조하는 입장 때문이다.

(4) 고정적 권리 vs 가변적 권리

강고한 소유권은 고정적 소유권이다. 이는 물권법정주의와 깊
은 관련이 있다. 민법 제185조는 "물권은 법률 또는 관습법에 의하
는 외에는 임의로 창설하지 못한다."라고 규정한다. 따라서 소유권
의 종류와 내용은 법으로 미리 획일적으로 정하여야 하는 것이지
관련 당사자가 유연하게 정할 수 없다. 물권법정주의는 앞서 설명
한 것처럼 소유권을 공허하게 할 소지가 있는 또 다른 물권을 법률
이 아니라 개인이 임의로 만들어 사유재산 제도의 토대를 허물려는
시도에 대항하기 위한 것이다. 그런데 오늘날 물권법정주의에 관하
여 더 중요한 의미를 가지는 것은 공시주의이다. 물권을 공시하려
면 물권의 내용이 유형화되어 법으로 정하여져야 한다. 물권의 종
류와 내용이 사람마다 다르다면 이를 공시하기 어렵고, 당사자로서
도 이를 일일이 파악하기 어렵다. 만약 이를 거래마다 조사해야 한

---

269) Anna di Robilant, *Property: A Bundle of Sticks or a Tree?* 66 Vand. L.
Rev. 869, 877 (2013).

다면 거래비용이 급격하게 증가하여 거래가 크게 위축될 것이고, 이는 원활한 거래를 통한 효율적인 자원배분을 방해하여 결국 경제에 부정적인 영향을 미칠 것이다. 다른 한편으로 물권법정주의는 물권에 관하여 민주주의의 원칙이 적용되어야 한다는 입장에 기초하고 있다. 즉 물권의 종류는 집단적인 약속과 의지에 따라야 하고, 사적 입법에 따라서는 안 된다는 것을 의미한다.

유연한 소유권은 가변적 소유권이다. 물론 물권법정주의의 틀 자체를 무시하기는 어려울 것이다. 그러나 유연한 소유권의 관념은 그 틀 안에서도 소유권은 액체처럼 유연하게 여러 가지 모습을 띨 수 있다. 가령 소유권이라는 동일한 개념의 우산 아래에 있지만 단독소유와 공동소유의 모습은 상당히 다르다. 공동소유 안에서도 공유와 합유와 총유의 모습은 상당히 다르다. 이러한 소유권의 다면성은 공동체적 요청의 강도와 사회 현실의 다채로움에 영향을 받는다. 이러한 맥락에서 우리 법리의 틀 안에서도 "소유권의 관계적 귀속"과 같은 변형 개념이 등장하기도 한다. 이는 부동산 명의신탁의 법리와 관련하여 등장한 것이다. 명의신탁은 명의신탁자와 명의수탁자(이하 「신탁자」와 「수탁자」라고 한다) 사이의 합의(이를 「명의신탁약정」이라고도 부른다)에 기하여 신탁자가 부동산을 대내적으로 소유하면서 대외적으로는 수탁자가 이를 보유하는 것이다. 이와 같이 명의신탁에서는 소유권의 귀속이 관계에 따라 분열된다는 특징이 있다. 즉 명의신탁과 관련한 법률관계를 설명함에 있어 신탁자와 수탁자 사이의 대내적 관계와 그 이외의 제3자와의 대외적 관계를 나누어 소유권이 전자에서는 신탁자에게, 후자에서는 수탁자에게 귀속한다는 이른바 「소유권의 분열적 귀속」 또는 「상대적 소유권」의 개념이 등장한 것이다. 이러한 법 사고는 재단법인에 출연된 부동산의 귀속시기에 관한 대법원 1979. 12. 11. 선고 78다481 전원합의체 판결에서도 발견할 수 있다. 이 판결에서는 재단법인 설립에 있어서 출연재산은 그 법인이 성립된 때로부터 법인에 귀속된다는 민법 제48조의 규정은 출연자와 법인과의 관계를 상대적으로 결정하는 기준에 불과하여 출연재산이 부동산인 경우에도 출연자와 법인 사이에는 법인의 성립 외에 등기를 필요로 하는 것은 아니지만, 제3자에 대한 관계에 있어서, 출연행위는 법률행위이므로 출연재산의 법인에의 귀속에는 부동산의 권리에 관한 것일 경우 등기를 필요로 한다고 판시하였다. 그런데 이는 재단법인에 출연한 부동산에 관하여 소유권이전등기를 마치지 않은 경우의 소유권 귀속에 관하여 출연자와 법인 사이에서는 법인이, 이들과 제3자의 사이에서는 출연자가 소유자라는 것이므로 이 역시 소유권의 분열적 귀속 또는 상대적 소유권의 법률관계를 긍정하는 것이다.

(5) 로마법적 권리 vs 게르만법적 권리

강고한 소유권은 로마법적 소유권에 가깝다. 로마법의 소유권은 전면성, 포괄성, 항구성, 탄력성 등 오늘날 우리가 소유권에 대하여 상정하는 속성들을 고스란히 가지고 있었다.[270] 그 점에서 우리 소유권은 로마법적 소유권의 후예인 것이다. 로마인들은 단독소유를 지향하였다.[271] 이러한 강고하고 안정적인 소유권 지향은 한곳에 정주하여 토지에 자본을 투하하고 이로부터 장기적이고 안정적인 이익을 얻는 로마 사회의 특징으로부터도 영향을 받은 것이다. 아래는 로마법상 소유권의 개념 및 특성에 대하여 서울대학교

[270] 최병조, 로마법강의, 1999, 412~414면.
[271] 최병조, 로마법강의, 1999, 414면.

최병조 교수가 설명한 내용이다.

> "인간의 地上에서의 삶은 物에 대한 所有 없이는 불가능하다. 소
> 유욕을 버리라는 많은 종교의 가르침이 예나 지금이나 인간에게
> 호소력이 있는 것은 그 실천이 至難의 경지를 넘어 사실상 불가능
> 하기 때문이다. 로마인들 역시 그들의 삶의 너무나도 자연스러운
> 기초로서 物에 대한 소유를 관념하였다. 자기의 것에 대한 침해에
> 대하여 로마인들만큼 엄중히 대응했던 민족도 없었을 정도로 그들
> 은 자기의 것을 거의 신성시하였다. 로마는 동생 레무스가 자기의
> 소유영역을 침해했다고 살해해 버린 냉정한 로물루스가 세운 나라
> 였다."272)

유연한 소유권은 게르만법적 소유권에 가깝다. 정주와 투자보
다는 유목과 개척에 가까웠던 게르만 공동체에서는 각각에게 강고
하고 안정적인 소유권을 부여하기보다는 공동체 안에서 유연하게
활용할 수 있는 소유권을 지향하였다. 게르만법적 소유권을 공동체
적 소유권으로 부르고, 오늘날 공동소유 형태의 기원을 게르만법에
서 찾는 것도 여기에 기인한다. 또한 역사적으로 게르만법에서는
소유권을 처분권능을 내용으로 하는 상위소유권(Obereigentum)과 사
용가치를 파악하는 이용소유권(Nutzungseigentum)으로 분할되고 양
자가 결합되어 하나의 소유권을 구성하는 이른바 분할소유권
(Geteiltes Eigentum)의 개념을 가지고 있었다.273) 그리고 이러한 분할
소유권은 토지소유권을 통하여 영주 등 상급소유자가 농노 등 하급
소유자를 지배하는 결과를 초래하여 신분구속적인 부담부소유권의

---

272) 최병조, 로마법강의, 1999, 411면.
273) 이영준, 한국민법론[물권편], 2004, 404면.

성격을 띠고 있었다.274) 이는 한편으로는 게르만법의 봉건적, 중세
적 소유권을 나타내는 특징이지만, 다른 한편으로는 소유권의 분열
과 기능적 분화를 허용하는 게르만법의 유연한 소유권을 나타내는
특징이기도 하다. 양창수 교수가 번역한 독일 칼 크로쉘 교수의 논
문, "「게르만적」所有權槪念의 理論에 대하여"에 등장하는 다음 서
술을 참조하라.

　오늘날의 독일의 소유권개념이 로마적 소유권관념과 게르만·독일
적 소유권관념이 서로 맞서는 긴장영역에서 성립하였다고 하는 점은
대체로 요즈음도 역시 學識 있는 법률가의 法史學的인 기초지식에
속한다. 비교적 가까운 過去에 출간된 교과서나 개설서에도 여전히
이 문제에 관한 게르만법과 로마법의 서로 다른 기본 입장이 대립적
으로 서술되어 있다. 또한 법정책적인 의견이나 사회윤리적인 견해
가 표명되는 때에도 이 점에 대한 지적이 항상 반복되고 있다. 경우
에 따라서는 독일민법전에 대한 注解書에서까지도 이러한 最小限의
역사적인 基礎說明이 여전히 행하여지고 있다.
　독일법을 百科全書的으로 설명한 게오르크 담(Georg Dahm)의 한
著書는 로마법적 소유권개념과 게르만적 소유권개념의 내용을 특히
명료하게 보여 준다. 담에 의하면, 현행의 소유권법에는 "두 개의 뿌리
가 있다. 그것은 普通法學上의 소유권개념과 게르만法學上의 소유권
개념인데, 이는 각기 개인주의적 소유권개념과 사회법적 소유권개념이
라고 부를 수도 있다. 이 두 觀念은 소유권의 意味와 그 正當化에 대
한 법철학적인 물음에 각기 다른 답을 준다. 兩者 중의 어느것도 가능
한 基本立場 중의 하나를 나타내고 있다." 나아가서 담은 다음과 같이
말한다. 普通法學에서 소유권은 물건에 대한 개념상 무제한의 支配,
총체적인 專權을 말하며, 단지 외부로부터 法律이나 公法 또는 제3자

274) 김상용, "소유권보호에 관한 판례의 태도", 민사판례평석(1)(1995), 134면.

의 權利에 의하여서만 제한되는 權利이었다. 게르만法의 관점은 이와
는 다른 것이었다. 그것은 소유권의 사회법적 관념(sozialrechtliche
Auffassung)이라고도 부를 수 있는 것으로서, 이에 의하면 소유권자
는 그 권리의 행사가 제한된다.275) …

(6) 대륙법적 권리 vs 영미법적 권리

소유권은 법계에 따라 다르게 이해된다. 초기 로마법적 전통을
따르는 대륙법계 국가들은 지배권(dominion)으로서의 소유권을 강
조한다. 이러한 전통은 현재의 독일이나 프랑스, 스위스 등 주요 대
륙법계 국가들에 그대로 남아 있고, 그 전통이 대륙법계를 계수한
우리나라나 일본, 대만 등에 그대로 전승되어 오늘날과 같은 강고
한 소유권 개념으로 이어졌다. 반면 영국은 유럽에 속하면서도 그
역사에 상응하는 독특한 법체계를 발전시켜 왔는데, 특히 토지와 관
련하여서는 오로지 국왕만이 소유권을 가지고 개인은 그 토대 위에
서 부동산권(estate)을 가지는 것으로 이해하여 왔다. 부동산권(estate)
은 개인이 부동산에 대해 가지는 이익의 총체를 의미하는 것으로
서,276) 온전한 토지 소유권에 미치지 못하는 이익상태를 표상한다.
이러한 부동산권에는 절대적 단순부동산권(fee simple absolute),277)
소멸조건부 단순부동산권(fee simple defeasible),278) 혈통 내 상속 부

---

275) Karl Kroeschell, 양창수 역, "「게르만적」 소유권개념의 이론에 대하여", 서
   울대학교 법학 제34권 제1호(1993. 2), 205면.
276) Bryan A. Garner (ed.) Black's Law Dictionary, 8th ed., 2004, 586면.
277) 양도와 상속이 가능한 영속적 부동산권으로서 실질적으로는 소유권에 가장
   가까운 형태의 권리이다.
278) 양도와 상속이 가능한 영속적 부동산권이지만 일정한 조건이 충족되면 소
   멸하는 권리이다.

동산권(fee tail),²⁷⁹⁾ 생애 부동산권(life estates),²⁸⁰⁾ 미래 이익(future interest)²⁸¹⁾ 등 다양한 종류가 존재한다. 이는 개인이 부동산에 대해 가지는 권리가 다양한 형태로 존재하는 이익의 이합집산임을 보여 주는 것이다.

대륙법에서는 일단 강고한 소유권에서 출발하여 그 소유권을 점차 제한해 나가는 방식을 취한다.²⁸²⁾ 영미법은 일단 개별적인 이익과 권리를 결집하여 나가면서 다양한 형태의 소유권을 제시하는 방식을 취한다. 전자가 위에서 아래로 내려오는 방식(top-down 방식)이라면, 후자는 아래에서 위로 올라가는 방식(bottom-up 방식)이다.²⁸³⁾ 전자가 여러 권리나 이익들을 하나로 합치는 것에 관심이 있다면, 후자는 각각의 개별적인 권리와 이익들을 세밀하게 규정하는 데에 관심이 있다.²⁸⁴⁾ 대륙법이 프랑스혁명을 위시한 계몽주의의 여파 아래에서 소유권에 대한 코페르니쿠스적 전환을 이루어 냈다면, 영국법은 이러한 여파와 무관하게 소유권에 대한 봉건주의적 흔적을 지우지 않고 근대에도 계승하는 업적을 이루어 냈다. 이러한 영국법의 사고방식은 미국을 비롯한 다른 영미법계 국가들에도 이전되어 현존하고 있다.

---

279) 혈통을 이은 가족 내에서만 상속이 가능한 영속적 부동산권이다. 오늘날에는 더 이상 발견되지 않는 형태의 권리이다.

280) 어느 사람의 생애동안만 존속하는 부동산권이다.

281) 장차 부동산에 대해 가지게 될 이익이다.

282) Yun-chien Chang & Henry E. Smith, *An Economic Analysis of Civil versus Common Law Property*, 88 Notre Dame L. Rev. 1, 5 (2012).

283) Yun-chien Chang & Henry E. Smith, *An Economic Analysis of Civil versus Common Law Property*, 88 Notre Dame L. Rev. 1, 5 (2012).

284) Yun-chien Chang & Henry E. Smith, *An Economic Analysis of Civil versus Common Law Property*, 88 Notre Dame L. Rev. 1, 5 (2012).

(7) 배제의 권리 vs 형량의 권리

강고한 소유권은 배제를 강조한다. 민법 조항에 빗대어 이야기하자면 제214조를 강조하는 셈이다. 민법 제214조는 "소유자는 소유권을 방해하는 자에 대하여 방해의 제거를 청구할 수 있고, 소유권을 방해할 염려 있는 행위를 하는 자에 대하여 그 예방이나 손해배상의 담보를 청구할 수 있다."라고 규정한다. 강고한 소유권 사고방식에 따르면 민법 제214조는 소유권에 관한 가장 핵심적인 조항이다. 이러한 사고방식 아래에서는 지배가 중요한 키워드이다.

유연한 소유권은 공존을 강조한다. 민법 조항에 빗대어 이야기하자면 제217조를 강조하는 셈이다. 민법 제217조 제1항은 "토지소유자는 매연, 열기체, 액체, 음향, 진동 기타 이에 유사한 것으로 이웃 토지의 사용을 방해하거나 이웃 거주자의 생활에 고통을 주지 아니하도록 적당한 조처를 할 의무가 있다."라고 규정하고, 제2항은 "이웃 거주자는 전항의 사태가 이웃 토지의 통상의 용도에 적당한 것인 때에는 이를 인용할 의무가 있다."라고 규정한다. 이는 소유권의 상린관계에 관한 여러 조항들 중에서도 가장 핵심적인 조항이다. 이러한 사고방식 아래에서는 형량이 중요한 키워드이다.

(8) 개인에 대한 강조 vs 공동체에 대한 배려

강고한 소유권은 개인이 가지는 소유권을 강하게 보호하는 것에 관심이 있다. 유연한 소유권은 개인이 가지는 소유권이 공동체에 대한 배려로 행사되는 것에 관심을 가진다.

민법 제2조 제2항은 "권리는 남용하지 못한다."라고 규정하는데, 이는 개인의 권리를 둘러싼 개인과 공동체의 관계를 극명하게 나타내는 조항이다. 강고한 소유권의 사고방식 아래에서는 권리남용이 인정되는 경우가 매우 제한적일 것이다. 우리 판례는 권리남용 금지의 요건을 다음과 같이 설시한다.

　　권리행사가 권리의 남용에 해당한다고 할 수 있으려면, 주관적으로 그 권리행사의 목적이 오직 상대방에게 고통을 주고 손해를 입히려는 데 있을 뿐 행사하는 사람에게 아무런 이익이 없는 경우이어야 하고, 객관적으로는 그 권리행사가 사회질서에 위반된다고 볼 수 있어야 하는 것이며, 이와 같은 경우에 해당하지 않는 한 비록 그 권리의 행사에 의하여 권리행사자가 얻는 이익보다 상대방이 잃을 손해가 현저히 크다 하여도 그러한 사정만으로는 이를 권리남용이라 할 수 없고, 어느 권리행사가 권리남용이 되는가의 여부는 각 개별적이고 구체적인 사안에 따라 판단되어야 한다.285)

　　이처럼 권리남용에 주관적 요건과 객관적 요건을 모두 요구하는 것은 주류적인 판례의 태도이다. 물론 상계권286) 또는 상표권287)의 남용에 대해서는 주관적 요건을 요구하지 않는 판례들이 있지만, 소유권(주로 토지소유권임)에 관한 한 주관적 요건까지 요구하는 것은 확고한 판례의 입장이다.288) 권리남용에 주관적 요건을 요구하는 것에 대해서는 학설상 비판이 많지만, 적어도 권리남용

---

285) 대판 2003. 2. 14, 2002다62319, 62326.

286) 대판 2003. 4. 11, 2002다59481.

287) 대판 2007. 1. 25, 2005다67223.

288) 다만 주관적 요건은 권리자의 정당한 이익을 결여한 권리행사로 보여지는 객관적인 사정에 의하여 추인할 수 있다고 하여 주관적 요건을 실질적으로 완화하는 판결들도 있다. 대판 1993. 5. 14, 93다4366; 대판 1998. 6. 26, 97다42823; 대판 2003. 11. 27, 2003다40422; 대판 2005. 3. 24, 2004다71522, 71539 등.

금지의 원칙이 매우 예외적이고 좁게 적용되어야 한다는 점에서는 대체적인 공감대가 형성되어 있다. 그러므로 권리남용 금지의 원칙이 소유권의 강고한 벽에 낼 수 있는 흠집은 미미할 뿐이다.

반면 유연한 소유권은 가족공동체 앞에서, 또는 사회에 통용되는 도덕관념 앞에서 자신을 후퇴시킬 줄도 안다. 가령 딸이 자기 소유의 건물에서 살고 있는 아버지와 남동생을 상대로 건물명도 및 퇴거를 구하는 것이 인륜에 반하여 권리남용에 해당한다는 대법원 판결289)을 생각해 보라.

> 피고 2의 경우에는 고령과 지병으로 인하여 자기의 자력 또는 근로에 의하여 생활을 유지할 수 없으므로 원고로서는 피고 2을 부양할 의무와 책임이 있다 할 것이고, 이처럼 부양의무 있는 자가 특별한 사정도 없이 또한 부(父)의 주거에 관하여 별다른 조치를 취하지 아니한 채 단지 이 사건 주택의 소유권자임을 내세워 고령과 지병으로 고통을 겪고 있는 상태에서 달리 마땅한 거처도 없는 부(父)인 피고 2에 대하여 이 사건 주택에서의 퇴거를 청구하는 것은 부자(父子)간의 인륜을 파괴하는 행위로서 권리남용에 해당된다고 할 것이고, 한편 원고는 피고 1과 생계를 같이하지는 아니하므로 위 피고에 대하여 부양의무를 부담하는 것은 아니라고 할 것이지만, 위 피고는 스스로의 어려운 처지에도 불구하고 연로한 부모를 모시면서 그 부양의무를 다하고 있고 피고 2 등 부모의 입장에서도 생활을 함에 있어서 피고 1과 그 가족의 도움을 받지 않을 수 없는 처지에 있다고 할 것이므로, 이와 같은 상황에서 달리 마땅한 거처도 없는 피고 1과 그 가족에 대하여 이 사건 주택의 명도를 청구하는 행위 또한 인륜에 반하는 행위로서 권리남용에 해당된다고 할 것이다.

289) 대판 1998. 6. 12, 96다52670.

이러한 입장에서 한걸음 더 나아가면 단지 소유권 행사의 남용을 제어하는 데에서 더 나아가 소유자의 "의무"를 강조하는 데까지도 이를 수 있다. 헌법 제23조 제2항적 시각의 민법적 반영인 셈이다. 이미 오토 기에르케(Otto Gierke)는 1889년에 빈의 법률가협회에서 「私法의 사회적인 임무(Die soziale Aufgabe des Privatrechts)」라는 제목으로 강연을 하면서, 이 강연에서 "의무가 없으면 권리가 없다."는 명제에서 출발하여 의무 없는 소유권은 장래에는 유지될 수 없다고 한 바 있다.290) 그리고 다음과 같이 덧붙였다.

　　법질서는, 단지 소유권의 남용을 금지할 뿐만이 아니라, 필요한 경우에는 소유권을 사회적으로 요구되는 범위 내에서 정당하게 행사할 의무를 법적 의무로 하는 것까지도 주저하여서는 아니된다.291)

이러한 소유자의 "의무"는 방해배제청구권에 관한 독일 민법 제1004조에 명시된다. 즉 이 조항 제1항에서는 방해배제청구권에 관하여 규정하면서, 제2항에서는 "소유자가 수인(受忍)의 의무를 지는 경우에는 제1항의 청구권은 배제된다."라고 함으로써 소유자의 수인의무를 명문화하고 있는 것이다.

이러한 "의무자로서의 소유자" 개념은 미국 뉴저지주 법원이 1971년 선고한 State v. Shack 판결292)에도 잘 나타난다. 이 판결은 다음과 같은 사안을 다룬다. 이 사건 원고는 농장 대지를 소유한

---

290) Karl Kroeschell, 양창수 역, "「게르만적」 소유권개념의 이론에 대하여", 서울대학교 법학 제34권 제1호(1993. 2), 206면 참조.

291) O. Gierke, Die soziale Aufgabe, S. 490., Karl Kroeschell 지음, 양창수 옮김, "「게르만적」 소유권개념의 이론에 대하여", 서울대학교 법학 제34권 제1호(1993. 2), 206면에서 재인용.

292) 277 A. 2d 369, 372 (N.J. 1971).

농부였다. 한편 이 사건 피고들은 그 농장에 거주하고 있는 동료 이민 노동자를 만나기 위해 그 농장 대지에 허락 없이 들어왔던 두 명의 이민 노동자들이었다. 원고는 피고들이 자신의 허락 없이 자신이 소유하는 농장 대지에 들어온 것은 불법행위 유형 중 하나인 침입(trespass) 행위에 해당한다고 주장하였다. 뉴저지주 법원은 원고의 주장을 받아들이지 않았다. 원고는 원칙적으로 농장 대지의 소유권에 기해 배제청구권(claim to exclusion)을 행사할 수 있지만 그 권리 행사가 정당화되는지 여부는 이익형량에 의해 결정하여야 한다는 것이다. 또한 이러한 배제청구권은 경쟁자나 불법점유자나 절도범을 배제하기 위해 사용될 수 있지만, 단지 인간적인 동기에서 자신의 동료 노동자들을 만나기 위해 온 노동자들을 배제하는 데에는 사용될 수 없다는 것이다. 이러한 사고의 틀에 따르면 소유자의 방해배제청구권은 배제의 문제가 아니라 형량의 문제로 전환된다.

4. 적 용

가. 강고한 소유권의 발현

강고한 소유권은 소유권법 곳곳에서 영향력을 발휘한다. 그 중 특기할 만한 발현 형태를 몇 가지 살펴본다.

(1) 환경분쟁에 있어서 소유권의 역할

헌법 제35조 제1항은 "모든 국민은 건강하고 쾌적한 환경에서 생활할 권리를 가지며, 국가와 국민은 환경보전을 위하여 노력하여야 한다."라고 규정한다. 따라서 환경권은 국민의 기본권으로 보장되고 있다. 그런데 이러한 기본권은 사인(私人)이 국가에 대하여 가지는 공권으로서의 성격을 가진다. 따라서 사인 간에도 이러한 환경권이 인정될 수 있는가가 문제된다.

대법원은 환경권이 충분히 보장되도록 배려하여야 한다고 하면서도, 헌법상 위와 같은 규정만으로는 그 보호대상인 환경의 내용과 범위, 권리의 주체가 되는 권리자의 범위 등이 명확하지 못하여 이 규정이 개개의 국민에게 직접으로 구체적인 사법상의 권리를 부여한 것이라고 보기는 어렵다고 한다.[293] 그러면서 사법상의 권리로서의 환경권이 인정되려면 그에 관한 명문의 법률규정이 있거나 관계 법령의 규정취지나 조리에 비추어 권리의 주체, 대상, 내용, 행사방법 등이 구체적으로 정립될 수 있어야 한다고 한다.[294]

이처럼 사법상 권리로서의 환경권이 인정되지 않는다면 환경침해를 이유로 그 침해의 제거나 예방을 구하고자 할 때 어떠한 권리에 기하여야 하는가? 이에 관하여는 소유권이나 인격권 또는 상린관계에 기대어 그러한 구제수단을 도출하는 견해, 불법행위 자체로부터 이를 도출하는 견해가 있는데, 우리 판례는 소유권에 기한 청구를 인정한다. 가령 대법원 1995. 9. 15. 선고 95다23378 판결은 대학의 교육환경이 수인한도를 넘어 방해받는 경우에 민법 제214조에 따라 소유권에 기한 방해의 제거나 예방을 구할 수 있다는 점을 명확하게 하고 있다. 또한 대법원 2006. 6. 2.자 2004마1148, 1149 결정은 고속철도사업의 일환으로 천성산에 시행하는 터널공사가 환경을 해친다는 이유로 전통사찰들이 공사금지청구를 한 사

---

293) 대결 1995. 5. 23, 94마2218.
294) 대결 1995. 5. 23, 94마2218.

안에서 "소유자들의 환경이익"을 인정하면서, 이를 보호하기 위한 금지청구권을 인정한다.[295]

환경이익의 범위와 소유권의 범위와 정확하게 겹치는 것은 아니다. 민법 제217조는 환경보호와 밀접한 관련이 있는 조항인데, 이는 명문으로 소유자가 아닌 거주자의 이익을 보호한다고 천명한다. 재판실무에서도 소유자가 아닌 전세권자나 임차인 등 비소유자가 환경이익이나 생활이익 침해를 이유로 손해배상청구를 하는 경우가 적지 않다.[296] 또한 소유자가 손해배상청구를 하는 경우에도 그는 재산적 손해뿐만 아니라 소유권과는 무관한 비재산적 손해의 배상도 구하곤 한다. 즉 환경의 문제는 본질적으로 "소유"의 문제라기보다는 "삶"의 문제이다. 따라서 환경보호에 대해서는 소유관계적 접근방식보다는 생활관계적 접근방식이 더 분쟁의 본질에 가까운지도 모른다.

그런데도 법원이 소유권의 개념을 다소 확장하여 이로써 환경이익을 보호하려고 하는 이유는 소유권이 가지는 방해배제청구권의 힘을 빌리기 위한 목적 때문일 것이다. 즉 타인의 건축행위를 중지하게 하거나, 심지어는 건축물을 철거하라고 청구할 수 있는 정도의 강력한 권리는 소유권 외에 쉽게 발견할 수 없기 때문이다. 이는 강고한 소유권 개념을 환경분쟁 분야에 도구적으로 확장한 하나의 예이다.

---

295) 다만 이 결정에서는 소유자들의 환경이익이 침해될 개연성에 관한 소명이 부족하다고 하여 공사금지청구를 기각한 원심의 조치를 그대로 유지하였다.

296) 가령 일조이익을 향유하는 주체를 지상권자, 전세권자 또는 임차인 등의 거주자라고 본 대판 2008. 12. 24, 2008다41499.

(2) 정보통신분쟁에 있어서 소유권의 역할

인터넷과 같은 정보통신공간에서는 물건에 대한 법리인 소유권이 직접 적용되지 않는다. 일상적으로는 정보를 "소유"한다고 표현하기도 하지만 이는 엄밀하게 법적으로 따지면 정확한 표현이 아니다. 소유권은 민법 제211조에 의해 인정되는 물권이다. 물권의 객체는 물건이다. 물건의 개념은 민법 제98조에서 규정한다. 이에 따르면 물건은 유체물 및 전기 기타 관리할 수 있는 자연력이다. 그런데 정보는 유체물도 아니고, 전기 기타 관리할 수 있는 자연력도 아니다. 따라서 정보는 현행법의 해석론상 민법상 물건에 해당하지 않는다.297) 그 결과 정보는 물건을 객체로 삼는 소유권의 대상이 될 수 없다.298) 요건을 갖추는 한도 내에서 지식재산권의 객체가 되거나 불법행위법의 보호대상이 될 수 있을 뿐이다.

그러나 소유권에 대한 생각은 은연중에 정보공간의 지배질서에 영향을 미친다. 이미 정보공간에서 사용하는 web"site", "home" page, cyber"space", "domain" name, internet "address", chatting "room" 등은 모두 정보공간을 물리적 공간에 비유하는 용어인데, 이러한 용어 사용은 무의식중에 정보공간도 물리적 공간과 마찬가

---

297) 같은 취지로 배대헌, "거래대상으로서 디지털 정보와 '물건' 개념 확대에 관한 검토", 상사판례연구 제14집(2003. 6), 308면. 한편 대법원은 컴퓨터에 저장된 정보는 절도죄의 객체인 재물에 해당하지 않는다고 한다(대판 2002. 7. 12, 2002도745). 반면 최경진, "물건요건론 소고", 비교사법 제11권 제2호(2004. 6)는 현행 민법의 해석론으로도 정보를 물건의 개념에 포함시킬 수 있다는 취지로 이해된다.

298) 2004년 민법 개정안 작성과정에서는 물건의 개념에 정보를 추가하는 쪽으로 개정하여야 한다는 의견도 있었지만, 정보의 개념 그 자체를 법률적으로 어떻게 특정하는가 등 어려운 문제를 야기할 수 있다는 이유로 받아들여지지 않았다. 법무부, 민법(재산편) 개정자료집, 2004, 129~130면.

지의 지배질서 하에 있다는 생각을 가지게 한다. 어떤 경우에는 소유권의 법리가 명시적으로 정보통신공간의 지배질서에 영향을 미치기도 한다. 미국의 eBay, Inc. v. Bidder's Edge, Inc. 판결299)은 정보통신분쟁에 있어서 소유권이 어떠한 확장된 역할을 수행할 수 있는지를 잘 보여주는 흥미로운 판결이다. 이 판결을 통해서 정보통신분쟁에서 소유권이 어떤 역할을 수행할 수 있는지 살펴보도록 하자.

이 사건의 원고는 세계적인 인터넷 경매사이트로 널리 알려진 eBay사이다. eBay사의 웹사이트에서는 매도희망자들이 팔기 원하는 물건들을 등록하면 매수희망자들이 그 목록을 검색하여 경매 방식으로 매수신청을 하고, 그 중 가장 높은 가격을 제시한 매수희망자에게 그 물건이 낙찰되는 경매 방식으로 매매가 이루어진다. 원활한 매매를 위하여 eBay사에서는 매수희망자들이 유형별로 손쉽게 물건목록을 검색할 수 있도록 하는 서비스를 제공한다. 이 사건의 피고는 Bidder's Edge사(이하 'BE사'라고 한다)이다. BE사는 인터넷 이용자들이 수많은 인터넷 경매사이트를 개별적으로 방문하지 않고도 BE사의 웹사이트에서 한꺼번에 경매정보를 열람, 비교할 수 있도록 하는 서비스를 제공한다. 이 사건 당시 BE사는 eBay사를 포함하여 100개가 넘는 인터넷 경매사이트의 상품정보를 정기적으로 수집하여 인터넷이용자들에게 제공하여 왔다. 그 중에서 eBay사는 가장 규모가 큰 인터넷 경매사이트였으므로 BE사의 입장에서는 eBay 관련 정보의 수집과 제공이 69%에 달할 정도로 큰 비중을 차지하였다.

BE사는 영업을 위하여 수많은 인터넷 경매사이트에 올라와 있는 경매정보를 수시로 검색, 수집할 필요가 있었다. 그런데 개별 사

---

299) 100 F. Supp. 2d 1058 (N.D.Cal. 2000).

이트를 일일이 방문하여 수동적 방법으로 정보를 수집, 분석한 뒤 이를 이용자들에게 제공하는 것은 너무 많은 비용과 시간을 요하는 작업이었다. 또한 고객에 대한 신속한 정보제공 및 지속적 업데이트의 요청을 충족하기도 어려웠다. 그래서 BE사는 로봇(robot), 스파이더(spider), 웹크로울러(web crawler) 등 여러 별칭으로 불리는 소프트웨어(이하 '소프트웨어 로봇'이라고 한다)를 활용하였다. 이 소프트웨어 로봇은 인터넷에서 정보의 검색, 복제 및 수집기능을 수행하는 컴퓨터 프로그램이다. 이 프로그램은 단시간 내 대량의 정보를 처리하여 주므로 정보를 수집하거나 이용하는 입장에서는 매우 요긴하다. 반면 이러한 소프트웨어 로봇은 정보의 자동검색 및 수집과정에서 정보를 보유한 서버의 용량을 잠식한다. 그 정도가 심한 경우에는 서버의 전반적인 정보처리속도를 떨어뜨리거나 서버의 기능장애 또는 마비를 초래할 수 있다. 그러므로 정보를 수집 당하는 정보보유자의 입장에서는 이러한 자동검색은 그리 달갑지 않은 일이다.

한편 일반적인 인터넷 이용자들은 eBay사에 회원으로 가입한 뒤 수동적인 방법으로 경매 관련 정보를 수집한다. 인터넷 이용자들은 eBay사가 제시하는 이용약관을 받아들여야 eBay사의 회원으로 가입할 수 있다. eBay 판결이 선고될 무렵의 이용약관에 따르면 사전 서면동의 없이는 "로봇, 스파이더 또는 다른 자동장치, 또는 웹페이지나 그 안에 포함된 콘텐트를 모니터하거나 복제하는 수동적인 과정의 이용(use of any robot, spider, other automatic device, or manual process to monitor or copy our web pages or the content contained herein)"을 금지하고 있었다.

BE사는 1999년 상반기부터 본격적으로 eBay를 포함한 많은 경매사이트에 대한 정보를 수집, 제공하기 시작하였는데, 1999년 4

월 24일에는 eBay사로부터 일단 90일간 eBay 웹사이트를 자동검색하는 것에 대하여 동의를 받았다. 그리고 그 기간 동안 eBay사와 사이에 정보수집에 관한 공식적인 라이센스계약을 체결하고자 협의하였다. 그러나 정보수집에 관한 세부적 이견이 조정되지 않아 결국 이 계약체결은 무산되었다.300)

eBay사는 1999년 8월 말 또는 9월 초 BE사에게 더 이상 eBay 관련 정보를 포함시키지 말라고 통보하였으나, BE사는 그 이후에도 eBay사의 웹사이트에서 정보수집행위를 계속하였다. eBay사는 1999년 11월 말부터 BE사가 사용한다고 추정되는 IP주소에서 오는 정보요청을 차단하기 시작하였으나, BE사는 프록시 서버(proxy server)301)를 바꾸어 가며 이러한 차단을 우회하면서 계속하여 소프트웨어 로봇을 통하여 정보를 수집하였다.302)

---

300) eBay사는 BE가 그 이용자들이 eBay 관련 정보를 요청할 때에만 eBay의 시스템에서 정보를 수집하기를 원하였다. 이 경우 eBay 시스템의 부하가 줄어들고, eBay 관련 정보의 정확성은 올라가게 된다. 반면 BE사는 이용자들의 요청과 무관하게 정기적으로 eBay 시스템에서 정보를 수집하기를 원하였다. 이 경우 BE의 자체적인 데이터베이스 축적이 가능하게 되고, BE의 웹사이트 내에서의 정보검색속도가 빨라지게 된다.

301) 프록시 서버(proxy server)는 사용자가 자신을 통하여 다른 네트워크 서비스에 간접적으로 접속할 수 있게 해 주는 네트워크 서비스이다. 프록시 서버는 정보보유서버와 사용자 사이에 위치하여 사용자가 요구한 정보를 대신하여 가져와서 이를 사용자에게 전달하고, 해당 정보를 일시적으로 보관한다. 사용자가 재차 프록시 서버를 통하여 그 정보를 요구하면 실제 서버에 다시 접속할 필요 없이 임시저장해둔 정보를 전달한다. 이 경우 정보처리속도를 높일 수 있는 장점이 있다. 한편 프록시 서버를 이용하여 접속할 경우 접속 IP는 사용자가 아닌 프록시 서버의 것이다. 따라서 최종 사용자의 IP 주소를 알아내는 데에 어려움이 생긴다.

302) BE사의 입장에서는 eBay 관련 정보를 포함시키는가 여부가 영업에 매우 중요하였다. BE사가 제공하는 경매 관련 정보의 약 69%가 eBay에 관한 것이었다. 또한 BE사의 추산에 따르면 eBay 관련 정보의 제공이 불가능할 경우 약 3분의 1 정도의 고객을 잃을 위험에 있었다.

eBay사는 2000년 4월 14일 캘리포니아 북부 연방지방법원에
BE사를 상대로 동산침해(trespass to chattel), 부정경쟁(unfair competi-
tion) 등 모두 9가지 청구권원(cause of action)을 근거로 예비적 금지
명령(preliminary injunction)을 신청하였다. 그 중 주목할 만한 청구권
원은 동산침해였다. 이와 관련한 eBay사의 주장은 BE사의 위와 같
은 행위가 동산에 해당하는 eBay사의 서버(server) 소유권을 방해하
는 행위라는 것이었다. 법원은 2000년 5월 24일 동산침해를 인정하
고 eBay사의 예비적 금지명령신청을 인용하였다.

eBay 판결은 인터넷상 정보취득행위에 동산침해법리의 적용을
긍정한 최초의 판결이었다. 더욱 파격적이었던 것은 그러한 정보취
득행위가 현실적으로 컴퓨터 시스템의 기능수행에 장애를 일으키
지 않더라도 동산침해에 해당한다는 논리였다. 이는 전통적인 동산
침해법리가 상정하였던 해석의 범위를 뛰어넘은 것이 아닌가 하는
의문을 불러일으켰다. 그리고 이러한 논리는 정보관리자는 그가 원
하지 않는 정보취득행위를 통제할 수 있다는 논리로도 발전될 수
있어 인터넷의 기본적인 정보유통구조를 둘러싼 논란을 촉발시킬
수 있는 것이었다.

이에 관한 학자들의 견해는 크게 인터넷에 동산침해의 법리를
적용하는 것에 관하여 긍정적인 태도를 가지면서 인터넷상 개인의
통제권을 지지하는 입장303)과, 이에 관하여 부정적인 태도를 가지

---

303) 이러한 입장 위에 서 있다고 볼 수 있는 논문으로서, Daniel J. Caffarelli,
  Crossing Virtual Lines: Trespass on the Internet, 5 B. U. J. Sci. & Tech.
  L. 6 (1999); David McGowan, *Website Access: The Case for Consent*, 35
  Loy. U. Chi. L.J. 341 (2003); Richard A. Epstein, *Cybertrespass*, 70 U. Chi.
  L. Rev. 73 (2003); Patricia L. Bellia, *Defending Cyberproperty*, 79 N. Y.
  U. L. Rev. 2164 (2004); David M. Fritch, *Click Here for Lawsuit: Trespass
  to Chattels in Cyberspace*, 9 J. Tech. L. & Pol'y 31 (2004); Daniel

면서 인터넷상 개인의 통제권을 비판하는 입장304)으로 나누어진다.
개인의 통제권을 지지하는 입장에서는 ① 인터넷에 대한 투자보호
를 통한 공유지의 비극(tragedy of commons)305) 방지 및 자원의 효율
적 이용 제고, ② 저작권법의 보호가 미치지 못하나 보호할 가치가
있는 정보의 보호, ③ 회원가입이나 비밀번호 입력의 요구 등 이미
광범위하게 행해지고 있는 정보유통통제의 현실, ④ 규범적 보호가
주어지지 않을 경우 일종의 자력구제로서 더욱 강화된 기술적 조치

Kearney, *Network Effects and the Emerging Doctrine of Cybertrespass*, 23
Yale L. & Pol'y Rev. 313 (2005); Joshua A.T. Fairfield, *Virtual Property*,
85 B.U. L. Rev. 1047 (2005).

304) 이러한 입장 위에 서 있다고 볼 수 있는 논문으로서, Niva Elk-Koren, *Let
the Crawlers Crawl: On Virtual Gatekeepers and the Right to Exclude
Indexing*, 26 U. Dayton L. Rev. 179 (2001); Edward W. Chang, *Bidding
on Trespass: eBay. Inc. v. Bidder's Edge, Inc. and the Abuse of Trespass
Theory in Cyberspace-law*, 29 AIPLA. Q.J. 445 (2001); O'Rourke, *supra
note* 41; Steve Fischer, *When Animals Attack: Spiders and Internet
Trespass*, 2 Minn. Intell. Prop. Rev. 139 (2001); Lawrence Lessig, T*he
Architecture of Innovation*, 51 Duke L.J. 1783 (2002); Quilter, *supra* note
40; R. Clifton Merrell, *Trespass to Chattels in the Age of the Internet*, 80
Wash. U. L.Q. 675 (2002); Dan Hunter, *Cyberspace as Place and the
Tragedy of the Digital Anticommons*, 91 Cal. L Rev. 439 (2003); Mark A.
Lemley, *Place and Cyberspace*, 91 Cal. L. Rev. 521 (2003); James Boyle,
*The Second Enclosure Movement and the Enclosure of the Public
Domain*, 66 L & Contemp. Probs. 33 (2003).

305) 공유지의 비극(tragedy of commons)은 1968년 Garret Hardin이 Science지
에 기고한 논문의 제목이다. 공유지의 비극은 다음과 같은 현상을 지칭한
다. 아직 배타적 지배권이 도입되지 않은 공유의 목초지가 있다고 가정한
다. 공유의 상태이므로 누구라도 자유롭게 목축을 할 수 있다. 이 경우 개
인이 가축을 한 마리 더 방목하여 얻는 이익은 그 개인에게 집중된다. 그러
나 이로 인하여 발생하는 목초지의 황폐화 비용은 모든 공동체 구성원들이
분담한다. 이 경우 방목의 사적 한계비용이 사회적 한계비용보다 적으므로
가축의 과다방목현상이 일어난다. 이러한 개인들의 행동이 누적되면 목초
지라는 공유자원의 과도한 황폐화를 가져와서 궁극적으로 이를 쓸모없는
땅으로 만들게 된다. 이에 대한 자세한 내용은 朴世逸, 法經濟學, 改訂版,
2000, 127~130면 참조.

를 사용할 가능성에 대한 우려 등을 주된 논거로 든다. 반면 개인
의 통제권에 비판적인 입장에서는 ① 비저작물의 유통에 대한 통제
가 강화됨으로써 저작권자의 보호와 일반 공중의 이용보호라는 두
가지 가치 사이에 정교한 균형을 설정한 저작권법 취지 몰각, ②
정보접근권 제한에 따른 알 권리나 표현의 자유의 위축, ③ 네트워
크 효과(network effect)306) 감소에 따른 인터넷의 사회적 효용 감소,
④ 정보접근 및 취득에 대한 거래비용의 상승 등을 주된 논거로 든
다. 학자에 따라서는 이러한 입장 차이를 법경제학적 관점에서 분
석하기도 한다.307) 이러한 분석에 따르면 전자는 컴퓨터 시스템 소
유자가 타인이 그 시스템에 접근할 수 있을지 여부에 대한 결정권
을 가진다는 점에서 property rule, 후자는 그렇지 못하다는 점에서
liability rule에 기반한 것이다.308)

   그런데 소유권의 관점에서 바라본 이 사건은 소유권의 외연이

---

306) 네트워크 효과(network effect)는 재화의 소비로부터 얻는 효용이 그 소비
   자들의 숫자가 늘어나면서 함께 늘어나는 효과를 의미한다.
307) 예컨대 David McGowan, *Website Access: The Case for Consent*, 35 Loy.
   U. Chi. L.J. 341 (2003).
308) property rule과 liability rule은 Guido Calabresi & A. Douglas Melamed,
   *Property Rules, Liability Rules, and Inalienability: One View of the
   Cathedral*, 85 Har. L. Rev. 1089 (1972)에 처음 소개된 이래 법경제학의
   중요한 개념으로 자리 잡게 되었다. 이 논문에 따르면 property rule은 권
   리자가 자신의 의사에 기하지 않고서는 권리를 침해당하지 않도록 하는 권
   리보호방법으로서 권리자는 타인의 이용이 손해를 발생시키는가에 관계없
   이 그 행위를 배제할 수 있다. 따라서 타인이 권리를 취득하려면 권리자를
   접촉하여 자발적인 거래를 성사시켜야 한다. 반면 liability rule은 권리자가
   아닌 타인이라고 하더라도 그 권리에 대하여 법원이나 입법부 등 제3자에
   의하여 객관적으로 결정되는 대가를 지급하기만 하면 그 권리침해가 가능
   한 권리보호방법이다. 따라서 권리자는 property rule에 있어서와는 달리
   자신의 의사에 따라 타인의 침해행위를 배제할 수 없다. 권리자의 특정이
   쉽고 거래비용이 낮을 때는 property rule이, 그 반대의 경우는 liability rule
   이 더 효율적인 결과를 가져온다.

얼마나 넓어질 수 있는가 하는 문제를 다루는 것이기도 하다.

인터넷은, ① 컴퓨터 시스템이나 전선, 케이블 등 하드웨어로 구성되는 물리적 기반층(physical infrastructure layer), ② 네트워크 및 하드웨어 운용방법을 정의하고 지시하는 코드나 네트워크 규약으로 구성되는 논리적 기반층(logical infrastructure layer), ③ 이러한 네트워크를 통하여 실제 전송되는 정보로 구성되는 콘텐트층(content layer)의 중층구조로 이루어진다.309)

첫 번째 유형은 정보유통의 물적 인프라에 관한 분쟁유형으로, 편의상 "물권적 분쟁"으로 표현하고자 한다. 이는 물리적 기반층과 관련된 것으로서, 일종의 물권 침해분쟁이다. 바이러스를 침투시키거나 스팸메일을 보내거나 과다한 정보수집활동을 하여 동산으로서의 서버의 기능을 저하시키거나 마비시키는 경우가 여기에 해당한다. 이는 미국에서는 동산침해법리가, 우리나라에서는 소유권방해에 관한 법리가 적용되는 영역이다.

두 번째 유형은 정보유통의 방법에 관한 분쟁유형으로, 편의상 "정보유통적 분쟁"으로 표현하고자 한다. 이는 논리적 기반층과 관련된 것으로서, 절대권 침해를 제외한 일반적인 불법행위 분쟁이다. 각종 기술적 조치 등을 통하여 자신의 네트워크에 대한 접근 및 정보취득을 통제하였는데도 불구하고, 정보에 접근하는 경우가 이에 해당한다. 이는 미국의 경우 동산침해법리의 확장적용 또는 연방법인 컴퓨터 사기 및 남용방지법을 통하여, 우리나라는 후술하는 바처럼 주로 정보통신망 이용촉진 및 정보보호 등에 관한 법률(이하

---

309) Yochai Benkler, *From Consumers to Users: Shifting the Deeper Structures of Regulation Toward Sustainable Commons and User Access*, 52 Fed. Comm. L.J. 561 (2000) 참조.

'정보통신망법'이라고 한다) 제48조 제1항을 통하여 규율할 영역이다.

세 번째 유형은 정보 자체의 보호가치에 관한 분쟁유형으로, 편의상 "정보재산적 분쟁"으로 표현하고자 한다. 이는 콘텐츠층과 관련된 것으로서 일종의 지식재산권 분쟁이다. 예컨대 정보 자체가 저작물에 해당하는데 그 저작권자의 허락 없이 정보에 접근하여 취득(복제, 전송)하는 경우가 이에 해당한다. 이는 미국이나 우리나라 공히 저작권법, 컴퓨터프로그램보호법 등 지식재산권 분야 법률이나 그 이외에 온라인 디지털콘텐츠산업 발전법 등 정보 자체를 보호하는 특별법에 의하여 규율할 영역이다.

이 판결이 다루는 사안은 그 중 두 번째 유형, 즉 "정보유통적 분쟁"이었다. eBay가 진정 관심을 가졌던 것은 자신의 경매정보가 너무 쉽게 유통되는 것이었다. 이러한 정보의 유통은 eBay가 가지고 있던 온라인 경매 분야의 선두주자로서의 지위를 쉽게 허물어뜨릴 수 있는 것이었다. BE사는 정보유통에 대한 이용자들의 수요를 간파하고 이를 통해서 영업이익을 올리는 데에 관심이 있었다. 서버(server)의 소유권이 누구에게 있는지, 그 서버의 소유권이 방해되는지는 실질적 관심 대상이 아니었다. 하지만 문제는 두 번째 유형의 분쟁을 규율할 법리적 체계가 아직 공고히 구축되지 않았다는데에 있다. 그러므로 eBay는 첫 번째 유형, 즉 "물권적 분쟁"에 관한 기존 법리(이 사건에서는 동산침해에 관한 법리)를 무리하게 확장하여두 번째 유형, 즉 "정보유통적 분쟁"을 해결하고자 하였다. 그런데물권 법리는 배제와 지배의 법리이므로 정보유통적 분쟁에 그대로적용할 것은 아니었다. 결과적으로 인터넷에서 타인의 서버에 접속하여 정보를 취득하는 자연스러운 행위가 서버 소유권에 의한 배제의 대상이 된다는, 다소 부자연스러운 결론에 도달한 것이다. 이는

아직 법리가 정착되지 않은 새로운 분쟁유형이 등장하면서 기존 소
유권의 법리가 그 분쟁유형의 규율기준으로 확장될 경우에 새로운
지배질서에 미치게 될 영향을 잘 보여주는 사례이다.

나. 유연한 소유권의 발현

(1) 사실상 도로에 대한 소유권 행사

사실상 도로는 일반 공중의 교통에 제공되는 물적 시설물로서
의 실질은 가지고 있지만 법률에 따른 일정한 절차를 거쳐 정식으
로 개설되지는 않은 도로이다.310) 사실상 도로는 실질과 형식이 불
일치하는데다가 이를 직접 규율하는 법령이 없기 때문에 법률상 도
로에 비해 법률관계가 불명확하다.

사실상 도로는 여러 가지 이유 때문에 발생한다. 우선 도로예
정지이지만 정식으로 도로개설이 이루어지지 않아 생기는 사실상
도로가 있다. 또한 이러한 도로개설과정과 무관하게 사인이 도로
부지를 제공하여 만들어지는 사실상 도로도 있다. 종래에는 새마을
사업의 일환으로 전국에 도로를 만들거나 확장하는 과정에서 사유
토지가 사실상 도로 부지로 제공되는 경우가 많았다.311) 그러나 그

---

310) 부연하자면 사실상 도로는 공물(公物)로서 갖추어야 할 형체적 요소와 의
사적 요소 중 의사적 요소에 해당하는 공용개시행위가 결여된 도로를 말한
다. 김종보, "막다른 도로와 손실보상", 현대공법학의 과제: 청담 최송화교
수 화갑기념논문집(2002. 6), 920면.

311) 조무제, "지방자치단체가 사인의 토지를 도로로 사용함으로 인한 부당이
득", 판례연구 제1집(부산판례연구회)(1991), 229면에서는 일본을 비롯한
외국의 판례에서는 이러한 사안을 거의 찾을 수 없는 데 비하여 우리나라
에 이러한 사안이 많이 발생한 것은 당시 경제발전의 급박한 필요에서 위
법 여부를 돌볼 겨를 없이 강행한 행정방침에 연유한 것이라고 추측한다.

후에는 택지를 조성·분양하는 과정에서 택지 내 도로 마련의 필요에 따라 일부 토지가 도로 부지로 제공되는 경우가 전형적인 모습으로 나타난다. 그 이외에 도로예정지도 아니고 사인의 자발적인 제공행위도 없었지만 일반 공중이 지속적으로 어떤 토지를 통행하고 소유자도 이를 방치하거나 묵인하는 가운데 자연발생적으로 형성되는 사실상 도로도 있다.

사실상 도로는 국·공유토지일 수도 있고 사유토지일 수도 있다. 주로 문제가 되는 것은 사유토지인 도로를 지방자치단체가 점유, 관리하는 경우이다. 이 경우에는 사유토지 소유자가 어느 정도까지 소유권을 행사할 수 있는지가 불명확하다. 법률상 도로와 달리 이를 직접 규율하는 법령이 없기 때문이다. 또한 사실상 토지는 사유재산이지만 정식의 수용 또는 사용절차를 거치지 않은 채 사실상 공물(公物)처럼 이용된다. 따라서 사유재산권의 보호와 공공의 이익 보호 사이에서 어려운 법적 문제들이 파생된다. 민사상으로는 소유자가 사실상 도로의 점유주체인 국가나 지방자치단체(이하 편의상 지방자치단체를 중심으로 살펴본다)를 대상으로 손해배상청구나 부당이득반환청구 등 금전적 청구(이하 편의상 부당이득반환청구를 중심으로 살펴본다)나 방해배제청구 등 물권적 청구를 함으로써 이러한 문제들이 수면 위로 떠오른다.

그동안 법원은 이러한 문제상황을 조정하기 위해 배타적 사용수익권 포기 법리를 발전시켜 왔다. 배타적 사용수익권 포기 법리는 개인이 소유하는 토지가 사실상 도로로 이용되고 있고 지방자치단체가 이를 점유·관리하는 경우에 일정한 요건 아래 개인의 부당이득반환청구를 제약하기 위한 법리로 형성되어 왔다.312) 이 법리

---

312) 이하 배타적 사용수익권 포기 법리에 관한 기존 판례의 태도와 이에 대한

에 따르면 법원은 일정한 경우에 소유자가 도로 부지에 관한 배타적 사용수익권을 포기하였다고 의사해석을 한다. 이처럼 소유자가 토지의 배타적 사용수익권을 포기하였다면 지방자치단체가 그 토지를 점유한다고 하여 소유자에게 어떠한 손실이 발생한다고 할 수 없다. 부당이득반환청구는 법률상 원인 없이 타인의 재산 또는 노무로 인하여 이익을 얻고 이로 인하여 타인에게 손실이 발생하여야 가능하다(민법 제741조 참조). 그런데 위와 같이 소유자의 손실이 인정되지 않는다면 부당이득반환의 요건이 충족되지 않는다. 따라서 소유자는 지방자치단체를 상대로 부당이득반환청구를 할 수 없게 된다.

그런데 이러한 기존 판례의 태도에 대해서는 비판이 가해져 왔다. 우선 배타적 사용수익권 포기가 문자 그대로 소유권능의 일부인 배타적 사용수익권 포기를 의미하는 것이라면 물권법정주의 위반의 문제가 발생한다. 일반적인 소유권과 달리 "배타적 사용수익권이 포기된 상태의" 소유권은 현행 법질서가 승인하지 않는 형태의 물권이기 때문이다. 이를 등기부에 공시할 방법도 마련되어 있지 않다. 따라서 이러한 소유권을 인정하는 것은 민법의 대원칙 중 하나인 물권법정주의나 공시주의에 반하는 것이다.313) 한편 배타적

───────────

비판은 주로 권영준, "배타적 사용수익권 포기 법리에 대한 비판적 검토", 서울대학교 법학 제47권 제4호(2006. 12), 305면 이하에 의거한 것이다.

313) 임한흠, "도로부지로 된 토지에 대한 종전 소유자의 사용수익권의 포기와 그 특정승계인의 부당이득반환청구", 민사재판의 제문제 제10권(2000), 256면 참조. 또한 대판 1991. 2. 8, 90다7166에서는 "원심이 이 사건 토지의 전 소유자이던 위 소외 회사가 이 사건 토지에 대한 독점적이고 배타적인 사용수익권을 상실함으로 말미암아 그 이후 위 소외 회사로부터 이 사건 토지에 관하여 사용수익권이 제한되어 있는 형식상의 소유명의만을 이전받은 원고 역시 이에 대한 독점적이고 배타적인 사용수익권을 주장할 수 없다고 설시한 것은 그 표현에 있어 부동산에 관한 물권법정주의 내지 소유권의

사용수익권 포기가 채권적인 사용승낙에 불과하다면 그러한 사용
승낙의 상대방 또는 사용승낙의 의사표시 자체를 특정하는 것이 어
렵고 토지 소유권의 특정승계인에게 그 포기의 효과가 미치는 것을
설명하기도 어렵다.[314) 마지막으로 배타적 사용수익권 포기를 단순
한 권리불행사 상태로 파악한다면 왜 나중에 소유자가 그 권리를
행사하고자 할 때 그것이 거절되는가를 설명하기 어렵다. 권리는
행사할 수도 있고 행사하지 않을 수도 있다. 그런데 일정한 기간
권리를 "불행사"하였다고 하여 이를 권리의 "포기"라고 파악하는
것은 부적절하다. 따라서 나중에 자신의 권리를 행사하고자 할 때
종전의 권리불행사 상태만으로는 이를 거절할 근거가 부족하다. 이
처럼 권리를 행사하지 않다가 뒤늦게 권리를 행사하는 것을 거절하
기 위해 신의성실의 원칙(모순행위 금지의 원칙이나 금반언의 원칙, 실효의
원칙 등)을 동원할 수도 있다. 그러나 우리 판례가 배타적 사용수익
권 포기를 이러한 의미로 이해하였다면 차라리 정면으로 위와 같은
원칙을 명시적으로 적용하였을 것이다. 따라서 우리 판례 역시 배
타적 사용수익권 포기를 단순한 권리불행사 상태로 파악하지는 않
는 것으로 생각된다.

　이처럼 어떤 경우라도 배타적 사용수익권 포기의 법률관계는
법리적으로 설명하는 데에 한계가 있다. 그러한 점에서 이 법리는

　　절대성의 법리에 비추어 미흡한 점이 엿보이나 …"라고 판시함으로써 이러
　　한 문제점에 대한 인식을 표출한다.
314) 김문관, "배타적 사용수익권이 포기된 토지를 제3자가 점유하는 경우, 토지
　　소유자의 방해배제 및 부당이득반환청구", 판례연구 제14집(부산판례연구
　　회)(2003), 110면; 강승준, 물권법, 민사판례연구 제33-2집(2011. 2), 437
　　면; 김민정, "사실상 도로로 사용되는 토지에 대한 소유자의 배타적 사용수
　　익권의 포기란 무엇이고, 토지의 특정승계인에게는 어떤 효력이 있는가",
　　재판실무연구(광주지방법원)(2010), 81~82면도 같은 취지이다.

체계파괴적이라는 비판을 들을 여지가 크다. 비교법적으로도 이러한 개념을 통하여 사실상 도로의 소유관계를 규율하는 나라를 찾아보기 어렵다. 또한 법리적 차원을 떠나서 보더라도 개인의 토지가 일반 공중의 통행에 제공되고 있다면 손실보상이건 부당이득이건 일정한 반대급부가 주어져야 하는 것이 원칙이다. 그것이 재산권 보호를 천명한 헌법 제23조의 정신이기도 하다. 그런데 배타적 사용수익권 포기 법리의 적용범위가 넓어지게 되면 이러한 헌법정신이 침식될 가능성이 커진다. 결국 이는 정식으로 수용 또는 사용절차를 거치지 않은 채 사유재를 공공재로 이용하면서 보상은 회피하는 도구로 악용될 여지가 있다.

그런데 이 법리를 재조명하는 대법원 판결들이 선고되기 시작하였다.[315] 대법원 2009. 3. 26. 선고 2009다228, 235 판결은 배타적 사용수익권의 포기가 민법의 질서와 체계를 현저히 교란한다는 문제점을 정면으로 지적한 최초의 판결로서 이러한 변화의 출발점에 서 있다. 이 판결의 핵심적인 판시내용을 발췌하면 아래와 같다.

소유권은 외계 물자의 배타적 지배를 규율하는 기본적 법질서에서 그 기초를 이루는 권리로서 대세적 효력이 있으므로, 그에 관한 법률관계는 이해당사자들이 이를 쉽사리 인식할 수 있도록 명확하게 정하여져야 한다. 그런데 소유권의 핵심적 권능에 속하는 사용·수익의 권능이 소유자에 의하여 대세적으로 유효하게 포기될 수 있다고 하면, 이는 결국 처분권능만이 남는 민법이 알지 못하는 새로운 유형의 소유권을 창출하는 것으로서, 객체에 대한 전면적 지배권인 소유권을 핵심으로 하여 구축된 물권법의 체계를 현저히 교란하게 된다.

---

315) 대판 2009. 3. 26, 2009다228, 235; 대판 2009. 7. 9, 2007다83649; 대판 2012. 6. 28, 2010다81049.

종전의 재판례 중에는 타인의 토지를 도로 등으로 무단 점용하는 자에 대하여 소유자가 그 사용이득의 반환을 사후적으로 청구하는 사안에서 이른바 공평을 이념으로 한다는 부당이득법상의 구제와 관련하여 그 청구를 부인하면서 소유자의 '사용수익권 포기' 등을 이유로 든 예가 없지 않다. 그러나 그 당부는 별론으로 하고, 그 논리는 <u>소유권의 내용을 장래를 향하여 원만하게 실현하는 것을 내용으로 하여 소유권의 보호를 위한 원초적 구제수단인 소유물반환청구권 등의 물권적 청구권과는 무관한 것으로 이해되어야 한다.</u>

위 판결 선고로부터 약 3개월 후에 부당이득반환청구 사건과 관련하여 기존 판례를 사실상 재해석하는 대법원 판결이 선고되었다. 즉 대법원 2009. 7. 9. 선고 2007다83649 판결에서는 아래와 같이 위 2009다228, 235 판결의 판시를 인용한 뒤 배타적 사용수익권 포기는 채권적 포기의 성격을 가진다고 판단하였다.

소유권의 핵심적 권능에 속하는 사용·수익의 권능이 소유자에 의하여 대세적·영구적으로 유효하게 포기될 수 있다고 한다면, 이는 결국 처분권능만이 남는 새로운 유형의 소유권을 창출하는 것이어서 물권법정주의에 반하므로, 특별한 사정이 없는 한 이를 허용할 수 없고 <u>당사자가 사용수익권을 포기하였다 하더라도 이는 그 상대방에 대하여 채권적으로 포기한 것으로 봄이 상당하며, 그것이 상대방의 사용·수익을 일시적으로 인정하는 취지라면 이는 사용대차의 계약관계에 다름 아니라고 할 것이다.</u>

한편 그 이후 선고된 대법원 2012. 6. 28. 선고 2010다81049 판결은 아래와 같이 물권적인 의미의 배타적 사용수익권 포기는 물

권법정주의에 반하여 특별한 사정이 없는 한 허용될 수 없다는 입
장을 재확인하였다.

> 민법 제211조는 "소유자는 법률의 범위 내에서 그 소유물을 사용,
> 수익, 처분할 권리가 있다."고 규정하고 있으므로, 소유자가 채권적으
> 로 상대방에 대하여 사용·수익의 권능을 포기하거나 사용·수익권
> 행사에 제한을 설정하는 것 외에 소유권의 핵심적 권능에 속하는 배
> 타적인 사용·수익 권능이 소유자에게 존재하지 아니한다고 하는 것
> 은 물권법정주의에 반하여 특별한 사정이 없는 한 허용될 수 없다.

이처럼 토지소유자의 물권적 청구와 부당이득반환청구, 지방자
치단체의 배타적 사용수익권 부존재확인청구 등 다양한 국면에서
선고되었던 최근 수년간 판결의 흐름을 짚어보면 이제 대법원은 물
권적인 의미의 배타적 사용수익권 포기는 인정할 수 없고 이를 채
권적인 것으로 이해하여야 한다는 태도를 취하였다고 평가된다. 이
는 물권적인 배타적 사용수익권 포기는 민법이 인정하지 않는 "배
타적 사용수익권이 없는 소유권"의 형태를 창설하는 셈이 되어 물
권법정주의에 반한다는 문제점을 염두에 둔 것이다. 이는 대법원
2019. 1. 24. 선고 2016다264556 전원합의체 판결에서 재확인되었
다. 이 판결에서는 배타적 사용수익권 포기 법리를 폐기해야 한다
는 반대의견도 개진되었지만 결국 기존 법리와 판례를 유지하기로
하였다. 이 판결에서 대법원은 "소유권의 핵심적 권능에 속하는 사
용·수익 권능의 대세적·영구적인 포기는 물권법정주의에 반하여
허용될 수 없으므로, 토지 소유자의 배타적 사용·수익권 행사가 제
한되는 것으로 보는 경우에도, 일반 공중의 무상 이용이라는 토지

이용현황과 양립 또는 병존하기 어려운 토지 소유자의 독점적이고 배타적인 사용·수익만이 제한될 뿐이고, 토지 소유자는 일반 공중의 통행 등 이용을 방해하지 않는 범위 내에서는 그 토지를 처분하거나 사용·수익할 권능을 상실하지 않는다."는 점을 다시 한 번 선언하였다.

저자는 이처럼 물권법정주의에 반하는 문제점을 개선하여 온 법리적 변화의 방향성은 타당하다고 생각한다. 다른 한편 종래 법리가 던져 주는 흥미로운 이론적 포인트도 있다고 생각한다. 왜 대법원이 종래 이러한 법리를 채택하였을까? 이는 형식적으로는 사유재이지만 실질적으로는 공공재인 사실상 도로에 대한 소유권이 일반적인 소유권과 같이 취급될 수 없다는 유연한 사고방식의 발현이었는지도 모른다. 또한 종래의 배타적 사용수익권 포기 법리는 "소유권의 일부 떼어내기"의 시도였다. 이는 강고한 소유권의 패러다임 하에서는 불가능한 것이지만, 유연한 소유권의 패러다임 하에서는 불가능한 것이 아니다. 그 점에서 배타적 사용수익권 포기 법리는 소유권법의 관점에서 무척 흥미로운 관찰 대상인 것이다.

이미 설명하였듯이 영미권에서는 권리의 다발(bundle of rights)이라는 관점에서 재산권을 바라보는 입장이 일반적이다.316) 재산권을 물건에 비유하자면 재산권은 하나의 단단한 유체물로 구성된 단일물이라기보다는 여러 다발의 집합으로 구성된 집합물이라는 것이다. 여기에서 각각의 다발은 재산권에 수반되는 각각의 이익(interest)을 표상한다. 이러한 관점에 따르면 재산권은 법으로 보호되는 이익의 총체이고, 그 이익은 필요에 따라 분리·해체될 수 있다. 그리고 재산권은 당연히 보호되는 것이 아니라 각 이익의 보호

---

316) Thomas W. Merrill, Henry Smith, Property, 2010, p. 5.

필요성 및 다른 이익과의 형량결과에 따라 사회정책(social policy)의
관점에서 그 보호 여부와 범위가 결정된다.317) 요컨대 권리의 다발
은 소유권의 틀을 유연하게 만들어 재산권의 사회적 맥락을 강조하
기에 적합한 개념이다. 이러한 생각을 끝까지 밀고 나가면 사실상
도로라는 특수한 사유재에 대해서는 일부의 다발이 제거되거나
감추어진 소유권의 관념을 상정할 수도 있는 것이다. 먼 훗날의
입법에서는 현재 단일하게 구성되어 있는 소유권을 처분소유권
(Verfügungseigentum)과 이용소유권(Nutzungseigentum)으로 분리하거나,
영미법상의 타임쉐어(timeshare)318)처럼 소유권을 시분할(時分割)하거
나, 마치 구분지상권처럼 토지소유권을 수직적으로 분할하는 것이
불가능하지 않을 것이다. 다른 나라에서는 쉽게 발견할 수 없는 배
타적 사용수익권 포기의 법리를 창안한 대법원의 태도로부터 이러
한 입법적 상상을 끌어내는 것이 지나친 것일까?

(2) 소유권의 신탁과 증권화

1) 신 탁

  신탁법상 신탁은 신탁을 설정하는 자(위탁자)와 신탁을 인수하
는 자(수탁자) 간의 신임관계에 기하여 위탁자가 수탁자에게 특정의
재산을 이전하거나 담보권의 설정 또는 그 밖의 처분을 하고 수탁
자로 하여금 일정한 자(수익자)의 이익 또는 특정의 목적을 위하여
그 재산의 관리, 처분, 운용, 개발, 그 밖에 신탁 목적의 달성을 위
하여 필요한 행위를 하게 하는 법률관계를 말한다(신탁법 제2조). 예

---

317) Thomas W. Merrill, Henry Smith, Property, 2010, p. 5.
318) 가령 휴양지의 콘도를 여러 명이 공동소유하되 시간적으로 나누어(예컨대
    12명이 1개월씩) 소유하는 것을 의미한다.

를 들면, 아직 어린 수익자 C의 장래를 위하여 위탁자 A가 일정한 재산을 수탁자 B에게 이전하고 B로 하여금 이를 관리·운용하여 얻은 수익을 C의 교육비 기타 복리 증진에 쓰게 하는 경우이다.

신탁법에서 가장 핵심적인 요청은 수익자[319](위의 사례에서는 C)의 보호이다. 신탁법은 이를 위하여 우선 신탁재산을 수탁자의 고유재산과 분리하여 별도의 특별재산으로 한다. 그 결과 신탁재산에 속하는 채권과 신탁재산에 속하지 아니하는 채무는 상계하지 못하고(동법 제25조), 신탁재산에 대한 강제집행, 담보권 실행 등을 위한 경매, 보전처분 또는 국세 등 체납처분이 원칙적으로 금지되며(동법 제22조 제1항), 수탁자가 파산한 경우에도 신탁재산은 수탁자의 파산재단, 회생절차의 관리인이 관리 및 처분 권한을 갖고 있는 채무자의 재산이나 개인회생재단을 구성하지 않는다(동법 제24조). 또한 신탁재산과 고유재산 또는 서로 다른 신탁재산 사이에는 혼동의 법리가 적용되지 않는다(동법 제26조). 신탁재산은 수탁자의 상속재산에 속하지 않고(동법 제23조). 신탁재산의 물상대위가 인정되어 신탁재산의 형태가 변형되더라도 그 변형된 형태대로 신탁재산이 유지된다(동법 제27조). 나아가 신탁재산의 관리, 보전을 위하여 필요한 경우 신탁관리인을 두고 법원의 감독을 받게 하는 등 여러 가지 고유한 법적 장치가 마련되어 있다(동법 제67조, 제105조). 이러한 일련의 장치들은 신탁이익의 최종 귀속주체이면서도 신탁재산을 직접 지배하지 못하는 수익자의 지위를 보호하기 위한 것들이다.

신탁은 타인에게 일정한 업무의 처리를 지속적으로 맡김과 동

---

319) 신탁자 자신도 수익자가 될 수 있다(신탁법 제99조도 참조). 이러한 신탁을 자익신탁(自益信託)이라고 하여, 수익자가 신탁자가 아닌 제3자인 타익신탁(他益信託)과 구별한다.

시에 그 앞으로 그 처리를 위한 자금의 원천을 양도함으로써 항구적인 관계를 구축할 수 있는 매우 유용한 장치이다. 특히 위탁자가 스스로 재산을 관리할 수 없는 사정이 있는 경우에 재산의 관리·운용에 관한 수탁자의 전문적 경험이나 능력을 빌어 이를 충족하는 것을 가능하게 한다.[320] 나아가 신탁재산이라는 특별재산을 일반 책임재산에서 절연시킴으로써 강제집행이나 파산시 발생하는 법적 위험에서 벗어나 신탁목적의 달성을 원활하게 하는 효과도 가진다.

그런데 이러한 신탁은 유연한 소유권 개념과 관련이 있다. 연혁적으로 신탁은 영국에서 발전한 것으로 영미법(그 중에서도 형평법)의 전유물로 여겨져 왔다. 영미의 신탁법에 따르면 수탁자는 보통법상의 소유권(legal ownership)을 가지고, 수익자는 형평법상의 소유권(equitable ownership)을 가진다. 이러한 소유권의 기능적 분화는 대륙법계의 사고방식으로는 쉽게 받아들일 수 없는 것이었다. 즉 강고한 소유권의 사고방식으로는 신탁을 수용하기 어려웠던 것이다. 그래서 독일의 유명한 법학자 오토 폰 기에르케(Otto von Gierke)는 신탁은 도저히 이해하기 어려운 제도라는 불만을 토로하기도 하였다.

그러나 일본과 같은 대륙법계 국가는 이미 1920년대에 신탁의 사고방식을 적극적으로 수용하여 신탁법을 제정하였고, 우리나라도 1961년에 신탁법을 제정하는 등 일부 아시아 국가들도 그 영향력 아래에서 신탁법을 제정하였다. 이러한 신탁법 제정의 바람은 프랑스 등 다른 대륙법계 국가들에도 퍼져나가고 있다. 신탁과 대륙법

---

320) 예를 들어, 투자신탁에서는 상당한 위험이 따르는 주식 등 투자에 관한 전문가의 경험과 능력을 빌릴 수 있고, 부동산신탁에서도 복잡한 건축승인 및 분양의 절차, 시장의 개척 등의 어려움이 따르는 부동산의 개발을 그 전문가에게 맡길 수 있다.

계 민법의 조화가 쉽지 않음에도 불구하고 이를 수용한 것은 위에서 살펴 본 신탁의 실제적 효용 때문이다. 신탁은 원칙적으로 위탁자와 수탁자 사이의 계약에 따라 설정된다는 점에서 다양하고 유연한 모습을 띠지만, 수익자가 물권적 보호(영미법계에서는 형평법상 소유자로서, 대륙법계에서는 소유자에 준하는 강력한 채권자로서)를 받는다는 점에서 강고하고 안정적인 제도이다. 가령 주식신탁 시 의결권과 신주인수권을 내용으로 하는 제1수익권과 배당수취권과 잔여재산분배청구권을 내용으로 하는 제2수익권을 분리하여 각각의 수익자에게 귀속시킨다거나, 신탁행위로 수익자가 사망한 경우 타인에게 바로 그 수익권을 귀속시키는 등(수익자연속신탁) 자유롭고 유연한 설계가 가능하다. 이를 통해 계약법과 물권법의 만남이 일어나고, 영미법과 대륙법의 만남이 일어난다. 신탁은 유연한 소유권 또는 소유권의 기능적 분화를 제도화시킨 영미법상의 법리를 받아들인 것으로서, 향후 우리나라에 신탁의 법리가 확산될수록 유연한 소유권 사상도 확산될 것이다.

2) 증권화

증권화(securitization)도 유연한 소유권의 관념과 관련 있다.

부동산 증권화의 예를 들어보자. 본래 부동산은 국지성, 비대체성이 강하다. 부동산 거래는 그 지역에 가서 그 지역에 사는 중개인이나 사람들의 말을 들어보고 그 지역을 둘러보지 않으면 쉽지 않다. 부동산이 가지는 공공적 성격 때문에 부동산 거래에 대해서는 각 나라마다 다양한 모습의 공법적 규제가 가해진다. 이러한 요인들이 복합적으로 작용하다 보니 국경을 넘어서는 부동산 거래도 만만치 않다. 이러한 부동산 시장의 특성은 금융 시장의 특성과 대비된다. 금융 시장은 보편성, 대체성이 강하다. 지역성이 강하지 않아 국경을 넘어서는 금융 거래도 부동산 거래에 비해 훨씬 용이하다. 무엇보다도 부동산은 이를 쪼개서 파는 데에 한계가 있지만, 금융 상품은 액면을 자유롭게 설정함으로써 소액 투자자이건 기관 투자자이건 유연하게 자기의 투자 규모를 설계할 수 있다. 그러한 의미에서 금전 소유권은 부동산 소유권보다 훨씬 유연하다. 금전은 마치 액체처럼 자유롭게 흘러 다니면서 큰 그릇에는 큰 그릇대로 크게 담기고, 작은 그릇에는 작은 그릇대로 작게 담길 만큼 규모의 변신이 편리하다. 그러한 점에서 금전 소유권이 액체적 소유권이라면 부동산 소유권은 고체적 소유권이다.

그런데 부동산과 금융이 결합하면 이러한 양상이 달라진다. 우리나라에서는 1997년 IMF 사태 이후 외화유치와 규제완화의 흐름을 맞이하게 되었고, 개방적이고 투자친화적인 색채를 띤 법제를 지향하게 되었다. 1998년 「외국인투자촉진법」에서는 외국인 투자에 대한 각종 규제를 대폭 축소하거나 철폐하였다. 같은 해에는 부실채권을 일거에 처리하고 외화를 용이하게 조달하기 위해 「자산유동화에 관한 법률(이하 '자산유동화법'이라 한다)」이 제정되었다. 그 연장선상에서 1999년에는 「주택저당채권유동화회사법」이 제정되었다. 이러한 일련의 흐름이 부동산 시장에도 영향을 주었다. 부동산과 금융이 결합되면서 국지적 부동산과 세계적 자본이 만나게 되었고, 실물시장과 증권시장이 만나게 되었다. 2001년 「부동산투자회사법」의 제정도 이러한 움직임의 일환이었다. 자산유동화법과 부동산투자회사법을 통해 부동산의 증권화(securitization)가 본격화되기 시작하였다. 부동산저당권부 채권의 증권화에 비해 부동산 자체의 증권화는 아직까지도 활발하게 이루어지지는 않지만, 법제적 관점에서 보면 이러한 움직임은 상당한 의미를 가진다. 부동산 증권화는 부동산과 금융을 결합시킴으로써 이러한 금융의 액체적 성격을 실질적으로 가미할 수 있도록 도와주기 때문이다.

　　예컨대 부동산 소유자는 부동산의 소유권을 형식적으로 특수목적법인(special purpose company, SPC)에 귀속시키고, 그 특수목적법인은 그 부동산을 기초자산으로 삼아 증권을 발행, 판매하여 그 판매대금을 부동산 소유자에게 지급함으로써 금융을 제공하며, 부동산의 임대 등을 통해 올린 수익금은 증권 소지자들에게 배당하는 구조를 생각해 보자. 이때 부동산의 법적인 소유권은 특수목적법인이 가진다. 하지만 그 부동산이 가지는 수익가치는 증권에 화체(化體)되어 다수의 증권 소지자들이 누리게 되고, 그 부동산이 가지는 담보가치는 원래의 부동산 소유자가 누리게 된다. 특히 부동산의 핵심이라고 할 수 있는 수익가치는 증권을 통해 자유롭게 쪼개지고 유통된다. 결국 법적·형식적 의미의 소유권은 페이퍼 컴퍼니에 귀속시켜 소유권의 안정성을 유지하되 경제적·실질적 의미의 소유가치는 불특정 다수인에게 공개하여 소유권의 유연성을 추구한다. 이러한 부동산 증권화는 부동산 시장과 증권 시장의 결합, 국지적 시장과 세계적 자본의 결합, 부동산의 강고함과 금융의 유연함의 결합을 통해 부동산이 가지고 있는 실질적인 소유가치를 유연하고 다양하게 분할하고 유통시킬 수 있는 장치인 것이다.

　　앞서 살펴보았던 배타적 사용수익권 포기의 법리, 그리고 여기에서 살펴본 신탁이나 증권화는 모두 부동산의 가치를 분할, 귀속시킴으로써 부동산의 가치 내지 효용을 극대화하려는 배경을 가지고 있다. 마치 화소(畵素)가 높아질수록 화면이 선명해지듯 부동산의 가치조각 하나하나가 가장 효용이 높은 곳에 귀속될 수 있도록 한다. 거래비용이 비교적 낮은 금융 또는 증권 시장을 통해 거래비용이 높은 부동산 거래의 비효율성을 낮추고자 한다. 또한 부동산의 가치를 분산함으로써 부동산의 위험도 분산한다. 이는 현행 제도의 틀 안에서 유연한 소유권 사고방식이 가지는 장점을 반영하려는 시도들이다. 블록체인 기술이 활성화되면서 자산의 토큰화(tokenization)가 가속화될 것이다. 이러한 토큰화도 넓게 보면 자산의 증권화(securitization)와 같은 맥락에 있는 현상이다.

(3) 소유권 효력의 유연화

유연한 소유권 관념은 소유권 효력의 유연화로 이어진다. 대법원 2016. 11. 10. 선고 2013다71098 판결은 이 관점에서 볼 때 흥미롭다. 이 사건에서는 원고 소유 토지 상공이 피고(대한민국) 경찰청 소속 헬기의 이착륙 항로로 사용되었다. 원고는 자신의 소유권에 기해 피고를 상대로 ① 자신의 토지 상공을 헬기의 이·착륙 항로로 사용하는 행위의 금지, ② 토지 공중 부분 사용에 따른 손해배상 등을 청구하는 소를 제기하였다. 원심법원은 원고의 금지청구를 인용하고, 손해배상청구는 기각하였다.[321] 반면 대법원은 반대로 원고의 금지청구는 기각하되 손해배상청구는 인용하여야 한다는 취지로 원심판결을 파기하였다.

위 판결에서 가장 중요한 의미를 지니는 판시는 토지 소유권의 강력함이 어디까지 미칠 수 있는지에 대한 판단이다. 이는 결국 소유권을 어떻게 볼 것인가에 대한 근본적인 문제의식과 연결된다. 원고는 가장 강력한 재산권인 소유권에 기대어 자신의 이익을 보호받고자 하였다. 그러나 이러한 원고의 소유권 행사는 공익과 마찰을 일으키고 있다. 이 장면에서 원심법원과 대법원은 각각 소유권

---

321) 대전고판 2013. 8. 27, 2012나4891.

의 상반된 측면에 주목하였다. 원심법원은 소유권의 강고함에 주목
하였다. 원심법원의 논리에 따르면 소유권의 방해는 특별한 사정이
없는 한 금지청구권으로 이어지고, 그 방해의 배후에 공익이 자리
하고 있는 경우라고 해서 달라지지 않는다. 만약 공익을 위해 꼭
필요하다면 관련 법령에 따른 수용 또는 사용 절차를 밟고 정당한
보상을 해 주어야 한다. 대법원은 소유권의 유연함에 주목하였다.
대법원은 공동체의 요청 앞에서 소유권의 강고함이 언제나 관철될
수만은 없다고 보았다. 특히 개인의 토지소유권과 공동체의 공익이
부딪힐 때에는 소유권의 방해가 곧바로 금지청구권으로 이어지는
것이 아니고, 그 방해가 '참을 한도'를 넘어서는 경우에 비로소 금
지청구권이 인정된다.322)

　민법 제214조에는 민법 제217조와 같은 소유자의 '의무'에 대
한 명문 근거가 없다.323) 그러나 소유권에는 다른 여느 재산권과
마찬가지로 사회적 구속성의 요청이 내재해 있다. 어느 누구에게
소유권을 부여한다는 것은 다른 모두에게 그 소유권을 존중할 의무
를 부과하는 것과 다르지 않다. 그러므로 법적 개념으로서의 소유
권은 본질적으로 사회적인 맥락에서 이해, 구성되어야 한다. 이러
한 소유권의 사회적 구속성에 주목하면 다른 사람이 소유권 존중
의무를 부담하는 것에 대응하여 소유자 역시 일정한 경우 자신의

---

322) 양창수·권영준, 권리의 변동과 구제(민법 Ⅱ), 제3판, 2017, 458면은 방해
배제청구에서 그 방해가 위법한 것인지를 판단할 때 소유자가 소유권 보호
에 관하여 가지는 이익과 상대방이 그 방해행위에 관하여 가지는 이익을
비교형량하여야 한다고 본다. 대상판결이 헬기 운행의 공공성과 사회적 가
치를 언급한 것도 이와 같은 맥락에서 이해할 수 있을 것이다.

323) 참고로 독일 민법 제1004조 제1항은 소유자의 방해배제청구권에 대하여 규
정하되, 제2항에서는 소유자가 수인의무를 지는 경우에는 위 방해배제청구
권이 배제된다고 규정한다.

소유권 행사를 자제하는 인용의무를 부담하는 것으로 이해할 수 있다.[324] 그리고 이러한 이해는 그동안 소유권의 절대성·배타성에 가려 주목 받지 못하였던 소유권의 사회적 구속성 내지 공동체 적합성을 전면에 드러내는 계기가 될 수 있다. 그러한 점에서 소유자가 '참을 의무'를 진다는 사고방식은 소유자가 언제나 합리적 이용(reasonable use)의 제한을 안고 있다고 보는 영미법적 사고방식과도 닮아 있다.

다. 정 리

소유권은 이른바 전면적 지배권으로서 가장 온전한 형태의 법적 지배를 표상한다. 이러한 소유권은 "강고한 소유권"이다. "강고한 소유권"의 법률관계는 단순하고 명확하다. 이곳에서는 개인이 공동체보다 우대받는다. 우리 민법 전반에는 이러한 "강고한 소유권"의 이미지가 더 강하게 깔려 있다.

그러나 소유권은 시간과 공간과 객체의 산물이기도 하다. 시간이 흐르고 공간이 바뀌며 객체가 달라지면 소유권의 관념도 유연하게 변화한다. 이러한 소유권은 "유연한 소유권"이다. "유연한 소유권"의 법률관계는 미묘하고 다양하다. 이곳에서는 공동체 속에서의 개인이 강조된다.

지금까지는 소유권의 다면성을 드러내기 위한 의식적 시도로

---

324) 곽윤직 편, 민법주해 Ⅴ, 1992, 247면(양창수 집필부분)은 소유자가 방해를 인용할 의무가 있는 경우에는 그 방해가 위법하지 않은 것으로 평가되어, 소유자가 방해배제청구권을 행사할 수 없게 된다고 한다. 또한 이와 같은 위법성 판단을 함에 있어서는 소유자에게 인용의무가 있는지를 사회관념에 비추어 신중하게 검토할 필요가 있다고도 한다.

소유권의 강고한 측면과 유연한 측면을 대비시키고, 이와 관련된 여러 가지 문제의식을 공유하고자 하였다. 우리 민법이 "강고한 소유권"을 법의 줄기로 삼고 있음에도 불구하고, 실제로는 "유연한 소유권"의 가지가 현실 속에서 뻗어나고 있음을 살펴보았다. 이 과정에서 우리 법제와 판례 외에도 외국의 이론적 논의(특히 미국의 "권리의 다발(bundle of rights)" 논의)를 살펴보았다. 특히 법의 세계에서 지배 패러다임을 상징하는 소유권의 유연성과 역동성이 무형적인 가치에 대한 지배(특히 지식재산권)의 문제에 어떤 영향을 미칠 수 있는지도 언급하였다. 이를 통해 현재 학계에서 별다른 관심을 받지 못하는 소유권 법학이 현대의 다양한 법적 과제들에 던질 수 있는 새로운 시사점들을 찾을 수 있을 것이다.

　소유권에 관한 법리는 오랫동안 공고하게 형성되어 왔다. 이 때문인지 소유권법은 이제 민법학의 첨단 관심대상에서는 다소 벗어나 있다는 느낌이 든다. 학문에도 유행이 있다면, 소유권법은 그 최신 유행의 대열에서는 벗어나 있는 것이다. 그러나 전통적 소유권의 개념과 본질을 끊임없이 시험하는 계기들이 생겨나고 있다. 집합투자기법의 발달에 따라 소유권의 증권화 및 이를 통한 소유이익의 분자화가 진행되고, 신탁의 증가에 따라 소유권이 추구하는 핵심적인 경제적 혜택이 수익권의 형태로 분리되어 나가면서 소유권의 내용이 요동치고 있다. 생명공학의 발달에 즈음하여 인체나 그 연장물의 상품화가 사회문제가 되면서 이를 기존의 소유권법적 시각에서 어떻게 파악하여야 하는가가 새로운 쟁점들로 떠오른다. 그런가 하면 개인과 불가분의 관련을 맺는 개인정보나 유명세(publicity)에 대하여 개인은 어떤 권리를 행사할 수 있는가, 그것은 재산권에 해당하는가 등 정보와 인간의 결합으로 인한 논의도 같은

맥락에 서 있다. 인간의 지배영역이 바다로, 지하로, 우주로 넓어질
수록, 또한 인간의 사고방식이 유연하여질수록 이러한 '객체에 대
한 지배'의 문제는 점점 첨예하게 등장할 것이다. 어쩌면 원시취득,
선점이나 가공과 같은 전통적인 물권법리들이 첨단의 문제에 대응
하기 위하여 나서야 할지도 모른다. 이처럼 재산적 가치를 가지고
있어 누군가가 독점하기를 원하는 객체들의 지배구조에 대한 문제
가 끊임없이 늘어나면서 법학은 이전의 전통적 틀만으로는 쉽게 설
명하기 어려운 현상들에 직면하고 있다. 정보화와 과학기술화의 흐
름 속에서 저작물 또는 정보에 대한 독점과 공유의 문제도 그 중
하나이다. 소유권의 틀은 이러한 문제에도 확장되고 있으나, 그 구
체적인 범위는 여전히 규명되어야 할 과제인 것이다.

　　그렇다면 이제 학문으로서의 소유권법은 전면적·배타적·항구
적 지배권으로서의 전통적인 소유권을 넘어서서, 재산적으로 가치
있는 것에 대한 독점과 공유의 문제를 포괄적으로 다룸으로써, 소
유권 법리의 뒷받침을 요구하는 새로운 영역들에 체계적인 지혜를
제공하여야 한다. 이러한 작업을 수행함에 있어서 소유권과 유사한
문제를 다루는 법 영역(예컨대 지식재산권법 영역)에서 이루어지는 논
의를 민법으로 유익하게 환류시킬 수 있을 것이다. 나아가 이는 공
통의 문제의식을 기초로 하여 민법과 특별법 사이의 협력을 제고하
는 데 기여할 것이다. 이러한 인접법과의 협력은 민법에 생명력을
불어넣을 뿐만 아니라, 민법과 같은 기본법이 마땅히 수행하여야
할 과제이기도 하다. 아울러 이러한 기본법의 관여는 근본적이고
기초적인 법이론과 법체계를 충실하게 고민하지 않은 채 그때그때
상황에 맞추어 시급하게 대증요법(對症療法)식으로 규범체계를 만들
어나가는 폐해를 방지하는 데에도 기여할 것이다.

마지막으로, 이러한 이론적이고 추상적인 논의가 법관들, 나아가 법률 실무가들에게는 어떤 의미를 가지는가? 민법학에 서술된 소유권을 도식적으로 받아들이는 법관과 역사와 현실 속에 살아 꿈틀거리는 소유권의 의미를 성찰하는 법률가들 사이에 차이가 없을 수 없다. 개인과 공동체의 간격 사이에 소유권이라는 제도를 어디쯤 놓을 것인가에 대해서는 다양한 스펙트럼이 존재하고, 이러한 스펙트럼 중 법관의 사고가 어디에 위치하는가에 따라 결론이 달라지는 경우가 발생할 수 있다. 특히 소유권의 강고함을 얼마나 철저하게 관철시킬 것인가, 가령 소유권과 유사하다고 설명되는 특허권 등 지식재산권의 강고함을 얼마나 철저하게 관철시킬 것인가에 대해서는 소유권의 의미와 역사성을 이해하는 관점이 중요하게 작용할 것이다.

제4장

법관의 역할

제1절 개 관

※ 이 절은 저자가 공간한 다음 문헌에 주로 의거하여 작성하였다.
"민사재판에 있어서 이론, 법리, 실무" 서울대학교 법학 제48권 제3호(2008. 9).
"민법학, 개인과 공동체, 그리고 법원", 비교사법 제22권 제1호(2015. 2).

1. 법관의 역할에 대한 고민의 필요성

법관은 사실관계를 확정하고 여기에 법을 적용하여 사건의 결론을 도출한다. 이러한 역할은 헌법에 의하여 법관에게 부여되었다. 그 역할의 적극성과 범위는 법관의 가치관과 성향에 따라 달라질 수 있다. 어떤 법관은 이러한 역할의 경계를 적극적으로 넓히려는 가치관과 성향을 가진다. 어떤 법관은 이러한 역할의 경계를 엄격히 파악하려는 가치관과 성향을 가진다. 이러한 법관의 역할 폭은 다른 주체들이 수행해야 할 역할을 어떻게 파악하는가 하는 점과도 밀접한 관련이 있다. 입법부의 역할에 대한 생각의 차이는 법관의 역할에 대한 생각의 차이로 이어진다. 예컨대 입법권을 절대적이고 강고한 것으로 여기면 법관의 역할에 대해서 좀 더 신중한 입장을 취하기 쉽다. 반면 입법권을 상대적이고 느슨한 것으로 여기면 법원의 역할에 대해 좀 더 적극적인 입장을 취하기 쉽다. 이는 입법부에 대한 신뢰와도 관련이 있다. 입법부에 대한 강한 신뢰는 입법부가 법을 통하여 주는 지침에 대한 강한 구속으로, 입법부에 대한 약한 신뢰는 그 지침에 대한 느슨한 구속으로 이어질 가능

성이 크다. 재판에 관여하는 주체들의 역할이 어떠한가에 대한 생각
의 차이도 재판에 있어서 법관의 역할에 대한 생각의 차이로 이어
진다. 예컨대 당사자나 소송대리인, 전문가에게 보조적 역할을 부여
하고자 하면 법원은 주도적인 영도자로서의 역할을 추구하기가 쉽
다. 반면 이들에게 더 큰 역할을 부여하고자 하면 법원은 중립적인
조정자로서의 역할을 추구하기가 쉽다. 법률이나 계약을 해석하는
방법론에 대한 생각 차이도 법원의 역할 차이로 이어진다. 문언에
충실하고자 하는 입장은 신중한 법원으로 이어지기 쉽다. 목적이나
맥락에 충실하고자 하는 입장은 적극적인 법원으로 이어지기 쉽다.

　　다음 두 발췌문은 법원의 역할에 대한 시각 차이를 잘 보여준
다. 첫 번째 발췌문은 종교적 양심을 이유로 한 병역거부 사건에서
이를 정당한 이유로 보아야 한다는 다수의견에 대한 반대의견의 일
부이다. 형사사건에 관한 의견이긴 하지만 법원의 역할에 대한 일
반적인 생각을 담고 있다.

　　　우리나라와 같은 성문법 중심의 대륙법계 국가에서 법관의 기본적
　　사명은 복잡하게 얽힌 실정 법률의 체계 속에서 법을 발견하는 것이
　　다. 사안에 따라 명백한 입법적 흠결이라는 이유로 판결을 통해 법을
　　보충·형성하는 것이 불가피한 경우가 없지 않지만, 이는 가급적 자
　　제되거나 필요한 범위 내에서 최소한에 그쳐야 한다. 이러한 해석
　　원칙은 처벌규정에서도 마찬가지로서 처벌규정의 제·개정 이후 시
　　대적·사회적 상황의 변화 등으로 인해 과거에는 없던 처벌상의 불합
　　리한 점이나 처벌의 위헌 여부에 관한 논란이 제기되었을 때 정식의
　　입법절차를 거쳐 해당 처벌규정이 개정되거나 헌법재판소에 의해 위
　　헌으로 선언되지 않았음에도, 법원이 법률해석이라는 명목 아래 당초
　　입법자가 의도하지도 않은 전혀 새로운 법을 만들어내는 것까지 그

권한에 속한다고 볼 수는 없다(대법원 2016. 8. 24. 선고 2014다9212 판결 등 참조). 이는 사법권의 근거가 되는 헌법상 법치주의원리, 권력분립원칙에 따른 당연한 요청이다.[1]

두 번째 발췌문은 사법부의 적극적 자세를 옹호하는 글이다.

법관이 사법의 적극주의를 밀고나갈 자세와 용기를 가졌느냐 하는 점은 사법부를 구성하는 법관 각자의 정의관과 사법관의 문제이다. 사법의 적극주의에 대하여는 사법부 내에서도 이에 동조하지 않는 견해가 있음은 앞에서 소개한 대법원 판례의 내용을 보더라도 분명하다.

그러나 나는 대다수의 뜻이 있는 법관이라면 기본권 보장의 문제가 가장 시급한 우리의 현실에 있어서 사법의 적극적 자세가 국민의 기본권을 확고하게 보장하고 사법에 대한 신뢰를 확보하는 데에 얼마나 필요하고 긴요한 것인가를 모두 알고 있다고 확신한다.

몇 년 전에 어떤 분이 대법원장으로 있다가 그 자리를 물러나면서 "회한과 오욕의 나날"이었다고 자탄한 일이 있다. 나는 개인적으로는 이분을 학교선배 및 법조선배로서 매우 존경하지만 위와 같은 말에는 강한 반발을 느끼지 않을 수 없다. 회한과 오욕의 나날이었다면 그와 같이 만든 것은 바로 그 자리에 있던 당자 본인이지 다른 사람을 탓할 일이 아니라고 생각되기 때문이다. 법관이 자기의 자리를 회한과 오욕의 자리로 만드느냐, 아니면 명예와 존경의 자리로 만드느냐는 바로 법관 자신에 달려있는 것이다.[2]

---

1) 대판(전) 2018. 11. 1, 2016도10912.
2) 이회창, "사법의 적극주의: 특히 기본권 보장 기능과 관련하여", 서울대학교 법학 제28권 제2호(1987), 160~161면.

사법자제주의와 사법적극주의의 논쟁은 주로 헌법을 비롯한 공법 영역에서 사법심사의 민주적 정당성 문제를 중심으로 이루어져 왔다. 그러나 이러한 논쟁은 공법 영역에 국한될 이유가 없다. 법관의 역할에 대한 두 가지 큰 흐름은 민사재판의 장(場)에서도 결론의 차이로 이어질 수 있다. 어떤 입장이 타당한가, 반드시 그 중 한 입장을 따라야 하는가, 언제나 그 입장을 획일적으로 고수해야 하는가는 법관 스스로 고민할 문제이다. 그렇게 해서 형성되는 법관의 관점에 꼭 옳고 그름이라는 도식적 잣대를 갖다 댈 수는 없다. 정답을 논하기 어려운 영역에 있는 문제이기 때문이다. 하지만 그렇다고 하여 고민조차 하지 않는 것은 곤란하다.

이 장에서는 이러한 고민의 소재를 제공한다. 우선 이 절에서는 두 가지 상반된 관점의 특징을 간단하게 소개한다. 제2절 이하에서는 두 가지 관점과 밀접하게 연관된 가치 요소들에 대해 논의한다. 제2절에서는 형식적 관점과 실질적 관점, 제3절에서는 현실적 관점과 당위적 관점, 제4절에서는 사전적 관점과 사후적 관점에 대해 각각 설명한다.

2. 두 가지 입장

가. 사법 유연성의 폭을 좁게 보려는 입장

먼저 사법작용에 있어서 유연성의 폭을 가급적 좁게 보려는 입장에 대하여 살펴보자.

이 입장은 법 내부의 일관성, 정합성, 체계성을 중시하고 법적 안정성을 중요한 가치로 내세운다. 법규범 및 개념의 추상적 일반화, 그리고 이에 기초한 체계적 완결성과 논리성을 추구한다. 법관의 중립적, 소극적 지위를 표방한다. 따라서 법관은 중립적 판단자의 지위에 머물러 있어야 하고, 후견자적 지위에서 개입하려고 하여서는 안 된다. 또한 법관의 주된 기능은 법을 발견하는 것이지 법을 창조하는 것이 아니다. 이 입장에서 주로 관심을 가지는 것은 재판의 통제이다. 이러한 점에서 이 입장은 사법소극주의와 연결된다. 또한 이러한 입장은 법률이나 계약을 해석할 때 문언을 중시할 가능성이 크다.3) 이미 정립되어 있는 법리의 틀이 있다면 가급적 이를 벗어나지 않으면서 체계성을 유지하는 가운데 재판을 하고자 한다. 원칙에서 세칙을 도출해 나가면서 마침내 개별적 사건에 이르는 연역적, 논리적 사고방식과 친하고, 문제중심적 사고방식보다 체계중심적 사고방식과 더 친하다. 기준(standard)보다는 규칙(rule)에 기대려는 경향을 보인다. 사회현상이 체계화, 유형화되기 쉬울수록, 또한 사회변화가 느릴수록 이러한 규칙의 효용성이 커진다. 실무적 감각에 의존하는 경향에 대하여 비판적 시각을 보인다. 법과 정책을 분리시키려고 한다. 요컨대 실질보다 형식의 가치를 중요하게 생각하는 입장이다.

이러한 입장은 법철학사의 관점에서 보면, 19세기 독일의 개념법학이나 프랑스의 주석학파, 20세기 미국의 형식주의(formalism) 등과 맞닿아 있다. 푸흐타(Puchta), 빈트샤이트(Windscheid) 등에 의하여 발전된 개념법학은 법의 개념을 명확하게 하고, 상위개념과 하위개

---

3) Antonia Scalia, A Matter of Interpretation, Princeton University Press, 1997은 법관이 헌법과 실정법을 어떻게 해석하여야 할 것인가에 관하여 문언주의(textualism)를 제창하는 Scalia 대법관의 주장과 이에 대한 저명 학자들의 논평을 담고 있다.

념의 관련성 설정을 통한 일종의 개념의 족보(Genealogie der Begriffe)[4] 정립을 통하여 자기완결적 논리체계로서의 법을 추구하였다.[5] 이러한 개념법학적 사고는 체계화, 유형화나 연역적 사고방식에 친하여 적어도 외견상으로는 실질보다는 형식, 직관보다는 논리에 더 큰 가치를 두게 된다. 이러한 경향은 19세기 프랑스에서도 발견된다. 1804년 프랑스 민법전이 제정된 이후, 법조문을 절대시하고 문구에 구속되는 엄격한 해석을 강조함으로써 법관의 재량을 최소화하려고 한 주석학파가 프랑스 법학계를 지배하였다.[6] 이러한 사조는 미국에도 영향을 미쳐 형식주의로 발전하게 된다. 대륙법계의 영향을 받은 미국의 형식주의 법학(formalism)은 개별적으로 흩어져 있는 일련의 판례법들을 일반화, 체계화, 원칙화하려는 시도를 하여 왔다.[7] 이러한 시도는 크리스토퍼 랑델(Christopher Langdell)로부터 시작한다.[8] 랑델은 수많은 판결들 가운데에서 일반적인 원리나 원칙들을 발견할 수 있다고 믿었다. 그리고 이러한 원리를 과학적으로 탐구, 학습하여야 한다고 생각하였다. 이는 미국의 법학교육에 있어서 랑델식 사례학습방법(case-method)으로 이어진다. 그는

---

4) 이에 대한 설명으로는 Karl Larenz, Methodenlehre der Rechtswissenschaft, 6.Aufl.,1991, S. 19 ff.

5) 빈트샤이트(Windscheid)의 판덱텐법 교과서(Lehrbuch des Pandectensrechts)는 로마법의 개념과 체계를 재구성하여 그 기초 위에 법학을 구축함으로써 독일 민법제정의 중요한 주춧돌을 놓았다. 우리나라의 민법학도 법학의 개념 논리적 체계를 중시하는 판덱텐 법학의 영향을 강하게 받았다.

6) 이에 관하여는 오세혁, 법철학사, 2004, 253~254면 참조.

7) 이에 관하여는 미국학연구소편, 미국 사회의 지적 흐름(법), 1999, 27~32면 (최봉철 집필부분) 및 University of Chicago Law Review 66권 3호에 실린 심포지움 "Formalism Revisited" 발표논문들 참조.

8) 크리스토퍼 랑델(Christopher Langdell, 1826~1906)은 1870년 하버드 법대에 학장으로 부임하여 25년간 재임하면서 이른바 사례학습방법(case-method)을 정착시킨 학자이다.

법학도들이 위와 같은 법원리들이 잘 체화된 소수의 판례들을 엄선하여 잘 분류하고 정리하여 익힌다면, 마치 수학공식에 의하여 문제를 풀어나가듯이 법원리들로부터 시작하여 사건을 해결할 수 있다고 믿었다. 이러한 사고의 흐름에 터잡아 미국은 19세기 후반부터 20세기 초반에 이르기까지 독일의 개념법학과 유사한 이른바 고전적 법사상(classical legal thought)의 시대를 맞이한다. 나중에 보게 될 법현실주의(legal realism)는 이러한 기계적, 형식적 법학에 대한 반발로 등장한 것이다.

나. 사법 유연성의 폭을 넓게 보려는 입장

다음으로 사법작용에 있어서 유연성의 폭을 가급적 넓게 보려는 입장이다.

이 입장은 법의 내부적 관점을 넘어서서 외부적 관점도 중요하다는 전제 위에 서 있다. 법적 안정성보다는 구체적 사건에서의 정의, 즉 형평을 중요하게 생각하는 경향이 있다. 이 입장에서 바라보는 법관상(法官像)은 입법부에 의하여 고정된 법률에 사회현상을 포섭하여 자동적으로 결론을 도출하는 자동판매기와 같은 존재가 아니라, 끊임없이 변화하는 사회현상에 주목하여 법률을 창조적으로 해석하고 적용하는 준입법자(準立法者)와 같은 존재이다. 따라서 이 입장은 법관의 법 창조기능에 주목한다. 이러한 점에서 이 입장은 사법적극주의와 연결된다.9) 아울러 재판의 통제보다는 재판의 예

---

9) 사법적극주의를 정면으로 표방한 한 논문의 표현을 빌리자면, 법관은 "법을 해석적용함에 있어서 형식적이고 개념적인 문구해석에 얽매이지 말고 그 법이 담보하는 정의가 무엇인가를 헤아려서 그 정의실현의 방향으로 법의 의미를 부여하여야" 한다. 이회창, "사법의 적극주의", 서울대학교 법학 제28권

견에 더욱 큰 관심을 가진다. 개별적 사안을 합리적으로 해결하기 위한 사례 중심의 구체적, 경험적, 귀납적 사고를 중시한다. 이를 위하여 추상적 법률보다는 구체적 사안에 관한 선례에 관심을 가진 다. 그 선례와 해당 사건의 구체적 사실관계 사이의 이동(異同)을 따져보아 그 선례가 해당 사건에도 적용될 수 있는지 검토한다. 이 러한 입장은 법률이나 계약을 해석할 때 문언의 형식으로 고정된 틀보다 그 안에 내포된 입법자 또는 당사자의 의사, 법률이나 계약 의 목적을 중시하는 경향을 보인다.10) 이미 정립되어 있는 법리의 틀을 유연하게 파악하거나 이를 재구성하는 것에 큰 반감을 느끼지 않는다. 논리적·연역적 사고보다는 경험적·귀납적 사고에 더 친하 고, 체계중심적 사고보다는 문제중심적 사고에 더 친하다. 규칙 (rule)보다는 기준(standard)에 기대려는 경향을 보인다. 다양한 사회 현상을 일정한 체계와 유형으로 정리하기 어려울수록, 또한 사회변 화가 빠를수록 기준의 효용이 크다. 이 입장에서는 실무적 형평감 각을 인정하고 이를 중요한 판단 메커니즘으로 격상시킨다. 영미법 의 체계에 빗대어 보자면, 보통법의 경직성을 극복하는 형평법의 정신을 숭상한다.11) 법과 정책을 애써 분리하지 않는다. 이익형량

제2호(1987), 150면 참조.

10) 이러한 의사가 늘 실제 의사를 의미하는 것은 아니다. 예컨대 계약의 보충적 해석법리에 따르면 공통의 착오에 있을 때 법원은 당사자가 그러한 착오가 없을 때에 약정하였을 것으로 보이는 내용으로 당사자의 의사를 보충하여 계약을 해석할 수 있고, 이때 보충되는 당사자의 의사는 당사자의 실제 의사 또는 주관적 의사가 아니라 계약의 목적, 거래관행, 적용법규, 신의칙 등에 비추어 객관적으로 추인되는 정당한 이익조정 의사이다. 대판 2006. 11. 23, 2005다13288 참조.

11) 근래 미국 연방대법원은 특허권침해가 있으면 자동적으로 금지명령(injunction) 을 부여하던 연방순회항소법원의 입장에 쐐기를 박고, 형평법의 정신에 따라 경직성과 도식성을 타파하고 형평성, 유연성, 기능성을 제고하는 판결을 선 고하여 관심을 모은 바 있다. *eBay. v. MercExchange*, 547 U.S. 388 (2006).

적 사고와 친숙하다. 한 마디로 형식보다는 실질의 가치를 중요하게 생각하는 입장이다.

　이러한 입장은 법철학사적으로 보면 개념법학에 반기를 들고 등장한 자유법론(Freirechtsbewegung)과 관련이 있다.12) 자유법론은 20세기 초 독일에서 등장한 법학 사조의 하나이다. 이는 1896년 8월 18일 공포된 독일 민법전의 등장과 관련이 있다. 학자들은 독일 민법전의 필요성에 관한 사비니와 티보의 논쟁 이래 오랜 시간을 끌어오다가 드디어 완성된 민법전을 통하여 이제 거의 모든 문제가 해결될 수 있다고 생각하였다. 그런데 벌써 1902년에 슈타우프(Staub)가 독일 민법의 이행불능과 이행지체 규정으로는 포섭할 수 없는 채무불이행 유형이 있음을 지적하고 이를 적극적 계약침해라고 이름붙이는 등 법률의 여백이 속속 드러났다. 이러한 배경 아래에서 법률이 미처 예상하지 못하였던 실생활의 요구가 등장할 때마다 법관이 이를 어떻게 처리할 것인가에 대한 근본적인 논의가 이루어지게 되었다. 이 입장은 일정한 범위 내에서 법관의 법창조적 활동을 승인함으로써 구체적 사안에 따라 새로운 법적 요청에 개별적으로 대응하고, 기존의 국가제정법 체계를 사회경제적 조건의 변화에 부응시키고자 하였다. 자유법론은 법의 무흠결성이라는 도그마로부터의 해방을 외치고, 사법과정에 있어서 '인간'으로서의 법관의 '선택'에 의한 법창조작용을 강조하였다.13) 이와 유사한 입장에

---

12) 이에 관하여는 오세혁, 법철학사, 2004, 258면 이하 및 장영민, "자유법론의 형성과 전개과정", 법학논집(이화여대) 제7권 제1호(2002) 참조. 대표적인 자유법론자들로는 푹스(Ernst Fuchs, 1859~1929), 칸토로비츠(Hermann Kantorowicz, 1877~1940) 등이 있다. 아래 자유법론에 대한 설명은 주로 장영민, 위의 논문에 기초한 것이다.

13) 1847년 폰 키르히만(v. Kirchmann)이 '학문으로서의 법학의 무가치성(Wertlosig-keit der Jurisprudenz als Wissenschaft)'이라는 제목의 강연에서 행한 유명

있는 사조로 독일의 이익법학(Interessenjurisprudenz)이 있다.14) 이는
법의 목적을 강조하는 예링의 주장, 개념법학에 대한 반발에서 출
발하여 실정법체계가 완결적이지 않고 흠결을 가지고 있으며 이는
이익개념을 통하여 보충되어야 한다고 하였다.15) 여기에서 이익은
바로 사회의 현실적 요구 및 필요성을 의미하는 것이다. 법관은 법
규정의 기초가 되는 이익의 대립 속에서 창조적인 이익평가활동을
통하여 스스로 법규정을 획득한 뒤 자신의 평가를 표현한다.16) 다
만 이익법학은 법의 흠결을 매우 넓게 인정하면서 법관의 법창조적
기능을 훨씬 과감하고 자유로운 형태로 제시하였던 자유법론에 비
하여, 법관의 법률에 대한 사려 깊은 복종을 강조함으로써 법해석
의 창조성과 법적 안정성을 조화시키고자 하였다.

　　미국으로 눈을 돌려보면, 법현실주의(legal realism)의 흐름을 살펴
볼 필요가 있다. 법현실주의는 1920년대 이후 미국의 컬럼비아 및 예
일 로스쿨 등을 중심으로 활발하게 전개되었던 일련의 학문적 움
직임이다. 이는 미국의 연방대법관을 지낸 올리버 웬델 홈즈(Oliver
Wendell Holmes)의 사상에서 그 기원을 찾을 수 있다. 홈즈는 "법의 생
명은 논리가 아니라 경험에 있다"라는 슬로건 하에서 논리적, 체계적
법리에 가려져 있는 사회현실에 대한 이해와 경험을 강조하였다.17)

한 언명인, '입법자가 세 마디만 고치면 모든 장서(법서)는 휴지가 되어 버린
다(Drei berichtigende Worte des Gesetzgebers und ganze Bibliotheken
werden zu Makulatur)'는 실정법에 대한 맹목적 추종을 겨냥한 것이다. Karl
Larenz, Methodenlehre der Rechtswissenschaft, 6. Aufl., 1991, S. 43.
14) 이익법학을 대표하는 학자들로는 헤크(Philipp Heck), 뤼멜린(Max von
Rümelin), 스톨(Heinrich Stoll) 등이 있다.
15) 오세혁, 법철학사, 2004, 210면.
16) 오세혁, 법철학사, 2004, 211~215면.
17) Oliver Wendell Holmes. Jr, The Common Law, 1944, p. 1.

그리고 사회현실을 제대로 이해하기 위하여 미래의 법학도는 통계학과 경제학의 명수가 되어야 한다고 주장하였다.[18] 만약 법이 완결된 규칙체계라면 왜 현실 속에서 그렇게 많은 송사가 발생하고, 그 결과를 예측하기 어려운 것인가? 홈즈는 이러한 의문점에 기초하여, 법관의 해석과정을 거쳐 만들어진 판결이 곧 법이고, 따라서 법이 무엇인가 하는 것은 법원이 실제로 어떻게 판단할 것인가에 관한 예언과 다름없다고 주장하였다.[19] 이러한 기반 위에서 법현실주의는 법의 불안정성(indeterminacy) 속에서 법관이 가지는 법창조적 역할을 강조한다. 삶의 역동성으로부터 비롯된 법의 생명력과 진화력에 주목한다. 도구주의적 법개념, 법창조자로서의 법관, 법적 안정성이라는 신화의 제거 등이 법현실주의를 대표하는 특징들이다.[20]

---

18) Holmes, The Path of Law, in Collected Legal Papers, p. 187.

19) Holmes, The Path of Law, in Collected Legal Papers, p. 173.

20) 吉田邦彦, 民法解釋と搖れ動く所有論, 2002, 25면 이하에서는 일본이 외견상 독일의 개념법학적 요소를 많이 차용하였지만 실제로는 미국의 법현실주의의 영향을 강하게 받아 이익형량적 사고가 발달하였다고 분석하고 있다.

제2절 형식적 관점과 실질적 관점

※ 이 절은 저자가 공간한 다음 문헌들에 주로 의거하여 작성하였다.
"초상권 및 사생활의 비밀과 자유, 그리고 이익형량을 통한 위법성 판단", 민사판례연구 제31집(2009. 2).
"소멸시효와 신의칙", 재산법연구 제26권 제1호(2009. 6).
"위험배분의 관점에서 본 사정변경의 원칙", 민사법학 제51권(2010. 12).
"2016년 민법 판례 동향", 민사법학 제78호(2017. 2).

1. 의 의

　　미국의 법학자 칼 르웰린(Karl Llewellyn, 1893~1962)은 계약법을 "삶이 형식에 대항하여 싸우는 것(Life struggling against form)"[21]이라고 말하였다. 이러한 언명은 계약법에만 국한되지 않는다. 본래 법은 삶을 다루는 도구이다. 로마인들은 법학이야말로 삶을 가장 구체적으로 탐구하는 것으로서 모든 학문들 가운데 가장 생동적인 것으로 여겼다.[22] 독일의 법학자 칼 엥기쉬(Karl Engisch, 1899~1990)는 "법과 법의 실제적 운용은 매일매일, 매 시간, 그리고 매 순간마다 우리가 무엇인가를 하거나 하지 않는 것을 규정함으로써 우리의 삶과 직접적인 관련을 맺는다."라고 하며 "법은 그저 일정한 틀을 제시하고, 이 틀 안에서 우리는 행위를 통해 우리의 삶을 형성한다."

---

21) Karl N. Llewellyn, *What Price Contract? An Essay in Perspective*, 40 Yale L. J. 704, 751 (193).

22) 칼 엥기쉬 지음, 안법영·윤재왕 옮김, 법학방법론, 2011, 5면.

라고 말하였다.23)

엉기쉬의 말에서 알 수 있듯이 법은 얼개를 제시한다. 그러므로 법은 속성상 형식(form)을 중시하지 않을 수 없다. 아무런 형식이 없는 무정형한 법은 법의 핵심 속성을 결여하게 되기 때문이다. 그러므로 법적 판단에서 형식을 중시하는 것 그 자체가 비난의 대상이 되어서는 안 된다. 그런데 법이 규율하고자 하는 삶의 실질(substance)은 형식과 늘 일치하지는 않는다. 따라서 법이라는 당위와 삶이라는 현실 사이에는 형식과 실질 사이의 긴장관계가 조성된다. 법관이 법이라는 형식에 삶이라는 실질을 담아내는 과정에서 형식과 실질의 관계를 어떻게 파악하는가에 따라 법관이 선언하는 법의 구체적인 모습이 달라질 수 있다.

법이라는 형식을 바라보는 두 가지 상반된 태도를 살펴보자. 한 쪽 극단에는 법이라는 형식을 절대시하는 입장이 있을 수 있다. 가령 개념법학은 법이라는 형식의 체계완결성을 중시하고, 그 속에 법관의 사고를 최대한 복속시키려는 입장을 취한다. 자유법 운동을 주도한 독일의 법학자 헤르만 칸토로비츠(Hermann Kantorowicz)는 자신의 저서 『법학을 위한 투쟁』 서두에서 그 당시를 지배하던 개념법학의 포섭 이데올로기를 다음과 같이 묘사한다.

지배적이고 전형적인 법률가상이 여기 있다. 대학 교육을 받은 국가기관의 한 고위관료는, 단지 사고하는 기계(Denkmaschine)로, 그러나 가장 완벽한 형식의 사고하는 기계로 무장한 채 직무실에 앉아 있다. 그의 유일한 가구는 그의 앞에 국가법전이 놓여 있는 녹색 책상이다. 사람들이 그에게 어떤 한 사건을 의뢰하는데 그것은 실제로

---

23) 칼 엉기쉬 지음, 안법영·윤재왕 옮김, 법학방법론, 2011, 60, 61면.

일어난 사건이거나 혹은 가상의 사건일 수도 있다. 하지만 그는 자신의 의무에 합당하게 순수한 논리적 작업과 오직 자신만이 가지고 있는 비법을 가지고서 입법가가 법전 속에 미리 정해놓은 결정을 고도로 정확하게 증명해낼 수 있는 능력을 지니고 있다.[24)]

이러한 개념법학의 효용은 쉽게 부정되어서는 안 된다. 프레데릭 헨리 로슨(Frederick Henry Lawson, 1911~1993) 교수는 개념의 중요성에 대해서 이렇게 말한다.

개념을 사용하는 일에 반대하여 혹평하는 바로 그 사람 역시 개념들 위에 구축되어 있는 법체계 하에서 철저히 교육을 받아서, 자신이 늘 이러한 개념을 얼마나 많이 쓰고 있는가를 깨닫지 못하는 것이다.[25)]

또한 그는 개념법학의 정수인 독일 민법전에 대해 이렇게 묘사한다.

영미법률가가 대륙법을 연구하는 주된 가치는, 칼로 자른 듯이 명확한 개념의 중요성을 보여준다는 점, 그리고 가장 개념주의적인 법전인 독일민법전을 예로 들면 더욱 그러한데, 정밀하게 고안된 一團의 법원칙과 법개념들이 무수한 組合의 構成單位로서 작용하여 이 조합들이 거의 모든 있을 수 있는 사실상태에 들어맞는다는 것을 증명해 보여주는 점이다.[26)]

하지만 "거의 모든 있을 수 있는 사실상태에 들어맞는" 개념은

24) 헤르만 칸토로비츠 지음, 윤철홍 옮김, 법학을 위한 투쟁, 2006, 21면.
25) 프레데릭 헨리 로슨 지음, 梁彰洙・全元烈 옮김, 大陸法入門, 1994, 90면.
26) 프레데릭 헨리 로슨 지음, 梁彰洙・全元烈 옮김, 大陸法入門, 1994, 89면.

허구에 가깝다. 심지어 독일 민법전도 여기에서 예외가 될 수 없다. 개념을 만들어 내는 사람의 관찰력과 상상력 부족, 그리고 부단하게 새로 발생하는 사실상태의 가변성과 다양성은 이러한 이상주의적인 개념법학을 비현실적인 것으로 만들기 때문이다. 이로써 법이라는 형식과 현실이라는 실질 사이의 관계가 불명확하거나 그 간극이 넓어지면 법관의 고민이 시작된다. 형식을 형식 그대로 존중하여 이를 최대한 따를 것인가, 아니면 실질 앞에서 형식을 완화할 것인가? 법이라는 틀을 강철로 만든 틀로 이해할 것인가, 아니면 고무줄로 만든 틀로 이해할 것인가? 법이 고무줄로 만든 틀이라면 얼마나 잡아당겨야 그 줄이 끊어져 더 이상 기존의 법과 동일성을 상실하는가?

유병진 판사의 이야기를 다시 한 번 들어보자.

필경 법은 자신의 不法不當을 교정하고 혹은 입법 후 사회사정의 변천으로 인한 법의 흠결을 보정하여 주는 어떠한 작용을 필요로 한다. 이것이 법에 대하여 재판관의 협력이 요청되는 소이인 것이다. 그러므로 법의 불완전성이 심할수록 법조정의 책무가 중대화될 것이며 그 정도가 극심함에 이르러서는 조정의 범위로부터 후견의 단계에로 이전하지 않으면 안 될 것이다. 이러한 의미에서 과도기에 있어서의 재판관의 주의심은 이러한 방면에 집중되어야 할 것이다. 그러나 구체적으로 이러한 작용을 어떻게 하느냐는 곤란한 문제이다.[27]

형식과 실질의 긴장관계는 여러 국면에서 발현된다. 이 책에서는 그 중 재판실무에서 많이 문제되는 두 가지 영역을 주로 검토한다.

---

27) 신동운 편저, 유병진 법률논집: 재판관의 고민, 2008, 99~100면.

첫 번째 영역은 법률해석이다. 법률해석에서도 형식(form)을 중시하는 입장과 실질(substance)을 중시하는 입장의 상호관계가 중요한 역할을 수행한다. 텍스트는 법률의 형식(form)에 해당하므로 형식을 중시하는 입장은 문리해석을 중시한다. 반면 목적은 법률의 실질(substance)에 해당하므로 실질을 중시하는 입장은 목적해석을 비롯한 비(非)문리해석을 중시한다. 이를 염두에 두고 법률해석, 나아가 민법의 해석에 있어서 문리해석과 비문리해석의 관계에 대해 살펴본다.

두 번째 영역은 규칙(rule)과 기준(standard)이다. 법원이 적용하는 규범에는 명확하고 일도양단적인 규칙(rule)과 유연하고 종합적인 기준(standard)이 공존한다. 전자는 형식주의적인 접근을, 후자는 실질주의적인 접근을 지향한다. 전자는 법적 안정성을, 후자는 구체적 타당성을 지향한다. 그러므로 규칙과 기준은 형식과 실질의 문제와 관련이 있다. 이를 염두에 두고 규칙과 기준에 대해 살펴본다.

2. 법률해석에 나타난 형식과 실질

가. 법률해석 일반

법관은 구체적 사건과 관련하여 법을 해석하고 적용하는 사람이다. 따라서 법률해석은 계약해석과 더불어 법관들이 가장 자주 행하는 작업이다. 그만큼 법률해석의 중요성은 지대하다. 법률해석은 언어에 규범적 생명력을 불어넣는 작업이다. 그러한 의미에서 법률해석은 마법과 같은 것이다. 그런 만큼 법률해석은 만만한 작업이 아니다. 흔히 법관은 법을 발견하는 주체라고 한다. 이러한 언명이 틀린 것은 아니다. 그러나 길을 가다가 떨어진 동전을 발견하려고 애쓰듯이 법전을 꼼꼼하게 쳐다본다고 하여 늘 바로 법규범을 발견할 수 있는 것이 아니다. 오히려 법률해석은 자연적인 상태의 법률 텍스트를 경쟁적인 여러 가지 관점의 각축장 속에서 가장 설득력 있는 상태로 부활시키는 고도의 규범 가공 작업이다. 그러한 점에서 법률해석은 단순한 인식 작용을 넘어서서 형성 작용이기도 하다. 그러므로 법관은 자신을 단지 '법률을 말하는 입'으로 평가절하할 필요가 없다. 법관은 자연적인 언어 상태로 누워 있는 법률을 실제 삶 속에서 일으켜 세워 권위를 부여하는 중대한 역할을 수행한다. 따라서 법률해석을 대하는 법관의 태도는 진지해야 한다. 김영환 교수의 다음 조언을 새길 필요가 있다.

> … 법을 해석하는 사람은 법을 공정하게 적용하기 위해 항상 자기가 하는 일이 과연 무엇이고, 그것은 어떤 이론적 구조를 갖고 있으며, 더 나아가 그것을 통제하는 합리적 기준은 무엇인가를 반드시 한 번쯤은 생각해 보아야 한다. 그래야만 비로소 법의 해석과 적용은 일정한 절차에 따라 이루어질 뿐만 아니라 이에 대한 규범적 통제도 검증된 기준에 의해 가능하다는 점을 알게 될 것이다.[28]

그런데 법률은 다양하고, 법률이 적용되는 사안은 더욱 다양하다. 사실 이 세상에 완전히 동일한 사안은 존재하지 않는다. 그리고 법률해석은 구체적 사안에 관한 재판이라는 실천적 활동을 통해서

---

28) 김영환, "법학방법론의 이론적 체계와 실천적 의의 — 소위 GS 칼텍스 사건을 중심으로 —", 법철학연구 제17권 제3호(2014), 11면.

생명력을 얻는다. 그러므로 법률해석도 다양한 모습으로 나타난다. 이러한 법률해석은 법관의 주관적 가치판단으로부터 완전히 자유로울 수는 없다. 그러나 객관적인 방향성이나 체계성이 결여된 채 법관의 주관적 가치판단에만 맡긴다면 법률해석은 자의(恣意)로 점철될 것이다. 수범자인 국민의 예측가능성을 심히 저해하게 될 것이다. 이러한 사태를 막기 위해 법률해석의 객관성을 담보하기 위한 방법론이 필요하다.

일반적으로 우리나라에서는 문리해석, 역사적 해석, 체계적 해석, 목적적 해석의 4가지 해석방법이 제시되고 있다.[29] 문리해석은 법률의 문언에 기초한 해석이다. 역사적 해석은 입법자의 의사에 기초한 해석이다. 체계적 해석은 다른 조항 또는 다른 법률과의 체계적 연관을 고려한 해석이다. 목적적 해석은 법률이 추구하는 목적에 기초한 해석이다.

이 중 문리해석은 문언에 기초한 해석방법으로 다른 해석방법에 비해 상대적으로 형식(form)을 중시한다. 반면 그 외의 해석방법들, 즉 비문리해석은 입법자의 의사나 법률의 체계, 법률의 목적에 기초한 해석방법으로 문언해석에 비해 상대적으로 실질(substance)을 중시한다. 특히 문리해석은 입법자의 의사나 법률이 추구하는 정책적 목적 등 법률 외적인 요소가 아니라[30] 법률 안의 문언을 중

---

29) 김용담 편, 주석민법, 물권(1), 제4판, 2010, 86면(윤진수 집필부분).

30) 입법자의 의사나 법률의 목적도 법률 자체에 내재한 요소라고 못 볼 바는 아니다. 그러나 적어도 입법자의 의사는 언제나 법률 자체의 내용만으로 확정할 수 있는 것은 아니다. 심지어 입법자료를 보면 법률 자체로부터 추지되는 내용과 다른 입법자의 의사를 발견하게 되는 경우도 드물지 않다. 또한 법률의 목적이 법률에 규정되어 있는 경우에는 법률 내적 요소라고 볼 수 있지만, 언제나 그러한 규정이 존재하는 것은 아니다. 또한 목적주의적 해석은 사회의 변화에 따라 법률의 목적도 달라질 수 있다고 보기 때문에 그 점에서도 법률 외적 영향을 받는 것이다.

시한다는 관점에서 법 형식주의(legal formalism) 또는 법 실증주의(legal positivism)의 특징을 가지고 있다. 따라서 법률해석 안에서도 형식과 실질의 긴장관계가 존재한다.

위와 같은 해석방법 사이의 상호관계나 우열관계에 대해서는 확립된 기준이 없다. 또한 법률해석은 개별 사안 내에서 이루어지는 것이므로 이러한 개별성을 무시한 채 해석방법 사이의 일반적인 우선순위를 정하여 획일적으로 관철하는 것도 적절하지 않다. 그러나 적어도 문리해석이 법률해석의 출발점이라는 점에 대해서는 이견이 없다.[31] 우리나라 대법원도 법률해석에 관하여 "가능한 한 법률에 사용된 문언의 통상적인 의미에 충실하게 해석하는 것을 원칙"으로 한다고 하여 문리해석이 법률해석의 원칙임을 밝히고 있다.[32] 성문법 국가에서 법률은 텍스트(text)로 구성되므로 법률해석은 그 성격상 텍스트의 해석일 수밖에 없기 때문이다. 텍스트는 문언(文言)의 집합이므로 법률해석은 곧 문언의 해석이기도 하다. 법관은 언어를 다루는 자로서 세상사의 이치와 운영 규칙을 담고 있는 문언의 해석을 통하여 인간의 법적 운명을 좌우한다. 법은 곧 말을 둘러싼 다툼(Streit um Worte)이다.

문언은 문리해석의 중요한 기초일 뿐만 아니라 입법자의 의사, 법률의 목적, 법질서 내에서의 체계성 등 다른 해석방법의 핵심 요소들을 추론하는 요긴한 수단이다. 입법자의 의사, 법률의 목적, 법질서 내에서의 체계성도 결국 문언으로 표현되기 때문이다. 그러한 점에서 문언은 법률해석의 여정에서 가장 확실한 안내자이다. 그

---

31) 김용담 편, 주석민법, 물권(1), 제4판, 2010, 86면(윤진수 집필부분); 김영환, "형법해석의 한계 — 허용된 해석과 금지된 유추와의 상관관계", 신동운 외, 법률해석의 한계, 2000, 33면.

32) 대판 2009. 4. 23, 2006다81035; 대판 2010. 12. 23, 2010다81254 등 참조.

이외에도 문언은 객관적이고 검증이 가능한 형태로 존재한다는 장점을 가진다. 따라서 문언에 기초하여 이루어지는 문리해석은 법적 안정성의 제고에 크게 이바지한다. 이러한 측면에서 보면 문리해석은 가장 신뢰할 만하고 안정적인 해석방법이다.

그러나 언제나 문리해석만으로 모든 법률의 내용을 명확히 밝힐 수는 없다. 문언의 추상성(抽象性)은 피할 수 없는 것이어서 구체적인 현실을 담아내는 데에는 한계가 있다. 문언의 다의성(多義性)도 피할 수 없는 것이어서 현실을 한 가지 의미로만 재단하는 데에는 한계가 있다.

이러한 문언의 한계 때문에, 문리해석 이외에도 비문리해석을 통하여 문언 이외의 요소들을 고려함으로써 법률의 의미를 확정해야 할 경우가 많다. 그래서 켈수스는 학설휘찬(Digest)에서 "법률을 안다는 것은 법률에 쓰인 단어에 얽매이는 것이 아니라 그 의미와 목적을 새길 줄 아는 것이다."라고 선언한다.[33] 이러한 견지에서 판례는 "법률의 입법 취지와 목적, 그 제·개정 연혁, 법질서 전체와의 조화, 다른 법령과의 관계 등을 고려하는 체계적·논리적 해석방법을 추가적으로 동원함으로써, 위와 같은 법해석의 요청에 부응하는 타당한 해석이 되도록 하여야 한다."고 밝히고 있다.[34] 일반적인 법률해석 방법론의 관점에서 본다면 여기에서 "법률의 입법 취지와 목적"은 목적적 해석, "그 제·개정 연혁"은 역사적 해석,

---

33) Dugest, Ⅰ. 3. 17.
34) 대판 2009. 4. 23, 2006다81035; 대판 2010. 12. 23, 2010다81254. 대판 2014. 1. 29, 2013도12939에서는 "법규범의 의미내용은 그 문언뿐만 아니라 입법목적이나 입법 취지, 입법 연혁, 그리고 법규범의 체계적 구조 등을 종합적으로 고려하는 해석방법에 의하여 구체화"한다고 규정하는데 이 역시 같은 취지임.

"법질서 전체와의 조화, 다른 법령과의 관계"는 체계적 해석을 각각 염두에 둔 것이다.

그러므로 언제 문리해석에 기댈 것이고, 언제 비문리해석에 기댈 것인가의 경계선을 긋는 것은 법률해석에서 가장 어렵고도 중요한 작업이다. 일반적으로는 다음과 같이 말할 수 있다.

첫째, 문리해석은 위에서 본 바와 같이 법률해석의 유용하고 신뢰할 만한 출발점을 제공한다. 문언만큼 법의 내용을 확실하고 고정적으로 나타내는 수단은 없기 때문이다. 다만 그것은 문리해석이 법률해석의 종착점이라는 것을 뜻하지는 않는다. 오히려 법률의 문언은 구체적으로 타당한 결론의 도출이라는 법률해석의 종착점을 향하여 나아가는 과정에서 입법 취지와 목적 등을 실현할 수 있는 방향으로 해석되어야 할 대상이다. 우리 대법원도 여러 차례에 걸쳐서 법률해석의 목표를 "법적 안정성을 저해하지 않는 범위 내에서 구체적 타당성을 찾는 것"이라고 선언한 바 있다.[35] 이처럼 「구체적 타당성」을 찾는 법률해석을 원칙으로 하되 「법적 안정성」을 그 해석의 한계로 설정하는 법률해석방법은 문리해석에 과도하게 의지하여 법원이 추구해야 할 구체적 타당성을 해하는 것을 회피하기 위한 해석방법이기도 하다.

둘째, 비문리해석은 문리해석의 경계선, 즉 "문언의 가능한 범위"를 획정하는 데에 도움을 준다. 문언의 가능한 범위의 경계선은 앞서 보았듯이 "법률의 입법 취지와 목적, 그 제·개정 연혁, 법질서 전체와의 조화, 다른 법령과의 관계" 등을 고려하여 유연하고 합목적적으로 결정되어야 한다. 그런데 비문리해석이 지나쳐 법률의 문언 자체를 무색하게 만드는 것은 더 이상 해석이 아니라 사실

---

35) 대판 2009. 4. 23, 2006다81035; 대판 2010. 12. 23, 2010다81254 등 참조.

상 입법으로 나아간 것이므로 이 역시 자제하여야 한다. 사법부나 행정부 등 법령해석주체가 해석의 이름 아래 사실상 입법을 하는 것은 권력분립원칙에 위배된다. 권력분립원칙은 국민들을 구속하거나 강제하는 법은 오로지 국민들이 선출한 대표에 의해 만들어져야 하는 것이고 민주적 정당성이 취약한 사법부나 행정부에 의하여 만들어져서는 안 된다는 심중한 이념에 기초한 것이다. 따라서 해석의 이름 아래 행해지는 사실상 입법은 법치주의의 이름 아래 행해지는 민주주의에 대한 위협이기도 하다.

이처럼 복잡다기하고 미묘한 작업을 수행함에 있어서 법관이 형식과 실질 중 어느 쪽을 중시하는가는 법률해석의 결과에 실로 적지 않은 영향을 미친다. 또한 법관이 권력분립원칙이나 사법부의 적극성에 대해 어떤 생각을 가지는가도 법률해석의 결과에 영향을 미친다.

이러한 두 가지 입장은 어려운 법률해석 사안에서 서로 충돌하기도 한다. 형사판결이기는 하지만, 대법원 1978. 4. 25. 선고 78도246 전원합의체 판결은 실질적인 법률해석에 대한 생각을 잘 드러내 주는 판결이다. 이 판결에서는 형법 제55조 제1항 제6호의 벌금을 감경할 때의 「다액」의 2분의 1이라는 문구를 「금액」의 2분의 1이라고 해석하여 그 상한과 함께 하한도 2분의 1로 내려가는 것으로 해석할 수 있는지가 쟁점이 되었다. 예를 들면 벌금이 상한 500만 원, 하한 200만 원이라면 벌금 감경의 결과 상한 250만 원, 하한 100만 원으로 내려가는 것인지, 아니면 상한만 250만 원으로 내려가는 것인지의 문제였던 것이다.

다수의견은 실질적인 법 해석을 지지하면서 입법부와의 관계에서 법관의 법 형성의 경계를 널찌감치 확장하였다.

형법조문을 엄격하게 해석해야 한다는 요청은 이를 자의로 해석함으로써 국민들에게 불이익하게 법률을 적용하는 것을 막자는데 있는 것이지(소위 죄형법정주의의 일단면) 입법정신을 해하지 않는 범위 내에서 국민들에게 불이익이 되지 않는 방향으로 그리고 합리적으로 해석하는 것까지도 절대적으로 금하려는 것은 아닌 것으로 생각된다. 또 사회현상이 급속도로 변천되고 법률이 미처 그 사회변천에 따라가지 못하여 그 법률과 사회실상과의 괴리가 심하게 되어서 해석여하에 따라서 그 결과가 심히 부당하게 혹은 국민에게 가혹한 결과를 가져온다고 보일 때에 이를 완화하는 방향으로 "해석"함은 형법해석에서도 불가능한 것이 아닐 뿐 아니라 필요한 것이라고 할 것이다(대법원 1973. 9. 13. 선고 77도2114 판결 참조).

도대체 모든 법은 법규정의 본질을 바꾸는 정도의 것이 아닌 한도에서 이를 합리적으로 해석함으로써 뒤쳐진 법률을 앞서가는 사회현상에 적응시키는 일방 입법기관에 대하여 법률의 개정 등을 촉구하는 것은 법원의 임무에 속하는 일이라 할 것이고, 그 뒤쳐진 법규정의 재래적 해석, 적용이 부당한 결과를 초래한다는 것을 알면서도 법률 개정이라는 입법기관의 조치가 있을 때까지는 이를 그대로 따를 수밖에 없다고 체념해 버리는 것은 온당치 않은 태도라고 할 것이다.

반면 반대의견은 형식에 대한 존중의 필요성을 피력하면서 법관의 제자리 지키기를 촉구하였다.

무릇 재판할 사안에 대하여 적용할 법규가 없을 경우 법관이 법률이념에 맞도록 다른 법규를 유추적용한다던가 또는 법규가 있기는 있으되 그 의미 내용이 모호 애매할 경우 법관이 그 입법취지에 따라 적절한 해석을 함으로써 그 법규의 의미내용을 확정한다던가 하는 작업은 법관의 직권인 동시에 직무라 할 것이고, 그와 같은 작업의 결과가 법률의 형식적 연원의 하나가 될 때 이를 판례입법이라고 일컫는다.

그러나 위와 같은 경우가 아니고 법률에 명문규정이 있어 그 의미내용이 명확할 경우에는 비록 그 법규가 그보다 앞질러 진전하는 경제 기타 사회적 실정에 아니 맞는다 하더라도 법관은 모름지기 국회의 입법작용에 의한 개정을 기다려야 할 것이지 사회적 실정에 맞게 하기 위한다 하여 또는 피고인에게 유리하게 해준다 하여 명문규정을 억지로 고쳐서 적용하여서는 아니된다 할 것이다.

따라서 본건 다수설과 같이 다액이라는 명문을 금액으로 고쳐서 해석한다는 것은 법관의 법률해석권의 범위를 일탈하여 국회의 입법권을 침해하는 것이라는 비난을 받아도 할 말이 없을 것이다.

널리 일반적 법률에 있어서도 그러하거늘 황차 죄형법정주의가 지배하는 형벌 법규에 있어서랴.

죄형법정주의와 유추해석금지의 원칙이 적용되어 문언에 따른 해석이 더욱 강조되는 형법 분야에서도 이러한 사상적 충돌이 목도되는 것은 매우 흥미로운 일이다. 그 외에도 대법원은 「폭력행위등처벌에 관한 법률」 제3조가 흉기 기타 위험한 물건을 휴대하여 폭행 등의 범죄를 범한 자를 가중처벌하는 것과 관련하여 그 조항의 목적론적 이해를 바탕으로 승용차를 운전하여 폭행한 경우도 "휴대"의 개념에 포함시킴으로써 휴대라는 말이 일상적으로 가지는 의미, 즉 손에 들거나 몸에 지닌다는 문언적 의미해석의 범주를 과감하게 확장한 해석을 한 바 있는데,36) 이는 그 뒤에 형법학자들과

---

36) 대판 1997. 5. 30, 97도597. 그 이외에 형법 제170조 제2항 소정의 '자기의 소유에 속하는 제166조 또는 제167조에 기재한 물건'에 관한 대결(전) 1994. 12. 20, 94모32도 참조. 이 결정의 다수의견에 대해서는 우리말의 보통의 표현방법에 반하여 허용될 수 없는 해석이라는 취지의 반대의견이 제시되었다.

법철학자들 사이에 법률해석에 관한 건설적인 논쟁거리가 되기도 하였다.37)

결국 정당한 법률해석과 사실상 입법의 경계선은 대부분 법률의 문언을 얼마나 확장하거나 유추하여 해석할 수 있는가, 즉 문언의 해석가능 범위에 따라 결정된다. 문언 해석가능범위를 넘어선 해석은 이미 입법의 영역에 들어선 것이기 때문이다. 그러한 의미에서 문언의 해석가능범위는 사법부나 행정부가 해석의 이름 아래 기만적으로 입법부의 입법권을 침해하지 않도록 제어하는 방파제의 기능을 수행한다.

이러한 문언의 해석가능범위는 그 문언의 구체적인 내용과 형태, 문언이 담겨 있는 해당 법률의 목적과 성격, 문언의 일상적인 용례, 문언에 대한 수범자들의 일반적인 이해, 문언 확장의 필요성, 동일한 문언을 사용하는 다른 조항 내지 다른 법률들과의 체계적 관계 등을 종합적으로 고려하여 개별 사안 내에서 결정될 수밖에 없다. 다만 문언의 확장해석 내지 유추해석을 엄격하게 볼 것인가, 아니면 너그럽게 볼 것인가에 관해 다음과 같은 일반적인 지침을 제시할 수는 있다.

첫 번째 지침은 해당 법률 규정의 침익가능성(侵益可能性)을 고려해야 한다는 점이다. 즉 어떤 법률 규정의 문언을 확장하거나 유추함으로써 수범자의 이익을 일방적으로 침해하게 되는 해석은 엄격하게 이루어져야 한다. 이러한 해석의 엄격성은 죄형법정주의가 적용되는 형사법 분야에서 가장 두드러지게 나타난다. 죄형법정주의는 국가형벌권의 자의적인 행사로부터 개인의 자유와 권리를 보호하기 위하여 범죄와 형벌을 법률로 정할 것을 요구하는 원칙이

---

37) 신동운 외, 법률해석의 한계, 2000 참조.

다. 이러한 정신에 비추어 범죄와 형벌에 대한 법률 조항의 해석은 국가형벌권의 자의적인 행사를 최대한 억제하는 것이어야 한다. 따라서 형벌법규의 해석은 엄격하게 하여야 한다.[38] 이러한 엄격해석의 원칙 때문에 형벌법규의 확장해석과 유추해석은 금지된다.[39]

　행정제재를 규정하는 법률의 해석 역시 엄격하게 이루어져야 한다. 행정제재 역시 국민의 자유와 재산권을 제한하는 침익적 성격의 국가작용이기 때문이다. 이러한 견지에서 대법원은 "침익적 행정행위의 근거가 되는 행정법규는 엄격하게 해석·적용하여야 하고 그 행정행위의 상대방에게 불리한 방향으로 지나치게 확장해석하거나 유추해석해서는 안 되며, 그 입법 취지와 목적 등을 고려한 목적론적 해석이 전적으로 배제되는 것은 아니라고 하더라도 그 해석이 문언의 통상적인 의미를 벗어나서는 안 된다."라는 입장을 취한다.[40] 문언의 해석가능범위가 문언의 "통상적"인 의미, 즉 그 문언으로부터 자연스럽게 추출되는 의미의 범위까지 축소되고 있는 점은 특기할 만하다.

　침익적 규정에 대한 엄격해석의 원칙은 조세법규에도 미친다. 세금의 부과는 국민의 재산에 대한 침익적 성격을 띠기 때문이다. 따라서 조세법률주의의 원칙상 조세법규는 특별한 사정이 없는 한 법문대로 해석하여야 하고, 합리적 이유 없이 이를 확장해석하거나 유추해석하는 것은 허용되지 않는다.[41]

　두 번째 지침은 해당 법률 해석이 예측가능성(豫測可能性)을 침

---

38) 대판 2011. 8. 25, 2011도7725; 대판 2013. 11. 28, 2012도4230 등.

39) 대결(전) 1994. 12. 20, 94모32.

40) 대판 2008. 2. 28, 2007두13791, 13807; 대판 2013. 12. 12, 2011두3388 등.

41) 대판 1994. 2. 22, 92누18603; 대판 2008. 1. 17, 2007두11139; 대판 2008. 2. 15, 2007두4438; 대판 2009. 9. 10, 2009두5343 등.

해할 가능성을 고려해야 한다는 점이다. 즉 어떤 법률의 문언을 확장하거나 유추함으로써 수범자의 예측가능성을 일방적으로 침해할 우려가 있는 해석은 엄격하게 이루어져야 한다.[42] 이 점에서 예측가능성은 법률해석에 있어서 중요한 고려요소이다.[43]

법률은 단지 국가가 국민을 일방적으로 규율하기 위한 통치수단이 아니다. 법률은 국가와 국민 사이의 의사소통(communication)수단이다. 법률은 국민을 고권적으로 규율하는 규범이기도 하지만, 한편으로는 국민의 수권(授權) 없이는 존재할 수 없을 뿐만 아니라, 국민의 예측가능성과 신뢰를 지켜주는 범위 내에서만 그 실효성(實效性)을 유지하여 생명력을 가질 수 있다. 법률의 제정 또는 개정 과정에서 그 법률에 주된 이해관계를 가지는 국민들로부터 광범위하게 의견을 수렴하고자 노력하는 것도 이러한 법률의 의사소통적 측면 때문이다. 법률해석도 본질적으로 다르지 않다. 따라서 법률해석은 규율주체인 국가와 수범주체인 국민 사이의 상호이해와 상호신뢰의 기반 위에서 이루어져야 한다. 이러한 상호이해와 상호신뢰를 저버린 자의적이고 일방적인 법률해석은 법률의 생명력을 갉아먹는 불의타(不意打)로서 경계해야 할 대상이다.

이러한 예측가능성을 고려함에 있어서는 어떤 법률조항의 문언이 통상적으로 어떤 의미로 사용되는지, 나아가 그 문언이 해당 법률의 다른 조항 또는 다른 법률에서 어떻게 사용되는지를 살펴야

---

42) 예측가능성의 침해도 넓게 보면 일종의 침익(侵益)이지만, 앞서 본 침익가능성의 문제는 형사처벌이나 행정벌, 조세부과 등 현실적이고 직접적인 제재와 결부되는 반면, 예측가능성의 문제는 그러한 현실적이고 직접적인 제재를 반드시 요구하지 않는다는 점에서 구별된다.
43) 예측가능성 및 자의적 법집행 배제 확보에 대해 언급하는 대판 2014. 1. 29, 2013도12939 참조.

한다. 만약 어떤 문언이 통상적으로 국민들에게 이해되지 않는 의미로 해석되거나 다른 법률조항 내지 법률에서의 용례와 다른 의미로 해석되는 경우에는 국민들의 예측가능성을 해칠 수 있기 때문이다. 만약 이러한 예측가능성이 해쳐지지 않는 경우라면 문언의 가능한 범위는 좀 더 유연하게 늘어날 수 있을 것이다.

대법원 2013. 7. 25. 선고 2012두28438 판결은 이러한 관점에서 그 의미를 음미해볼 만하다. 이 사건에서는 구 국민건강보험법 제84조 제2항의 '서류'와 구 의료급여법 제32조 제2항의 '관계서류'에 전산기록이 포함되는지 여부가 다투어졌다. 이 사건의 원고는 국민건강보험법상 요양기관이자 의료급여법상 의료급여기관을 운영하는 의사였다. 한편 피고 보건복지부장관과 건강보험심사평가원, 국민건강보험공단 소속 각 직원들은 위 조항에 의거하여 이 사건 의원의 진료내역에 대한 현지조사를 실시하였다. 위 직원들은 원고에게 조사의 목적상 진료기록부, 본인부담금수납대장 등 보험급여 및 의료급여 관계서류(위 기록을 전산기록장치에 의하여 저장·보존하는 경우 그 전산기록 포함)의 제출을 요구하였다. 이러한 관계서류를 전산기록으로 기록하고 보존하는 것도 관행이었고, 그 제출을 요구하여 조사를 실시하는 것도 관행이었다.

그런데 원고는 물리치료대장, 본인부담금수납대장 등을 제출하였을 뿐 전산기록장치에 의하여 저장·보존하고 있던 진료기록 등 전산자료의 제출요구에는 응하지 않았다. 일반적으로는 잘 일어나지 않는 일이 일어난 것이다. 원고가 피고의 거듭된 제출요구에 불응하자 피고는 원고에 대하여 국민건강보험법 제85조 제1항 제2호, 제5항, 같은 법 시행령 제61조 제1항 별표 5 제1호 나목에 따라 1년의 요양기관업무정지처분을 하고, 의료급여법 제28조 제1항 제3

호, 제6항, 같은 법 시행규칙 제33조 별표 3 제1호 나목에 따라 1년
의 의료급여기간업무정지처분을 하였다.

　　원고는 위 법률상으로는 '서류' 제출의무만 있을 뿐 '전산기록'
제출의무는 없다고 주장하면서 위와 같은 행정처분의 취소를 구하
는 소를 제기하였다. 1심 법원은 '서류'에는 '전산기록'이 포함될 수
없다는 이유로 원고의 손을 들어주었으나,[44] 2심 법원은 그 반대의
이유로 피고의 손을 들어주었다.[45] 1심 법원은 좀 더 엄격한 문리
해석을, 2심 법원은 다소 느슨한 문리해석을 한 것이다. 이에 대해
대법원은 2심 법원의 결론을 그대로 유지하면서 다음과 같이 판시
하였다.

　　구 의료법에서 진료기록부 등을 전자서명이 기재된 전자문서로 작
　　성·보관할 수 있도록 하고 있고, 의료급여법 시행규칙에서는 의료급
　　여비용의 청구에 관한 서류를 자기매체에 저장하거나 전자문서로 보
　　존할 수 있도록 하고 있는 점, 구 건강보험법 시행규칙(2012. 8. 31.
　　보건복지부령 제157호로 전부 개정되기 전의 것) 제46조 제1항에서
　　도 요양급여비용 청구와 관련된 서류를 자기매체에 의하여 저장하고
　　있는 경우에는 그 자료를 보존하도록 하고 있는 점, 위와 같은 자료
　　들은 피고가 요양급여비용과 의료급여비용의 적정 여부를 조사하는
　　데에 반드시 필요한 자료들로서 이를 제출받지 못하면 구 건강보험
　　법 제84조 제2항과 구 의료급여법 제32조 제2항이 규정한 서류제출
　　명령제도의 입법 취지를 달성하기 어려운 점 등을 종합적으로 고려
　　하면, 위 각 법률조항의 서류에는 전산기록도 포함되는 것으로 해석
　　하는 것이 위 각 법률조항의 입법 취지나 목적, 관계 법령의 내용과

---

44) 서울행판 2011. 11. 10, 2011구합12603.
45) 서울고판 2012. 12. 7, 2011누43135.

체계에 맞는 해석이다.

그뿐만 아니라, 구 의료법 제61조 제1항은 피고 등이 관계 공무원으로 하여금 진료기록부 등 관계 서류를 검사하게 할 수 있다고 규정하고 있는데, 위 조항의 진료기록부에는 전자의무기록도 포함되므로 (구 의료법 제22조 제2항) 위 조항의 관계 서류에 전산기록도 포함된다고 해석되는 점, 구 건강보험법 제84조 제4항에 의하면 피고는 요양급여비용의 심사청구를 대행하는 단체에 대하여 필요한 자료의 제출을 명할 수 있는데 그 필요한 자료에 전산기록도 포함되는 것으로 해석되는 점 등을 아울러 보더라도, 구 건강보험법 제84조 제2항과 구 의료급여법 제32조 제2항의 '서류'에는 전산기록까지 포함된다고 해석하는 것이 타당하다.

여기에서 대법원은 주로 다른 법령 조항들과의 체계적 정합성, 해당 법률의 목적을 들어 '서류'에 '전산기록'이 포함된다고 해석하고 있다. 그런데 그 외에도 '서류'에 대한 사회 일반의 인식 변화도 이러한 해석에 고려되었을 것이다. 최근 우리 사회는 디지털화가 고도로 진행되어 서류를 작성, 보존, 송수신하는 과정은 사실상 대부분 전산자료의 형태로 이루어지는 것이 현실이다. 가령 일반인이 서류를 주고받는다고 말하면서도 실제로는 메일을 통해 전산자료를 주고받는 경우도 비일비재하다. 이러한 변화를 반영하여 여러 법률들이 전자문서나 전자서류에 관하여 규정하고 있고,46) 시행령

---

46) 예컨대 「독촉절차에서의 전자문서 이용 등에 관한 법률」 제6조는 지급명령서 등의 서류를 전자문서로 작성할 수 있도록 허용하고 있고, 「민사소송 등에서의 전자문서 이용 등에 관한 법률」 제10조 제3항은 전자문서를 원래의 서류와 동일한 것으로 본다고 규정하고 있으며, 지방자치법 제40조 제4항이나 종자산업법 제9조의2 제1항은 전자문서의 제출을 서류제출의 한 방법에 포함시키고 있고, 국세기본법 제8조 제1항이나 지방세기본법 제28조 제1항은 서류의 전자송달(이는 전산자료 형태의 서류를 예정한 것이다)에 관해 규정하고 있다.

이나 시행규칙의 단계에서는 전자문서를 포함하는 개념으로 서류라는 용어를 사용하는 예들도 발견된다.[47] 의료계에서도 전산자료는 자료제출요청권의 대상에 포함되는 것으로 오랫동안 이해해 왔고, 보건복지부가 요양기관으로부터 전산자료를 제출받아 보험급여의 적정성을 평가하는 것은 특별한 이의 없이 오랜 기간에 걸쳐 형성되고 승인된 질서였다. 물론 이러한 관행이 있다고 하여 반드시 그 관행에 부합하게 법률해석을 하여야 하는 것은 아니지만, 뒤집어 보면 바로 이러한 관행이 존재하여 왔기 때문에 이제 법원이 서류의 개념에 전산기록 내지 전산자료를 포함시켜 해석한다고 하더라도 새삼스럽게 요양기관의 예측가능성이나 법적 안정성을 해친다고는 할 수 없는 것이다. 그러므로 수범자의 예측가능성을 고려한다면 서류에 전산자료를 포함시켜 이해하는 것이 문언의 가능한 범위를 벗어난다고는 보기 어렵다.

나. 민법의 해석

(1) 민법 해석의 특성

지금까지는 법률해석 일반론에 대해 주로 살펴보았다. 그런데 이 책에서 다루는 민법 분야의 법률해석은 어떠한가? 흥미로운 것은 헌법이나 형법, 행정법 등 공법(公法) 분야와는 달리 민법이나 상법과 같은 사법(私法) 분야에서는 일반적인 법률해석론에 입각한 해석 논증이 그다지 행해지지 않고 있다는 점이다. 이는 아마도 민법

---

47) 5·18 민주화운동 관련자 보상 등에 관한 법률 시행령 제15조, 가석방관리규정 제13조 제1항, 119구조·구급에 관한 법률 시행규칙, 특허법 시행규칙 제1조의2 제2호, 의료급여법 시행규칙 제11조 제1항 제6호.

은 입법자의 결단이나 정책목표의 수단이라는 측면보다는 수천 년 동안 여러 나라에서 숱한 검증을 거쳐 탄탄하게 완성된 기존의 법리 체계를 수용한 결과물로서의 측면이 강하기 때문일 것이다. 따라서 민법을 주로 다루는 법률가나 법학자는 판례나 학설을 통하여 정립된 법리 체계에 의거하여 해석작업을 수행하고, 위에서 본 바와 같은 형식과 실질, 문리해석과 비문리해석, 정당한 법률해석과 사실상 입법 사이에서 치열하게 고민하지는 않는 경향이 있다. 그러나 민법도 실정법인 이상 민법을 해석함에 있어서 법률해석 일반론의 배후에 있는 위와 같은 이론적 고민을 하지 않을 수 없다.

우선 민법의 해석과 다른 법의 해석은 동일해야 하는가? 그렇다고 보기는 어렵다. 각 법률은 스스로의 목적과 특성을 지닌다. 법률해석작업에서는 이러한 목적과 특성이 고려되어야 한다. 가령 형법의 해석과 민법의 해석이 동일할 수는 없다. 형법은 사람을 처벌하는 문제를 다루지만, 민법은 사람과 사람 사이의 사적인 법률관계를 조정하는 문제를 다루기 때문이다. 따라서 죄형법정주의나 유추해석 금지의 원칙과 같이 형법에서 금과옥조처럼 여겨지는 법률해석의 일반 원칙은 민법에 그대로 적용되지 않는다. 오히려 민법에서는 유추적용이 매우 활발하게 행하여진다.48) 이러한 민법 해석

---

48) 예컨대 대리권남용에 대해 비진의표시에 관한 민법 제107조 제1항 단서를 유추적용한 대판 1987. 11. 10, 86다카371; 등기기간의 승계에 대해 점유기간의 승계에 관한 민법 제199조를 유추적용한 대판(전) 1989. 12. 26, 87다카2176; 불법행위의 피해자가 합리적 이유 없이 손해경감조치의무를 이행하지 않을 경우 민법 제763조, 제369조의 과실상계 규정을 유추적용한 대판 1992. 9. 25, 91다45929; 비법인사단에 대하여 사단법인에 관한 민법 규정을 유추적용한 대판 1992. 10. 9, 92다23087; 채권양도가 해제 또는 합의해제된 경우에 민법 제452조 제1항을 유추적용한 대판 2012. 11. 29, 2011다17953; 의사능력의 흠결을 이유로 법률행위가 무효가 되는 경우에도 무능력자의 책임을 제한하는 민법 제141조 단서 규정이 유추적용된다고 한 대판 2009. 1. 15, 2008다58367; 사용자 소유의 수개의 부동산 중 일부가 먼저 경매되어 그

작업의 특수성은 민법과 헌법, 또는 민법과 행정법을 비교할 때에도 나타날 것이다.

그렇다면 민법 해석의 특징은 무엇인가? 이 점은 별도의 연구 주제로 진지하게 탐구되어야 할 대상이다. 하지만 이 시점에서 저자의 잠정적인 생각을 밝히면 다음과 같다. 법률해석은 언어를 둘러싼 권력, 즉 입법권력과 사법권력 간의 역할분담과 깊은 관련이 있다. 대체로 새로운 법률, 상세한 법률, 입법자의 의도가 명확한 법률, 재판례가 축적되어 있지 않은 법률일수록 법률해석에서 입법권력이 차지하는 비중은 커지게 된다. 반대로 오래된 법률, 추상적 법률, 입법자의 의도가 명확하지 않은 법률, 재판례가 축적되어 있는 법률일수록 법률해석에서 사법권력이 차지하는 비중은 커지게 된다. 이러한 권력 간의 역할분담은 법률 문언이라는 형식과 사건이라는 실질 사이의 역할분담과도 연결된다.

이러한 기준에 비추어 보면 민법의 해석은 후자의 해석에 가깝다. 민법은 오래된 법률, 추상적 법률, 입법자의 의도가 명확하지 않은 법률, 재판례가 축적되어 있는 법률이기 때문이다. 물론 이러한 서술을 쉽사리 일반화할 수는 없다. 민법을 구성하는 수많은 조항들은 각각의 특성을 가지고 있어서 모든 조항에 위와 같은 설명이 타당할 수는 없기 때문이다. 그러나 전반적으로 관찰하면 위와 같은 경향성을 추출해 낼 수 있다.

특정 국가의 실정법으로서의 민법이 아닌 역사적 의미의 민법은 오래된 법이다. 민법의 역사적 뿌리는 로마로 거슬러 올라간다.

경매대가에서 선순위임금채권이 우선변제를 받은 결과 그 경매부동산의 저당권자가 불이익을 받은 경우, 저당권자에게 민법 제368조 제2항 후문을 유추적용한 대판 2000. 9. 29, 2000다32475, 대판 2005. 9. 29, 2005다34391 등.

이러한 뿌리 위에서 근대 민법전이 제정되었다. 우리가 근대 민법전이라고 부르는 것들은 대체로 18세기 중반부터 20세기 초반에 걸쳐 유럽에서 제정되기 시작하였다. 1756년 바이에른 지방의 막시밀리안 민법전, 1794년 프로이센 일반란트법, 1804년 프랑스 민법전, 1811년 오스트리아 민법전, 1865년 이탈리아 민법전, 1889년 스페인 민법전, 1896년 독일 민법전, 1907년 스위스 민법전에 이르기까지 각국에서 경쟁적으로 민법전들이 제정되었고, 이들은 서로 영향을 받아 형성, 변화하면서 근대 민법의 커다란 흐름을 형성하여 왔다. 이 커다란 흐름이 일본 민법전에 계수되었고, 일본 민법이 우리나라에 의용되면서 그것이 우리나라의 민법전에까지 방대한 영향을 미친 것이다. 그러므로 우리나라의 민법전의 내용 중 상당 부분은 우리나라 입법자가 창조한 것이 아니다. 그저 이미 장구한 기간 동안 확립되어 온 규범의 내용을 우리나라 민법전의 형태로 성문화한 것이다.

민법은 추상적 법률이다. 이러한 언명은 민법의 모든 조항에 공통적으로 적용될 것은 아니지만, 대체로 그러하다고 볼 수 있다. 민법의 추상성은 민법이 사법의 일반법이라는 데에서 기인한다. 비유하여 이야기하자면, 민법은 앞마당에서 벌어지고 있는 숱한 일들에 흔들림 없이 고고하게 안방에 앉아 있으면서 집안을 좌우하는 중대사에 대해서만 조언을 해 주는 안주인과 같은 법이다. 물론 나라마다 민법전의 기능이 다르다. 가령 독일 민법은 2002년 개정을 통해 특별법의 내용들을 대거 일반법인 민법에 편입하였다. 따라서 약관규제나 전자거래, 여행계약 등 특별법 또는 유럽연합의 지침으로 규율되던 세세한 내용을 민법전에 포함시켰다. 비유하자면 앞마당이 훤히 보이는 대청마루에 앉아 앞마당에서 벌어지고 있는 일들을 직접적으로 통제하는 주인과 같은 존재가 된 것이다. 그러나 우리 민법은 아직 그러한 스타일을 취하지 않고 있다. 여전히 민법은 가치충전과 재해석을 요구하는 수많은 일반적·추상적 원리들로 가득하다.

민법은 입법자의 의도가 명확하지 않은 조항들이 많은 법률이다. 이는 앞서 설명한 바와 같은 민법의 형성 과정을 실질적으로 살펴보면 자명해진다. 민법은 어느 한 순간 입법자가 탄생시킨 것이 아니다. 오히려 오랜 기간에 걸쳐 점증적으로 형성된 것이다. 그러한 점에서 대체로 민법의 입법은 찰나적인 것이 아니라 점진적인 것이었다. 그 안에는 수많은 법률가들과 법학자의 지혜와 고민이 서서히 녹아들어가 있다. 설령 입법자의 의도가 명확하더라도 그 입법 시점에 정당성을 부여했던 사회적 배경과 수요는 오랜 세월에 걸쳐 산일되었을 수도 있다. 물론 이러한 설명은 어디까지나 민법이 오래된 법률이라는 점을 전제로 할 때 타당한 설명이다. 민법 개정이 이루어지면서 상세하고 새로운 입법자료를 쉽게 볼 수 있는 상황이 생기기도 한다. 그 속에서 입법자의 명확한 의도를 알 수 있는 경우도 있다.

민법은 재판례가 축적되어 있는 법률이다. 이 역시 민법의 고전성과 추상성 때문이다. 재판례가 축적되어 갈수록 이로 인한 법리가 공고해진다. 이러한 공고한 법리망은 문언에 대한 의존도를 낮춘다. 민사사건을 접할 때 민법전보다는 먼저 판례 데이터베이스를 검색하는 법률가들의 일상도 이러한 특성 때문이다. 이처럼 재판례의 힘이 강해질수록 법원의 판례가 민법의 문언을 넘어서는 법리를 창출하기도 한다.

저자가 관찰한 바에 따르면 우리나라 대법원은 다른 법 분야에 비해 민법 분야에서는 문리해석에 대해 비교적 느슨한 입장을 취하고 있는 것으로 보인다. 이는 민법의 '문언'은 사실상 외국의 민법 문언(특히 일본의 민법 문언, 이는 결국 독일이나 프랑스 등 몇몇 국가들로부터 강한 영향을 받은 것이다)의 재현인 경우가 많은데, 이러한 고래(古來)의 문언에 엄격하게 구속되는 것이 오히려 구체적 타당성을 해할 수 있다는 의식적 혹은 무의식적 사고방식 때문이 아닌가 생각한다.

실제로 우리 판례 중에는 문언의 통상적인 의미를 넓히거나 이를 넘어서서 법률을 해석함으로써 법률해석의 타당성을 담보한 예들을 많이 찾아볼 수 있다. 가령 민법 제201조의 '선의의 점유자'를 선의이면서 그렇게 오신할 만한 정당한 근거를 가진 점유자로 목적론적 축소를 한 판례,[49] 채권양도제한약정으로 선의의 제3자에게 대항하지 못한다고 한 민법 제449조 제2항 단서와 관련하여 선의이지만 중과실이 있는 제3자는 적용범위에서 제외된다고 목적론적 축소를 한 판례,[50] 상법 제789조의2 제1항 단서의 '운송인 자신'의 개념에는 운송인인 회사 내부에서 사실상 회사의 의사결정 등 모든 권한을 행사하는 자도 포함된다고 확장해석을 한 판례[51] 등 입법 목적의 달성을 위해 문언을 축소하거나 확장하여 해석하는 예들이 다수 있다. 그 결과 문언상으로는 똑같은 '제3자'인데도 그 개념이 민법 조항마다 다르게 해석되는 것이다. 예를 들어 민법 제107조의 비진의표시, 민법 제108조의 통정허위표시, 민법 제110조의 사기 또는 강박에 있어서의 제3자의 개념은 민법 제548조의 계약해제에 있어서의 제3자의 개념보다 넓게 해석된다.

---

49) 대판 1995. 8. 25, 94다27069 등.

50) 대판 1996. 6. 28, 96다18281; 대판 1999. 2. 12, 98다49937 등.

51) 대판 2006. 10. 26, 2004다27082.

또한 발행지의 기재가 없는 어음이나 수표는 효력이 없다고 명문으로 규정하고 있는 구 어음법 제1조 제7호, 제2조 제1항, 구 수표법 제1조 제5호, 제2조 제1항에도 불구하고 어음이나 수표상 발행지의 기재가 없더라도 어음 또는 수표의 다른 기재에 의하여 국내어음 또는 국내수표로 인정되는 경우에는 무효가 아니라고 하거나,[52] '착오'나 '호적의 정정' 등 호적법 제120조의 문언상 요건에 합치되기 어려운데도 성전환자에 대해 호적상 성별 기재의 정정을 허용하여야 한다고 해석하는 등[53] 구체적 타당성을 추구하기 위해 법 문언을 뛰어넘는 법률해석을 하는 판례들도 발견된다.

그러나 민법의 해석이라고 하여 법률해석의 기본원칙을 뛰어넘을 수는 없다. 일반적으로 문언은 문리해석의 중요한 기초일 뿐만 아니라 입법자의 의사, 법률의 목적, 법질서 내에서의 체계성 등 다른 해석방법의 핵심 요소들을 추론하는 요긴한 수단이다. 입법자의 의사, 법률의 목적, 법질서 내에서의 체계성은 결국 문언으로 표현되기 때문이다. 그러한 점에서 문언은 법률해석의 여정에서 가장 확실한 안내자이다. 그 외에도 문언은 객관적이고 검증이 가능한 형태로 존재한다는 장점을 가진다. 따라서 문언에 기초하여 이루어지는 문리해석은 법적 안정성의 제고에 크게 이바지한다. 무엇보다도 문언은 법률해석과 사실상 입법의 경계선을 그음으로써 권력분립원칙과 민주주의 원칙을 지켜내는 보루의 역할을 하기도 한다.

---

52) 대판(전) 1998. 4. 23, 95다36466; 대판(전) 1999. 8. 19, 99다23383. 다만 현행 어음법 제2조 제3호와 수표법 제2조 제3호는 위 대법원 전원합의체 판결들의 취지에 따라 개정되었다.

53) 대결(전) 2006. 6. 22, 2004스42. 이에 대해서는 '착오', '호적의 정정'이라는 문구 등은 그 객관적 의미와 내용이 명확하여 해석상 의문의 여지가 없기 때문에 성전환자의 성별 기재 정정은 허용될 수 없다는 반대의견이 있다.

장구한 재판례의 축적으로 이루어진 민사법의 특징을 감안하더라
도 법관이 정면으로 입법작용을 수행할 수는 없다. 그러한 점에서
과연 민법의 해석에서 문리해석이 어떤 의미를 가지는가는 깊이 고
민해 볼 대상이다.

(2) 생각해 볼 판례

1) 상계금지의 범위 — 민법 제498조의 해석

상계금지에 관한 민법 제498조의 해석은 이러한 관점에서 생
각해 볼 소재이다.

민법 제498조는 "지급을 금지하는 명령을 받은 제3채무자는
그 후에 취득한 채권에 의한 상계로 그 명령을 신청한 채권자에게
대항하지 못한다."라고 규정한다. 여기에서 "지급을 금지하는 명령"
은 채권압류 또는 채권가압류의 명령을 가리킨다. 이 조항은 상계
권자와 압류채권자의 이해를 조절하기 위한 조항으로 이해된다.

그런데 "그 후에 취득한 채권"의 구체적인 해석과 관련해서 그
동안 우리나라 판례는 상당한 변동을 겪어왔다. ① 처음에는 압류
당시 상계적상에 있었으면 압류 후에도 상계할 수 있다고 하다가
(압류 전 상계적상에 이른 상계권자 보호),[54] ② 압류 이전에 상계적상에
있었더라도 실제로 상계를 하지 않으면 그 이후에 상계할 수 없다
는 태도로 변경하였고(압류 전 실제 상계권을 행사해야만 보호),[55] ③ 다
시 압류 당시 상계적상에 있었으면 압류 후에도 상계할 수 있다는
처음의 태도로 회귀하였다가(압류 전 상계적상에 이른 상계권자 보호),[56]

---

54) 대판 1964. 4. 21, 63다658.
55) 대판 1972. 12. 26, 72다2117.
56) 대판(전) 1973. 11. 13, 73다518.

④ 압류 전 자동채권의 변제기가 먼저 도래하였으면 압류 후에 상계할 수 있다고 하여 그 보호범위를 1차적으로 넓히고(압류 전 자동채권의 변제기가 도래한 상계권자 보호),[57] ⑤ 압류 후에라도 자동채권의 변제기가 먼저 또는 적어도 수동채권의 변제기와 동시에 도래하면 상계할 수 있다고 하여 그 보호범위를 재차 넓혔다(압류 전 자동채권의 변제기가 도래하지 않더라도 이후 그것이 먼저 또는 최소한 동시에 도래할 상계권자 보호).[58] 전반적으로 살펴보면 상계권자가 상계에 대해 가지는 기대 또는 신뢰의 보호범위가 점차 넓어지는 경향을 발견할 수 있다. 이러한 변화는 대체로 일본 판례와 학설의 변화에 영향을 받은 것으로 보이는데, 일본 판례는 여기에서 더 나아가 압류 후에 취득한 채권이 아니라면 변제기의 선후를 묻지 않고 상계가 가능한 단계로까지 나아간 상태이다.[59] 이는 "그 후에 취득한 채권"을 문언 그대로 충실하게 해석하면서 아울러 상계권자의 신뢰보호를 끝까지 밀고 간 것이다.[60]

　대법원 2012. 2. 16. 선고 2011다45521 전원합의체 판결에서는 과연 이처럼 문언에 충실하게 해석하여 상계권자의 기대를 더 강하게 보호할 것인가 하는 점이 다시 다루어졌다. 다수의견과 반대의견의 요지는 다음과 같다.

---

57) 대판 1980. 9. 9, 80다939.

58) 대판 1982. 6. 22, 82다카200.

59) 일본 최고재판소 1970(昭和 45). 6. 24. 판결 등.

60) 우리나라에서도 이러한 태도를 취하여야 한다는 견해가 있다. 김병재, "제3채무자가 가압류채무자에 대한 반대채권으로써 상계할 수 있는 요건", 민사판례연구 제10집(1988). 이러한 견해는 압류라는 우연한 사정으로 제3채무자의 상계 가능 여부가 달라져서는 안 된다는 사고 위에 기초한 것이다.

[다수의견] 민법 제498조는 "지급을 금지하는 명령을 받은 제3채무자는 그 후에 취득한 채권에 의한 상계로 그 명령을 신청한 채권자에게 대항하지 못한다"라고 규정하고 있다. 위 규정의 취지, 상계제도의 목적 및 기능, 채무자의 채권이 압류된 경우 관련 당사자들의 이익상황 등에 비추어 보면, 채권압류명령 또는 채권가압류명령(이하 채권압류명령의 경우만을 두고 논의하기로 한다)을 받은 제3채무자가 압류채무자에 대한 반대채권을 가지고 있는 경우에 상계로써 압류채권자에게 대항하기 위하여는, 압류의 효력 발생 당시에 대립하는 양 채권이 상계적상에 있거나, 그 당시 반대채권(자동채권)의 변제기가 도래하지 아니한 경우에는 그것이 피압류채권(수동채권)의 변제기와 동시에 또는 그보다 먼저 도래하여야 한다.

[대법관 김능환, 대법관 안대희, 대법관 이인복의 반대의견] 지급을 금지하는 명령을 받을 당시에 반대채권과 피압류채권 모두의 이행기가 도래한 때에는 제3채무자가 당연히 반대채권으로써 상계할 수 있고, 반대채권과 피압류채권 모두 또는 그 중 어느 하나의 이행기가 아직 도래하지 아니하여 상계적상에 놓이지 아니하였더라도 그 이후 제3채무자가 피압류채권을 채무자에게 지급하지 아니하고 있는 동안에 반대채권과 피압류채권 모두의 이행기가 도래한 때에도 제3채무자는 반대채권으로써 상계할 수 있고, 이로써 지급을 금지하는 명령을 신청한 채권자에게 대항할 수 있다.

이 판결에서 다수의견은 이른바 변제기기준설을 택하였고, 반대의견은 무제한설을 택하였다. 다수의견이 택한 변제기기준설은 현재까지 형성되어 온 판례의 태도를 그대로 수긍한 것으로서 상계권자와 압류채권자의 이익상황을 형량한 결과이다. 반면 반대의견이 택한 무제한설은 민법 제498조의 문언에 충실한 해석이자, 이념적으로는 사실상 담보권자인 상계권자의 기대를 충실히 보호하고자 한 결과이기도 하다. 이는 민법의 문언이 민법의 해석에 있어서 어떤 의미와 비중을 차지해야 하는가에 대해 생각하게 만드는 판결이다.

2) 소극재산의 분할 ― 민법 제839조의2의 해석

민법 제839조의2는 다음과 같이 규정한다.

① 협의상 이혼한 자의 일방은 다른 일방에 대하여 재산분할을 청구할 수 있다.

② 제1항의 재산분할에 관하여 협의가 되지 아니하거나 협의할 수 없는 때에는 가정법원은 당사자의 청구에 의하여 당사자 쌍방의 협력으로 이룩한 재산의 액수 기타 사정을 참작하여 분할의 액수와 방법을 정한다.

③ 제1항의 재산분할청구권은 이혼한 날부터 2년을 경과한 때에는 소멸한다.

민법 제839조의2 제1항은 분할대상을 "재산"으로 규정하고, 제2항은 재판에 의한 재산분할 시 "당사자 쌍방의 협력으로 이룩한 재산"의 액수 기타 사정을 참작하도록 규정한다. 그렇다면 여기의 "재산"에는 소극재산, 즉 채무도 포함되는 것일까?

대법원 2013. 6. 20. 선고 2010므4071, 4088 전원합의체 판결은 이 점을 정면으로 다루었다. 이 판결에서는 다수의견과 반대의견, 2개의 별개의견이 첨예하게 대립하였다. 다수의견은 부부의 소극재산 총액이 적극재산 총액을 초과하여 재산분할을 한 결과 채무를 분담하도록 하는 재산분할도 가능하다고 보았다. 그것이 부부가 혼인 중 형성한 재산관계를 이혼에 즈음하여 청산하는 것을 본질로 하는 재산분할 제도의 취지에 맞고, 당사자 사이의 실질적 공평에도 부합하다는 이유 때문이다. 반면 대법관 이상훈, 대법관 김소영의 반대의견은 부부의 소극재산 총액이 적극재산 총액을 초과하여 혼인생활 중에 형성된 공동재산이 없는 경우에는 재산분할이 불가능하다고 보았다. 우선 반대의견은 재산분할 제도에 청산적 요소가 있는 것은 사실이지만, 그렇다고 하여 재산분할 제도의 본질이 혼인생활 중 발생한 모든 재산관계를 청산하는 것이라는 의미는 아니라고 보았다. 또한 아래에 살펴보듯이 다수의견처럼 재산분할 대상을 해석하는 것은 문리해석의 범위를 벗어난 것이라고 보았다. 그 외에 대법관 고영한, 대법관 김신의 별개의견은 청산의 대상이 되는 소극재산의 총액이 적극재산의 총액을 초과하여 남는 금액이 없더라도 재산분할 청구의 상대방 명의로 순재산이 남아 있는 경우 그 가액을 한도로 재산분할이 가능하나, 그 이외에는 재산분할을 허용하여서는 안 된다는 입장을 취하였다. 이는 다수의견과 반대의견을 절충한 입장이다. 또한 대법관 김용덕의 별개의견은 재산분할 청구의 상대방에게 적극재산이 남아 있다면 상대방의 소극재산이 그 적극재산을 초과하더라도 재산분할 자체는 가능하다고 보았다. 다만 재산분할 시에는 소극재산과 관련된 사항이나 실질적인 경제력을 고려한 부양적 요소 등 여러 가지 사정을 종합적으로 참작하여 구체적인 사안에 맞게 판단하여야 한다고 덧붙였다.

　　이 책에서 주목하고자 하는 것은 민법 제839조의2의 문언을 둘러싼 대법관들의 의견이다. 아래 판결이유 부분을 참조하라.

　　　[대법관 이상훈, 대법관 김소영의 반대의견]
　　　무엇보다 민법 제839조의2의 문언 해석상, 재산분할 제도는 부부 공동의 순재산이 있는 경우만을 대상으로 한다고 보아야 한다.
　　　일반적으로 '재산'은 재화와 자산을 통틀어 이르는 말로 사용될 뿐

채무를 포함하는 의미로 사용되지 않는다. 재산을 적극재산과 소극재산을 포함하는 의미로 이해하여 채무를 소극재산으로 분류하는 것은 법학이나 경제학 등에서 학술상 사용하는 개념이고, 일반인의 현실에서는 채무를 재산으로 인식하지 않는다. 우리 민법도 여러 조문에서 '재산'이라는 용어를 사용하고 있으나 대체로 재화나 자산을 의미하는 일반적인 용례대로 사용하고 있고, 소극재산까지 포함하는 의미로 사용하는 것은 예외적이다.

민법 제839조의2 제1항이 규정하고 있는 '재산분할'은 다른 조문에서는 사용되지 않고 있으므로, 이 조항만으로는 '재산분할'에서 말하는 '재산'이 일반적인 용어로서의 재산을 의미하는 것인지 아니면 소극재산까지 포함하는 재산을 의미하는 것인지 불분명한 것처럼 보인다. 그러나 민법 제839조의2는 제2항에서 "제1항의 재산분할에 관하여 협의가 되지 아니하거나 협의할 수 없는 때에는 가정법원은 당사자의 청구에 의하여 당사자 쌍방의 협력으로 이룩한 재산의 액수 기타 사정을 참작하여 분할의 액수와 방법을 정한다."고 규정함으로써 '재산분할'에서 말하는 '재산'이란 '당사자 쌍방의 협력으로 이룩한' 것임을 명시하고 있다. 부부의 채무를 '부부 쌍방의 협력으로 이룩한' 것이라고 하는 것은 통상의 어법에 맞지 않으므로 민법 제839조의2에서 말하는 '재산'은 일반적인 의미의 재산이라고 해석하여야 하고, '재산분할'은 그러한 의미의 재산을 대상으로 하는 것으로 보아야 한다.

대법원도 여러 차례 '혼인 중에 취득한 실질적인 공동재산'이 재산분할의 대상이라고 판시하였는데(대법원 2009. 6. 9.자 2008스111 결정 등 참조), 채무를 '혼인 중에 취득한 공동재산'이라고 하는 것 역시 통상의 어법에 어긋난다.

민법 제839조의2에서 규정한 '재산'은 일반적으로 사용되는 재산, 즉 재화와 자산을 통틀어 이르는 말로 해석함이 타당하고, 그러한 부부 공동의 재산이 있을 때 비로소 재산분할 청구가 가능하다고 보는 것이 상식에 부합한다.

[대법관 고영한, 대법관 김신의 별개의견]

민법 제839조의2의 문언적 해석과 관련하여, 위 조항에서의 '재산'의 의미를 반대의견처럼 '일반적으로 사용되는 재산, 즉 재화와 자산을 통틀어 이르는 말'로 해석하더라도, 재산분할 청구의 상대방 명의로 남아있는 순재산은 그 개념에 포함된다고 볼 수 있다. 상대방의 순재산가액을 한도로 재산분할을 명하더라도 위 조항의 문언에 정면으로 반하지 아니한다.

[다수의견에 대한 대법관 양창수, 대법관 민일영, 대법관 박병대, 대법관 박보영의 보충의견]

민법은 여러 조문에서 '재산'이라는 용어를 사용하고 있다. 각각의 경우에 거기에 소극재산인 채무가 포함되는지는 각 조문의 내용과 취지에 따라 따로 살펴보아야 하겠으나, 민법에서 '재산'이라는 용어가 소극재산을 포함하는 의미로 사용되는 것이 예외적이라고 할 수 없다. 각종 재산관리인 조항이나 상속재산에 관한 규정에서의 '재산'이 그 대표적인 예이다. 혼인과 관련하여 보더라도, 혼인의 '재산적 효력'이라는 표제에서의 '재산'은 당연히 소극재산을 포함하는 것이고, 부부재산약정에 관한 제829조나 부부별산제를 규정한 제830조에서 말하는 재산 등이 적극재산에 한정된다고 볼 것은 아니다.

재산분할청구권에 관한 민법 제839조의2 제2항은 '당사자 쌍방의 협력으로 이룩한 재산'이라고 정하고 있다. 여기에서 '이룩한'이라는 말은 '형성한'이라고 이해함이 상당하고, 반드시 적극재산만을 가리킨다고 볼 이유는 없다. 그러므로 법 조문의 표현이 위와 같이 되어 있다고 하여 당연히 소극재산은 재산분할 대상에서 배제한다는 취지까지를 담고 있다고 볼 수 없다. 그리고 무엇보다도 법률 조문에 담긴 문언의 의미는 그 조문 속의 다른 문언과 조화롭게 파악하여야 하고, 제도의 취지를 고려한 목적론적·체계적 해석도 마땅히 고려하여야 하는 것이다.

소극재산의 전형적인 예인 차용금채무도 그 차용금으로 부부의 혼인생활을 유지하고 나아가 그 발전의 토대가 되는 경우는 실제에 있어서 얼마든지 발견된다. 반대의견이나 별개의견에서도 재산분할에 있어 부부의 채무가 '고려'된다는 점은 인정하고 있는데, 만일 위 법조항의 '이룩한 재산'이 적극재산만을 가리키는 것이라고 한다면, 소극재산은 어떠한 법문상의 근거에 의하여 재산분할 청구의 내용에서 고려되는지 의문이 아닐 수 없다. 뿐만 아니라 적극재산이 소극재산의 가액에 근접하게 많더라도 전체 재산의 정산 결과가 양(+)의 상태이면 부채도 모두 분할대상에 포함하여 고려하면서도, 반대로 소극재산이 적극재산보다 조금이라도 많게 되어 전체적으로 부(−)이기만 하면 아예 재산분할은 인정할 수 없다거나 상대방이 지닌 적극재산의 가액을 한도로 해서만 분할 청구가 인정된다고 제한하는 것이 그 제도의 원래의 취지라고 볼 해석론적·연혁적 또는 역사적 근거가 있는지도 역시 의문이다.

그리고 설사 위 법 규정에서의 '재산'이 적극재산만을 의미하는 것이라고 하더라도 그 규정은 "이룩한 재산의 액수 기타 사정을 참작하여 분할의 액수와 방법을 정한다."고 되어 있으므로, 그와 같은 적극재산은 재산분할에서 고려하여야 하는 하나의 사정에 불과하고 그 외에 거기에 규정된 바의 '기타 사정'의 하나로 소극재산을 고려하지 못할 이유가 없다.

이 판결에 나타난 의견의 대립은 실질적으로는 재산분할의 법적 성격(청산설과 부양설의 대립)에 대한 미묘한 이해의 차이,61) 채무분할을 허용할 때 발생할 수 있는 사회적 파급효과(특히 여성의 보호

---

61) 대법원은 재산분할의 법적 성격에 관하여 청산적 요소를 주된 요소로, 부양적 요소를 종된 요소로 파악하여 왔다. 가령 대판 2006. 9. 14, 2005다74900은 "이혼에 따른 재산분할은 혼인 중 쌍방의 협력으로 형성된 공동재산의 청산이라는 성격에 상대방에 대한 부양적 성격이 가미된 제도"라고 판시하였다.

와 관련하여),62) 채무분담의 방식 및 그 실효성63)을 둘러싸고 발생하였다. 민법 제839조의2의 문언을 어떻게 해석할 것인가의 문제는 이러한 실질적인 가치 대립의 장(場)에 보조적인 도구처럼 동원된 느낌도 없지 않다. 하지만 법률해석으로서의 민법 해석을 생각한다면 문언을 떠난 해석은 생각할 수 없다. 그 점에서 민법 제839조의2의 문언을 둘러싼 대법관들의 의견 교환은 민법 해석의 정상화라는 측면에서 바람직한 것이다.

　　이 판결에서 주목할 점은 "재산" 또는 "이룩한"이라는 문언을 해석함에 있어서 그 문언이 가지는 일상적인 용례에 주목한 입장(반대의견)과 그 문언이 가지는 체계적인 의미에 주목한 입장(다수의견과 대법관 고영한, 대법관 김신의 별개의견)이 대립하고 있다는 점이다. 즉 동일한 문리해석의 관점에서 접근하였지만, 그 문언의 가능한 범위를 파악하는 적극성에 차이가 있었던 것이다. 반대의견은 문언의 일상적인 의미로 문언해석의 경계선을 설정하고자 하였다. 이는 아마도 전문적인 언어의 조종(操縱)을 통해 채무분담으로까지 재산

---

62) 대법관 이상훈, 대법관 김소영의 반대의견은 특히 여성에게 이혼의 자유를 보장하고 헌법상 양성평등의 이념을 실현하는 것이 재산분할 제도의 중요한 도입 취지라고 전제한 뒤, 이혼 후 (여성) 부양이라는 재산분할 제도의 속성에 비추어 볼 때 채무를 부담하게 하는 것은 경제적 빈곤층에 속한 여성이 이혼 후 더욱 열악한 환경에 처하게 하는 결과를 가져온다고 보았다. 반면 다수의견에 대한 보충의견은 이러한 반대의견이 언제나 여성을 보호하는 길이라고 쉽게 단정할 것은 아니라고 하고, "집집마다 제각기 상이하게 전개되는 살림살이의 내용과 방식 및 결과를 재산분할의 틀 속에서 어떻게 정리하는 것이 조화롭고 공평할 것인지는 그 속을 들여다보지 아니하고는 알기 어렵다"고 함으로써 손쉽게 여성편향적인 도식에 빠지는 것을 경계한다.

63) 다수의견은 채무인수를 명하는 등의 방식을 염두에 두되 재산분할사건이 비송사건임을 고려하여 그 구체적인 방법은 사건을 해결하는 법원에게 맡겨 유연하게 처리해야 한다는 입장을 취하고 있는 반면, 반대의견은 채무인수나 대가지급 등 어떤 방안에 의하더라도 적절한 채무분할의 효과를 거두기 어렵다는 입장을 취한다.

분할의 경계를 넓히고자 한 다수의견의 태도가 재산분할에 대해 일반인들이 일상적으로 가지는 기대 또는 예측가능성을 해친다는 점을 지적하고자 한 시도였을 것이다. 반면 다수의견은 문언의 규범적, 체계적 의미로까지 문언해석의 경계선을 넓히고자 하였다. 특히 문언의 경계선을 정함에 있어서 "목적론적 · 체계적 해석"도 고려하여야 한다는 부분은 문리해석의 역할은 비문리해석과의 역동적인 상호관계 속에서 동태적으로 정하여져야 한다는 점을 언급하고자 한 시도였을 것이다.

3) "임차인"의 의미

지금까지 살펴본 민사판결들은 대체로 법률해석에 있어서 형식보다는 실질을 중시한 판결들이라고 할 수 있다. 그런데 반대로 이러한 실질적 해석에 제동을 건 대법원 판결도 있다. 대법원 2009. 4. 23. 선고 2006다81035 판결이 바로 그것이다.

우선 원심판결인 대전고등법원 2006. 11. 1. 선고 2006나1846 판결을 보자. 이는 언론에서 이른바 "아름다운 판결"이라고 불리며 세간의 관심을 모았다. 결론적으로 말하자면 이 판결은 대법원에서 파기되었다. 그러나 이 판결이 제기한 문제의식은 법률해석에 있어서 법관의 역할과 밀접하게 관련된다.

이 사건에서 원고(대한주택공사)는 임대주택사업으로 1999. 2. 19. 피고 2와 임대주택 한 채(24평형)에 관하여 임대차기간을 5년으로 정하여 임대차계약을 체결하였다. 피고 2는 피고 1의 아버지로서 1999. 6. 1. 위 임대주택에 입주하여 지금까지 홀로 살고 있다. 피고 1은 피고 2의 둘째 딸로서 1988. 9. 16. 혼인한 후 따로 살고 있다. 당시 시행되던 임대주택법(2005. 7. 13. 법률 제7598호로 개정되기 전의 것. 이하 '구 임대주택법'이라 한다)상의 임대의무기간이 경과하자

원고는 위 임대주택 전부를 분양전환하기로 결정하였다. 구 임대주택법 제15조 제1항, 동시행령 제13조 제2항 제1호는 우선분양권리자로 "입주일 이후부터 분양전환 당시까지 해당 임대주택에 거주한 무주택자인 임차인"으로 규정하고 있는데, 위 임대주택의 임차인인 피고 1 부부는 다른 주택을 소유하고 있기 때문에 그 임대주택을 분양받을 수 없었다. 피고 2는 원고에게 임대차계약의 명의자는 형식상 딸로 되어 있을 뿐이고 실제로는 자신의 거주를 위하여 임차한 것이며 자신이 혼자서 계속하여 그 임대주택에 거주하였으므로 자신 명의로 분양해 줄 것을 요청하였다. 그러나 원고는 피고 2의 요청을 거절하고 피고들에 대하여 임대주택의 명도와 퇴거를 요구하였다.

대전고등법원은 구 임대주택법이 달성하고자 한 정책적 목표, 위 법이 의도한 계획과 보호 범위 등 법해석학의 관점에서 볼 때, 구 임대주택법 제15조 제1항의 '임차인'의 의미를 문언적, 법형식적으로만 해석할 것이 아니라 위에서 본 바와 같은 특별한 사정이 있는 이 사건에서는 임대차계약의 목적, 재정적 부담과 실제 거주자라는 실질적 측면에서 사회통념상 임차인으로 여겨지는 피고 2가 이른바 '실질적 의미의 임차인'에 해당되어 이 사건 임대주택에 관하여 우선분양을 받을 권리를 가지므로, 임대차계약 기간 만료를 이유로 피고들에게 명도와 퇴거를 구하는 원고의 청구는 허용되지 않는다고 판단하였다. 이러한 파격적인 법해석에 대해 담당 재판부가 판결문에서 피력한 변(辯)을 들어보자.

가장 세심하고 사려 깊은 사람도 세상사 모두를 예상하고 대비할 수는 없는 법이다. 가장 사려 깊고 조심스럽게 만들어진 법도 세상사 모든 사안에서 명확한 정의의 지침을 제공하기는 어려운 법이다. 법은 장래 발생 가능한 다양한 사안을 예상하고 미리 만들어두는 일종의 기성복 같은 것이어서 아무리 다양한 치수의 옷을 만들어 두어도 예상을 넘어 팔이 더 길거나 짧은 사람이 나오게 된다. 미리 만들어 둔 옷 치수에 맞지 않다고 하여 당신의 팔이 너무 길거나 짧은 것은 당신의 잘못이니 당신에게 줄 옷은 없다고 말할 것인가? 아니면 다소 번거롭더라도 옷의 길이를 조금 늘이거나 줄여 수선해 줄 것인가? 우리는 입법부가 만든 법률을 최종적으로 해석하고 집행하는 법원이 어느 정도 수선의 의무와 권한을 갖고 있다고 생각한다. 이는 의회가 만든 법률을 법원이 제멋대로 수정하는 것이 아니라 그 법률이 의도된 본래의 의미를 갖도록 보완하는 것이고 대한민국 헌법이 예정하고 있는 우리 헌법체제의 일부라고 생각한다.

재판부는 이 판결의 끝에 다음 말을 덧붙였다.

가을 들녘에는 황금물결이 일고, 집집마다 감나무엔 빨간 감이 익어 간다. 가을걷이에 나선 농부의 입가엔 노랫가락이 흘러나오고, 바라보는 아낙의 얼굴엔 웃음꽃이 폈다. 홀로 사는 칠십 노인을 집에서 쫓아내 달라고 요구하는 원고(대한주택공사)의 소장에서는 찬바람이 일고, 엄동설한에 길가에 나앉을 노인을 상상하는 이들의 눈가엔 물기가 맺힌다.

우리 모두는 차가운 머리만을 가진 사회보다 차가운 머리와 따뜻한 가슴을 함께 가진 사회에서 살기 원하기 때문에 법의 해석과 집행도 차가운 머리만이 아니라 따뜻한 가슴도 함께 갖고 하여야 한다고 믿는다. 이 사건에서 따뜻한 가슴만이 피고들의 편에 서있는 것이 아니라 차가운 머리도 그들의 편에 함께 서있다는 것이 우리의 견해이다.

하지만 대법원은 이러한 시적(詩的)인 원심판결의 결론에 수긍하지 않았다.64) 대법원은 이러한 원심판결의 태도가 법관이 취할 수 있는 합리적인 해석의 범주를 벗어났다고 보았다. 이번에는 대법원의 이야기를 들어보자.

법은 원칙적으로 불특정 다수인에 대하여 동일한 구속력을 갖는 사회의 보편타당한 규범이므로 이를 해석함에 있어서는 법의 표준적 의미를 밝혀 객관적 타당성이 있도록 하여야 하고, 가급적 모든 사람이 수긍할 수 있는 일관성을 유지함으로써 법적 안정성이 손상되지 않도록 하여야 한다. 그리고 실정법이란 보편적이고 전형적인 사안을 염두에 두고 규정되기 마련이므로 사회현실에서 일어나는 다양한 사안에서 그 법을 적용함에 있어서는 구체적 사안에 맞는 가장 타당한 해결이 될 수 있도록, 즉 구체적 타당성을 가지도록 해석할 것도 요구된다. 요컨대, 법해석의 목표는 어디까지나 법적 안정성을 저해하지 않는 범위 내에서 구체적 타당성을 찾는 데 두어야 한다. 그리고 그 과정에서 가능한 한 법률에 사용된 문언의 통상적인 의미에 충실하게 해석하는 것을 원칙으로 하고, 나아가 법률의 입법 취지와 목적, 그 제·개정 연혁, 법질서 전체와의 조화, 다른 법령과의 관계 등을 고려하는 체계적·논리적 해석방법을 추가적으로 동원함으로써, 앞서 본 법해석의 요청에 부응하는 타당한 해석이 되도록 하여야 한다. 한편, 법률의 문언 자체가 비교적 명확한 개념으로 구성되어 있다면 원칙적으로 더 이상 다른 해석방법은 활용할 필요가 없거나 제한될 수밖에 없고, 어떠한 법률의 규정에서 사용된 용어에 관하여 그 법률 및 규정의 입법 취지와 목적을 중시하여 문언의 통상적 의미와

---

64) 대판 2009. 4. 23, 2006다81035.

다르게 해석하려 하더라도 당해 법률 내의 다른 규정들 및 다른 법률과의 체계적 관련성 내지 전체 법체계와의 조화를 무시할 수 없으므로, 거기에는 일정한 한계가 있을 수밖에 없다.

대법원은 '임차인'이라는 문언이 명확하다고 보았으며, 문언이 명확한 이상 비문리해석을 동원하는 데에도 한계가 있다고 보았다. 이처럼 법해석의 한계를 짚으면서 구 임대주택법 제15조 제1항에서 규정하는 '임차인'을 '실질적 의미의 임차인'까지 포함한다고 변경, 확장 해석하는 것은 법률 해석의 원칙과 기준에 어긋나는 것으로서 받아들일 수 없다고 하였다. 원심 판결이 사건의 '실질'(substance)에 초점을 두었다면, 대법원 판결은 문언의 '형식'(form)에 초점을 두었던 것이다.

4) 북한이탈주민의 상속재산회복청구권과 제척기간

북한이탈주민이 뒤늦게 자신의 상속재산회복을 청구하는 경우가 발생할 수 있다. 남북가족특례법 제11조 제1항 제1문은 "남북이산으로 인하여 피상속인인 남한주민으로부터 상속을 받지 못한 북한주민(북한주민이었던 사람을 포함한다) 또는 그 법정대리인은 민법 제999조 제1항에 따라 상속회복청구를 할 수 있다."라고 규정한다. 민법 제999조 제1항은 "상속권이 참칭상속권자로 인하여 침해된 때에는 상속권자 또는 그 법정대리인은 상속회복의 소를 제기할 수 있다."라고 규정한다. 민법 제999조는 더 나아가 제2항에서 상속회복청구권의 제척기간을 규정한다. 이 조항에 따르면 상속회복청구권의 제척기간은 "그 침해를 안 날부터 3년, 상속권의 침해행위가 있은 날부터 10년"이다. 그런데 남북가족특례법 제11조 제1항은 "민법 제999조 제1항"에 따라 상속회복청구를 할 수 있다고만 할 뿐 제척기간에 관한 민법 제999조 제2항은 적용하거나 언급하지 않는다. 따라서 북한주민이 상속회복청구를 하는 때에도 민법 제999조 제2항의 제척기간이 적용되는지, 적용된다면 같은 모습으로 적용되는지 문제된다. 대법원 2016. 10. 19. 선고 2014다46648 전원합의체 판결이 이 문제를 다루었다.

우리 법은 북한주민에게도 적용된다. 따라서 우리 민법 제999조 제2항 역시 북한주민에게 적용된다. 그 결과 북한주민은 상속권의 침해를 안 날부터 3년, 상속권의 침해행위가 있은 날부터 10년 내에 상속회복청구권을 행사해야 한다. 두 기간 중 어느 한 기간이라도 먼저 도래하면 제척기간이 완성된다. 그렇게 되면 북한주민은 더 이상 상속회복청구권을 행사할 수 없다.

다수의견은 북한주민의 상속회복청구에 관해서도 제척기간 기산점은 권리가 발생한 때라는 제척기간 일반론[65]이 적용된다고 보았다. 이 입장에 따르면 북한주민의 상속회복청구권은 제척기간 만료로 소멸할 가능성이 커진다. 왜냐하면 남북 분단이 장기화된 상황에서 남한에서 상속권 침해행위가 있어 북한주민에게 상속회복청구권이 발생하였더라도 북한주민은 이를 알기 어렵고, 알았더라도 북한에서 상속회복청구권을 행사하기는 어렵기 때문이다.

반대의견은 북한주민의 상속회복청구에 관해서는 "소멸시효는 권리를 행사할 수 있는 때로부터 진행한다."는 민법 제166조 제1항을 제척기간의 기산점에 유추 적용하여 '북한주민이 남한에 입국함으로써 남한 내 존재하는 상속재산에 관하여 상속회복청구권을 행사할 수 있는 때'가 제척기간의 기산점이라고 보았다. 이 입장에 따르면 북한주민이 상속회복청구권을 행사할 수 있는 가능성은 높아지게 된다.

---

65) 대판 1995. 11. 10, 94다22682, 22699; 대판 1997. 6. 27, 97다12488 등.

다수의견과 반대의견은 여러 면에서 대조적이다. 다수의견은 법적 안정성, 반대의견은 구체적 타당성에 주목하였다. 다수의견은 입법 의도, 반대의견은 입법 목적에 주목하였다. 다수의견은 사법 자제주의, 반대의견은 사법적극주의에 주목하였다. 이러한 근본적인 가치 대립이 제척기간의 기산점 문제에 고스란히 투영되었다.

제척기간의 기산점을 유연하게 해석하여 북한주민이 상속회복청구를 할 수 있는 길을 넓히고자 한 반대의견은 상당한 설득력과 매력을 갖추고 있다. 반대의견은 소멸시효와 제척기간이 모두 법적 안정성이라는 이념에 봉사한다는 유사성에 착안하여 이러한 소멸시효 관련 논의를 유추 적용의 방법으로 제척기간에도 확장하고자 하였다. 이러한 반대의견의 논리 전개는 원리에 대한 논구와 구체적 정의에 대한 갈망이라는 점에서 높게 평가할 수 있다.

그러나 이 사건에 관한 한 다수의견이 타당하다고 생각한다. 유추 적용은 법률의 흠결을 전제한다. 법률의 흠결은 해당 법률의 조항 부존재만을 의미하지 않는다. 전체 법체계를 유기적으로 바라볼 때 해당 사안에 적용될 수 있는 다른 법률이 있다면 법률의 흠결은 존재하지 않는다. 남북가족특례법은 민사관계에 관한 한 민법의 특별법이고, 특별법에 별다른 조항이 없다면 민법으로 회귀하는 것이 정상적인 경로이다.[66] 민법에는 이미 상속회복청구권의 제척기간에 대한 조항을 두고 있다. 그러므로 상속회복청구권의 제척기

---

[66] 김상훈, "북한주민의 상속회복청구권 행사와 제척기간 — 대법원 2016. 10. 19. 선고 2014다46648 전원합의체 판결에 대한 검토 —", 가족법연구 제30권 제3호(2016. 11), 507~508면은 이와 달리 남북가족특례법에 제척기간에 관한 명문의 규정이 없으므로 북한주민의 상속회복청구권에는 아예 제척기간이 적용되지 않는다고 설명한다. 그러나 이는 북한주민의 상속회복청구에도 제척기간이 당연히 적용된다는 전제 위에서 그 연장 여부를 논의하였던 입법 연혁에 반하는 설명이다.

간에 대한 침묵은 곧 민법 조항을 적용하라는 지시라고 보는 것이
자연스럽다. 어떤 의미에서 보면 입법부는 이미 민법 제999조 제2
항을 적용하기로 입법적인 선택을 한 것이다.

　다수의견의 타당성은 입법 연혁을 살펴보면 더욱 명확해진다.
원래 남북가족특례법 초안에는 북한주민의 상속회복청구권의 제척
기간을 연장하는 특례를 두었다. 그러나 논의 과정에서 소급입법에
의한 남한주민의 재산권 침해 문제, 북한 내 상속재산에 대한 남한
주민의 상속권 보호 흠결로 인한 차별 등이 문제되었다. 실제로
2011년 12월 국회 법제사법위원회 심사보고서는 상속재산회복청구
권의 제척기간을 연장하는 특례를 둘 것인지 여부에 대해 다루면서
이를 부정하여야 한다는 입장을 취하고 있다.[67] 결국 국회는 남북
가족특례법에 제척기간을 연장하는 특례를 두지 않고, 향후 다양한
의견을 수렴하여 특례 수용 여부를 논의하기로 하였다.[68] 그러므로
입법부는 이를 향후 입법과제로 미룬 것이지 사법부의 해석과제로
위임한 것이 아니다. 입법 과정에서 특정한 방향의 해결책을 관철
시키려다가 합의를 이루지 못한 난제를 사법부의 해석으로 해결하
도록 맡겼다고 보는 것은 부자연스럽기도 하다. 이 문제에 대한 결
론이 초래할 사회적, 법률적 파장을 생각하면 더욱 그러하다.

　이 판결은 보이는 대상(상속재산의 회복을 원하는 북한주민)과 보이

67) 법제사법위원회(2011. 12), "남북 주민 사이의 가족관계와 상속 등에 관한 특
　례법안 심사보고서", 37~38면.

68) 윤대해, "남북 주민 사이의 가족관계와 상속 관련 문제 해결 — 남북 주민 사
　이의 가족관계와 상속 등에 관한 특례법(안)을 중심으로 —", 남북교류와 관
　련한 법적 문제점[10] — 특수사법제도연구위원회 제27·28차 회의 결과보고,
　법원행정처(2012), 118면; 임복규, "남북 주민 사이의 가족관계와 상속 등에
　관한 특례법 중 상속 관련 규정에 대한 고찰", 통일과 사법[1], 법원행정처
　(2011), 353면. 이상 김영기, "남한 내 북한주민 관련 가족법적 실무상 쟁점",
　통일사법 정책연구(3), 대법원 사법정책연구원(2016), 67면에서 재인용.

지 않는 대상(상속재산 법률관계의 안정성), 구체적 사건과 거시적 정책, 사법 해석과 입법 결정 사이의 미묘한 관계를 다루고 있다. 이러한 구도에서 어느 쪽을 택하여야 하는가를 사전적, 획일적으로 결정할 수는 없다. 입법부와 사법부는 동업자의 관계에 가깝다. 따라서 사법부는 입법부가 의도적으로 또는 비의도적으로 남겨 놓은 공백을 메워나가거나 드워킨(Dworkin)의 비유에 따르면 입법부가 펼쳐놓은 스토리에 이어 그 후속 스토리를 써 내려갈 수도 있다.69) 그러나 동업자에게도 역할 분담이 있다. 그리고 북한주민의 상속재산 회복이라는 난제는 입법부의 몫으로 남겨놓는 것이 타당하다.

3. 규칙(rule)과 기준(standard)에 나타난 형식과 실질

가. 규칙(rule)과 기준(standard) 일반

우리나라 법률가들에게는 덜 알려져 있지만 이론적으로 중요한 의미를 가지는 개념으로 규칙(rule)과 기준(standard)이 있다. 이 개념 역시 형식과 실질의 구도와 관련이 있으므로 여기에서 소개한다.

규칙과 기준은 모두 법률효과를 판단하는 척도이다. 법률효과는 일정한 법률요건이 갖추어지면 발생한다. 따라서 우리나라 법률가들에게 익숙한 방식으로 설명하자면, 규칙과 기준은 모두 법률요건에 관한 법 명제이다. 그런데 규칙(rule)은 명확한 요건을 제시하는 명제인 반면, 기준(standard)은 불명확한 요건을 제시하는 명제이다. 따라서 규칙의 적용에는 판단주체의 재량이 개입할 여지가 적

---

69) Ronald Dworkin, Law's Empire, 1986, p. 313.

지만, 기준의 적용에는 판단주체의 재량이 개입할 여지가 크다. 그 결과 규칙은 예측가능성이 높고, 기준은 예측가능성이 낮다. 그러나 구체적 타당성을 추구한다는 측면에서는 기준이 우월하다. 요컨대 규칙(rule)은 명쾌하게 정리되고, 고도로 관리가능하며 예측가능한 요건으로 구성되는 특성을 가지고, 기준(standard)은 유연하게 작용하면서 각 사안의 구체적 타당성을 지향하며, 그 결과 도출된 결론의 선례성에 크게 집착하지 않는 특성을 가진다.70) 비유하자면 규칙(rule)은 크리스털 유리와 같다면 기준(standard)은 진흙과 같다.71)

규칙과 기준의 예를 들어보자. 민법 제5조에 따르면 미성년자는 법률행위를 할 때에는 원칙적으로 법정대리인의 동의를 얻어야 하고, 만약 이에 위반하여 법률행위를 하였다면 그 행위는 취소할 수 있다. 미성년자의 매매계약의 효력과 관련된 법적 분쟁이 있으면 법관은 이 조항을 판단의 척도로 삼는다. 이러한 척도는 비교적 명확하고 예측 가능하며 법관의 재량이 개입할 여지는 크지 않다. 미성년자인지 여부는 연령에 따라 일률적으로 판단하면 된다(사람은 19세로 성년에 이른다고 규정한 민법 제4조 참조). 미성년자의 연령은 주민등록이나 출생증명 등 비교적 안정적이고 명확한 근거에 의하여 밝힐 수 있다. 미성년자가 동의를 받았는지 여부도 명확한 요건이다. 여기에 판단주체의 재량이 개입할 여지가 크지 않다. 따라서 일단 미성년자에 해당하는데 법정대리인의 동의를 얻지 못하였다는 요건이 충족되면 그 행위는 별도의 고민이나 형량을 거치지 않고도 바로 취소할 수 있는 행위가 된다.

---

70) D. Kennedy, *Form and Substance in Private Law Adjudication*, 89 Harv. L. Rev. 1685, 1687-1689 (1976).

71) Carol Rose, *Crystals and Mud in Property Law*, 40 Stanford. L. Rev. 577 (1988).

반면 건물신축으로 인한 일조방해 사례를 떠올려 보자. 일조방해행위를 이유로 타인의 건물철거를 구하거나 손해배상을 청구하고자 할 때에는 그 일조방해가 위법하다는 점이 주장·증명되어야 한다. 그런데 민법은 이 경우에 어떤 일조방해가 위법한가에 대해서 일률적인 판단 척도를 제시하지 않는다. 이는 법관의 몫으로 남겨져 있다. 대법원은 일조권이나 조망권을 비롯한 환경권침해에 관하여는 수인한도론을 위법성 판단의 기준으로 제시한다. 가령 대법원 2004. 9. 13. 선고 2003다64602 판결에서는 "일조방해행위가 사회통념상 수인한도를 넘었는지 여부는 피해의 정도, 피해이익의 성질 및 그에 대한 사회적 평가, 가해 건물의 용도, 지역성, 토지이용의 선후관계, 가해 방지 및 피해 회피의 가능성, 공법적 규제의 위반 여부, 교섭 경과 등 모든 사정을 종합적으로 고려하여 판단하여야 하고, 건축 후에 신설된 일조권에 관한 새로운 공법적 규제 역시 이러한 위법성의 평가에 있어서 중요한 자료가 될 수 있다."라고 판시하여 일조방해행위가 사회통념상 수인한도를 넘어 위법행위로 평가될 수 있는지 여부를 판단할 때 고려하여야 할 여러 가지 요소들을 열거하고 있다. 이러한 판단척도는 전형적인 기준(standard)에 해당한다. 법관은 구체적 사건에서 위 요소들을 종합적으로 고려하여 일조방해행위의 위법성을 판단하게 된다. 그러한 판단에는 법관의 재량에 개입할 여지가 크고, 또 그것이 바람직하기도 하다.

법관의 입장에서 볼 때 규칙은 명확하게 주어진 판단 척도이므로 이를 적용할 때에는 중립성, 정밀성, 확실성, 통일성, 법적 안정성을 추구하기가 쉽다. 그 대신 규칙은 사안을 칼로 자르듯이 재단하는 일도양단식의 경직적 법 적용을 추구하므로 경계선 상에 있는 세밀한 사정들을 고려하지 못하여 구체적 타당성이 떨어지는 단점이 있다. 한편 법관의 입장에서 볼 때 기준은 유연하게 주어진 판단척도이므로 이를 적용할 때에는 유연성, 창의성, 형평성, 개별성, 구체적 타당성을 추구하기가 쉽다. 그 대신 기준은 사안의 해결을 법관의 재량에 상당 부분 맡기므로 그 과정에서 예측가능성과 법적 안정성이 떨어지고 자의적인 법 적용이 이루어질 가능성이 높아진다는 단점이 있다. 일반적으로 강력한 행위규제나 행위지침이 필요한 영역에서는 규칙이 요긴하다. 하지만 이러한 요소를 다소 양보하더라도 개별 사건에 대한 사후적이고 세밀한 배려가 필요한 영역에서는 기준이 요긴하다.

예를 들어 자동차를 운전할 때 일정 구간에서 시속 60km를 넘으면 속도위반으로 벌금 30만 원에 처벌하게 하는 법령이 있다면 이는 전형적인 규칙에 해당한다. 시속 60km의 초과 여부라는 명확한 기준에 따라 법 위반 여부가 결정되기 때문이다. 법관은 어떤 사건이 오건 중립적으로 시속에 따라 사건을 처리하게 된다. 이는 모든 사건을 평등하고 명확하며 획일적으로 처리하는 데에 도움을 주는 척도이다. 하지만 시속 60km와 시속 61km의 미세한 차이가 곧 적법과 위법으로 갈라지는 것은 너무 경직적이라는 비판도 가능하다. 이러한 비판을 염두에 두고 기준(standard)의 요소를 가미할 수도 있을 것이다. 가령 시속 60km까지는 적법한 운전이지만, 시속 61km부터는 위법한 운전이라는 규칙적 요소를 유지하면서도, 속도위반의 정도나 경위 등을 고려하여 처벌의 강도를 정하게 할 수 있다는 기준적 요소를 부가할 수 있다.

무엇이 규칙이고, 무엇이 기준인가의 문제는 대부분 입법부나 행정부의 차원에서 정리된다. 왜냐하면 성문법국가에서 법원의 판단척도는 대부분 입법부의 법률 또는 행정부의 시행령 또는 시행규

칙 형태로 제시되는데 그것이 규칙과 기준 중 어떤 성격을 띠는지
는 입법부나 행정부가 그 조항을 어떻게 규정하는가에 달려 있기
때문이다. 그러므로 이미 존재하는 법령을 적용하는 법관의 입장에
서는 그저 객관적으로 파악되는 성격에 따라 자신이 투여할 재량의
폭을 정하면 충분하다. 그렇게 본다면 규칙과 기준의 문제는 법관
에게 그다지 중요하지 않다고 느낄 수도 있다.

그러나 법관도 판결을 통해 국민들에게 행위의 척도를 제시한
다는 점을 생각하면 그렇게만 이야기할 것은 아니다. 특히 대법원
판결은 하급심 법원에게는 법령에 준하는 사실상 구속력을 가지는
것이 현실이므로, 대법원이 새로운 판단의 가이드라인을 제시할 때
그것을 규칙과 기준 중 어떤 형태로 구성할 것인지는 중요한 의미
를 가진다. 또한 주어진 법령을 적용할 때에도 그 법령이 제시하
는 판단의 척도가 과연 규칙인지 기준인지가 늘 명확한 것은 아니
다. 이러한 장면에서는 법관이 규칙지향적인지 아니면 기준지향적
인지에 따라 법령의 적용 모습이 달라질 수 있다. 바꾸어 말하면
법관이 형식주의적(formalistic) 성향을 띠는지, 아니면 실질주의적
(substantial) 성향을 띠는지, 또한 전부 아니면 전무(all or nothing)의
확실성을 선호하는지, 아니면 정도의 문제(matter of degree)로 환원
하는 것을 선호하는지에 따라 달라질 수도 있다.

나. 민법에 있어서의 규칙(rule)과 기준(standard)

(1) 사정변경의 원칙

앞서 제3장 제2절에서는 계약법에서의 자율과 후견과 관련하

여 사정변경의 원칙을 설명한 바 있다. 이번에는 규칙과 기준이라
는 관점에서 이 원칙을 살펴보자.

대법원 2007. 3. 29. 선고 2004다31302 판결에서는 사정변경의
원칙을 인정하여 온 다수설의 입장을 받아들여, "이른바 사정변경
으로 인한 계약해제는, 계약성립 당시 당사자가 예견할 수 없었던
현저한 사정의 변경이 발생하였고 그러한 사정의 변경이 해제권을
취득하는 당사자에게 책임 없는 사유로 생긴 것으로서, 계약내용 대
로의 구속력을 인정한다면 신의칙에 현저히 반하는 결과가 생기는
경우에 계약준수 원칙의 예외로서 인정되는 것이고, 여기에서 말하
는 사정이라 함은 계약의 기초가 되었던 객관적인 사정으로서, 일방
당사자의 주관적 또는 개인적인 사정을 의미하는 것은 아니다."라
고 판시함으로써 일반적인 사정변경의 원칙을 명확하게 승인하였
다. 그런데 이러한 사정변경의 원칙의 요건은 규칙인가, 기준인가?

판례의 내용에 따르면 위 요건들은 일반적인 법률요건처럼 각
각 독립된 것이므로 하나씩 그 충족 여부를 판단하여야 한다. 그
과정에서 한 가지 요건이라도 갖추지 못하면 사정변경원칙은 적용
되지 않는다. 즉 위 요건들은 기준이 아니라 규칙이다. 반면 이에
대해 위 요건들을 완화하여 파악하는 입장도 상정할 수 있다.[72]
이러한 입장은 위와 같은 요건들을 규칙이 아니라 기준으로 보아
야 한다는 것으로 재해석될 수 있다. 이러한 입장에 의하면 법원
은 사정변경원칙의 적용 여부를 결정함에 있어서 위 요건을 하나
씩 독립적으로 판단하는 것이 아니라, 총체적, 종합적으로 고려하
게 된다.

---

72) 백태승, "독일 행위기초론의 발전과 최근동향", 저스티스 제25권 제1호
(1992), 65면에서 그러한 태도를 엿볼 수 있다.

법률이 명시적으로 사정변경원칙의 적용요건을 규정하고 있다면 전자의 입장이 타당하다. 그런데 아직 우리나라에는 이러한 명문규정이 없다. 또한 주류적인 입장에 의하면 사정변경원칙은 신의칙의 파생원칙이다. 신의칙은 매우 보충적으로만 개입하여야 하지만, 일단 개입하면 유연하게 적용될 필요성이 있다. 따라서 후자의 입장도 조심스럽게 고려할 수 있는 것이 아닌가 생각된다.

이는 실무적으로도 일정한 의미를 가진다. 가령 예견가능성의 존부 판단은 관점에 따라 달라질 수 있다. 예견대상을 구체적으로 특정할수록 예견가능성의 범위는 좁아지고, 그 특정성을 완화할수록 예견가능성의 범위는 넓어지기 때문이다. 예컨대 급격한 경제변동의 시기와 내용까지 구체적으로 예견하기는 매우 어렵지만, 역사적 경험에 비추어 장차 언젠가 이러한 변동이 생길지도 모른다는 개괄적·미필적 예견은 할 수 있다. 이때 과연 예견가능성은 존재하는가, 존재하지 않는가? 적나라하게 이야기하자면 이는 법관이 최종적으로 어떠한 결론을 내리고 싶어 하는가에 따라 결정되는 것인지도 모른다. 이처럼 예견가능과 불가능의 경계가 모호하고, 법률에서 예견가능성의 부존재를 요건으로 정하고 있는 것도 아니라면,[73] 차라리 이를 하나의 판단기준으로 보는 것이 오히려 신의칙의 속성에 부합한다는 생각이 든다.

이렇게 본다면, 예견가능성의 존부에 대한 다소의 의문에도 불구하고 사정변경원칙을 적용하였던 서울고등법원 2008. 2. 19. 선고 2006나78277 판결[74]도 어느 정도 이해할 수 있다. 이는 사정변

---

73) 예견가능성의 존부가 법률요건으로 명정되어 있는 경우도 있다. 가령 예견가능성있는 특별손해에 대한 손해배상을 인정하는 민법 제393조 제2항 참조.

74) 이 판결은 이현종, "법원 판결과 경제적 효율성 분석", 고학수·허성욱 편, 경제적 효율성과 법의 지배, 2009, 98면 이하에 소개되어 있다.

경에 따른 계약해제를 인정한 판결로, 이후 상고되었으나 대법원은 심리불속행으로 상고기각판결을 선고하였다.[75]

이 사건에서 원고[76]는 피고[77]와 사이에 수도권매립지 매립작업 및 부대공사에 관하여 기본계약을 체결한 뒤 이에 의거하여 제1차부터 제10차에 이르기까지 순차적으로 개별차수계약을 체결하면서 각 해당 공사를 완료하였다. 그러나 피고가 원고의 파산을 이유로 제11차 도급계약의 체결을 거부하면서 기본계약을 해지하였다. 이에 원고는 피고를 상대로 손해배상청구를 하였다. 이 사건에서의 주된 쟁점은 해지의 정당성이었다. 피고는 공사계약일반조건, 구 건설산업기본법 등에 의하거나 사정변경의 법리에 따라 기본계약을 정당하게 해지할 수 있다고 다투었다. 원심은 다른 주장들은 배척하였으나 사정변경에 따른 주장은 받아들였다. 원심은 이 사건 공사는 장기간에 걸쳐 많은 예산이 투입되는 대규모 공사이고, 완공 이후에도 상당 기간 하자의 보수·유지가 필요한 점, 원고가 지금까지 해온 공사는 잔여공사와 공정의 성격이 다른 점, 한편 잔여공사는 환경피해 방지를 위해 성공적 시공이 요구되고 철저한 사후관리가 요구되는 점, 그런데 원고가 파산선고를 받아 건설업등록이 실효되는 등 더 이상 건설업을 제대로 영위할 수 없게 된 점, 이 공사의 수요기관은 일관하여 원고에게 이 사건 잔여공사를 맡길 수

---

75) 대판 2008. 7. 24, 2008다24371. 이 판결은 대법원 웹사이트의 종합법률정보에서는 검색되지 않는다.

76) 이 사건의 원고는 건설회사의 관리인이지만, 편의상 건설회사를 원고로 지칭하기로 한다. 해당 건설회사는 파산선고를 받았다가 그 후 회생절차개시결정을 받았다.

77) 이 사건의 피고는 대한민국이었고, 공사의 수요기관은 수도권매립지관리공사였다. 수도권매립지관리공사는 제1심 공동피고이면서 원심 피고 보조참가인이었다.

없다고 주장하는 점 등을 고려할 때 원고의 파산선고로 인하여 이 사건 기본계약에는 계약성립 당시 피고가 예견할 수 없었던 현저한 사정의 변경이 발생하였고 그러한 사정의 변경이 피고에게 책임 없는 사유로 생긴 것으로서, 계약내용대로의 구속력을 인정한다면 신의칙에 현저히 반하는 결과가 생기는 경우에 해당한다고 판시하였다. 다만 원심 판결은 피고에게 기본계약이 해지될 때까지는 기본계약에 기하여 개별차수계약을 체결할 의무가 있다는 전제 위에서 그 개별차수계약 체결의무의 이행지체에 따른 원고의 일부 손해를 인정하였다.[78]

　이 사건 공사처럼 공공성을 가지는 대규모 장기공사에서 수급인이 파산선고를 받았을 때 그 수급인을 공사에서 배제하여야 할 필요성은 충분히 인정된다. 그런데 이 사건 계약에는 수급인의 파산에 따른 해제·해지권에 대한 조항이 포함되어 있지 않았다. 민법이나 「채무자회생 및 파산에 관한 법률」, 「국가를 당사자로 하는 계약에 관한 법률」 등 관련 법률들에서도 수급인의 파산선고를 이유로 도급인이 계약을 해제 또는 해지할 수 있는 조항은 존재하지 않는다.[79] 이 사건에서는 현실적 필요성에 대한 규율공백을 메우기 위해 사정변경의 원칙이 적용된 것으로 보인다. 이 사건의 결론은

---

78) 결국 원심은 피고가 이 사건 기본계약의 해지를 지체함으로써 원고가 이 사건 기본계약이 해지되지 않으리라고 믿고 지출하였던 비용의 배상을 명하고 있다.

79) 2010. 7. 26. 일부 개정되어 2010. 10. 27.부터 시행될 지방자치단체를 당사자로 하는 계약에 관한 법률 시행령(대통령령 제22303호) 제91조 제1항은 지방자치단체의 장 또는 계약담당자가 계약을 체결하는 경우 계약해제·해지 사유로 포함시켜야 할 사항들을 열거하면서 제6호에서 "계약상대자의 부도·파산·해산·영업정지·등록말소 등으로 인하여 더 이상 계약이행이 곤란하다고 판단되는 경우"를 들고 있다. 한편 이러한 도산해지조항의 유효성을 긍정한 판결로 대판 2007. 9. 6, 2005다38263 참조.

타당성이 있다고 생각된다. 그런데 수급인의 파산이, 판례에서 제시하고 있는 "계약 성립 당시 피고가 예견할 수 없었던 현저한 사정의 변경"에 해당하는지에 대해서는 선뜻 수긍하기 어렵다. 사정변경의 요건을 규칙으로 본다면 판결과 같은 결론에 이르기 어려웠을 것이다. 판결문에 기재된 사정 이상은 알 수 없지만, 계약해석80) 또는 일반적 신의칙의 문제로 접근하는 것이 오히려 결론에 이르기 편리하였을 것이다. 그러나 사정변경의 요건을 기준으로 파악한다면 위와 같은 결론에 이르는 것도 가능하다. 왜냐하면 하나의 요건이 충족되지 않았다는 이유만으로 바로 사정변경의 원칙의 적용을 부정하지 않고, 오히려 모든 요소들을 종합적으로 고려하여 판단하겠다는 것이 기준적 사고방식이기 때문이다.

　이처럼 사정변경의 요건들을 규칙이 아닌 기준으로 파악하는 것에 대하여 법적 안정성을 해친다는 비판이 가해질 수 있다. 그러나 사정변경원칙은 이미 법적 안정성을 해치는 속성을 가지고 있다. 이러한 이유 때문에 매우 예외적으로만 엄격하게 적용되는 것이다. 그럼에도 불구하고 형평에 이르기 위해 어렵사리 사정변경원칙을 적용하기로 결정하였다면 그 적용결과는 가장 형평에 부합하는 것이어야 한다. 사정변경의 요건들을 기준으로 파악하는 태도는 이러한 사정변경원칙의 목적달성에 기여할 수 있다.

---

80) 원심판결의 사실인정에 의하면 공사계약일반조건 제4조 제2호에서는 '계약상대자의 책임있는 사유로 인하여 준공기한까지 공사를 완성하지 못하거나 완성할 가능성이 없다고 인정될 경우'를 계약해제·해지사유로 들고 있다. 원심판결은 이에 기한 피고의 주장을 배척하였으나 사정변경원칙에 기대기에 앞서 이 사유에 해당한다고 넓게 해석할 여지도 있었을 것이다. 이러한 해제·해지사유에 수급인의 부도발생이 포함되는 것을 당연한 전제로 삼은 판결로 대판 2010. 9. 9, 2010다37080 참조.

(2) 손해배상액의 산정

손해배상의 범위를 확정하고 이를 금전으로 환산하는 작업은 재산적 손해와 비재산적 손해에서 현저히 다른 모습으로 나타난다. 비재산적 손해는 재산적 손해와 비교할 때 무정형하고 객관화하기 어렵다는 특성을 가진다. 이러한 특성 때문에 비재산적 손해의 발생 여부와 범위를 정할 때 법원의 재량이 대폭 개입한다. 하지만 재산적 손해의 산정은 그렇지 않다. 재산적 손해배상사건에서 손해배상액을 산정하는 이론적 토대는 차액설이다. 차액설은 손해의 원인이 없었더라면 존재하였을 이익상태와 현재의 이익상태의 차이를 손해라고 보는 입장이다. 우리나라 판례는 "불법행위로 인한 재산상 손해는 위법한 가해행위로 인하여 발생한 재산상 불이익, 즉 그 위법행위가 없었더라면 존재하였을 재산상태와 그 위법행위가 가해진 현재의 재산상태의 차이를 말하는 것"이라고 하여 차액설의 입장을 취한다.[81] 학설 역시 다르지 않다.[82] 그러므로 법원은 제출된 증거에 기초하여 이러한 차이를 계산한 뒤 도출되는 액수를 재산적 손해배상액으로 인정하는 것이고, 이 과정에서 위자료 산정과 같은 광범위한 재량은 발견되지 않는다.

차액설에 따른 손해배상액 산정의 예는 다음과 같다.[83] 乙이 그가 소유하는 자동차를 甲에게 매각하였으나, 인도가 1개월 늦어졌다고 하자. 甲의 총재산을 V, 매매목적물인 자동차를 A, 매

---

81) 대판(전) 1992. 6. 23, 91다33070; 대판 1998. 7. 10, 96다38971; 대판 2000. 11. 10, 98다39633; 대판 2006. 1. 26, 2002다12659 등.

82) 이에 대해서는 우선 곽윤직 편, 민법주해 IX, 1995, 468면(지원림 집필부분) 참조.

83) 곽윤직, 채권총론, 제6판, 2002, 107면.

매대금을 P, 자동차의 인도가 늦어짐으로써 甲이 1개월 동안 이용하지 못한 금액을 S라고 할 때, 乙이 제대로 이행을 하였더라면 甲의 재산상태는 $(V-P+A+S)$이다. 그러나 乙이 제대로 이행을 하지 않아, 현재 甲의 재산상태는 $(V-P+A)$이다. 따라서 손해 $X=(V-P+A+S)-(V-P+A)=S$, 즉 S가 배상되어야 할 손해액이다. 이처럼 차액설에 따라 손해배상액을 산정하는 일련의 과정은 다분히 규칙(rule)적인 성격을 띤다. 적어도 형식적으로는 재산적 손해배상액의 산정공식이 명확하고 예측 가능하며 법관의 재량이 개입할 여지가 적기 때문이다.

그러나 현실은 그렇지 않다. 손해배상액 산정은 어려운 작업이다. 불법행위 또는 채무불이행으로 인하여 발생한 불이익은 숫자로 나타나지 않는데, 이를 규범적으로 평가하여 숫자로 바꾸어야 하기 때문이다. 이러한 어려움은 특히 가정적 재산상태(즉 위법행위가 없었더라면 존재하였을 재산상태)를 확정하는 어려움 때문에 가중된다. 가정적 재산상태 평가에 관하여는 허용될 수 없는 추측(impermissible speculation)을 넘어서서 허용되는 추론(permitted inference)이 수반되어야 한다.[84] 즉 손해에 관한 증명책임을 지는 채권자의 관점에서 보면 실제로는 존재하지 않지만 마땅히 존재해야 할 상상 속의 상황에 관한 현실 속의 증거들을 제시하며 법관의 확신을 이끌어 내야 하는 것이다.

이러한 어려움이 잘 드러나는 경우가 인신사고에서 장래의 일실수익에 기초한 소극적 손해배상액을 산정하는 경우이다. 인신사고로 인해 가동능력이 상실되거나 감소되면 그만큼 장래의 수익이

---

84) *Story Parchment Co. v. Paterson Parchment Paper Co.*, 282 U.S. 555, 562-563 (1931).

줄어든다. 이때 법관은 장래의 수익이 얼마나 줄어들 것인지를 예상하여 이를 손해배상액에 포함시켜야 한다. 그런데 그 누구도 피해자의 장래가 어떻게 전개될지를 미리 완벽하게 예상할 수 없다. 예컨대 피해자는 가동연한에 이르기 전에 먼저 사망할 수도 있고, 반대로 가동연한 이후에도 계속 일할 능력을 갖추고 있을 수도 있다. 피해자의 월급이 오를 수도 있고 줄 수도 있다. 피해자의 생활비가 평균적인 경우보다 더 많이 지출될 수도 있고 더 적게 지출될 수도 있다. 따라서 법관이 아무리 최선을 다하더라도 결과적으로는 과소배상이 이루어질 수도 있고 과다배상이 이루어질 수도 있다. 이러한 위험을 완전히 제거하는 것은 불가능하다. 따라서 이 영역에서는 어느 정도의 법적 의제(擬制)가 불가피하다.[85]

　이러한 유형의 어려움을 덜기 위해서는 증명의 정도를 완화하는 것을 넘어서서, 더 적극적으로 손해배상액 산정에 기준(standard)적 요소를 도입할 수도 있다. 비재산적 손해배상에 관하여는 이미 모든 사정을 참작하여 법관이 재량으로 배상액을 정하는 것이 널리 허용되어 있다. 대법원은 종래 재산적 손해배상액 산정에 있어서도 이러한 손해액 인정을 사실상 허용하였다. 즉 대법원 2004. 6. 24. 선고 2002다6951, 6968 판결은 "채무불이행으로 인한 손해배상청구소송에 있어, 재산적 손해의 발생사실이 인정되고 그의 최대한도인 수액은 드러났으나 거기에는 당해 채무불이행으로 인한 손해액 아닌 부분이 구분되지 않은 채 포함되었음이 밝혀지는 등으로 구체적인 손해의 액수를 입증하는 것이 사안의 성질상 곤란한 경우, 법원은 증거조사의 결과와 변론의 전취지에 의하여 밝혀진 당사자들

---

85) 이양희, "경험칙상 도시일용노동의 가동연한", 사법 제49호(2019), 531면.

사이의 관계, 채무불이행과 그로 인한 재산적 손해가 발생하게 된 경위, 손해의 성격, 손해가 발생한 이후의 제반 정황 등의 관련된 모든 간접사실들을 종합하여 상당인과관계 있는 손해의 범위인 수액을 판단할 수 있다."라고 판시함으로써 이러한 길을 열어 놓았다.

　이러한 사고 방식은 이미 다수의 특별법(특히 특허법, 상표법, 디자인보호법, 저작권법 등 지식재산권법령이나 공정거래나 증권, 장애인차별 등 소비자 보호의 필요성이 큰 법령)에 재량적 손해배상액 인정에 관한 조항을 통해 구현되고 있었다. 그러다가 2016년 민사소송법 개정을 통해 민사소송법 제202조의2에서 "손해배상 액수의 산정"이라는 표제 하에 "손해가 발생한 사실은 인정되나 구체적인 손해의 액수를 증명하는 것이 사안의 성질상 매우 어려운 경우에 법원은 변론 전체의 취지와 증거조사의 결과에 의하여 인정되는 모든 사정을 종합하여 상당하다고 인정되는 금액을 손해배상 액수로 정할 수 있다."는 규정을 신설하기에 이르렀다.

　그런데 "구체적인 손해의 액수를 증명하는 것이 사안의 성질상 매우 어려운 경우"라는 요건의 충족 여부를 얼마나 엄격하게 볼 것인가에 따라 규칙(rule)으로서의 손해배상액 산정과 기준(standard)으로서의 손해배상액 산정의 경계선이 결정된다. 어떤 법관은 가급적 끝까지 손해배상액의 합리적 증명을 요구하는 성향을 가진다. 어떤 법관은 너그럽게 재량에 의한 손해배상액 인정 단계로 넘어가는 성향을 가진다. 전자가 규칙(rule)지향적 사고라면, 후자는 기준(standard)지향적 사고이다.

　대법원은 법관들이 규칙(rule)적인 재산적 손해의 산정이 주는 부담을 회피하기 위해 쉽게 기준(standard)적인 재산적 손해인정으로 넘어가는 부작용을 경고하였다. 예컨대 대법원 2007. 11. 29. 선고 2006다3561 판결[86]은 "채무불이행으로 인한 손해배상청구소송에서 재산적 손해의 발생사실은 인정되나 구체적인 손해의 액수를 증명하는 것이 사안의 성질상 곤란한 경우, 법원은 증거조사 결과와 변론 전체의 취지에 의하여 밝혀진 당사자들 사이의 관계, 채무불이행과 그로 인한 재산적 손해가 발생하게 된 경위, 손해의 성격, 손해가 발생한 이후의 여러 정황 등 관련된 모든 간접사실들을 종합하여 손해의 액수를 판단할 수 있다. 이러한 법리는 자유심증주의 아래에서 손해의 발생사실은 입증되었으나 사안의 성질상 손해액에 대한 입증이 곤란한 경우 증명도·심증도를 경감함으로써 손해의 공평·타당한 분담을 지도원리로 하는 손해배상제도의 이상과 기능을 실현하고자 함에 그 취지가 있는 것이지 법관에게 손해액의 산정에 관한 자유재량을 부여한 것은 아니므로, 법원이 위와 같은 방법으로 구체적 손해액을 판단하면서는, 손해액 산정의 근거가 되는 간접사실들의 탐색에 최선의 노력을 다해야 하고, 그와 같이 탐색해 낸 간접사실들을 합리적으로 평가하여 객관적으로 수긍할 수 있는 손해액을 산정해야 한다."라고 판시하였다.

규칙(rule)과 기준(standard)의 긴장관계는 재량에 의한 손해액 인정에서만 나타나는 것이 아니다. 외관상 규칙(rule)의 사고방식에 따른 손해배상액 산정에 있어서도 합리적 증명의 정도를 얼마나 엄격하게 요구하는가에 대해서는 법관마다 차이가 있을 수 있다. 예컨대 판례는 일실이익에 해당하는 장래의 예상소득에 관한 증명도는 합리성과 객관성을 잃지 않는 범위 내에서 상당한 개연성 있는

---

86) 대판 2009. 9. 10, 2006다64627; 대판 2010. 10. 14, 2010다40505; 대판 2011. 5. 13, 2010다58728; 대판 2014. 7. 10, 2013다65710도 같은 취지.

증명으로 충분하다고 한다.[87) 하지만 어디까지가 원고의 청구 기각
에 해당하는 증명의 부재인지, 어디부터가 합리성과 객관성을 갖춘
상당한 개연성 있는 증명인지는 명확하지 않다. 이러한 불명확한 영
역에 대한 법관의 엄격함의 차이는 재판의 결과에 영향을 미친다.

다. 기준(standard)의 적용과 이익형량

기준(standard)의 적용에서 중요한 작업 방식 중 하나는 이익형
량이다. 가령 불법행위에 있어서 위법성의 판단기준이 법령에 명확
하게 규정되지 않은 경우에는 이익형량의 방식에 따라 위법성을 판
단하여야 한다. 앞서 예시한 환경침해사건의 수인한도론 역시 이와
유사한 이익형량을 요구한다. 그러므로 기준(standard)에 관하여 살
펴보는 기회에 이익형량에 대해서도 짧게나마 언급하고자 한다.

이익형량은 문자 그대로 해당 사건에서 등장하는 여러 가지 이
익들을 저울질하여 결론에 도달하는 작업이다. 이익형량은 공·사
법을 불문하고 문제되는 것으로서 그것이 적용되는 영역에 따라 세
부적으로는 다른 모습을 띨 수 있다. 예를 들어 헌법재판소가 국민
의 기본권을 제한하는 법률의 위헌성을 심사할 때 행하는 이익형량
과 법원이 사인 간의 불법행위 사건에서 위법성 판단을 위하여 행
하는 이익형량은 다소 다른 모습을 띨 수 있다. 그러나 이익형량의
틀 자체는 본질적으로 동일하다.

일반적으로 이익형량은 ① 형량대상이익의 확정 ⇒ ② 일반적
이익형량 ⇒ ③ 구체적 이익형량의 세 단계를 거쳐서 이루어진다.[88)

---

87) 대판 1987. 3. 10, 86다카331.
88) D. Buchbald, *Konflikte zwischen Prizipien, Regeln und Elemente im*

첫 번째 단계는 형량할 이익들을 모두 드러내어 확정하는 것이다. 이익형량을 저울질에 비유한다면, 이 단계는 저울에 올려놓을 대상을 모으고 확정하는 작업이다. 이익형량을 통하여 설득력있는 결과를 도출하려면 고려해야 할 모든 이익을 이익형량의 틀 안에 끌어들여야 한다. 이 과정에서 형량대상이익이 누락되지 않도록 유의하여야 한다. 이와 관련하여 대법원 1997. 9. 26. 선고 96누10096 판결은 "공익과 사익 사이에서는 물론, 공익 상호간과 사익 상호간에도 정당하게 비교·교량하여야 하고 그 비교·교량은 비례의 원칙에 적합하도록 하여야 하는 것이므로, 만약 이익형량을 전혀 하지 아니하였거나 이익형량의 고려대상에 포함시켜야 할 중요한 사항을 누락한 경우 또는 이익형량을 하기는 하였으나 그것이 불완전한 경우에는 비례의 원칙에 어긋나는 것이다."라고 판시한 바 있다.

두 번째 단계는 보호이익과 비교이익 사이의 일반적 형량이다. 여기에서 "일반적"이라는 표현은 구체적인 사안의 맥락을 떠나서 추상적 이익 자체의 무게를 측정한다는 의미이다. 이는 저울의 초기세팅작업에 비유할 수 있다. 만약 어느 이익이 그 자체로서 다른 이익보다 일반적으로 더 중요한 비중을 가진다면, 저울의 양팔 중 그 이익이 올라갈 편에 가중치를 부여하는 작업이다. 구체적 사안을 떠나서 일반적으로 어느 이익이 다른 이익보다 절대적으로 우월하다고 말하기는 대단히 어렵다. 어느 이익을 우선시킬 것인가는 해당 이익 자체에 대한 사회적 평가의 우열뿐만 아니라 그 이익이 특정 사안의 맥락 속에서 가지는 구체적 비중에도 달려있기 때문이

Rechtssystem in B. Schlicher/P. Koller (Hg.), *Regeln, Prinzipien und Elemente im System des Rechts*, Wien, 2000, S. 102; 김도균, "법적 이익형량의 구조와 정당성", 서울대학교 법학 제48권 제2호(2007. 6), 69~70면에서 재인용.

다. 그러므로 일반적 형량은 이익형량의 핵심적 부분이라고 하기는
어렵다. 그러나 이익 사이에 우열관계가 존재하는 영역에서 일반적
형량은 여전히 의미를 가진다. 예를 들어 생명권은 인간의 존엄성
의 기반이므로 다른 어떠한 이익보다 우선한다. 가령 생명을 구하
기 위하여 재산권을 침해하는 행위는 정당화된다. 흡연권과 혐연권
사이의 충돌에서, 흡연권은 사생활의 자유를 실질적 핵으로 하는
것이고, 혐연권은 사생활의 자유뿐만 아니라 생명권에까지 연결되
는 것이므로 혐연권이 흡연권보다 상위의 기본권이라고 한 헌법재
판소 결정89)도 기본권이나 자유 사이에도 일정한 위계질서가 있을
수 있다는 점을 전제한 것이다. 표현의 자유에 관한 미국 연방대법
원의 유명한 Schenck 판결90)에서 Holmes 판사에 의하여 제시된
이중기준의 원칙, 즉 기본권 중 정신적 자유권과 재산적, 경제적 기
본권을 구별하여 전자의 가치는 후자의 가치보다 우월한 것이므로
전자에 대한 판단은 후자에 대한 판단보다 엄격하게 심사해야 한다
는 원칙도 같은 맥락 위에 있다. 이는 대체로 헌법적 문제들에 대
한 것이지만, 사법의 영역에서도 동일하게 적용될 수 있는 원리이
다. 이러한 일반적 형량이 가능하려면 보호이익과 비교이익을 같은
잣대로 평가할 수 있는 측정가치가 필요하다. 그리고 그 측정가치
는 공·사법을 불문하고 법체계가 전체적으로 지향하는 최종가치에
해당하는 '인간의 존엄과 가치'가 되어야 할 것이다.91) 따라서 어떤
이익이 침해될 경우 다른 이익이 침해될 때보다 더 인간의 존엄과

---

89) 헌재 2004. 8. 26, 2003헌마457(국민건강증진법시행규칙 제7조 위헌확인).

90) *Schenck v. United States*, 249 U.S. 47 (1919).

91) 김도균, "법원리로서의 공익: 자유공화주의 공익관", 서울대학교 법학 제47
권 제3호(2006), 202면 이하 참조.

가치가 크게 위협받는 때에는 그 이익은 일반적으로 우월한 이익이라고 말할 수 있다. 한편 일반적 형량은 A 이익이 B 이익보다 절대적으로 우월한 관계(편의상 이를 '절대적 우열관계'라고 한다)에 있는가를 밝히는 것 이외에도, 양자 사이에 절대적 우열관계는 없지만 구체적 형량에서 우열을 가리기 어려울 때 어느 한쪽이 더 큰 보호를 받는 것으로 추정되는 관계(편의상 이를 '제한적 우열관계'라고 한다)가 있는지를 밝히는 작업도 포함한다고 생각한다. 이는 마치 소송절차에서의 증명책임과 마찬가지로 일단 쌍방의 증거를 통하여 우열을 가려보되, 그것이 여의치 않으면 어느 한쪽에게는 이익을, 다른 한쪽에게는 불이익을 주는 관계에 비유할 수 있다.

　세 번째 단계는 보호이익과 비교이익 사이의 구체적 형량이다. 이는 이익형량의 마지막 단계이다. 일반적 형량과 달리 구체적 사안의 맥락 내에서 실제로 등장한 여러 가지 요소들을 종합하여 양 이익을 저울질하는 것이다. 구체적 형량은 이익형량과정의 가장 핵심적인 부분이다. 하지만 이러한 구체적 형량은 다분히 사안중심적이고, 양적(quantitative)이라기보다는 질적(qualitative)인 것이어서 쉽게 계량화하기 곤란하다는 특성을 가진다. 여기에서의 판단은 사안중심적이고 가치충전적이어서 법관의 판단재량이 상당한 정도로 개입한다. 그러므로 구체적 형량과정에서는 늘 법관의 판단재량을 통한 구체적 타당성 및 유연성의 추구와 이를 통하여 잠식될 수 있는 예측가능성과 법적 안정성 사이의 긴장관계가 존재한다.

제3절   현실적 관점과 당위적 관점

※ 이 절은 저자가 공간한 다음 문헌들에 주로 의거하여 작성하였다.
저작권침해판단론, 박영사, 2007.
"공정거래법상 가격담합사건에 있어서 손해배상액 산정", 경제규제와 법 제7권 제2호(2014. 11).
"불법행위의 과실 판단과 사회평균인", 비교사법 제22권 제1호(2015. 2).

1. 개   관

　재판에는 현실적 요소와 당위적 요소가 섞여 있다. 현실은 실제로 존재하는 바이다. 당위는 마땅히 지향해야 할 바이다. 법관은 재판에서 실제로 존재하는 바(사실관계)를 확정하고 마땅히 지향해야 할 바(법률)를 적용한다. 이렇게 양자를 구별하면 사실관계는 당위와 단절되어 있다고 생각할지도 모른다. 하지만 사실관계 확정 작업도 오로지 현실이라는 요소만으로 점철되어 있지는 않다. 사실관계 확정은 제한된 증거와 판단력에 기초하여 눈에 보이지 않는 과거를 더듬어가며 재현해 나가는 작업이다. 그런데 증거를 취사선택하고 해석하며 판단하고 여기에 법관의 자유로운 심증을 보태어 사실관계의 퍼즐을 맞추어 나가는 과정에서 당위에 관한 법관의 생각이 개입할 수 있다.

　예를 들어 어떤 법관이, 계약 당사자라면 마땅히 계약서 조항들을 유심히 읽어보아야 한다는 생각을 가지고 있다고 가정해 보자. 그런데 그가 담당한 사건에서 소송 당사자가 계약서를 제대로 읽어보지 않아 계약 내용을 몰랐다고 주장하면, 그 법관은 그 소송 당사자의 주장을 믿지 않을 가능성이 있다. 계약 당사자라면 마땅히 계약서 조항들을 유심히 읽어보아야 한다는 생각이 강하면, 현실에서도 그러하리라고 생각하거나, 그렇지 않더라도 현실을 자신이 지향하는 당위 쪽으로 유도하려는 의도가 재판에 반영될 수 있기 때문이다. 이는 법관의 당위적 관점이 현실의 영역에 속하는 사실인정에 영향을 미치는 하나의 예이다.

이와 반대로 법관의 현실에 대한 인식이 당위적 판단에 영향을 미칠 수도 있다. 예를 들어 어떤 법관이 사회에 성(性)에 대한 개방 풍조가 널리 퍼지고 성애물(性愛物)이 유통되고 있다는 현실에 대해 부정적 인식을 가지고 있다고 가정해 보자. 그런데 그가 담당한 사건에서 어떤 소설의 음란성이 문제되면 그는 이와 반대의 현실 인식을 한 경우보다 상대적으로 음란성 판단의 기준을 낮출 가능성이 높다. 또한 교사가 학교에서 수많은 잡무로 격무에 시달리고 있다는 현실 인식을 하는 법관은 학교 내 사고에 관하여 교사가 법적 책임을 부담하여야 하는가 하는 쟁점이 걸린 사건에서 교사의 주의의무를 설정할 때 이러한 현실을 고려하게 될 가능성이 높다. 이는 법관의 현실 인식이 당위적인 기준 설정에 영향을 미치는 예들이다.

철학적으로 현실(is)과 당위(ought)의 문제를 본격적으로 제기한 철학자는 데이비드 흄(David Hume, 1711~1776)이었다. 그는 1739년 저서 『인간 본성의 탐구(Treatise of Human Nature)』에서 사람들은 종종 현실(is)로부터 당위(ought)를 추론하곤 하지만, 이러한 추론은 정당한 근거가 없다는 주장을 하였다.[92] 즉 현실과 당위는 서로 별개

---

[92] David Hume, A Treatise of Human Nature, London, 1739, pp. 244-245. 원문은 http://people.rit.edu/wlrgsh/HumeTreatise.pdf에서 읽을 수 있다.

의 영역에 속하고, 어느 하나로부터 다른 하나가 당연히 추론되지는 않는다는 것이다. 이러한 문제 제기의 정당성에 대해 그 후 철학자와 윤리학자들 사이에는 논란이 있어 왔다. 그런데 어떤 입장을 취하더라도 재판의 장에서 현실과 당위가 서로 영향을 주고받는다는 점 자체를 부인하기는 어려울 것이다. 그렇다면 법관이 양자중 어느 쪽에 더 무게를 싣는가에 따라 사실인정과 법률적용의 모습이 달라질 수 있다. 법현실주의(legal realism)는 당위로의 함몰을 경계하면서 현실의 솔직한 관찰에 기초하여 법현상을 이해하고자 하였던 이론적 사조의 하나였다. 우리나라 법학의 주류를 형성하고 있는 해석 법학도 외견상 당위에 치중하는 것 같으나, 현실에 대한 고려를 배제하지는 않는다. 이 책에서도 몇 가지 소재들을 가지고 이 점에 대해 고민할 기회를 가지고자 한다.

2. 과실 판단에 있어서 현실적 관점과 당위적 관점

가. 과실판단과 사회평균인

현실적 관점과 당위적 관점은 불법행위 과실 판단에 영향을 미친다. 불법행위 과실 판단에 활용되는 '사회평균인'이라는 개념을 통해 이를 살펴보자. 불법행위법에 있어서 현실적 관점과 당위적 관점은 '사회평균인'의 개념을 통해 함축적으로 반영된다.

'사회평균인'은 어떤 개념인가? '사회평균인'은 불법행위의 과실 판단에 동원되는 개념이다.93) 과실은 주의의무를 위반한 상태이

---

93) '사회평균인' 또는 이와 유사한 개념은 불법행위의 과실 판단을 넘어서 법

다.94) 주의의무 위반 판단을 위해서는 주의의무를 객관적으로 확정한 뒤 이를 특정한 행위자가 실제로 기울인 주의와 비교해야 한다. 이러한 주의의무는 어떤 가상의 주체를 기준으로 삼아 정립해야 한다. 즉 그 가상의 주체가 하였을 행위와 실제 행위자가 한 행위를 비교하여 과실을 판단하는 것이다. 판례는 그 가상의 주체를 '사회평균인'이라고 표현한다.95)

   법관은 수많은 사건에 직면하여 사회평균인을 기준삼아 과실판단을 한다. 따라서 사회평균인에 대한 이해는 불법행위의 과실판단에서 핵심 과제이다. 이러한 사회평균인의 활약상에는 이유가있다. 사회평균인이 법관의 결론을 정당화하기에 적절한 수단이기때문이다. 법관은 국민들과 맞닥뜨려 선거운동을 하고 그들을 위한공약을 내걸고 그들로부터 선출되는 공직자가 아니다. 그러므로 법관은 더더욱 국민들의 일반적인 법적 정서를 의식적으로 염두에 두고 이를 세밀하게 고려할 필요성이 있다. 그런데 법관에 대해 존재하는 일반적인 편견과 달리, 실제 법관은 형식적이고 논리적인 결론보다는 구체적 타당성이 담보된 결론을 선호하는 경향이 있다.96)

전반에 걸쳐 활용된다. 예컨대 약관의 해석은 "평균적 고객의 이해가능성을 기준으로" 해야 한다(대판 2009. 5. 28, 2008다81633 참조). 그 외에도 나중에 설명하듯이 음란성 판단이나 지식재산권 침해 판단에도 사회평균인의 개념이 활용된다.

94) 곽윤직, 채권각론, 제6판, 2003, 389면; 곽윤직 편, 민법주해 XVIII, 2005, 185~186면(이상훈 집필부분).

95) 대판 2001. 1. 19, 2000다12532. 판례에서는 '사회'와 '평균인'을 붙여 쓰기도 하고(대판 2012. 3. 15, 2011두24644), 띄어 쓰기도 하나(대판 2008. 6. 12, 2007도3815; 대판 2009. 2. 26, 2006도3119), 이 글에서는 띄어 쓴 판례를 직접 인용하는 경우를 제외하고는 불법행위에 관한 2000다12532 판결의 용례에 따라 이를 붙여 쓰기로 한다.

96) 권영준, "민사재판에 있어서 이론, 법리, 실무", 서울대학교 법학 제49권 제3호(2008. 9), 339~346면.

이러한 결론을 내리는 데 있어 사회평균인은 일종의 국민 대표로 동원된다. 법관 자신만의 주관적인 결론이 아니라 사회 일반에 내재한 규범의식에 기초한 객관적인 결론임을 의식적으로 강조하는 도구가 된다.

이러한 사회평균인 개념의 활용에는 그림자도 있다. 사회평균인은 멋있는 이름을 가지고 있고 그 개념도 직관적으로 이해하기 쉽다. 하지만 사회평균인의 정체는 애매모호하다. 따라서 사회평균인은 법관의 자의적인 결론을 정당화하는 손쉬운 수단으로 전락할 위험성이 있다. 하지만 사회평균인의 불확정성을 완전히 벗겨내는 것은 불가능하다. 사회평균인은 아래에서 살펴보듯 통계와 데이터로 계산할 수 있는 대상이 아니기 때문이다. 따라서 불확정성은 사회평균인의 본질적 속성 중 하나이다. 그러나 그 불확정성을 줄여 나갈 수는 있다. 구체적 사건에 동원되는 사회평균인을 사전에 일일이 확정하는 것은 불가능하지만, 사회평균인의 일반적 속성을 밝히고, 이에 대한 이해의 틀을 정립하는 정도는 가능하다.

나. 현실적 평균인(실증적 평균인)과 당위적 평균인(규범적 평균인)

여기에서 '평균인'은 현실적 평균인인가, 아니면 당위적 평균인인가? 바꾸어 말하면 그는 현실 속에 민낯으로 존재하는 평균인인가, 아니면 당위의 세계에 상상되는 평균인인가?

'평균인'이라는 문언만 놓고 보면 그는 현실적 평균인에 가깝다. 즉 그는 그 평균인이 속한 모집단(母集團)에서 산술적 평균값에 해당하는 사람이다. 가령 한국의 평균적인 임금근로자는 매월 156.4시간씩 일하며 264만 3천 원을 번다. 평균적인 학생 1인당 월 평균 29.1만 원의 사교육비를 지출한다. 평균적인 한국인은 매년 61kg의 쌀을 소비한다.[97] 이러한 관점에서 사회평균인을 정한다면 그는 이러한 통계적 방법을 통하여 몰가치적(沒價値的)으로 산출되는 실증적 의미의 평균인일 것이다.

만약 사회평균인이 이러한 의미를 가진다면, 그는 사회에 실제 존재하는 사람들 중에서 가장 평균적인 사람이다. 그는 새벽에 차나 사람이 없을 때에는 상황을 봐서 적신호를 무시하기도 하는 운전자일 수도 있고, 엄청난 업무량 때문에 가끔씩 졸면서 집도하는 외과의사일 수도 있으며, 가장 최근에 나온 조세 분야의 대법원 판결을 숙지하지 못한 채 조세 상담을 하는 변호사일 수도 있다. 만약 사회평균인이 이러한 의미를 가진다면 통계학은 불법행위 과실 판단에서 매우 중요한 비중을 차지한다. 마치 인신사고에서 피해자의 소득을 산정할 때 임금구조 기본통계 조사보고서에 나오는 통계소득에 기대듯이, 주의의무를 확정할 때에도 사람들의 실제 행동양식에 대한 통계적인 조사결과에 기대야 한다. 만약 사회평균인이 이러한 의미를 가진다면, 미국의 연방대법관이던 올리버 웬델 홈즈(Oliver Wendell Holmes)의 표현처럼 법관은 "통계학의 명수"가 되어야 한다.[98]

하지만 불법행위법에서는 사회평균인을 이러한 의미로 이해하지 않는다. 앞서 살펴보았듯이 과실은 사회생활상 요구되는 주의를

---

97) 국가통계포털(kosis.kr) KOSIS 100대 지표(2020. 1. 29. 현재) 참조.

98) Oliver Wendell Holmes, Jr., The Path of the Law and The Common Law, Kaplan, 2008, p. 17 (그 중 위 인용문이 실린 The Path of the Law의 원저는 Oliver Wendell Holmes, Jr., *The Path of the Law*, 10 Harv. L. Rev. 457 (1897)이다).

게을리 함으로써 발생한다. 이때 '사회생활상 요구되는 주의'는 규
범적으로 정해지는 것이지 실존하는 거래관행에 좌우되지 않는다.
가령 장거리 운전을 하는 화물차 운전기사들이 평균적으로 난폭하
게 운전한다고 하여 그러한 난폭운전을 '사회생활상 요구되는 주의'
를 다한 운전이라고 정당화할 수는 없다.[99] 마찬가지 맥락에서 대
법원은 의료과오사건에 관하여, "주의의무의 기준은 진료 당시의
이른바 임상의학의 실천에 의한 의료수준에 의하여 결정되어야 하
나, 그 의료수준은 규범적으로 요구되는 수준으로 파악되어야 하
고, 해당 의사나 의료기관의 구체적 상황을 고려할 것은 아니다."라
고 한다.[100] 따라서 관행에 따른 의료행위를 하였더라도 그 행위가
규범적으로 수용될 수 없는 것이라면 의사가 주의의무를 위반한 것
이라고 한다.[101] 결국 '사회생활상 요구되는 주의'란 사회공동체가
마땅히 지켜야 할 의무를 의미한다. 이 점에서 주의의무는 하나의
규범(norm)이다.[102]

　　사회평균인은 이 국면에서 주의의무 위반 여부를 판단하기 위
한 도구 개념으로 등장한다. 따라서 사회평균인은 법 이전에 실재

---

99) 加藤雅新, 事務管理·不當利得·不法行爲, 新民法大系 Ⅴ, 第2版, 2005, 144면.

100) 대판 2000. 1. 21, 98다50586; 대판 2005. 10. 28, 2004다13045.

101) 대판 1998. 2. 27, 97도2812는 두 번째 혈액 봉지로부터는 의사 대신 간호
사가 교체해 주기로 하는 병원의 관행이 있었다는 이유로 간호사에게 수혈
을 맡겼다 하더라도 의사는 책임을 면할 수 없다고 판시하였다. 또한 대판
1999. 10. 22, 98다31363은 개인 의원에서는 보통 혈구 형 혈액형 검사인
ABO식 혈액형 검사만 실시하고 혈장형 혈액형 검사까지 포함하는 정밀혈
액형 검사는 실시하지 않는 것이 일반 의료계의 관행이더라도, 망인과 태아
의 상태에 비추어 이왕성 자궁출혈의 가능성이 매우 높고 의사도 이를 미
리 예측할 수 있었다고 인정된다면 정밀혈액형 검사도 실시하여야 한다고
판시하였다.

102) 형법학에 대한 논문이기는 하지만, 정영일, "과실불법의 요소인 주의의무의
성격과 기준", 경희법학 제42권 제2호(2007), 546면.

하던 존재가 아니다. 사회평균인은 법적 의제(legal fiction)의 결과물이다.[103] 사회평균인은 공동체에 실존하는 평균적인 사람의 기계적 의인화(personification)가 아니라 공동체에 실존하는 평균인이 현실의 제약 내에서도 마땅히 추구해야 할 모습의 의인화이다. 사회평균인은 통계적 실증의 결과물이 아니라 가치판단을 거친 규범적 결과물이다.[104] 그러한 의미에서 사회평균인은 사실(Sein)의 영역에 거주하는 실증적 평균인이 아니라 당위(Sollen)의 영역에 거주하는 규범적 평균인이다. 규범적 평균인은 곧 영미법계에서 말하는 '보통의 사람(average person)'이라기보다는 '합리적 사람(reasonable person)'이다. 규범적 평균인은 사람을 이성적이고 합리적인 존재로 파악하는 사고방식의 연장선상에서 비롯된 것이기도 하다. 이 점에서 실증적 평균인처럼 오해될 수 있는 '사회평균인'이라는 용어보다는 '합리적 사람'이라는 용어가 훨씬 그 개념의 본질에 가깝다.

다. 실증적 평균인 또는 그가 반영하는 "현실"의 규범적 의미

그렇다면 실증적 평균인, 또는 그를 통해 반영되는 현존 관행은 아무런 의미가 없는 것인가?[105] 그렇지 않다. 규범은 그것을 통

---

103) Bedder v Director of Public Prosecutions, 1 WLR 1119 (1954) ("where reasonable man is deemed a wholly impersonal fiction").

104) 평균인이 실증적 평균인의 개념으로 이해되어야 하는 것이 명백한 경우도 있다. 가령 교통사고로 인한 사고에서는 평균인의 여명(餘命) 판단을 하게 되는데 이는 순수하게 통계적이고 실증적인 평균인으로서 가치판단과 무관하다. 대판 1971. 2. 9, 70다2866; 대판 1981. 6. 9, 80다1578; 대판 1984. 3. 27, 83다카853; 대판 1990. 6. 8, 89다카17812 등 참조.

105) 실증적 평균인에 있어서의 평균은 엄밀히 말하면 평균(mean)보다 중앙값(median)에 가까운 개념이다. 평균은 관측치의 총합을 관측치의 개수로 나누어 구한 수이다. 반면 중앙값은 절반 이상의 숫자들이 이 값보다 크거나

해 규율하고자 하는 사회나 인간의 현실과 동떨어질 수 없다. 따라서 규범적 평균인조차도 사회현실과 인간적 약점을 도외시한 채 정립될 수는 없다. 그러한 관점에서 보면 사회에 현존하는 관행은 사회평균인의 모습을 정립하는 데 요긴한 출발점이 될 수 있다.106) 관행은 행정규제나 재판례, 시장에서의 요청을 받아 형성되므로 규제 시스템이나 사법 시스템, 시장(market)과 여론 반영 시스템이 잘 정립된 곳에서는 관행의 참조 가치가 커진다.107)

　　대법원 1995. 10. 13. 선고 95다32747 판결은 관행에 따른 노동조합설립신고서 반려처분이 대법원 판결을 통하여 비로소 위법한 것으로 밝혀진 경우, 노동부장관의 직무상 과실을 부인하였다. 이 경우에는 공무원의 처분이 결과적으로 위법하게 되어 그 법령의 부당집행이라는 결과를 가져오게 되었다고 하더라도, 그와 같은 처리 방법 이상의 것을 성실한 평균적 공무원에게 기대하기 어렵다는 이유 때문이다. 또한 대법원 2005. 2. 25. 선고 2003다36133 판결은 일반적인 거래관행과 상이하다는 것을 잘 알고 있음에도 불구하고 명의사용자의 불법적 행위에 편승하여 계약을 체결한 거래의 상대방에게는 일반적으로 요구되는 주의의무를 현저히 위반한 중과실이 인정된다고 하였다. 이 사건에서는 타인의 명의를 대여 받은 명의사용자가 비자금 조성을 목적으로 대단히 이례적인 형태로 저렴하게 골프회원권을 매도하였는데, 이때 그 거래 상대방인 매수인은

같고 동시에 절반 이상의 숫자들이 이 값보다 작거나 같은 수이다. 평균은 몇몇 극단적인 수치들의 영향을 받기 쉽지만 중앙값은 그러한 영향을 받지 않는다. 류근관, 통계학, 제2판, 2010, 54~55면.

106) 권영준, "해킹(hacking) 사고에 대한 개인정보처리자의 과실판단기준", 저스티스 통권 제132호(2012. 10), 62면.

107) 권영준 "해킹(hacking) 사고에 대한 개인정보처리자의 과실판단기준", 저스티스 통권 제132호(2012. 10), 63면.

이러한 골프회원권 매매계약이 일반적인 거래관행과 상이하여 조금만 주의를 기울이면 이것이 명의사용자의 사기 행각임을 알 수 있었던 상황이었다. 매수인은 그 뒤 위 거래로 인하여 입게 된 손해에 대해서 명의대여자에게 사용자책임을 추궁하였는데, 대법원은 거래 상대인 매수인이 조금만 주의를 기울이면 그것이 명의사용자의 직무를 벗어난 행위임을 알 수 있어 중과실이 인정된다는 이유로 사용자책임의 성립을 부정하였다. 이러한 판결들은 일반적인 관행이 법적 책임의 성립 여부에 영향을 미친 사례들이다.

실증적 평균인이 규범이라고 생각하는 것(실증적 평균인의 주관적 규범) 역시 객관적인 의미의 규범을 정립하는 데에 요긴한 출발점이 될 수 있다. 즉 실증적 평균인의 보편적 사고 그 자체가 규범이 된다고는 할 수 없지만, 그러한 보편적 사고는 사회 컨센서스(consensus)와 관련이 있으므로 법을 만들거나 법을 해석할 때에는 이를 고려하여야 마땅하다.

악의의 무단점유에 대한 취득시효를 부정했던 대법원 1997. 8. 21. 선고 95다28625 전원합의체 판결의 판시내용은 이 점에서 참조할 만하다. 여기에서 이용훈 대법관은 다수의견에 대한 보충의견을 개진하면서 "재산법의 해석에 있어서도 평균인의 보편적 도의관념이 존중되어야 함은 당연하다"라거나 "평균인의 일반적 사고를 기준으로 하여야 하는"것이 "법적 판단의 기본원칙"이라고 전제한 뒤, 이러한 "평균인의 사고를 기준으로 한 규범적 판단"을 하면 악의의 무단점유에서는 소유의 의사 없이 점유를 개시하였다고 보는 것이 "평균인의 보편적 도의관념"이라고 설명한다. 여기에서의 평균인은 실제로 존재하는 사회 구성원들의 전형(典型)을 표상하는 것으로서, 규범적 평균인보다는 실증적 평균인에 가깝다. 다만 그 실증적 평균인이라면 가졌을 "보편적 도의관념"을 고려하여 "규범적 판단"을 하는 것이다. 그렇게 이해한다면 위 보충의견에서 말하는 "평균인의 사고를 기준으로 한 규범적 판단"은 실증적 평균인의 사고가 규범적 평균인의 정립에 영향을 미칠 수 있음을 잘 나타낸 표현이다.

참고로 미국의 불법행위법 제3차 리스테이트먼트 제13조(a)는 "행위자가 공동체 또는 동일한 상황에 처한 사람들의 관행을 지켰다는 점은 그 행위자에게 과실이 없다는 증거가 될 수 있지만, 과실이 인정될 가능성을 완전히 배제하지는 않는다."라고 규정하고, 같은 조(b)는 "행위자가 공동체 또는 동일한 상황에 처한 사람들의 관행으로부터 벗어난 행위로 위험을 증가시켰다는 점은 그 행위자에게 과실이 있다는 증거가 될 수 있지만, 과실이 반드시 인정되어야 하는 것은 아니다."라고 규정하여 이러한 관행과 과실의 상관관계를 명문화하고 있다.[108]

또한 실증적 평균인이 보다 큰 역할을 수행하는 영역도 있다. 음란물 판단의 경우가 대표적이다. 형사처벌 대상으로서의 음란행위에 해당하려면 사회평균인의 입장에서 성욕을 자극하여 성적 흥분을 유발하고 정상적인 성적 수치심을 해하였다고 평가될 수 있어야 한다.[109] 그런데 음란이라는 개념은 사회와 시대적 변화에 따라 변동하는 상대적이고도 유동적인 것이다. 또한 음란성에 관한 논의는 자연스럽게 형성·발전되어 온 사회 일반의 성적 도덕관념이나

---

108) Restatement (Third) of Torts, Negligence: Liability for Physical Harm § 13. 이 리스테이트먼트는 불법행위 전반에 관한 것이 아니라 인신손해에 관한 과실 불법행위사건에 관한 것이다. 이하 불법행위법 제3차 리스테이트먼트는 이를 일컫는 것이다.

109) 대판 2009. 2. 26, 2006도3119.

윤리관념 및 문화적 사조와 직결되고 아울러 개인의 사생활이나 행
복추구권 및 다양성과도 깊이 연관되는 문제로서 국가형벌권이 지
나치게 적극적으로 개입하기에 적절한 분야가 아니다.110) 따라서
대법원은 음란성 판단을 가급적 시민사회에 유보하고 그 구체적 방
법으로서 사회의 일반 관념을 존중하여 최종적인 규범적 판단을 하
고자 한다.111) 우리나라 음란성 판단기준 설정에 큰 영향을 미친
미국 연방대법원의 밀러(Miller) 판결112)에서는 "평균인이 동 시대의
지역 공동체 기준을 적용하여 그 표현물을 전체적으로 보았을 때에
호색적인 흥미를 유발하는지 여부(whether the average person, applying
contemporary community standards would find that the work, taken as a
whole, appeals to the prurient interest)"를 음란성의 인정요건 중 하나로
제시하는데, 이때 'reasonable person'을 사용하는 불법행위의 경우
와 달리 의도적으로 'average person'을 사용한 것도 같은 배경이
라고 생각한다.113) 음란물 판단이 규범적 판단임을 부정할 수는 없
으나, 이처럼 음란물 판단에서는 실증적 평균인의 역할이 상대적으
로 더욱 커지게 되는 것이다.

지식재산권의 권리범위나 침해 여부를 판단할 때에도 그러하

---

110) 대판 2009. 2. 26, 2006도3119.
111) 신평, "헌법적 음란의 개념", 헌법학의 과제: 김효전 교수 정년기념논문집
(2011. 11), 100면.
112) *Miller v. California*, 413 U.S. 15 (1973).
113) 참고로 그 이후에 나온 미국 연방대법원의 포프 판결[*Pope v. Illinois*, 481
U.S. 497 (1987)]에서는 밀러 판결에서 제시한 음란성의 또 다른 요건인
"문제된 표현물이 진지한 문학적, 예술적, 정치적 혹은 사회적 가치를 결여
하였을 것(the work in question lacks serious literary, artistic, political or
scientific value)"은 'average person'이 아닌 'reasonable person'의 관점에
서 판단해야 한다고 판시하였다. 이 역시 양자의 개념이 다르다는 점을 전
제한 것이다.

다. 가령 특허법 분야에서는 '그 발명이 속하는 기술 분야에서 통상
의 지식을 가진 사람' 또는 '통상의 기술자'라는 개념을 사용한다.
이러한 통상의 기술자는 특허발명의 진보성을 판단하거나,[114] 특허
발명의 권리범위를 판단하거나,[115] 선출원의 최초 명세서에 기재된
사항의 범위를 판단하는 데에 활용된다.[116] 또한 저작권법 분야에
서는 저작물과 대상물이 실질적으로 유사한가를 판단할 때에 '보통
의 관찰자(ordinary observer)' 관점을 활용하는데,[117] 여기에서 보통
의 관찰자는 그 사회에서 평균적인 경험과 지식을 갖춘 가상의 관
찰자를 의미한다.[118] 디자인보호법에 따른 디자인 보호와 관련하여
디자인의 유사 여부 판단은 그 외관을 전체적으로 대비·관찰하는
'일반평균인'의 관점에서 이루어진다.[119] 이러한 '통상의 기술자' 또
는 '보통의 관찰자' 역시 모두 실증적 평균인에 가까운 개념이다.

  이처럼 평균인이 가상의 판단 주체가 되는 경우에 실증적 평균
인의 역할이 커지는 이유는 무엇일까? 우선 실증적 평균인이 음란
성 판단에 있어서 역할이 커지는 이유는 음란성 판단 자체가 지극
히 주관적이고 상대적인 판단이기 때문일 것이다. 물론 음란성의
판단도 법적 판단이므로 규범적 판단이 아니라고 할 수 없다. 하지
만 음란성 판단에 대해서는 시대와 장소를 초월한 초개인적(超個人

114) 대판 2014. 5. 16, 2012후115.
115) 대판 2001. 10. 30, 99후710.
116) 대판 2015. 1. 15, 2012후2999.
117) 미국의 주류적 판례가 그러하다. *King Features Syndicate v. Fleischer*, 299
   F. 533 (2d Cir. 1924); *Educational Testing Serv. v. Katzman*, 793 F.2d
   533 (3d Cir, 1986); *Funkhouser v. Loew's Inc.*, 208 F.2d 185 (8th Cir.
   1954); *Williams v. Kaag Mfrs., Inc.*, 338 F.2d 949 (9th Cir. 1964) 등 다수.
118) 권영준, 저작권침해판단론, 2007, 129면.
119) 대판 1995. 5. 9, 94후1497.

的)인 잣대를 제시하기 어려우므로 그 시대에 그 사회를 살아가는 사람들의 실제 관념이 중요한 기준이 된다. 가령 누구도 그 시대와 장소적 맥락에서 더 이상 어떤 객체를 음란하다고 느끼지 않는데, 법관만 홀로 우뚝 서서 자신이 가지는 객관적이고 규범적인 잣대에 따라 이를 음란하다고 선언한다면, 그 잣대는 법관의 또 다른 주관적이고 현실적인 잣대인지도 모른다. 따라서 음란성 판단에 있어서는 실증적 평균인이 자신의 역할을 충실히 수행함으로써 음란물 판단에 내재한 폭넓은 주관성과 상대성은 완화될 수 있다.

  지식재산권의 권리범위나 침해 여부 판단에서 실증적 평균인이 활약하는 이유도 마찬가지이다. 가령 저작권은 저작자의 창작 인센티브를 보호하기 위해 부여된 권리이고, 그 중 저작재산권은 권리자의 재산상 이익, 즉 경제적인 창작 인센티브를 보호하기 위한 권리이다. 이러한 재산상 이익은 궁극적으로 그 저작물의 수요자로부터 나온다. 영화는 그 영화를 보는 사람들로부터, 음악은 그 음악을 듣는 사람들로부터, 소설은 그 소설을 읽는 사람들로부터 재산적 이익을 획득한다. 만약 저작재산권이 존재하지 않는다면 누구나 그 저작물과 동일하거나 유사한 작품을 만들어 해당 저작물의 수요자에 대한 독점적 지위를 감소시킴으로써 저작물에 대한 재산적 이익을 감소시키게 될 것이다. 하지만 그 저작물과 유사하지 않은 작품을 만들었다면 이는 기존 저작물의 수요를 대체하는 효과가 거의 없어 잠재적 수요자를 박탈하지 않을 것이고, 재산적 이익도 별로 감소하지 않을 것이다. 이처럼 저작물로부터 재산적 이익을 수취할 수 있는 권리가 침해되었는지 여부는 필연적으로 그 행위로 인하여 해당 저작물에 대한 수요가 감소하게 되었는가와 밀접한 관련이 있다. 이러한 논리를 따른다면, 저작재산권 침해 여부는 대체재(代替財)로 인한 저작물 수요 감소 여부의 문제로 귀착된다. 결국 저작권침해는 평균적 수요자가 유사하다는 관념이나 느낌을 실제로 받는지를 중요하게 고려하여 판단해야 하고, 그 속성상 여기에서의 평균적 수요자는 실제 존재하는 저작물의 잠재적 또는 현실적 수요자이다. 이러한 수요자를 표상하는 개념이 바로 보통 관찰자이다.

이처럼 실증적 평균인은 규범적 평균인의 출발점이기도 하고, 규범적 평균인이 현실과 동떨어져 지나치게 높은 기준을 강요하는 것을 제어하는 방패의 역할을 수행하기도 한다.

라. 실증적 평균인 또는 그가 반영하는 "현실"의 규범적 한계

그러나 실증적 평균인의 역할은 거기까지이다. 실증적 평균인이 즐겨 따르는 관행이 늘 규범적으로 올바르게 형성되는 것은 아니다. 따라서 관행에 따랐다는 이유만으로 자동적으로 면책될 수는 없다. 예컨대 대법원 1998. 2. 27. 선고 97도2812 판결은 의료사고에서 의료인의 과실판단을 하면서 관행과 과실판단의 상관관계에 대해 다루고 있다. 이 사건에서는 간호사가 다른 환자에게 수혈할 혈액을 해당 환자에게 잘못 수혈하여 환자가 사망한 경우, 간호사에게 환자에 대한 수혈을 맡긴 의사에게 과실이 있는지가 쟁점이 되었다. 그런데 피고인이 근무하는 병원에서는 인턴의 수가 부족하여 수혈의 경우 두 번째 이후의 혈액봉지는 인턴 대신 간호사가 교체하는 관행이 있었다. 그러나 대법원은 "의사는 해당 의료행위가 환자에게 위해가 미칠 위험이 있는 이상 간호사가 과오를 범하지 않도록 충분히 지도·감독을 하여 사고의 발생을 미연에 방지하여야 할 주의의무가 있고, 이를 소홀히 한 채 만연히 간호사를 신뢰하여 간호사에게 해당 의료행위를 일임함으로써 간호사의 과오로 환자에게 위해가 발생하였다면 의사는 그에 대한 과실책임을 면할 수 없다.”는 규범적 기준을 선언한 뒤, 위와 같이 혈액봉지가 바뀔 위험이 있는 상황에서 피고인이 그에 대한 아무런 조치도 취함이 없이 간호사에게 혈액봉지의 교체를 일임한 행위는 관행에 따른 것이라는 이유만으로 정당화될 수는 없다고 하였다.

또한 실증적 평균인이 규범이라고 현실적으로 생각하는 바가 늘 객관적 규범과 일치하는 것도 아니다. 법적 안정성의 측면에서도 실증적 평균인의 역할은 제한적이다. 왜냐하면 실증적 평균인의 행동양식과 사고방식은 모집단(母集團)에 속한 구성원이 바뀔 때마다 계속 변하기 때문이다. 그러므로 법적 안정성의 유지를 위해서는 누구나 일정한 안정감과 신뢰감 속에 따를 수 있는 규범적 평균인의 존재가 요구된다.

이처럼 관행 또는 관행적 사고로 대표되는 현실과 법으로 대표되는 규범 사이의 긴장관계는 주의의무 판단, 또는 이와 직접 연결된 사회평균인의 정체성 확립에 상당한 영향을 미친다. 사회평균인의 행위기준 설정은 현실과 당위 사이의 균형 설정이다. 사회평균인의 행위기준은 한편으로는 현실에 토대를 두면서 다른 한편으로는 당위의 요청에 부합하는 것이어야 한다. 현실에 극단적으로 안주하면 사회평균인은 단순한 실증적 평균인으로 전락한다. 현실을 극단적으로 경시하면 시민들의 외면을 받는 비현실적 평균인으로 전락한다.

참고로 영미법계 국가에서는 사회평균인 대신 합리성(reasonableness)이라는 개념을 활용하여 가상의 주체를 규정한다. 그래서 그를 '합리적 사람(reasonable person)',120) '합리적으로 신중한 사람 (reasonably prudent person)',121) '합리적으로 조심성 있는 사람(reasonably careful person)'122) 등으로 부른다.123)

그런데 영국의 소설가, 풍자가이자 법 개혁가였던 허버트 경 (Sir Alan Patrick Herbert)은 영국 법원이 인정하는 '합리적 사람'에 대한 풍자에서 그를 "수수께끼의 인물"이라고 표현하면서, "이 사람은 이상적이고, 표준적이며, 우리가 훌륭한 시민에게 기대할 수 있는 모든 자질을 갖춘 사람"이고, "안전제일을 삶의 가장 중요한 목표"로 하므로 "항상 자신이 다음 발을 디딜 곳을 확인하며, 뜀뛰기라도 할 때에는 바닥이 무너지지 않을지 반드시 확인하고, 회전문 옆이나 부두 근처에서 멍하니 공상에 잠기는 적이 절대로 없는 사람이고", "어떤 개를 쓰다듬기 전에는 미리 그 개의 성질을 자세히 조사하고 사람을 문 적이 있는지 기록을 뒤져보며, 절대로 소문을 믿거나 들은 소문을 다른 사람에게 옮기지 않는 사람"이라고 한다. 그러면서 "바로 이 사람이 정의로운 법정에 커다란 기념비처럼 서서 모든 시민들이 자신을 따라 행동할 것을 요구하고 있는 것"이라고 일갈한다.124) 현실에 동떨어진 규범적 잣대를 들이대는 법관들

---

120) Restatement (Second) of Torts § 283.

121) 45 USCA § 51; *Eugene V. Krugh v. Miehle Company*, 503 F.2d 121 (6th Cir. 1974).

122) Restatement (Third) of Torts, Negligence: Liability for Physical Harm § 9, 10, 11, 12.

123) 이러한 합리적 사람의 개념은 19세기 영국 판결인 Vaughan v Menlove, 132 Eng. Rep. 490 (C.P. 1837)의 'man of ordinary prudence'에서 유래한 것으로 보인다.

124) 번역문은 Robert D. Cooter / Thomas Ulen 지음, 한순구 옮김, 법경제학(6th Edition), 2012, 251~252면 참조. 원문은 아마도 A.P. Herbert, Misleading Cases in the Common Law (7th Edition), 1932, pp. 9~11에 실렸던 것으로

을 세차게 비꼬는 말이다.

결국 현실을 있는 그대로 인정하되 그 제약에 안주하지 않는 행위기준, 수범자들을 합리적으로 설득할 수 있는 정도의 개선으로 이끄는 행위기준, 그것이 균형 잡힌 사회평균인의 행위기준이다. 이러한 행위기준이 과실판단의 잣대가 되어야 한다. 현실과 당위가 잘 조화를 이룬 과실판단을 가능하게 하기 때문이다.

3. 위법성 판단에 있어서 현실적 관점과 당위적 관점

위법성은 과실과 함께 대표적인 불확정개념의 하나이다. 법관이 위법성을 판단할 때에도 현실적 관점과 당위적 관점을 함께 고려하게 된다. 그 과정에서 어느 쪽 관점에 쏠리는가는 결론을 바꿀 수도 있다.

대법원 2006. 10. 13. 선고 2004다16280 판결에서 다룬 사건은 이러한 점을 잘 보여준다. 아래에서는 그 사건과 판결의 내용을 살펴보고, 이를 분석한다.

먼저 이 사건의 내용부터 보자. 원고 2는 2000. 10. 3. 12:30경 영동고속도로에서 남편인 원고 1, 아들인 원고 3 등 가족들을 승용차에 태우고 운전하던 중, 소외 1이 운전하는 트럭에 추돌 당하였다. 이로 인하여 원고 1, 2가 요추부 및 경추부에 부상을 입었고(초진 전치 2주, 추가진단 전치 4주, 실제 4주간 입원치료), 승용차도 수리비 1,121,700원을 요하는 정도로 파손되었다.

보인다. http://en.wikipedia.org/wiki/Reasonable_person#cite_note-15 (2020. 1. 23. 최종 방문) 참조.

　　원고들을 포함한 가족 6인은 2001. 3. 14. 위 트럭의 보험회사인 피고 1을 상대로 서울지방법원 2001가단62761호로 보험금청구소송을 제기하였다. 법원은 소송과정에서 카톨릭대학교 성모병원에 원고 1, 2에 대한 신체감정촉탁을 하였다. 한편 위 성모병원은 2001. 7. 12. 원고 1은 요추부와 경추부에 2년간 37%, 그 후 1년간 17%의 한시장해, 원고 2는 경추부에 2년간 14%의 한시장해(각 감정일 기준)를 입었다는 감정결과를 법원에 제출하였다.

　　위 감정결과가 나오자 보험회사인 피고 1의 직원들인 피고 2, 3은 이에 의문을 품고, 원고 1, 2의 후유장해에 대한 증거를 수집하기로 하였다. 이를 위하여 피고 2, 3은 위 원고들을 몰래 주시·미행하거나 때로는 차량으로 추적하면서 위 원고들의 일상생활을 촬영하기 시작하였다. 위 피고들은 2001. 9. 18.부터 2001. 9. 25.까지 8일간 모두 54장의 사진을 촬영하였다. 이 사진들은 위 원고들의 아파트 및 직장 주차장, 차량수리업소 마당, 원고 3의 어린이집 주변 도로 등 일반인의 접근이 허용된 공개장소에서 촬영된 것이었다.125) 한편 피고 1의 소송대리인은 원고 1, 2에게 아무런 후유장

---

125) 원고 1에 대하여는 ① 2001. 9. 18. 18 : 15경 퇴근 후 차량정비업소에 들러 차량 수리를 맡기고 지켜보다가 수영장으로 가는 모습 8장(고개를 숙인 장면, 허리를 숙인 장면, 구부리고 앉은 장면, 고개를 돌리고 운전석에 타는 장면 등), ② 2001. 9. 19. 08 : 10경 출근하기 위해 자신의 아파트 주차장에서 자동차 옆에 서 있는 모습 3장(담배를 물고 고개를 젖혀 자신의 아파트를 올려다보는 장면), ③ 2001. 9. 21. 08 : 15경 같은 장소에서 자동차에 타는 모습 6장(고개를 왼쪽으로 돌린 장면, 고개를 오른쪽으로 돌려 아파트를 올려다보는 장면, 허리를 약간 구부린 장면 등), ④ 2001. 9. 24. 08 : 10경 같은 장소의 사진 3장(고개를 돌려 아파트를 올려다보는 장면 등), ⑤ 2001. 9. 25. 08 : 30경부터 08 : 45경까지 차량을 운전, 출근하여 주차시킨 다음 쓰레기를 버리는 장면까지 추적 촬영한 사진 9장 등 합계 29장을 촬영하였다. 원고 2에 대하여는 ① 2001. 9. 18. 09 : 00경 차량을 어린이집 부근에 주차시키고 원고 3을 어린이집에 데려다준 다음 차량에 다시 탑승하는 모습 9장(보행 중 허리를 돌린 모습, 고개를 꺾어 음료수를 마시는 장면,

애가 없는데도 감정의가 잘못된 감정을 하였다고 주장하면서 위 사진들을 증거로 제출하고, 곧이어 신체재감정을 신청하였다.

법원은 일단 재감정신청 채부를 보류한 채 강제조정결정을 내렸으나 피고 1이 이의신청을 하였다. 그러자 법원은 원고 1에 대한 신체재감정신청만을 받아들여 2002. 1. 3. 서울대학교 병원에 재감정촉탁을 하였다. 위 병원은 원고 1에 대하여 감정일로부터 3년간 26.1%의 한시장해가 발생하였다는 감정결과를 법원에 제출하였다. 이는 카톨릭대학교 성모병원이 제출한 최초 감정결과(감정일로부터 2년간 37%, 그 후 1년간 17%)보다 원고 1에게 다소 불리한 것이었다. 그 이후 법원은 1차례의 강제조정결정과 원고측 이의를 거쳐 다시 2003. 3. 8.자로 피고 1은 원고 1에게 4,600만원을 지급한다는 화해권고결정을 하였고, 이 결정이 확정됨으로써 소송이 종료되었다.

위 보험금청구소송 계속 중 원고들은 피고 2, 3이 몰래 원고들의 사진을 촬영한 것은 원고들의 초상권과 사생활의 평온을 누릴 행복추구권을 침해한 불법행위에 해당한다고 하면서 피고 2, 3 및 그 사용자인 피고 1을 상대로 위자료를 구하는 손해배상청구소송을 제기하였다.[126]

이 사건에서 원심 법원은 피고들의 행위가 위법하지 않다고 보아 원고들의 청구를 받아들이지 않았다. 반면 대법원은 피고들의

고개를 오른쪽으로 돌리는 장면 등), ② 2001. 9. 24. 09 : 50경부터 10 : 05경까지 원고 3을 차량에 태워 어린이집에 데려다 주고 다시 차량에 타는 모습 11장(허리를 숙인 모습, 고개를 숙이거나 오른쪽으로 돌린 모습 등), ③ 2001. 9. 25. 09 : 50경 원고 3을 어린이집에 데려다 주고 차량에 타는 모습 5장(고개를 숙인 모습, 뛰어서 도로를 횡단하는 모습 등) 등 25장을 촬영하였다. 한편 원고 3은 원고 2를 촬영한 사진 중 8장에 함께 촬영되었고 보행하거나 승하차하는 모습 등이 포함되었다.

126) 원고 1, 2는 각 2,000만원, 원고 3은 1,000만원의 위자료 지급을 구하였다.

행위가 위법하다고 보아 원심 판결을 파기하였다. 원심과 대법원이 다른 결론에 이르게 된 데에는 여러 가지 이유가 있었다. 그런데 여기에서 주목할 만한 점은 이러한 조치를 취하지 않고서는 허위 환자들을 가려내거나 이들에 대한 재감정을 이끌어내기 어려운 "현실"과 그럼에도 불구하고 타인을 미행하면서 사진을 촬영하는 행위는 법질서에 비추어 타당하지 않다는 "당위" 사이의 긴장관계였다. 이와 관련하여 "현실"을 결론에 어떻게 반영할 것인가에 관한 원심판결과 대상판결의 입장 차이를 살펴보자.

　　우선 원심판결의 근저에는 ① 장해의 정도를 과장하려는 경향이 있는 다수의 교통사고 환자, ② 특히 경추부나 요추부의 경중 장해와 관련하여 이들의 주장에 어느 정도 영향을 받을 수밖에 없는 감정의(鑑定醫), ③ 일단 이러한 경위로 감정결과가 나오면 특별한 사정이 없는 한 재감정신청은 채택하지 않으려는 실무관행 등 현실에 대한 고민이 있었을 것이다. 이러한 고민은 다음과 같은 원심판결의 이유에서 묻어난다(밑줄은 저자 추가).

　　　"민사소송을 제기한 교통사고 피해자들은 통상 다액의 손해배상을 받기 위하여 신체감정을 받으면서 자신의 장해상태를 과장하는 경향이 있고, 보통의 소송당사자들은 그러한 과장된 증상의 호소가 감정 결과에 다소나마 영향을 미칠 수 있다고 생각하는 것이 <u>현재의 실정</u>이라 할 것인데 …"
　　　"… 별다른 반증이 없는 상태에서의 신체재감정 신청은 법원에서 좀체 받아들여지지 않는 실정이므로 …",
　　　"… 이러한 방법 외에는 원고들의 후유장해에 관한 원감정결과를 탄핵할 객관적인 증거자료를 취득할 방법이 <u>현실적으로 뚜렷이 없으며,</u> …"

원심판결은 이러한 현실적 장애물을 넘어 진실을 발견하기 위해서는 피고들의 행위도 정당화될 수 있다고 판단하였을 것이다. 반면 대상판결은 다음과 같이 판시한다.

"… 감정결과에 불복이 있을 경우 그 감정과정이나 장해 정도의 평가에 의학적, 논리적, 경험칙상 발견되는 객관적인 잘못이나 의문점을 지적하는 등의 방법으로 소송절차 내에서 문제를 해결하지 아니하고 무단히 타인의 법영역을 침범하는 것은 보충성에 반할 뿐 아니라, 위 사진촬영에 특별히 긴급한 사정이 있었다고도 보이지 아니하며 …"

원심판결이 파악하는 "현재의 실정" 또는 "현실"에는 수긍이 가는 점이 있다. 실제로 교통사고 피해자들이 자신의 상태를 과장함으로써 보험금을 부당하게 받아가는 것은 사회적으로 큰 문제가 되어 왔다. 2015년 메르스 공포가 한국을 뒤덮으면서 이러한 허위 교통사고 환자들(이른바 '나이롱 환자'들)의 행태가 매우 흥미로운 모습으로 드러났다. 이에 대한 한 언론의 보도를 읽어보자.

중동호흡기증후군(메르스)이 병원을 중심으로 전파되면서 '과다 입원 환자'(일명 나이롱 환자) 수가 대폭 줄어든 것으로 파악됐다. 19일 생명보험협회가 삼성·한화·교보·농협 등 12개 회원사의 보험금 지급 건수를 집계한 바에 따르면 메르스 감염자 중 첫 사망자가 발생한 지난 6월 1일 이래로 보험금 지급 건수는 대폭 감소했다.

실제로 지난 3월부터 5월까지 3개월 동안 하루 평균(영업일 기준) 2만6940건을 기록했으나 지난 2일부터는 2만 건 이하로 떨어졌다. 지난 1일 2만668건, 2일 1만9975건, 3일 1만9812건, 4일 1만8572건, 5일 1만8573건, 8일 1만7940건, 9일 1만8015건 등으로 6월 들어 하루 평균 1만9105건을 기록했다.

이는 직전 3개월 하루 평균 건수보다 29% 가량 줄어든 것으로, 이 기간 지급된 보험금액도 직전 3개월 하루 평균치인 310억 원에서 200억 원 안팎으로 뚝 떨어졌다. 1일 209억 원, 2일 214억 원, 3일 207억 원, 4일 186억 원, 5일 209억 원, 8일 192억 원, 9일 201억 원 등을 기록했다.

보험사 관계자는 "병원이 메르스 감염 경로로 떠오르면서 보험금을 노린 과다 입원 환자가 대거 병원을 빠져나온 영향이 큰 것으로 보고 있다"면서 "게다가 일반인도 병원 방문을 가능하면 꺼리고 있어 보험 청구 건수 자체가 크게 줄었다"고 밝혔다. …127)

문제는 과연 누가 '나이롱 환자'인지를 판별하기가 쉽지 않다는 것이다. 특히 실제로 장해가 없지 않을 때 그 장해를 과장하는 경우에는 그 과장의 정도를 정확히 알아내는 것은 매우 어려운 일이다. 신체감정을 제대로 하면 적발하리라는 생각은 순진한 환상인지도 모른다. 진솔하게 현실을 바라보면, 감정의들도 자신들의 고유업무를 바쁘게 수행하다가 법원의 촉탁에 의하여 내키지 않는 마음으로 적은 수수료를 받고 신체감정을 하게 되는 경우가 많다. 더구나 신체는 오묘하고 복잡한 것이어서 신체의 현재 상태를 완벽하게 수치화하는 것은 불가능에 가깝다. 신체감정은 그만큼 불명확성이 지배하는 영역인 것이다. 이러한 가운데 교통사고 피해자들의 거칠고 과장된 호소가 이어지면 감정의(鑑定醫)들도 영향을 받지 않을 수 없다. 피해자들에게 불리한 감정결과를 내놓았을 때에 자신에게 미칠 후폭풍을 전혀 고려하지 않을 수는 없다. 일반적으로 자신의

---

127) 2015년 6월 19일자 문화일보 기사, "'나이롱환자 내쫓는' 메르스 … 보험금 지급건 29% 감소"에서 발췌.

눈앞에 있는 사람에 대해서는 그렇지 않은 사람 또는 회사(교통사고의 경우에는 대부분 보험회사)를 고려할 때보다 더 큰 심리적 부담감을 느끼게 된다. 원심 법원이 염두에 두었던 "현재의 실정"은 바로 이러한 제반 사정들을 함축하는 말이었을 것이다.

한편 이러한 과정을 거쳐 일단 신체감정결과가 나오면 이에 대해 불만을 가지는 보험회사가 취할 수 있는 제도적인 교정수단은 신체재감정 신청이다. 다른 감정의나 감정기관을 통해 다시 신체재감정을 함으로써 좀 더 객관적인 결과를 구하는 것이다. 원심 법원은 이번에는 별다른 반증이 없는 상태에서의 신체재감정 신청은 좀처럼 받아들이지 않는 재판실무의 실정에 주목하였다. 이러한 실정은 왜 존재하는 것일까? 대부분의 경우 법관은 신체장해상태에 대한 판단에 있어서 의사보다 전문성이 떨어진다. 이를 토대로 장애율에 대한 규범적 판단을 하지만 현실적으로는 비법관 전문가에게 기대지 않을 수 없는 것이다. 만약 두 번째 신체감정결과가 첫 번째 감정결과와 다르게 나오면 어떻게 할 것인가? 어떤 근거에서 어떤 의사의 감정결과를 믿을 것인가? 사실 어느 한 쪽을 다른 한 쪽보다 더 신뢰할 만한 별도의 증거가 존재하지 않는 한, 복수의 감정결과가 현출되는 것은 법관의 판단을 더욱 어렵게 만드는 측면이 있다. 따라서 신체재감정신청을 받아들이는 데에 신중해질 수밖에 없는 것이다. 그 결과 보험회사는 신체재감정신청을 통해 잘못되었다고 의심받는 신체감정결과를 뒤집을 가능성이 줄어든다.

그런데 대법원은 원심 법원이 주목했던 이러한 현실에 대해서는 언급을 피하였다. 그 대신 "소송절차 내에서 문제를 해결"하여야 한다는 "당위"를 내세우고 있다. 이러한 현실적 관점과 당위적 관점의 차이가 원심과 상고심에서 이 사건의 결론이 달라진 가장 실질적인 분기점이 아닌가 생각된다. 하지만 "소송절차 내에서" 어떻게 문제를 해결할 수 있는지는 구체적으로 이야기하고 있지 않다.

저자는 적어도 이 사건에 관한 한 다음과 같은 두 가지 점에서 "소송절차 내에서 문제를 해결"해야 한다는 대법원 판결의 태도는 정당화될 수 있다고 생각한다.

첫째, 원심 법원은 원감정결과를 탄핵할 객관적인 증거자료를 취득할 방법이 현실적으로 뚜렷이 없다는 점을 피고들의 행위를 정당화하는 근거로 제시하고 있으나, 꼭 그러한지는 의문이다. 가령 보험회사 자문의의 도움을 받아 감정서를 검토하거나 통상 증거로 제출되는 진단서와 감정서의 비교를 통하여 신체감정결과의 의학적·논리적인 문제점을 탄핵하는 방법, 신체감정의나 배상의학회 등에 대한 사실조회를 통하여 미흡하거나 모순된 점을 밝히는 방법, 국민건강보험공단이나 치료병원에 대한 사실조회나 문서송부촉탁 등을 통하여 피해자들의 과거 병력이나 치료과정을 밝힌 후 이를 기초로 신체감정결과를 탄핵하는 방법, 피해자들의 거동상황을 관찰(이는 미행이나 사진촬영과는 구별되는 것임)한 목격자를 증인으로 신청하는 방법 등을 상정할 수 있다. 타인의 권리와 자유를 침해하는 증거조사는 절차법의 울타리 안에서 법원의 통제 아래 행하여야 한다는 것은 민·형사소송을 불문하고 통용되는 정신이다. 따라서 가급적 이러한 방법들이 우선되어야 한다. 그런데 이 사건에서는 피고들에게서 그러한 노력의 흔적을 찾아보기 어렵다.

둘째, 설령 위와 같은 방법들을 취하는 것이 현실적으로 어려운 측면이 있더라도, 대법원의 입장에서는 바로 그러한 현실 앞에 주저앉아 원고들의 인격권 침해를 승인할 것이 아니라, 장차 원고들의 인격권 침해를 회피하거나 최소화하면서도 원고들의 허위주장을 방지 또는 발견할 수 있는 제3의 방법이 있는지 고민할 필요가 있다. 이는 법원이 지금의 구체적 현실 속에 위치한 두 당사자 사이의 형평상태 회복과, 향후 이루어나갈 수 있는 보다 바람직한 당위의 제시 사이에서 어떤 입장을 취할 것인가 하는 문제와도 관련이 있다. 즉 법은 현실의 반영체인가, 영도자인가? 행위규준으로서의 법의 기능을 고려한다면, 대법원은 이러한 현실과 당위 사이의 형량도 행하여야 하지 않을까? 따라서 당위를 완전히 배제하고 현실에 함몰된 채 법이 무엇인지를 선언할 수는 없을 것이다. 이 사건에서도 대법원으로서는 현실적 곤란성에만 초점을 맞추어 만연히 보험회사의 미행이나 사진촬영을 허용하기는 어려웠을 것이다. 오히려 이러한 행위에 적정한 선을 긋고 그 대신 이에 대한 반응으로서, ① 배상의학의 발전 및 신체감정의의 전문성 제고를 통하여 감정절차의 객관성 및 정확성을 담보하고, ② 합리적인 감정의(鑑定醫) 선정절차를 통하여 감정의 공정성을 높이며, ③ 상이한 복수의 감정결과에 기초한 판단의 곤란성을 회피하거나 신속한 재판을 위하여 필요 이상으로 최초 감정에만 의존하고 재감정신청은 가급적 채택하지 않으려는 실무적 경향이 있다면 이를 반성적으로 돌아보고, ④ 보험관련 사건에서 당사자의 허위주장이 밝혀졌을 때에는 단호한 형사제재를 통하여 그러한 주장을 함부로 할 수 없는 분위기를 만드는 등의 효과를 기대함으로써 인격적 이익보호와 허위주장 방지라는 두 마리 토끼를 모두 잡을 수 있도록 하는 것이 규범조화적 이익형량 태도에 부합한다. 이 판결 이후인 2007. 5. 17. 신설된 자동차손해배상보장법 제11조의2는 교통사고 입원환자의 외출 또는 외박에 대한 의료기관의 관리(외출 등의 허가, 기록관리, 보험사업자 열람)에 관하여 규정하고 있는데, 이것도 그러한 노력의 일환으로 볼 수 있다.

어쨌든 이 판결은 법관이 현실적 관점과 당위적 관점 중 어느 쪽을 중시하는가에 따라 사건의 결론이 달라질 수 있음을 잘 보여주는 사례이다.

4. 거래관행에 있어서 현실적 관점과 당위적 관점

거래관행은 거래 당사자들이 거래에서 반복하여 행하는 행동이 축적되어 발생한다. 거래관행은 실정법과 같은 규범이라기보다는 현실적인 거래에서 반복적으로 발견되는 행태이다. 거래관행은 당위(Sollen)보다는 현실(Sein)의 영역에 속한다고 말할 수 있다. 그런데 이러한 거래관행이 법적으로 의미를 가지게 되는 경우가 있다. 가령 대법원은 "계약 당사자 쌍방이 계약의 전제나 기초가 되는 사항에 관하여 같은 내용으로 착오가 있고 이로 인하여 그에 관한 구체적 약정을 하지 아니하였다면, 당사자가 그러한 착오가 없을 때에 약정하였을 것으로 보이는 내용으로 당사자의 의사를 보충하여 계약을 해석"할 수 있다고 한 뒤, 여기서 보충되는 당사자의 의사는 "당사자의 실제 의사 또는 주관적 의사가 아니라 계약의 목적, 거래관행, 적용법규, 신의칙 등에 비추어 객관적으로 추인되는 정당한 이익조정 의사"라고 판시하였다.128) 대법원이 보충적 해석이라는 규범적 형성작용을 행하는 과정에서 "거래관행"을 고려하라고 한 것은, 합리적 범위 내에서 현실 거래계의 모습을 반영하라는 메시지로 이해된다. 또한 중재법 제29조 제4항은 분쟁의 실체에 적

---

128) 대판 2006. 11. 23, 2005다13288.

용될 법과 관련하여, "중재판정부는 계약에서 정한 바에 따라 판단하고 해당 거래에 적용될 수 있는 상관습(商慣習)을 고려하여야 한다."라고 규정하고 있다. 이 조항이 "계약에서 정한 바에 따라 판단"하는 것에서 더 나아가 "상관습(商慣習)을 고려"하라고 한 것은, 계약분쟁 해결의 장면에서 거래관행으로서의 상관습에 상당한 규범적 무게를 실어 주는 태도로 평가된다.

    그런데 어떤 거래관행이 실제로 존재한다는 점과 그 거래관행이 규범적으로 옳다는 점은 구별되어야 한다. 규범적 관점에서 볼 때 비합리적이거나 비정상적인 거래관행도 존재할 수 있다. 하지만 거래 당사자들이 합리적으로 협상하고 의사 결정을 한다는 전제 위에서는 거래관행은 합리적인 방향으로 축적되었을 가능성이 높다. 그런데 만약 어떤 거래관행이 결국 비합리적이거나 비정상적인 것으로 드러난 경우에도 그 거래관행을 규범의 세계에 그대로 반영할 것인가? 여기에서 현실적 관점과 당위적 관점의 긴장관계가 발생한다.

    우리 법제는 이에 관하여 부정적인 태도를 보여주고 있다. 가령 「가맹사업거래의 공정화에 관한 법률」 제12조의3 제1항은 "정상적인 거래관행"이라는 표현을 사용하고 있다. 이러한 정상적인 거래관행은 일정한 정도의 합리성을 담보한 거래관행을 의미하는 것으로 이해된다. 또한 관세법 제35조 제2항은 법이 정한 세부 기준에 따라 과세가격을 결정할 수 없을 때에는 "거래의 실질 및 관행에 비추어 합리적으로 인정되는 방법에 따라 과세가격을 결정"하도록 규정하고 있다. 이는 거래관행이 합리성이 허용하는 범위 내에서 참고될 수 있다는 점을 간접적으로 표현하는 태도이다.

    결국 현실(Sein)의 영역에 속하는 거래관행이 당위(Sollen)의 영

역에 속하는 규범 세계에 반영될 때에는 합리성 테스트를 거쳐야
한다. 가령 계약의 보충적 해석 주체는 가급적 보충적 해석의 내용
이 합리적인 거래관행에 적합한 방향이 되도록 주의를 기울여야 한
다. 이러한 거래관행이 연성법(soft law)의 형태로 나타나 있다면 이
역시 중요한 참고자료가 될 수 있다. 연성법은 단순한 현실의 축적
이 아니라 그러한 현실에 기초하여 규범적인 관점으로 만들어 낸
성과물이라는 점에서 보충적 해석 과정에서 중요한 의미를 가질 수
있다. 이러한 연성법은 합리적인 사람이라면 계약 조항으로 채택하
였을 사항들이다. 또한 국제거래에서는 국제적으로 통용되는 공통
의 거래관행, 또는 국제적으로 통용되는 있는 타국의 거래관행도
참고할 수 있다. 이처럼 국제적으로 통용되는 거래관행은 보편성과
합리성을 담보하고 있을 가능성이 상대적으로 높기 때문이다.

제4절 사전적 관점과 사후적 관점

1. 개 관

사전적 관점(*ex ante perspective*)은 미리 앞서 장래를 바라보는 (forward looking) 관점이다. 이 관점에서는 어떤 판단을 할 때 그 판단이 장차 어떤 결과를 가져올 것인지를 고려한다. 이때의 '결과'는 해당 사건의 당사자보다는 그 외의 제3자, 나아가 사회 전체에 미치는 '결과'를 의미한다. 이러한 결과는 해당 사건의 당사자에게는 주된 관심 대상이 아니다. 그들은 과거 자신들에게 일어났던 일에 대한 법적 판단, 그리고 그 판단이 자신들에게 미칠 영향에 주로 관심을 가진다. 그러나 사전적 관점을 취하는 법관에게는 해당 사건을 넘어서는 파급효가 큰 관심 대상이 된다. 법관이 어떤 판결을 선고하면서 다음과 같은 점들을 고민한다면 그 법관의 머리에는 사전적 관점이 자리 잡고 있는 것이다. 이 판결이 장차 어떤 선례적 가치를 가지게 될까? 이 판결이 장차 유사한 사건의 재발 가능성에 어떤 영향을 미칠까? 유사한 사건이 발생한다면 이 판결은 어떻게 이해되고 적용될까? 이 판결이 사회 구성원들의 행동에 어떤 영향을 미칠까? 이 판결이 법을 해석하고 집행하는 주체의 사고 방식과 행동에 어떤 영향을 미칠까? 그 영향은 사회에 바람직한 것인가? 아니면 해로운 것인가? 이 판결이 장차 다른 재판부의 판결에는 어떤 영향을 미칠까? 내가 입법자라면 해당 사안을 규율하는 법률을 어떤 내용으로 제정하는 것이 가장 바람직할까? 그렇다면 그 가상의 법률이 규율할 바에 따라 판결을 선고하는 것이 가능할까? 그러한 판결이 법관의 역할 범위를 벗어나는 것일까?

사후적 관점(*ex post perspective*)은 현재 시점에서 과거를 돌아보는(backward looking) 관점이다. 이 관점에서는 어떤 판단을 할 때 이미 일어난 일에 대해서 누가 잘못하였고, 누가 이에 대해 어떤 권리를 가지는지를 고려한다. 그리고 이미 일어난 사건을 둘러싼 해당 사건 당사자들의 권리의무관계에 집중한다. 판결을 통해서 사회를 움직이려는 생각보다는 판결을 통해서 당사자의 이해관계를 조정하고자 한다. 법정 밖에 있는 사회보다는 법정 안에 있는 당사자에게 더 큰 관심을 가진다. 장래의 일보다는 현재의 일에 더 큰 관심을 가진다. 법관이 어떤 판결을 선고하면서 다음과 같은 점들을 고민한다면 그 법관의 머리에는 사후적 관점이 자리 잡고 있는 것이다. 이 판결은 이 사건 당사자들 사이에 적용될 정의로운 결론을 담고 있는가? 즉 이 판결은 당사자들에게 구체적 타당성을 갖춘 결론인가? 이 판결은 당사자들 사이의 이익, 권리, 고통, 위험을 합당하게 배분한 것으로 평가될 수 있는가? 이 판결은 당사자들이 이미 행한 행위의 옳고 그름의 문제를 잘 반영하는가? 이 판결은 이러한 사건을 규율하기 위해 만들어진 법령 또는 이러한 유형의 사건들에 대해 축적된 판례 법리와 정합성을 유지하는가? 그 결과 당사자들은 종전에 유사한 사건 당사자들과 평등한 취급을 받게 되는가?

사전적 관점은 판결을 통해 사회에 어떤 변화를 추구할 것인가와 관련이 있으므로 정책적 사고방식과 결합하기 쉽다. 사후적 관점은 눈앞의 분쟁을 어떻게 해결할 것인가와 관련이 있으므로 분쟁해결적 사고방식과 결합하기 쉽다. 사전적 관점은 당사자를 넘어서서 공동체 전체에 던지는 메시지와 관련이 있으므로 공동체적 관점과 결합하기 쉽다. 사후적 관점은 해당 사건 당사자들 간의 문제를 다루는 것과 관련이 있으므로 당사자적 관점과 결합하기 쉽다. 사전적 관점은 판단을 통해 사회 구성원들의 행위를 어떤 방향으로 유도할 것인가와 관련이 있으므로 행위규범적 성격과 결합하기 쉽다. 사후적 관점은 이미 일어난 당사자의 행위를 재단(裁斷)하는 것과 관련이 있으므로 재판규범적 성격과 결합하기 쉽다. 사전적 관점에서는 정책제안자로서의 법관의 역할이 두드러진다. 사후적 관점에서는 분쟁해결자로서의 법관의 역할이 두드러진다. 따라서 사전적 관점은 정책지향적이다. 사후적 관점은 탈정책 지향적이다. 사후적 관점은 구체적 타당성 있는 결론이 나쁜 선례가 될 위험성을 감수하고, 사전적 관점은 좋은 선례를 정립하기 위해 해당 사건에서의 불편한 결과를 감수한다. 사전적 관점은 장차 일어날 결과의 좋고 나쁨을 중요한 판단기준으로 삼는다. 사후적 관점은 이미 일어난 일의 옳고 그름을 중요한 판단기준으로 삼는다. 그 결과 사전적 관점은 결과주의(consequentialism)와 결합하기 쉽다. 사후적 관점은 의무론(deontology)과 결합하기 쉽다. 사전적 관점은 법경제학과 결합하기 쉽다. 사후적 관점은 교정적 정의론과 결합하기 쉽다.

　가령 사전적 관점이 법경제학과 결합하는 장면을 살펴보자. 법경제학은 사회의 총 효용이라고 하는 법 외부적 가치에 관심을 가진다. 사회의 총 효용이 증가되는 방향으로 사회 구성원들에게 인센티브를 제공하여 그들의 행동을 변화시키는 것에 관심을 가진다. 법이라는 진술이 표현됨으로써 사회에 발생하는 파급 효과에 주목한다. 甲이 乙과 체결한 계약을 지키지 않아서, 그 결과 乙이 100원의 손해를 입게 된 사례에 관하여 한 논문에서는 다음과 같이 설명한다.[129]

---

129) 송옥렬, "법경제학적 방법론의 유용성과 한계에 관한 소고", 서울대학교 법학 제55권 제3호(2014. 9), 8~9면.

경제학에서 말하는 효율은 많은 경우 사전적(ex ante) 인센티브와 연결된다는 점을 이해하는 것이 중요하다. 일단 채무불이행이 발생한 이상 법이 어떤 입장이더라도 100원의 손해를 없앨 수 없지만, 그 이전에 甲이 채무불이행을 선택하는 시점으로 돌아가서 본다면 어떠한 규칙이 적용될 것인지는 甲의 의사결정에 영향을 줌으로써 사회적 富의 크기를 변화시킬 수 있다는 것이다. 상식적으로 甲이 손해배상을 해야 하는 것이 규칙이라면 甲은 그렇지 않은 경우보다 덜 계약을 파기할 것으로 짐작할 수 있다. 이처럼 법은 항상 채무불이행과 같은 특정 사건이 벌어진 이후의 법률효과를 정하고 있다는 점에서 사후적 성격을 가지지만, 반면 당사자들은 이러한 규칙이 적용될 것을 염두에 두고 채무불이행에 관한 의사결정을 한다는 점에서 이 규칙은 사전적 인센티브 효과를 가진다.

한편 사후적 관점이 교정적 정의론과 결합하는 장면을 살펴보자. 교정적 정의론에서는 사회가 아닌 당사자 사이의 내적 정의 실현이라는 법 내부적 가치에 관심을 가진다. 사회의 총 효용을 증가시킨다는 법 외부적 가치의 영향을 받지 않고, 당사자들 사이의 상호작용과 그 속에서의 합리성을 찾는 데에 주력한다. 그 점에서 사후적 관점은 사전적 관점보다 비정치적이고 비정책적이다. 사법(私法)에 있어서 교정적 정의론의 역할을 주로 연구하여 온 Ernest J. Weinrib 교수는 다음과 같이 서술한다.

교정적 정의의 합리성은 전적으로 내재적인 것이다. 당사자들 사이의 상호작용이 당면한 과제인 이상 어떤 외부적인 목적도 개입하지 않는다. 물론 사법(private law)은 정치적 결과를 가질 수 있고, 정당한 재판제도를 설립하기 위한 정치적 결정의 영향을 받을 수 있다. 그러나 교정적 정의의 실현자로서 사법(private law)은 아무런

정치적 측면을 가지지 않는다. … 그러므로 교정적 정의는 배분
(distribution)을 특징짓는 외부적인 목표로부터 자유롭다.130)

2. 사전적 관점과 사후적 관점의 적용례

지금까지 설명한 사전적 관점과 사후적 관점의 두 축은 법원의
역할을 어떻게 파악하는가 하는 점과도 관련 있다. 법원은 두 당사
자 사이의 분쟁을 해결하는 기관인가? 아니면 법원은 사회 구성원
들을 위한 행위지침을 설정하는 기관인가? 이러한 물음에 대해 어
느 한쪽 방향으로만 답변하기는 어렵다. 왜냐하면 법원은 실제로
두 가지 역할을 모두 수행하기 때문이다. 법원은 입법부나 행정부
가 아니므로 해당 사건에 대한 판단을 제쳐 놓고 장차 행위를 규율
하는 데에만 신경 쓸 수는 없다. 즉 극단적인 사전적 관점은 통용
될 수 없다. 하지만 법원의 판단은 필연적으로 어떠한 후속 결과를
가져오므로 이러한 사실을 외면한 채 해당 사건으로만 의도적으로
시야를 좁힐 수도 없다. 즉 극단적인 사후적 관점도 통용될 수 없다.
그러므로 법원은 두 가지 관점을 모두 고려해야 한다. 그런데 어느
쪽 관점을 더욱 강조하는가에 따라 결론이 영향을 받을 수 있다.

가. 은행강도 사례

다음 사례를 생각해 보자.131)

---

130) Ernest J. Weinrib, The Idea of Private Law, 1995, p. 212.
131) Ward Farnsworth, The Legal Analyst, 2007, p. 3을 참조한 것이다.

406 제4장 법관의 역할

강도가 은행으로 걸어 들어온다. 그가 고객 중 1명의 머리에 총을
겨눈다. 그는 은행원이 서랍 안에 있는 돈을 건네지 않으면 총을 쏘
겠다고 위협한다. 강도의 위협에도 불구하고 은행원은 아무 것도 하
지 않는다. 그러자 강도는 고객을 총으로 쏘아 살해한 뒤 도주하였
다. 사망한 피해자의 유족들이 은행을 상대로 소를 제기하였다. 만약
은행원이 돈을 건네주었더라면 ─ 그 돈이 단지 5,000달러에 지나지
않았다고 상상해 보자 ─ 이러한 일이 벌어지지 않았을 텐데, 이를 거
부함으로써 이러한 사고가 생겼다는 것이다.

일단 결과가 발생하면 이를 아무 것도 없던 상태로 돌이킬 방
법은 없다. 아무리 권위 있는 법이라도 죽은 사람을 살릴 수는 없
다. 그렇다면 법을 만들거나 적용하는 자가 현실적으로 할 수 있는
일은 무엇인가? 첫 번째는 위와 같이 이미 발생한 결과로 인한 위
험 내지 고통을 정의롭게 배분하는 것이다. 이는 법의 재판규범성
과 관련 있다. 또한 이는 불법행위법과 관련하여 살펴 본 회복 패
러다임과도 연결된다. 두 번째는 앞으로 유사한 행위와 결과가 발
생하지 않도록 기준을 제시하는 것이다. 이는 법의 행위규범성과
관련 있다. 또한 이는 불법행위법과 관련하여 살펴 본 예방 패러다
임과 연결된다.

이를 염두에 두고 법이 은행원에게 어떤 행위를 요구할 것인지
에 대해 생각해 보자. 은행원은 법적으로 과연 어떻게 행동하였어
야 하는가? 그가 만약 강도에게 5,000달러를 건네주었더라면 강도
가 순순히 현장에서 사라졌으리라고 가정해 보자. 이 상황에서 은
행원은 차라리 돈을 건네주었더라면 고객의 사망이라는 비참한 결
과는 막을 수 있었을 것이다. 이때 은행원에게 "강도가 돈을 달라
고 위협하는 상황에서는 돈을 건네줌으로써 인명 피해를 막아야 한

다.”라는 주의의무를 부과할 수 있을까? 이러한 주의의무의 부과는 상당히 설득력 있게 들린다. 왜냐하면 5,000달러를 강도에게 주는 한이 있어도 사람의 생명을 구하는 쪽이 훨씬 가치 있기 때문이다. 은행원에게 이러한 주의의무가 인정된다면 위 사건에서 유족들이 승소할 가능성이 높아진다. 이러한 결론은 단 5,000달러를 주지 않으려는 은행원 때문에 사랑하는 가족을 잃은 유족들에게 는 위안을 준다. 따라서 은행에게 법적 책임을 묻는 것은 일단 온당한 처사라고 생각할 수 있다. 이는 사후적 관점과 관련이 있다. 사건이 발생한 뒤 다시 그 사건을 돌이켜 보면서 관련 당사자들 사이에 위험과 고통을 어떻게 배분하는 것이 타당한가를 따져보면 위와 같은 결론도 수긍할 수 있다.

그런데 만약 이러한 주의의무가 부과된다면 그 판결 이후에는 어떤 일이 벌어지게 될까? 은행은 강도가 침입하여 인질을 잡고 돈을 요구하면 바로 돈을 건네주라고 은행원들을 교육할 것이다. 그래야 은행원들은 물론이고 그들의 사용자인 은행도 법적 책임을 피할 수 있기 때문이다. 이러한 직무교육에 따라 은행원들이 강도의 요구에 따라 순순히 돈을 넘겨주는 일이 반복되면 (잠재적) 강도들은 은행에 침입하여 인질을 잡은 뒤 돈을 요구하고자 하는 유혹에 빠지기 쉽다. 그 측면에서는 판결이 사회에 잘못된 메시지를 던지는 셈이다. 결국 더 많은 은행 인질 강도사건이 발생할 위험이 있다. 강도사건의 증가가 사회에 미치는 해악은 자명하다. 사전적 관점에서 보면 이러한 사태는 사회적으로 볼 때 그다지 바람직하지 않다. 설령 해당 사건 내부에서는 유족들에게 손해배상금을 지급하는 것이 정의로운 결론인 것처럼 보이더라도, 그것이 일반화될 때 사회에 바람직하지 않은 결과를 가져온다면 그 결론을 채택할 수 없다.

나. 법률이나 계약의 해석

법률이나 계약을 해석할 때에도 사전적 관점과 사후적 관점은 일정한 영향을 미칠 수 있다.

가령 문리해석을 중시하는 판결은 사전적 관점과 일정한 관련성을 지닌다. 왜냐하면 사전적 관점은 판결을 통해 사회 구성원에게 예측 가능한 메시지를 던짐으로써 사회 구성원의 행동을 변화시키는 데에 초점을 두기 때문이다. 법률이나 계약의 문언은 법률 제정경위나 목적, 계약을 둘러싼 여러 가지 사정들과 같은 비문언적 요소들에 비해 예측 가능성이 높은 수단이고, 여기에 무게를 두어 행하는 해석은 예측 가능성이 높은 수단이다. 이러한 판결이 거듭되면 사람들은 문언에 드러나지 않는 사항에 기대어 자신에게 유리한 해석이 주어질 것이라는 기대를 접고, 가급적 문언을 명확하고 상세하게 하려는 유인(誘因)을 가지게 된다. 이는 예측 가능성을 중시하는 주체들에게는 반가운 소식이다. 미국의 한 연구에 따르면 상장회사들은 준거법으로 캘리포니아주의 법보다 뉴욕주의 법을 현저하게 선호하는데, 그 이유는 뉴욕주의 법은 구두증거 배제법칙 및 명백성 원칙을 중시하여 사전에 예측 가능한 계약해석을 선호하는 반면, 캘리포니아 주는 문언 이외의 다양한 맥락들을 참조하여 사후적으로 공평 타당한 계약해석을 선호하기 때문이라는 것이다.132)

---

132) Theodore Eisenberg/Geoffrey P. Miller, *The Flight to New York: An Empirical Study of Choice of Law and Choice of Forum Clauses in*

반면 비문리해석을 중시하는 판결은 사후적 관점과 일정한 관련성을 지닌다. 왜냐하면 사후적 관점은 판결을 통해 사건 당사자 사이의 권리의무를 공평하게 배분하고 규율하는 데에 초점을 두기 때문이다. 법률이나 계약의 문언은 사전에 고정되어 있으므로 예측가능성을 제고하는 데에 도움이 되지만, 형식적인 문언에 너무 기대게 되면 그와 같이 고정된 문언만으로는 포괄할 수 없는 수많은 사정들을 충분히 고려하지 못하여 구체적 타당성을 추구하는 데에는 장애가 될 수 있다. 이러한 판결이 거듭되면 사회 구성원들에게 사전에 명확한 메시지를 보내서 이들의 행동을 한 방향으로 모아가는 것에는 어려움이 있겠지만, 적어도 해당 사건에서 이겨야 할 당사자가 이기고 져야 할 당사자가 지도록 하여 형평에 맞고 타당한 결론을 내리는 데에는 도움이 될 수 있다.

다. 계약위반과 손해배상

손해배상에 관한 문제를 생각해 보자. 민법 제393조는 채무불이행으로 인하여 손해가 발생한 경우에 그 손해가 어느 범위까지 배상되어야 하는가의 문제를 다루고 있다. 제393조에 규정된 법리는 ① 통상손해는 언제나 손해배상의 대상이 되고, ② 특별손해는 채무자가 예견할 수 있는 경우에만 손해배상의 대상이 된다는 것으로 요약할 수 있다. 통상손해는 거래관념에 의할 때 채무불이행으로 인하여 보통 발생할 것이라고 생각되는 손해이다.[133] 대법원은 이를 "특별한 사정이 없는 한 그 종류의 채무불이행이 있으면 사회

Publicly-Held Companies' Contracts, 30 Cardozo L. Rev. 1475 (2009).

133) 곽윤직 편, 민법주해 Ⅸ, 1995(지원림 집필부분), 477면.

일반의 거래관념 또는 사회일반의 경험칙에 비추어 통상 발생하는 것으로 생각되는 범위의 손해"라고 정의한다.[134] 한편 특별손해는 통상손해 외의 손해 일체를 말하는 것으로서, 굳이 적극적으로 정의하자면 계약 당사자의 개별적, 구체적 사정 또는 특별한 사정으로 인하여 발생한 손해이다.[135] 즉 당사자들이 일반적·객관적으로 당연히 그 채무불이행으로부터 발생하리라고 예견하였을 손해라면 통상손해로서 배상대상이 되고, 그러한 정도로까지 예견되는 통상손해가 아니라면 채무자가 그 손해를 일으키는 사정을 알았거나 알 수 있었을 경우에 한하여 배상대상이 되는 것이다.[136] 결국 개념상 당연히 예견가능성이 인정되는 통상손해, 그리고 구체적 사안에서 비로소 예견가능성이 인정되는 특별손해는 배상 대상이 되지만, 예견가능성이 인정되지 않는 특별손해는 배상 대상이 되지 않는다는 점에서 민법상 손해배상책임의 범위는 예견가능성이라는 기준에 의해 좌우된다고 평가할 수 있다.

예견가능성의 기준시기에 대해 계약체결시설과 이행기설이 대립하고 있다. 계약체결시설에 따르면 계약체결 당시에 채무자가 예견할 수 있었던 사정인가 여부에 따라 그 사정에 따른 손해의 배상 여부가 결정된다. 이행기설에 따르면 이행기 당시에 채무자가 예견할 수 있었던 사정인가 여부에 따라 그 사정에 따른 손해의 배상 여부가 결정된다. 대법원은 "민법 제393조 제2항 소정의 특별사정으로 인한 손해배상에 있어서 채무자가 그 사정을 알았거나 알 수 있었는지의 여부를 가리는 시기는 원심판시와 같이 계약체결 당시

134) 대판 2008. 12. 24, 2006다25745.
135) 대판 2008. 12. 24, 2006다25745.
136) 곽윤직 편, 민법주해 Ⅸ, 1995(지원림 집필부분), 534면.

가 아니라 채무의 이행기까지를 기준으로 판단하여야 할 것”이라고
하여 이행기설의 입장을 따른다.137) 그런데 계약체결시설과 이행기
설은 각각 사전적 관점 및 사후적 관점과 관련이 있다.

계약체결시설은 사전적 관점이 상당한 정도로 반영된 것이다.
계약체결 당시 예견할 수 있었던 사정은 계약내용에 반영할 수 있
다. 가령 그 사정으로 인하여 손해가 발생할 가능성이 크다면 그러
한 가능성을 계약대금에 반영하거나 보험가입을 통해 위험을 분산
할 수 있다. 그러나 계약체결 당시 예견할 수 없었던 사정은 계약
내용에 반영할 수 없다. 그 후에 이러한 사정을 알게 되었다고 하
더라도 이미 체결된 계약을 무위로 돌리기는 어렵다. 따라서 계약
체결시설은 계약체결 당시를 기준으로 장래에 발생하리라 예견할
수 있는 사정의 범위 내에서 손해배상을 인정함으로써 장래에 대한
예측 가능성을 보장하고자 한다. 이러한 계약체결시설은 경제적 효
율성을 증진하는 데에 적합하다고 한다.138) 위의 설명은 대체로 사
전적 관점과 연결되는 내용이다. 비교법적으로는 프랑스가 민법 제
1150조에서 “고의에 의한 것이 채무불이행이 아닌 경우에 채무자
는 계약체결시에 예견하였거나 예견할 수 있었던 손해에 대하여만
배상책임이 있다.”라고 하여 계약체결시설을 입법화하였고, 영국이
나 미국 등 영미법계 국가들이 Hadley v Baxendale 판결139)의 영
향 아래 계약체결시설을 취하고 있다. 그 외에 CISG, PECL, DCFR,
등 각종 국제규범은 계약체결시설을 취하고 있다.

---

137) 대판 1985. 9. 10, 84다카1532.
138) Zhiyong Liu, Ronen Avraham, *Ex Ante versus Ex Post Expectation Damages*, 32 Int,l Rev. L. & Econ. 339 (2012) 참조.
139) Hadley v Baxendale (1854) 9 Ex. 431.

이행기설은 계약체결시설에 비해 상대적으로 사후적 관점(ex post)이 더 많이 반영된 것이다. 이행기설은 계약체결 당시에는 예견할 수 없었더라도 이행기 당시에는 예견할 수 있었던 사정이라면, 그 사정으로 인하여 발생하는 위험은 채무불이행을 한 당사자에게 귀속시키는 것이 더 정의롭다고 보는 입장이다. 자신의 채무불이행으로 인하여 상대방이 손해를 입게 되리라는 사정을 알거나 알 수 있으면서도 불이행을 감행한 자에게 불이익을 안겨야 한다는 것이다. 이는 계약 당시 채권자가 가졌던 기대이익을 보호하겠다는 입장인데, 특히 손해배상(damages)이 원칙적인 구제수단인 영미법계와 달리 강제이행이 원칙적인 구제수단인 대륙법계에서 더 큰 의미를 가진다. 이행기설은 계약체결시설에 비해 계약 체결 당시 계약 당사자의 예측가능성을 떨어뜨려 거래의 활성화에는 불리한 입장일 수 있다. 그러나 장차 사회 또는 사회구성원의 사고방식이나 행동에 어떤 영향을 미칠 것인가의 관점이 아니라 이미 일어난 채무불이행 상황에 관하여 두 당사자 사이에 누구에게 위험을 귀속시키고 누구에게 손해배상청구권을 부여할 것인가의 관점, 즉 사후적 관점에서 본다면 이행기설이 더 온당한 결론을 제시한다고도 볼 수 있다.

3. 사전적 관점과 사후적 관점의 위험성

가. 사전적 관점 — 장래의 불명확성에 대한 과소평가

사전적 관점이 빠지기 쉬운 함정은 사전 예측의 불명확성에 대한 과소평가이다. 사전적 관점은 장래를 향한 관점이다. 따라서 여기에서 상정하는 것은 아직 일어나지 않은 일이다. 이미 일어난 사건을 사후적으로 살펴보며 판단하는 사후적 관점과 구별된다. 그런데 아직 일어나지 않은 일을 예측하는 것은 쉬운 일이 아니다. 필연적으로 불명확성이 수반된다. 이러한 불명확성은 다음과 같은 상황으로부터 발생한다.

법관은 해당 사건에 관한 한 어떤 정책가보다도 많은 정보와 지식을 가지고 있다. 따라서 해당 사건의 재판에 관한 한 법관의 판단은 가장 높은 권위를 획득한다. 그러나 법관이 해당 사건을 잘 아는 만큼이나 사회를 잘 안다고는 할 수 없다. 가령 법관이 부동산중개에 관한 특정한 사건에 대해서는 잘 파악하고 있는지 몰라도, 부동산중개업을 둘러싼 사회의 제반 사정을 잘 파악하고 있다고는 장담할 수 없다. 그러므로 법관이 어떤 판결을 통하여 부동산중개업에 어떠한 변화를 모색하고자 할 때에도, 과연 이러한 판결이 부동산중개업에 대한 충분한 정보와 판단에 기초한 것인지가 불명확하다.

어떤 판결이 선고되었더라도 그 판결이 얼마나 많은 사람들에게 인지되고 이해될지는 알기 어렵다. 법관들을 비롯한 법률가들조차도 의식적으로 판결을 탐색하고 연구하기 전에는 어떤 내용의 판결이 있는지 인식하지 못하는 경우가 많다. 매년 대법원 판결만 수만 건씩 선고되는 나라에서는 더욱 그러하다. 법관마저 이러하다면 일반인들은 말할 것도 없다. 일반인들이 정기적으로 판례공보를 읽거나 법원의 웹사이트에 접속하여 최신 판결들을 읽으리라고 기대하기는 어렵다. 일반인들의 일상에서 판결은 먼 나라 이야기일 뿐이다. 관련 사건에 연루되었을 때 비로소 관련 판결은 거인 같은 존재감을 드러낸다.

일반인들이 판결의 존재를 인식하였더라도 그 판결의 내용을 정확히 이해하리라는 보장이 없다. 판결서는 법률가가 읽어보아도 이해하기 어려운 문서이기 때문이다. 그동안 판결서의 기능 중 법을 선언하는 기능은 비교적 충실하게 수행되었지만, 국민과 소통하는 기능은 충실하지 않았다. 최근 대법원 판결서는 소통 기능을 강화하기 위해 많은 변신을 거듭하고 있다. 그러나 여전히 판결서의 법 선언 기능은 포기될 수 없다. 그 기능이 정확하게 수행되려면 엄밀함을 완전히 벗어던질 수도 없다. 판결서는 문학작품이 아니기 때문이다. 엄밀하게 표현된 법의 내용은 여전히 일반인에게는 어려울 수밖에 없다.[140] 설령 언론 등을 통해서 판결 내용이 알기 쉽게 요약되어 보도되었더라도 언론매체가 그 판결의 정확한 취지와 적용범위를 제대로 전달한다는 보장이 없다. 오히려 현실적으로는 언론이 판결의 취지를 오해하거나 왜곡하여 전달하는 경우도 있다.

설령 일반인들이 판결의 존재를 인식하고 그 취지를 정확히 이해하였더라도 그 판결만이 일반인들의 행동에 영향을 미치는 것은 아니다. 그들은 그 외에 경제적 이해관계를 비롯한 여러 가지 다른 요소들을 종합적으로 고려하여 행동방향을 결정하기 때문이다. 일반인들이 오로지 법에 따라 행동하리라고 예측하는 것은 순진한 일이다. 그러므로 어떤 판결이 과연 일반인들의 행동에서 어떤 비중을 차지하고 어떤 동인이 될지는 미리 예측하기 어렵다.

---

140) 벤덤은 판사가 만든 커먼로(common law)의 의미를 이해하는 것이 얼마나 어려운지를 지적하며, 마치 개가 어떤 행동을 하고 나서 주인에게 맞고 나서야 비로소 주인의 법이 무엇인지를 아는 것과 마찬가지라고 설명하기도 하였다. Jeremy Bentham, Truth versus Ashurst, The Works of Jeremy Bentham, Vol. V (1843) New York: Russel & Russel (1962), p. 235.

모든 재판부가 특정 재판부의 판결에 동조하여 같은 방향으로 판결을 선고하리라는 보장도 없다. 이 점에서 판결은 입법에 비해 영향력의 범위가 크지 않다. 만약 어떤 재판부가 사회를 특정한 방향으로 변화시키기 위해 특정한 방향의 판결을 선고하였는데, 후속 사건에서 다른 재판부가 이에 동의하지 않아 다른 취지의 판결을 선고하였다면 최초의 재판부가 야심차게 그렸던 사회의 변화는 좌절될 수 있다.

사전적 관점은 합리적으로 의사결정하고 행동하는 인간을 전제하고 있지만, 실제 인간의 행동이 늘 합리적인 것은 아니다. 그러므로 과연 판결이 사회 구성원의 행태에 어떤 영향을 미칠지, 그것이 사회를 어떻게 바꾸어 놓을지를 미리 예측하기는 어렵다. 인간의 마음에 무엇이 있는지, 세상이 어떻게 흘러갈지는 아무도 제대로 알지 못한다.

설령 이를 용케 예측하였더라도 장래의 변화는 단속적인 것이 아니라 연속적인 것이므로, 그러한 변화의 연속선 중 어느 선까지를 예측할 수 있는가 하는 문제도 남는다. 가령 판결을 촉매제로 보고 이로 인하여 발생하는 파급효과를 1차, 2차, 3차 등으로 상정하여 보면, 1차 파급효과는 법관이 예측했던 바람직한 모습으로 일단 나타났지만, 2차 및 3차 파급효과는 법관이 예측하지 못했던 방향으로 전개될 수도 있기 때문이다.

예컨대 임대차 분쟁에서 임차인에게 유리한 판결을 선고하면 당장은 임차인에게 유리한 임대차환경이 구성될지는 몰라도, 그 후에는 임대인이 그로 인한 비용을 다른 방법으로 임차인에게 전가하거나 임대업 자체를 포기함으로써 오히려 임차인에게 불리한 결과가 야기될 수도 있다. 또한 온라인서비스제공자의 모니터링 의무를 강화하는 판결을 선고하면 명예훼손적 기사나 댓글을 막아 인터넷을 자정하는 데에 도움이 될 수 있다. 하지만 이러한 모니터링이 강화되기 시작하면 이로 인하여 다른 형태의 사회적 손실(가령 표현의 자유의 위축이나 인터넷산업에 대한 지나친 부담 및 인터넷 이용자에 대한 비용전가 등)이 발생할 수도 있다.

결국 사전적 관점이 힘을 얻으려면 이러한 불명확성이 제거되거나 충분히 고려되어야 한다. 이를 위해서는 판결의 명확성, 판결의 통일성, 판결의 홍보와 전파, 판결을 이해할 수 있는 법적 소양의 함양, 판결의 사회적 영향력 제고, 사회 구성원들의 사고와 행동의 합리화 등 수많은 법 외부적 요소들이 중요하게 다루어져야 한다. 이러한 점에서 실체법과는 분리된 것으로 여겨지던 법홍보나 법교육 등 법커뮤니케이션의 문제가 실체법과 연관성을 획득하게 된다. 사전적 관점이 정책 논변과 쉽게 결합한다는 설명은 이러한 측면에서도 이해할 수 있다.

나. 사후적 관점―후견 편향(hindsight bias)에 빠질 위험

사후적 관점을 취할 경우 빠지기 쉬운 함정은 후견 편향 (hindsight bias)이다.[141] 후견 편향은 어떤 사건이 발생한 경우 그 사건이 실제로 발생하기 전에는 그 사건이 일어날 것을 예측할 수 있었다고 믿는 경향성을 말한다.[142] 이에 관한 설명을 들어보자.

---

141) 이는 후견지명 편향이라고도 부른다. David Hardman 지음, 이영애, 이나경 옮김, 판단과 결정의 심리학, 2012, 44면.

142) 김청택·최인철, "법정의사결정에서의 판사들의 인지편향", 서울대학교 법학 제51권 제4호(2010. 12), 333면.

세상을 이해하는 방법 중 하나는 사물의 드러난 결과에 비추어 과거를 해석하는 것이다. 그러나 이에 따른 위험 중 하나는 특정 결과를 실제보다 더 예측 가능한 것으로 또는 불가피한 것으로 보기 시작하는 것이다. 이것은 예측할 수 없었던 부정적 결과를 부당하게 비난하거나, 범죄나 정신질환을 생활사에서 불가피한 산물로 보는 해로운 결과를 가져올 수 있다. Baruch Fischhoff는 이런 경향을 비겁한 결정주의(creeping determinism)라고 불렀다.[143]

가령 해킹으로 인한 개인정보유출 사고에서 개인정보처리자의 손해배상 문제를 생각해 보자. 이때에는 개인정보처리자의 과실 여부가 문제된다. 과실은 불법행위의 성립요건이므로 과실 여부의 판단도 행위 당시를 기준으로 하여야 한다. 따라서 과실판단에 동원되는 기술수준이나 보안관행 역시 행위 당시(즉 해킹사고 당시)의 것을 기준으로 삼아야 한다. 그런데 해킹기술과 이에 대응하는 인터넷 보안기술의 변화속도는 매우 빠르다. 또한 이와 관련된 법령상 보호조치나 일반인의 기대수준 역시 매우 빠르게 변화한다. 반면 사고 이후 법원의 최종 판단이 내려지기까지는 상당한 시간이 소요된다. 따라서 판단시점과 판단기준 시인 행위시점 사이에 큰 격차가 발생한다. 이때 법원은 무의식 중에 판단시점의 기술수준이나 보안관행, 법령의 내용에 영향을 받을 수 있다. 어느 심리학자의 표현을 빌리자면 "도대체 사후에는 설명하지 못할 것이 하나도 없"기 때문이다.[144] 이러한 현상은 그 외에도 제조물책임이나 의료책임처럼 기술이 지속적으로 발전하는 분야에서 벌어지기 쉽다.

---

143) David Hardman 지음, 이영애, 이나경 옮김, 판단과 결정의 심리학, 2012, 44면.

144) 최인철, 나를 바꾸는 심리학의 지혜―프레임, 2007, 104면.

이는 법경제학적으로 보자면 법원은 사회적으로 최적인 주의
의무보다 높은 주의의무를 부과하려는 경향,145) 나아가 이미 발생
한 결과는 미연에 방지할 수 있었던 것이라고 손쉽게 설명하면서
책임을 부과하려는 이른바 결과경향(outcome bias)으로 이어지기 쉽
다.146) 실제로 미국에는 판사들이 이러한 판단경향을 보인다는 점
에 대한 연구결과가 축적되어 있다.147) 이러한 편향은 불법행위 당
시를 기준으로 과실 판단을 하여야 한다는 불법행위법의 기본 원리
에 어긋나는 것이다. 이는 사후적 관점을 취할 때 쉽게 빠지기 쉬
운 함정이다.

4. 사전적 관점과 사후적 관점의 확장

사전적 관점과 사후적 관점은 사법작용에만 적용되는 것은 아
니다. 어떤 제도를 설계하거나, 이미 설계된 제도의 정당성을 설명
할 때에도 이 두 가지 관점이 작동할 수 있다. 지식재산권을 왜 보
호하는가?148) 사전적 관점에서는 지식재산권을 보호하면 장차 사람
들이 지적 창작물을 생산할 인센티브(incentive)를 얻기 때문이라고

---

145) Stremitzer, Alexander, *Negligence-Based Proportional Liability: How More Lenient Sanctions Lead to Higher Compliance*, UCLA School of Law, *Law-Econ Research Paper No. 12-10.* (2012), p. 36. (Available at SSRN: http://ssrn.com/abstract=2088977) 참조.

146) Jeffrey J. Rachlinski, *A Positive Psychological Theory of Judging in Hindsight*, 65 U. Chi. L. Rev 571, 571-581 (1998).

147) Jeffrey J. Rachlinski, *A Positive Psychological Theory of Judging in Hindsight*, 65 U. Chi. L. Rev 571, 571-581 (1998).

148) 아래 설명에 대해서는 Mark A. Lemley, *Ex Ante versus Ex Post Justifications for Intellectual Property*, 71 U. Chi. L. Rev. 129, 129-131 (2004) 참조.

설명한다. 이에 따르면 지식재산권은 창작활동의 도구이다. 그러므로 창작활동 장려 효과가 있는 범위 내에서만 지식재산권을 보호하는 것이 타당하다. 이러한 사고방식은 '약한 지식재산권' 사상으로 이어질 가능성이 크다. 사후적 관점에서는 세상에 존재하는 지적 창작물에 대해 일정한 자에게 독점권을 부여함으로써 그 지적 창작물이 가장 적합하고 효율적으로 운용될 수 있기 때문이라고 설명한다. 이는 공유지의 비극(tragedy of commons)을 떠올리게 한다. 즉 지적 창작물을 누군가에게 독점적으로 귀속시켜 이를 활용하되 그 수익도 가져가게 하는 재산권화(propertization) 조치가 없으면 누구도 그 지적 창작물을 자기 것처럼 돌보지 않아 효율적인 자원의 활용이 좌절된다는 것이다. 이러한 사고방식은 '강한 지식재산권 사상'으로 이어질 가능성이 크다. 사후에 지적 창작물의 효율성을 가장 높이기 위한 제도로서 지식재산권을 이해한다면, 지식재산권의 보호기간에 제한을 둘 이유나 공정이용(fair use)과 같은 법리를 통하여 지적 창작물의 공유화를 시도해야 할 이유가 크지 않다. 이처럼 어떤 관점에서 지식재산권 제도를 바라보는가에 따라 지식재산권의 적정한 보호 수준은 달라지게 된다. 이는 단순히 입법 영역의 문제만은 아니다. 재판에서도 어떤 관점을 취하는가에 따라 보호 수준이 달라질 수 있다. 예컨대 특허침해에 관한 균등론이나 저작권침해에 관한 실질적 유사성 이론 등은 법관에게 상당한 판단재량을 부여한다. 이때 법관이 지식재산권을 어떻게 바라보는가에 따라 결론이 영향받을 수 있다.

사전적 관점과 사후적 관점은 과학기술의 발달과 맞물려 논의되기도 한다. 자율주행차(autonomous vehicle)는 교통사고에 관한 사후적 관점이 사전적 관점으로 전환되는 획기적인 계기를 제공한다.

자율주행차는 문자 그대로 스스로 주행하는 차량이다. 무인자동차라고도 불린다. 기술적으로는 자율주행차의 상용화는 별 문제가 없는 정도에 이르렀다. 자율주행차가 상용화되면 정속주행과 안전거리 유지, 교통법규 준수 등으로 인해 교통사고가 줄어들어 안전성이 증대된다. 노령자나 장애인 등도 타인의 도움 없이 자율주행차의 혜택을 받을 수 있어 편의성이 증대된다. 운전자의 시간과 노력을 절약하고 전체적인 교통흐름을 개선하며 자동차 공유(sharing)가 활성화되는 등 사회적 비용이 줄어들어 효율성이 증대된다. 자율주행차는 주행 기능의 자율성 정도에 따라 여러 단계로 분류되는데, 자율주행의 정도가 높아질수록 기존에 상정하지 않았던 복잡한 법적 문제들이 대두된다. 가령 자율주행차가 도로에서 주행할 수 있도록 허용할 것인가, 자율주행차에 대한 등록과 면허 제도를 별도로 두어야 하는가, 자율주행을 위한 엄청난 양의 정보를 수집하는 과정에서 개인정보나 프라이버시 침해의 염려는 없는가, 자동차 간의 통신과정에서 해킹이 발생할 위험성은 없는가 등 여러 가지 법적 문제들에 직면하게 된다.

민사법적으로는 자율주행차가 사고를 야기한 경우 그 책임을 누가 질 것인가 하는 문제가 대두된다. 자율주행차의 경우, 그 주행과정에서 생길 수 있는 복잡다기한 상황들을 미리 예상하여 그 상황에서 어떻게 대처하여야 하는지에 대한 사전적인 프로그래밍이 이루어져야 한다. 과거에는 일단 교통사고가 발생하면 법관이 사후적으로 그 교통사고에 얽힌 당사자들의 잘잘못을 가리고 민사 또는 형사책임에 관한 판단을 내리면 충분하였다. 즉 사후적 관점이 지배하였다. 그런데 자율주행시대에는 자동차 제조회사 또는 관련 프로그래머들이 사전에 모여 장차 발생할 수 있는 각종 교통사고를 상상하고 회사나 운행자의 책임을 최소화할 수 있는 메커니즘을 만들고 이를 프로그램화하여 차량에 탑재하여야 한다. 즉 사전적 관점이 지배하게 된다. 예를 들어 전방에는 무단횡단자가 갑자기 출현하고 좌측에는 콘크리트 중앙분리대가 있으며 우측에는 사람들이 앉아 있는 식당이 있을 때 핸들을 어느 쪽으로 돌려야 하는가 하는 난해한 판단을 사전에 하여야 한다. 이는 향후 자율주행차뿐만 아니라 인공지능(Artificial Intelligence, AI)이 발달하면서 공통적으로 직면하게 될 문제이다.

사전적 관점과 사후적 관점은 더 많은 영역에서 발견할 수 있다. 예컨대 평등이란 사전적 평등(기회에 있어서의 평등)인가, 아니면 사후적 평등(결과에 있어서의 평등)인가 하는 점이 그러하다. 사전적 관점과 사후적 관점의 틀이 더 깊은 철학적 지평으로 논의 영역을 확장해 나가는 것이다. 이는 평등한 토대를 만들기 위한 국가 개입의 정도가 어느 정도라야 하는가에 대한 문제로도 이어진다. 이 책에서는 이러한 점에 대해 더 깊이 논의하지는 않는다. 다만 사전적 관점과 사후적 관점의 구도가 상당히 넓은 영역에서 다양한 형태로 나타날 수 있다는 점만 밝혀두고자 한다.

제5장

결 론

이 책에서는 민법 또는 민사재판의 배후에 흐르는 이론 문제를 다각도로 살펴보았다. 제2장「민법에서 이론의 역할」에서는 이른바 '어려운 사건'에 주로 등장하는 근본적인 이론이나 가치의 문제가 민사재판 전반에 어떤 역할을 수행하는지를 법리 및 실무와의 상호 비교 아래에서 서술하였다. 제3장에서는 이러한 이론적 문제를 구성하는 첫 번째 가치 축으로서「개인과 공동체」를 제시하고, 자유주의와 공동체주의가 민법의 전통적인 세 가지 영역, 즉 계약법, 불법행위법, 소유권법에 어떻게 반영되는지 검토하였다. 이 과정에서 계약법에 있어서 자율과 후견, 불법행위법에 있어서 예방과 회복, 소유권법에 있어서 강고한 소유권과 유연한 소유권의 문제를 다루었다. 제4장에서는 이러한 이론적 문제를 구성하는 두 번째 가치 축으로서「법관의 역할」을 제시하고, 법관의 역할 설정에 따라 민사재판이 어떤 영향을 받는지 검토하였다. 이 과정에서 형식(form)과 실질(substance), 현실(Sein)과 당위(Sollen), 사전적 관점(ex ante perspective)과 사후적 관점(ex post perspective)의 역학관계, 그리고 이에 투영된 법관의 역할을 다루었다.

이러한 제반 논의는 법관이 단지 법리에 대한 해박한 지식으로 무장한 전문가에 그쳐서는 법관의 역할을 다한다고 말할 수 없음을 전제로 한다. 수많은 가치와 이익이 각축하는 규범의 전장(戰場)에서 법관은 한편으로는 법의 이상을, 다른 한편으로는 국민의 목소리를 마주하며 양자를 연결시켜 주는 역할을 수행해야 한다. 법관은 사회현실 속에서 벌어지는 전문적 분쟁을 실무적으로 능숙하게 "분석"하고 해결할 수 있는 스페셜리스트이면서도, 근본적인 이론이나 가치 체계, 일반적인 법리에 정통하여 세부 문제들을 하나로 "통합"해낼 수 있는 제너럴리스트라야 한다. 나아가 법관은 결국 인간의 삶 깊숙한 곳을 어루만지고 치유하며 강화시켜 나가는 휴머니스트임을 기억해야 한다.

한 변호사는 국내에 번역된 세기 히로시의 『절망의 재판소(2014)』를 소개하는 칼럼에서 히로시가 꿈꾸는 법관상을 다음과 같이 정리하였다.

"저자가 말하는 '재판관 이름에 걸맞은 재판관'은 어떤 판사일까? 권력과 사회적 강자로부터 국민과 시민을 지키고 기본적 인권 옹호에 충실하여 인간의 자유를 실현하려고 노력하는 판사 즉 '큰 정의'의 실현에 노력하는 판사, 국민과 시민을 위한 재판, 당사자를 최우선으로 생각하는 재판을 하는 판사, 소송의 중요한 쟁점에 대해 딱딱한 형식논리로 사무적으로 처리해 버린 판결문이 아니라, 꼭 판결 받고 싶었던 중요 쟁점에 대해 납득할 만한 합당한 이유와 충분한 논리와 근거를 대고 설득하는 판결문, 이해하기 쉽고 당사자의 기분과 마음까지 이해시키는 판결문을 쓰는 판사, 공정하고 청렴강직하며 성실하고 논리적이고 우수한 판사가 그들이다."[1]

국제거래의 증가와 국제규범의 발전 등 국제화의 흐름 속에서 각국의 사법제도가 경쟁하면서 법정지 쇼핑(forum shopping)이 성행하고 있고, 중재와 같은 대체적 분쟁해결수단이 급속히 증가하는 흐름 속에서 정의의 민영화(privitization of justice)가 가속화되는 현대사회에 있어서, 한 국가의 법관은 이제 더 이상 그 누구의 도전도 받지 않는 철옹성의 성주가 아니다. 오히려 스스로 그 철옹성의 벽을 허물고 끊임없이 외부와 소통하고 스스로 진화해야 할 존재이다. 이러한 소통은 법 문제가 열려 있는 문제임을 인식하는 것에서

---

1) 황정근, "재판관 이름에 걸맞은 재판관", 법률신문(2014. 8. 14.).

출발해야 한다. 이를 통해 이론과 소통하고, 현실과 소통하며, 학자들과 소통하고, 국민과 소통할 수 있다. 특히 이 책에서는 민사재판에서 다루는 문제들이 법리의 공고한 체계 속에 갇혀 있지 않고, 이론의 드넓은 세계와 소통하는 것임을 인식하고, 이에 대한 고민의 틀을 제시하고자 하였다. 이러한 작은 노력이 열린 민법, 열린 민사재판의 초석이 되기를 바란다.

참고문헌

[국내문헌]

가. 단행본

곽윤직, 채권각론, 제6판, 2003.

곽윤직 편, 민법주해, 채권(2), 1995.

곽윤직 편, 민법주해 Ⅸ, 1995.

곽윤직 편, 민법주해 ⅩⅧ, 2005.

곽윤직·김재형, 민법총칙, 제9판, 2013.

곽윤직·김재형, 물권법, 제8판(전면개정)보정, 2015.

권영준, 저작권침해판단론, 2007,

권영준, UNCITRAL 담보등기제도 실행에 관한 지침 연구, 법제연구원, 2013.

권영준, UNCITRAL 담보모델법에 관한 연구, 법제연구원, 2014.

김용담 편, 주석 민법, 물권(1), 제4판, 2010.

김정오 외 4, 법철학: 이론과 쟁점, 2012.

김증한 저, 김학동 증보, 채권각론, 제7판, 2006.

김찬호, 사회를 보는 논리, 2001.

류근관, 통계학, 제2판, 2010.

박세일, 법경제학, 개정판, 2000.

박영복 외, EU사법 1, 2009.

박준서 편, 주석민법, 채권각칙(6), 한국사법행정학회, 1999.

법무부, 민법(재산편) 개정자료집, 2004.

법무부 민법개정자료발간팀 편, 2004년 법무부민법개정안 총칙·물권편, 2012.

법원행정처, 재판자료, 제110집, 사실인정방법론의 정립(형사재판편), 2006.

석광현, UNCITRAL 담보권 입법지침 연구, 법무부, 2010.

석광현, 국제물품매매계약의 법리, 2010.

성낙인, 헌법학, 제15판, 2015.

손승우, 정창호, 이재성, 지식재산 담보권에 관한 UNCITRAL 담보거래 입법지침 부속서, 법무부, 2011.

신동운 외, 법률해석의 한계, 2000.

신동운 편저, 유병진 법률논집: 재판관의 고민, 2008.

양창수·권영준, 권리의 변동과 구제(민법 Ⅱ), 제3판, 2017.

오세혁, 법철학사, 2004.

유병진, 재판관의 고민, 1957.

이상경, 지적재산권소송법, 1998.

이상돈, 법이론, 제2판, 1997.

이영준, 한국민법론[물권편], 2004.

이영희, 정의론, 2005.

이창우 외 공역, 니코마코스 윤리학, 2006.

조홍식, 사법통치의 정당성과 한계, 2009.

최병조, 로마법강의, 1999.

최봉철, 미국학연구소편, 미국 사회의 지적 흐름(법), 1999.

최인철, 나를 바꾸는 심리학의 지혜, 2007.

최흥섭, 국제물품매매계약에 관한 유엔협약 해설, 2005.

A. MacIntyre 지음, 이진우 역, 덕의 상실, 1997.

David Hardman 지음, 이영애, 이나경 옮김, 판단과 결정의 심리학, 2012.

Helmut Koziol, 신유철 옮김, 유럽손해배상법 — 통일과 전망 —, 2005.

Robert D. Cooter / Thomas Ulen 저, 한순구 역, 법경제학(6th Edition), 2012.

루돌프 폰 예링 지음, 윤철홍 옮김, 권리를 위한 투쟁, 2007.

스테판 뮬홀·애덤 스위프트 지음, 김해성·조영달 옮김, 자유주의와 공동체주의, 2001.

위르겐 하버마스 저, 한상진·이상도 공역, 사실성과 타당성, 再版, 2007.

이사야 벌린 지음, 강주현 옮김, 고슴도치와 여우, 개정판, 2010.

존 스튜어트 밀, 서병훈 옮김, 자유론, 책세상, 2005.

칼 엥기쉬 지음, 안법영·윤재왕 옮김, 법학방법론, 2011.

쿠르트 젤만 지음, 윤재왕 옮김, 법철학, 제2판, 2010.

프레데릭 헨리 로슨 저, 양창수·전원열 역, 대륙법입문, 1994.

헤르만 칸토로비츠, 윤철홍 옮김, 법학을 위한 투쟁, 2006.

加藤雅信(가또마사노부) 지음, 김상수 번역, 「소유권」의 탄생, 2005.

나. 논 문

강승준, "(2000년대 민사판례의 경향과 흐름)물권법", 민사판례연구 제33-2집 (2011. 2).

곽민희, "프랑스법상 불법행위의 직접적 대상이 아닌 제3자에게 파급한 손해의 배상", 외법논집 제35권 제3호(2011. 8).

권영준, "배타적 사용수익권 포기 법리에 관한 비판적 검토", 서울대학교 법학 제47권 제4호(2006. 12).

권영준, "인터넷상 정보에 대한 접근 및 취득행위의 위법성", 비교사법 제14권 제3호(2007. 9).

권영준, "불법행위와 금지청구권 ― eBay vs. MercExchange 판결을 읽고 ― ", Law & Technology 제4권 제2호(2008. 3).

권영준, "민사재판에 있어서 이론, 법리, 실무" 서울대학교 법학 제48권 제3호 (2008. 9).

권영준, "불법행위법의 사상적 기초와 그 시사점", 저스티스 통권 제109호(2009. 2).

권영준, "초상권 및 사생활의 비밀과 자유, 그리고 이익형량을 통한 위법성 판단", 민사판례연구 제31집(2009. 2).

권영준, "소멸시효와 신의칙", 재산법연구 제26권 제1호(2009. 6).

권영준, "재건축에 관한 의사결정", 민사법학 제45호(2009. 6).

권영준, "소유권과 저작권의 상호관계 ― 독점과 공유의 관점에서 ― ", 경제규제와 법 제3권 제1호(2010. 5).

권영준, "위험배분의 관점에서 본 사정변경의 원칙", 민사법학 제51호(2010. 12).

권영준, "유럽사법통합의 현황과 시사점: 유럽의 공통참조기준초안(Draft Common Frame of Reference)에 관한 논쟁을 관찰하며", 비교사법 제18권 제1호 (2011).

권영준, "유럽사법통합의 현황과 시사점", 비교사법 제18권 제1호(2011. 3).

권영준, "계약법의 사상적 기초와 그 시사점", 저스티스 통권 제124호(2011. 6).

권영준, "등기의 공신력: 1957년, 그리고 2011년", 법조 통권 제661호 (2011. 10).

권영준, "계약관계에 있어서 신뢰보호", 서울대학교 법학 제52권 제4호(2011. 12).

권영준, "한국에 있어서 특허권 남용의 법리와 그 관련 문제", 산업재산권 제36호(2011. 12).

권영준, "미국법상 순수재산손해의 법리", 민사법학 제58호(2012. 3).

권영준 "해킹(hacking) 사고에 대한 개인정보처리자의 과실판단기준", 저스티스 통권 제132호(2012. 10).

권영준, "사실상 도로로 이용되는 사유토지 소유권의 문제", 민사재판의 제문제 제21권(2012. 12).

권영준, "계속적 계약에 있어서 재교섭조항의 해석", 민사판례연구 제36집 (2014. 2).

권영준, "공정거래법상 가격담합사건에 있어서 손해배상액 산정", 경제규제와 법 제7권 제2호(2014. 11).

권영준, "불법행위의 과실 판단과 사회평균인", 비교사법 제22권 제1호(2015. 2).

김기창, "법적 담론 전개양식의 차이 ― 성문법 국가와 판례법 국가의 비교 ― ", 세계화 지향의 사법: 그 배경과 한국·프랑스의 적응, 2006.

김도균, "법원리로서의 공익: 자유공화주의 공익관", 서울대학교 법학 제47권 제 3호(2006. 9).

김도균, "법적 이익형량의 구조와 정당성", 서울대학교 법학 제48권 제2호(2007. 6).

김도균, "한국 법질서와 정의론: 공정과 공평, 그리고 운의 평등 ― 試論 ― ", 서울대학교 법학 제53권 제1호(2012. 3).

김문관, "배타적 사용수익권이 포기된 토지를 제3자가 점유하는 경우, 토지소유자의 방해배제 및 부당이득반환청구", 판례연구 제14집(부산판례연구회)(2003).

김민정, "사실상 도로로 사용되는 토지에 대한 소유자의 배타적 사용수익권의 포기란 무엇이고, 토지의 특정승계인에게는 어떤 효력이 있는가", 재판실무연구(광주지방법원)(2010).

김병재, "제3채무자가 가압류채무자에 대한 반대채권으로써 상계할 수 있는 요건", 민사판례연구 제10집(1988).

김상용, "소유권보호에 관한 판례의 태도", 민사판례평석(1)(1995).

김영환, "법도그마틱의 개념과 그 실천적 기능", 법학논총(한양대학교) 제13집 (1996. 10).

김영환, "형법해석의 한계 ― 허용된 해석과 금지된 유추와의 상관관계", 신동운 외, 법률해석의 한계, 2000.

김영환, "법학방법론의 이론적 체계와 실천적 의의 ― 소위 GS 칼텍스 사건을 중심으로 ― ", 법철학연구 제17권 제3호(2014).

김윤구, "불법행위법상 손해배상이론의 재검토", 법학연구 제11권(2000).

김재형, "UNCITRAL의 담보거래에 관한 입법지침 초안 논의", 민법론 Ⅲ (2007).

김재형, "징벌적 손해배상제도의 도입문제", 언론과 법의 지배(2007).

김종보, "막다른 도로와 손실보상", 현대공법학의 과제: 청담 최송화교수 화갑기념논문집(2002. 6).

김진우, "최근 유럽민사법의 발전동향", 부산대학교 법학연구 제50권 제2호(2009. 10).

김진우, "계약의 공백보충", 비교사법 제8권 2호(2001).

김청택·최인철, "법정의사결정에서의 판사들의 인지편향", 서울대학교 법학 제51권 제4호(2010. 12).

김형배, "과실개념과 불법행위책임체계", 민사법학 제4·5호(1995).

남윤봉, "불법행위제도의 기능", 재산법연구 제18권 제1호(2001. 3).

동상홍, "자동차사고로 인한 인적 손해보상제도 연구: 미국의 no-fault 제도와 뉴질랜드의 사고보상제도를 중심으로", 서울대학교 박사학위논문(1991).

박동진, "손해배상법의 지도원리와 기능", 비교사법 제11권 제4호(2004. 12).

박병대, "불법원인급여의 판단기준에 관한 구조분석", 저스티스 통권 제76호(2003. 12).

박인환, "독일법상 정보제공의무위반을 이유로 하는 계약해소청구권", 민사법학 제27호(2005. 3).

박준우, "미국 연방저작권법의 저작인격권의 보호 — Visual Artists Rights Act of 1990", 계간 저작권 통권 84권(2008. 12).

배대헌, "거래대상으로서 디지털 정보와 '물건' 개념 확대에 관한 검토", 상사판례연구 제14집(2003. 6).

백태승, "독일 행위기초론의 발전과 최근동향", 저스티스 제25권 제1호(1992).

석광현, "국제물품매매협약(CISG)을 적용한 우리 판결의 소개와 검토", 국제거래법연구 20집 제1호(2011).

송덕수, "법률행위의 해석", 경찰대 논문집 제6집(1987).

손창완, "집단기획소송의 법적 문제 — 변호사 윤리를 중심으로 — ", BFL 제54호(2012).

송옥렬, "법경제학적 방법론의 유용성과 한계에 관한 소고", 서울대학교 법학 제55권 제3호(2014. 9).

신평, "헌법적 음란의 개념", 헌법학의 과제: 김효전 교수 정년기념논문집(2011. 11).

심헌섭, "법철학적 법학방법론 — 법철학과 합리적 법학방법 — ", 서울대학교 법학 제24권 제1호(1983. 3).

안준홍, "이사야 벌린의 소극적 자유론과 헌법 제10조", 법철학연구 제13권 제3호(2010).

양삼승, "민법 제393조를 준용하는 민법 제763조의 의미(불법행위로 인한 손해배상범위를 산정함에 있어서 가해자의 고의, 과실의 정도는 참작되어야 한다)", 손해배상법의 제문제, 성헌 황적인박사 화갑기념논문집(1990).

양창수 역, "『현대로마법체계』, 제1권, 서언", 서울대학교 법학 제36권 제3·4호(1995. 12).

양창수, "내용이 변동하는 집합적 동산의 양도담보와 그 산출물에 대한 효력", 저스티스 제30권 제1호(1997).

양창수, "한국 민법학 50년의 성과와 앞으로의 과제", 저스티스 통권 제92호(2006. 7).

오세혁, "해악원리, 법적 도덕주의, 그리고 후견주의 — 후견주의의 이중적 양면성", 중앙법학 제11집 제2호(2009. 8).

엄동섭, "법률행위의 보충적 해석", 무암이영준박사화갑기념논문집, 한국민법이론의 발전(1999).

오병선, "한국법체계와 자유주의", 법철학연구 제13권 제3호(2010).

유진호·지상호·임종인, "개인정보 유·노출 사고로 인한 기업의 손실비용 추정", 정보보호학회논문지 제19권 제4호(2009.8).

유홍림, "공동체주의의 철학적 기초: A. MacIntyre와 C. Taylor", 미국학 제19집(1996).

육소영, "미국정부의 저작권 보호에 대한 입장 — 국회 상정된 법안에 대한 분석을 중심으로 — ", 계간 저작권 통권 87권(2009. 9).

윤성근, "담보거래에 관한 UNCITRAL 입법가이드와 국내 담보거래 현황", 국제거래법연구 15집 제2호(2006).

윤용석, "징벌적 손해배상에 관한 미국의 최근 동향", 재산법연구 제23권 제1호(2006. 6).

윤진수, "법률행위의 보충적 해석에 관한 독일의 학설과 판례", 재판자료 제59집(1992).

윤진수, "계약 해석의 방법에 관한 국제적 동향과 한국법", 민법논고 Ⅰ(2007).

윤진수, "손해배상의 방법으로서의 원상회복: 민법개정안을 계기로 하여", 비교사법 제10권 제1호(2003).

이명갑, "제재적 위자료의 입론", 사법행정 제28권 제3 내지 5호(1987).

이연갑, "아티야의 계약법 이론 — 미실행계약의 구속력을 중심으로 — ", 서울대
학교 석사학위논문(1993).

이영준, "법률행위의 해석론"(1) - (3), 대한변호사협회지(1986).

이은영, "한국의 계약문화", 법과 사회, 16·17 합본호(1999).

이홍욱·김세돈, "자동차사고로 인한 인적보상제도의 발전방향", 상사법연구 제
22권 제2호(2003).

이회창, "사법의 적극주의: 특히 기본권 보장 기능과 관련하여", 서울대학교 법학
제28권 제2호(1987).

이현종, "법원 판결과 경제적 효율성 분석", 고학수·허성욱 편, 경제적 효율성과
법의 지배, 2009.

임건면, "초상권 침해에 대한 민사법적 책임에 관한 소고", 재산법연구 제18권
제1호(2001, 3).

임한흠, "도로부지로 된 토지에 대한 종전 소유자의 사용수익권의 포기와 그 특
정승계인의 부당이득반환청구", 민사재판의 제문제 제10권(2000).

장덕조, "징벌적 손해배상의 보험보호에 관한 논의와 그 시사", 상사법연구, 제22
권 제2호(2003. 8).

장영민, "자유법론의 형성과 전개과정", 법학논집(이화여대) 제7권 제1호(2000).

정영일, "과실불법의 요소인 주의의무의 성격과 기준", 경희법학 제42권 제2호
(2007).

정해상, "손해배상의 법리와 징벌적 손해배상의 관계", 중앙법학, 제6집 제4호
(2004. 12).

조무제, "지방자치단체가 사인의 토지를 도로로 사용함으로 인한 부당이득", 판
례연구 제1집(부산판례연구회)(1991).

최경진, "물건요건론 소고", 비교사법 제11권 제2호(2004. 6).

최문희, "계약의 구조에 대한 설명의무 — KIKO(키코) 사건에 관한 대법원 전원
합의체 판결을 소재로 하여 — ", 상사판례연구 제27집 제1권(2014. 3).

최봉경, "불법원인급여 – 민법 제746조 본문의 해석과 적용기준을 중심으로", 비
교사법 제13권 제3호(2006. 9).

최준규, "계약해석의 방법에 관한 연구 — 문언해석과 보충적 해석을 중심으로 —",
서울대학교 법학박사학위논문(2012).

Arthur Kaufmann, 심헌섭 역, "법과 언어(Recht und Sprache)", 서울대학교 법학 제25권 2·3호(1984).

Karl Kroeschell, 양창수 역, "「게르만적」 소유권개념의 이론에 대하여", 서울대학교 법학 제34권 제1호(1993. 2).

Ruth Sefton-Green(남궁술 譯), "프랑스와 영미 간의 사법교류: 공격적 교류인가 우호적 교류인가?", 세계화 지향의 사법: 그 배경과 한국·프랑스의 적응(2006).

[국외문헌]

가. 단행본

Adams, Michael, Ökonomische Theorie des Rechts, 2. Aufl., 2004.

Bix, Brian, Jurisprudence — Theory and Context —, 4th ed., 2006.

Borchert, Donald M., Encyclopedia of Philosophy, 2006.

Bouckaert, Boudewijn / Gerrit De Geest(ed.), Encyclopedia of Law and Economics, Vol Ⅲ, Edward Elgar, 2000.

Brownsword, Roger, *Towards a Rational Law of Contract*, in Thomas Wilhelmsson(ed.), Perspectives of Critical Contract Law, 1993.

Brüggemeier, Gert, Common Principles of Tort Law, 2004.

Bussani & Palmer, Pure Economic Loss in Europe, 2005.

Canaris, Claus-Wilhelm, Die Vertrauenshaftung im deutschen Privatrecht, 1971.

Cooter & Ulen, Law & Economics (5th ed.), 2007.

Craushaar, Der Einfluß des Vertrauens auf die Privatrechtsbildung, 1969.

Dworkin, Ronald, Law's Empire, 1986.

Farnsworth, Ward, The Legal Analyst, 2007.

Flume, Werner, Allgemeiner Teil des Bürgerlichen Rechts, Bd Ⅱ, 3. Aufl. 1979.

Fuchs, Deliktsrecht, 6. Aufl., 2005.

Gadammer, Wahrheit und Methode, 1975.

Garner, Bryan A., Black's Law Dictionary, 8th ed., 2004.

Gilmore, The Death of Contract, 1974.

Gordley, J., The Philosophical Origins of Modern Contract Doctrine, 1991.

Gordley, James / Arthur Taylor Von Mehren, An Introduction to the Comparative Study of Private Law, 2006.

Gruber, Markus, Freiheitsschutz als ein Zweck des Delikitsrechts, 1998.

Hart, H. L. A., Punishment and Responsibility: Essays in the Philosophy of Law 1-12, 1968.

Hayton, David J., et al, Principles of European Trust Law, 1999.

Herbert, A. P., Misleading Cases in the Common Law (7th ed.), 1932.

Holmes, Jr., Oliver Wendell, The Common Law, 1944.

Holmes, Jr., Oliver Wendell, The Path of the Law and The Common Law, Kaplan, 2008.

Hume, David, A Treatise of Human Nature, London, 1739.

Kötz/Wagner, Deliktsrecht, 9. Aufl. 2001.

Landes, William M. / Posner, Richard A., The Economic Structure of Tort Law, 1987.

Landes, William M. / Posner, Richard A., The Political Economy of Intellectual Property Law, 2004.

Lando, Ole / Beale, Hugh, Principles of European Contract Law, Part Ⅰ and Ⅱ, 2000.

Lando, Ole / Clive, Eric / Prum, Andre / Zimmermann, Reinhard, Principles of European Contract Law, Part Ⅲ, 2003.

Larenz, Karl, Methodenlehre der Rechtswissenschaft, 6.Aufl., 1991.

Macneil, Ian R., The New Social Contract: an Inquiry into Modern Contractual Relations, 1980.

Merrill, Thomas & Smith, Henry, Property, 2010.

Munzer, Stephen, A Theory of Property, 1990.

Noll, Jürgen, Rechtsökonomie-Eine anwendungsorientierte Einführung 2005.

Owen, D., Philosophical Foundation of Tort Law, 1995.

Parisi, Francesco, Liability for Negligence and Judicial Discretion, 1992.

Pollock, Frederick, The Principles of Contract (4th ed.), 1881.

Savigny, Friedrich Carl, System des heutigen römischen Rechts Ⅲ, 1849.

Scalia, Antonia, A Matter of Interpretation, 1997.

Shavell, Steven, Economic Analysis of Accident Law, 1987.

Schäfer, Bernd / Ott, Claus, Lehrbuch der ökonomischen Analyse des Rechts, 3. Aufl., 2001.

Stoll, Hans, Haftungsfolgen im bürgerlichen Recht, 1993.

Sunstein(ed), Cass R., Behavioral Law & Economics, 2000.

Wagner, Gerhard, Tort and Insurance Law, 2005.

Weigel, Wolfgang, Rechtsökonomik, 2. Aufl., 2003.

Weinrib, Ernest J., The Idea of Private Law, 1995.

Weinrib, Ernest J., Tort Law, 2002.

Zweigert / Kötz, Einführung in die Rechtsvergleichung, 3. Aufl., 1996,

川島武宜, 日本人の法意識, 1967.

棚瀬孝雄 編, 現代の不法行爲法 – 法の理念と生活世界, 1994.

潮見佳男, 民事過失の歸責構造, 信山社, 1995.

內田 貴, 契約の時代(부제: 日本社會と契約法), 2000.

藤岡康宏, 損害賠償法の構造, 2001.

吉田邦彦, 民法解釋と搖れ動く所有論, 2002.

加藤雅新, 事務管理・不當利得・不法行爲, 新民法大系 Ⅴ, 第2版, 2005.

나. 논 문

Akerlof, George, *The Market for 'Lemons': Quality Uncertainty and the Market Mechanism*, 84 Quarterly Journal of Economics 488 (1970).

Becker, Gary, *Crime and Punishment: An Economic Approach*, 76 J. Pol. Econ. 196 (1968).

Bellia, Patricia L., *Defending Cyberproperty*, 79 N. Y. U. L. Rev. 2164 (2004).

Benkler, Yochai, *From Consumers to Users: Shifting the Deeper Structures of Regulation Toward Sustainable Commons and User Access*, 52 Fed. Comm. L.J. 561 (2000).

Bernstein, Lisa, *Private Commercial Law in the Cotton Industry: Creating Cooperation Through Rules*, Norms, and Institutions, 99 Mich. L. Rev. 1724 (2001).

Bishop, William, *Economic Loss in Tort*, 2 Oxford J. Leg. Stud. 1 (1981).

Boyle, James, *The Second Enclosure Movement and the Enclosure of the Public Domain*, 66 L & Contemp. Probs. 33 (2003).

Braucher, Jean, *Contract versus Contractarianism: The Regulatory Role of*

Contract Law, 47 Wash. & Lee. L. Rev. 697 (1990).

Brown, Craig, *Deterrence in Tort and No-fault: The New Zealand Experience*, 73 Cal. L. Rev. 967 (1985).

Burrows, Paul, *Analyzing Legal Paternalism*, 15 Int'l Rev. L. & Econ. 489 (1995).

Bussani, Mauro / Mattei, Ugo, *The Common Core Approach to European Private Law*, 3 Colum. J. Eur. L. 339 (1997/98).

Cohen, Morris R., *The Basis of Contract*, 46 Harv. L. Rev. 553 (1933).

Caffarelli, Daniel J., *Crossing Virtual Lines: Trespass on the Internet*, 5 B. U. J. Sci. & Tech. L. 6 (1999).

Calabresi, Guido, *Some Thoughts on Risk Distribution and the Law of Torts*, 70 Yale L. J. 499 (1961).

Calabresi, Guido / Melamed, A. Douglas, *Property Rules, Liability Rules, and Inalienability: One View of the Cathedral*, 85 Har. L. Rev. 1089 (1972).

Canaris, *Wandlungen des Schuldvertragsrechts-Tendenzen zu seiner "Materialisierung"*, Archiv für die zivilistische Praxis (2000).

Chang, Edward W., *Bidding on Trespass: eBay. Inc. v. Bidder's Edge, Inc. and the Abuse of Trespass Theory in Cyberspace-law*, 29 AIPLA. Q.J. 445 (2001).

Chang, Yun-chien / Smith, Henry E., *An Economic Analysis of Civil versus Common Law Property*, 88 Notre Dame L. Rev. 1, 55 (2012).

Coase, Ronald, *The Problem of Social Cost*, 3 J. Law & Econ. 1 (1960).

Dagan, Hanoch, *The Distributive Foundation of Corrective Justice*, 98. Mich. L. Rev. 138 (1999).

Dalton, Clare, *An Essay in the Deconstruction of Contract Doctrine*, 94 Yale. L. J. 997 (1985).

Delgado, Richard/ Stefancic, Jean, *Critical Race Theory: An Annotated Bibliography*, 49 Va. L. Rev. 461 (1993).

Dranias, Nicholas C., *Consideration as Contract: A Secular Natural Law of Contracts*, 12 Tex. Rev. L. & Pol. 267 (2008).

Dworkin, Ronald, *Hard Cases*, 88 Harv. L. Rev. 1057 (1975).

Eisenberg, Theodore & Miller, Geoffrey P., "The Flight to New York: An Empirical Study of Choice of Law and Choice of Forum Clauses in Publicly-Held Companies' Contracts", *N.Y. Univ. Law & Econ. Working Papers*, Paper No. 124 (2008).

Elk-Koren, Niva, *Let the Crawlers Crawl: On Virtual Gatekeepers and the Right to Exclude Indexing*, 26 U. Dayton L. Rev. 179 (2001).

Epstein, Richard A., *A Theory of Strict Liability*, 2 J. Legal Stud. 151 (1973).

Epstein, Richard A., *Cybertrespass*, 70 U. Chi. L. Rev. 73 (2003).

Fairfield, Joshua A.T., *Virtual Property*, 85 B.U. L. Rev. 1047 (2005).

Fischer, Steve, *When Animals Attack: Spiders and Internet Trespass*, 2 Minn. Intell. Prop. Rev. 139 (2001).

Fletcher, George P., *Fairness and Utility in Tort Theory*, 85 Harv. L. Rev. 537 (1972).

Fritch, David M., *Click Here for Lawsuit: Trespass to Chattels in Cyberspace*, 9 J. Tech. L. & Pol'y 31 (2004).

Fuller, L. L. / Purdue, William R., *The Reliance Interest in Contract Damages*, 46 Yale. L. J. 52 (1936).

Goldberg, Victor P., *Recovery for Economic Loss Following the Exxon Valdez Oil Spill*, 23 J. Legal Stud. 1 (1994).

Grechenig, Krostoffel / Gelter, Martin, *The Transatlantic Divergence in Legal Thought: American Law and Economic vs. German Doctrinalism*, 31 Hastings Int'l & Comp. L. Rev. 295 (2008).

Grundmann, S., *Information, Party Autonomy and Economic Agents in European Contract Law*" 39 Common Market Law Review 269 (2002).

Grundmann, S., *European Contract Law(s) of What Colour?*, 1 E.R.C.L. 184 (2005).

Heilbrun, Carolyn/ Resnick, Judith, *Convergences: Law, Literature & Feminism*, 99 Yale. L. J. 1913 (1990).

Holmes, Jr., Oliver Wendell, *The Path of the Law*, 10 Harv. L. Rev. 457 (1897).

Horwitz, Morton, *The Historical Foundations of Modern Contract Law*", 87 Harv. L. Rev. 917 (1974).

Hunter, Dan, *Cyberspace as Place and the Tragedy of the Digital Anticommons*, 91 Cal. L Rev. 439 (2003).

Kearney, Daniel, *Network Effects and the Emerging Doctrine of Cybertrespass*, 23 Yale L. & Pol'y Rev. 313 (2005).

Keating, Gregory C., *Reasonableness and Rationality in Negligence Theory*, 48 Stan. L. Rev. 311 (1996).

Keating, Gregory C., *Distributive and Corrective Justice in the Tort Law of Accident*, 74 S. Cal. L. Rev. 193 (2000).

Kelley, Patrick J., *The Carroll Towing Company Case and the Teaching of Tort Law*, 45 St. Luis Univ. L. J. 731 (2001).

Kennedy, D., *Form and Substance in Private Law Adjudication*, 89 Harv. L. Rev. 1685 (1976).

Kennedy, Duncan, D*istributive and Paternalistic Motives in Contract and Tort Law with Special Reference to Compulsory Terms and Unequal Bargaining Power*, 41 Md. L. Rev. 563 (1982).

Kraus, Jody, *Contract Design and the Structure of Contractual Intent*, 84 N. Y. U. L. Rev. 1023 (2009).

Kronman, Anthony, *Paternalism and the Law of Contract*, 92 Yale. L. J. 763 (1983).

Lemley, Mark A., *Place and Cyberspace*, 91 Cal. L. Rev. 521 (2003).

Lemley, Mark A., *Ex Ante versus Ex Post Justifications for Intellectual Property*, 71 U. Chi. L. Rev. 129 (2004).

Lessig, Lawrence, *The Architecture of Innovation*, 51 Duke L.J. 1783 (2002).

Liu, Zhiyong / Avraham, Ronen, *Ex Ante versus Ex Post Expectation Damages*, 32 Int,l Rev. L. & Econ. 339 (2012).

Llewellyn, Karl N., *What Price Contract? An Essay in Perspective*, 40 Yale L. J. 704 (193).

Macaulay, Stewart, *Non-Contractual Relations in Business: A Preliminary Study*, 28 Am. Soc. Rev. 55 (1963).

Macneil, Ian R., *Relational Contract Theory as Sociology: A Reply to Professors Lindenberg and de Vos*, 143 J. Inst. & Theoretical Econ. 272 (1987).

Mattei, Ugo, A *Theory of Imperial Law: A Study on U.S. Hegemony and the*

Latin Resistance, 10 Ind. J. Global Legal Stud. 383 (2003).

McGowan, David, *Website Access: The Case for Consent*, 35 Loy. U. Chi. L.J. 341 (2003).

Merrell, R. Clifton, *Trespass to Chattels in the Age of the Internet*, 80 Wash. U. L.Q. 675 (2002).

Miller, Richard S., *An Analysis and Critique of the 1992 Changes to New Zealand's Accident Compensation Scheme*, 52 Md. L. Rev. 1070 (1993).

O'Brien, Ann, *Limited Recovery Rule as a Dam: Preventing a Flood of Litigation for Negligent Infliction of Pure Economic Loss*, 31 Ariz. L. Rev. 959 (1989).

Perry, Ronen, *The Economic Bias in Tort Law*, 2008 U. Ill. L. Rev. 1573 (2008).

Perry, Ronen, *The Deepwater Horizon Oil Spill and the Limits of Civil Liability*, 86 Wash. L. Rev. 1 (2011).

Posner, Richard A., *Common Law Economic Torts: An Economic and Legal Analysis*, 48 Ariz. L. Rev. 735 (2006).

Preston, Ethan / Turner, Paul, *The Global Rise of a Duty to Disclose Information Security Breaches*, 22 J. Marshall J. Computer & Info. L. 457 (2004).

Pryor, Ellen S., *The Economic Loss Rule and Liability Insurance*, 48 Ariz. L. Rev. 905 (2006).

Rachlinski, Jeffrey J., *A Positive Psychological Theory of Judging in Hindsight*, 65 U. Chi. L. Rev 571 (1998).

Rizzo, Mario J., *A Theory of Economic Loss in the Law of Torts*, 11 J. Legal Stud. 281 (1982).

Robilant, Anna di, *Property: A Bundle of Sticks or a Tree?* 66 Vand. L. Rev. 869 (2013).

Robinette, Christopher J., *Can There be a Unified Theory of Torts? A Pluralist Suggestion from History and Doctrine*, 43 Brandeis L. J. 369 (2005).

Rose, Carol, Crystals and Mud in Property Law, 40 Stanford. L. Rev. 577 (1988).

Rubin, Edward L., *Punitive Damages: Reconceptualizing the Runcible Remedies of Common Law*, 1998 Wis. L. Rev. 131 (1998).

Schäfer, Hans-Bernd, *Tort Law: General* in; Boudewijn Bouckaert & Gerrit De Geest(ed), Encyclopedia of Law and Economics, Vol Ⅱ, 570 (2000).

Schwartz, Gary T., *Reality in the Economic Analysis of Tort Law: Does Tort Law Really Deter?* 42 UCLA. L. Rev. 377 (1994).

Schwartz, Gary T., *Mixed Theories of Tort Law: Affirming Both Deterrence and Corrective Justice*, 75 Tex. L. Rev. 1801 (1997).

Sefton-Green, Ruft, *Duties to Inform versus Party Autonomy: Reversing the Paradigm(from Free Consent to Informed Consent)? - A Comparative Account of French and English Law*, in Geraint Howells et al (ed.), *Information Rights and Obligations*, 2004.

Silverstein, E., *On Recovery in Tort for Pure Economic Loss*, 32 U.Mich. J.L. Ref. 403 (1999).

Smith, D. Gordon/ King, Brayden G., *Contracts as Organizations*, 51 Ariz L. Rev. 1 (2009).

Stigler, G., *The Economics of Information*, 3 Journal of Political Economy 213 (1961).

Stremitzer, Alexander, *Negligence-Based Proportional Liability: How More Lenient Sanctions Lead to Higher Compliance*, UCLA School of Law, Law-Econ Research Paper No. 12-10 (2012).

Terry, Henry T., *Negligence*, 29 Harvard. L. Rev. 40 (1915).

Jhering, R., *Culpa in contrahendo oder Schadensersatz bei nichtigen oder nicht zur Perfektion gelangten Verträgen*, Jherings Jahrbücher 4 (1861).

Wagner, G., *Grundstrukturen des Europäischen Deliktsrechts*, in: R. Zimmermann (ed.), Grundstrukturen des Europäischen Deliktsrechts, 2003.

Wagner, Gerhard, *Zwingendes Privatrecht — Eine Analyse anhand des Vorschlags einer Richtlinie über Rechte der Verbraucher —*, ZEuP 2010/2.

Weinrib, Ernest J., *Corrective Justice*, 77 Iowa. L. Rev. 403 (1992).

Weston, Nancy, *The Metaphysics of Modern Tort Theory*, 28 Val. U. L. Rev. 919 (1994).

Wielsch, Dan, *Global Law's Toolbox: Private Regulation By Standards*, 60 Am. J. Comp. L. 1075 (2012).

Wright, Richard W., *Justice and Reasonable Care in Negligence Law*, 47 Am. J. Juris. 148 (2002).

Zamir, Eya, *The Efficiency of Paternalism*, 84 Va. L. Rev. 229 (1998).

Zweigert & Siehr, *Jhering's Influence on the Development of Comparative Legal Method*, 19 ACJL 215 (1971).

棚瀨孝雄, "不法行爲責任の道德的基礎", 棚瀨孝雄 編, 現代の不法行爲法 －法の理念と生活世界 (1994).

佐野誠, "諸外國における人身賠償額の水準", 判例タイムズ 1086号 (2002).

古城 誠, 公法的規制と不法行爲, 法律時報 78巻 8号 (2006. 7).

[기타 참고자료]

가. 기 사

"'나이롱환자 내쫓는' 메르스 … 보험금 지급건 29% 감소", 문화일보(2015. 6. 19.)

"재판관 이름에 걸맞은 재판관", 황정근, 법률신문(2014. 8. 14.)

나. 인터넷 사이트 주소

http://en.wikipedia.org/wiki/Reasonable_person#cite_note－15

http://lsr.nellco.org/nyu/lewp/papers/124

http://people.rit.edu/wlrgsh/HumeTreatise.pdf

http://ssrn.com/abstract＝2088977

http://www.iccwbo.org/News/Articles/2013/ICC－urges－Members－of－the－European－Parliament－to－remove－B2B－sales－from－scope－of－Common－European－Sales－Law/

http://www.sellier.de/pages/de/buecher_s_elp/europarecht/454.principles_of_european_law.htm.

http://www.unidroit.org/english/modellaws/2013modelclauses/modelclauses－2013.pdf.

판례색인

[대법원]

[고등법원 및 하급심]

[헌법재판소]

[독일판례]

[일본판례]

사항색인

저자 소개

권영준

서울대학교 법과대학 졸업(법학사)
Harvard Law School 졸업(LL.M)
서울대학교 대학원 법학과 졸업(법학석사, 법학박사)
서울지방법원 판사 등 역임
현 서울대학교 법학전문대학원 교수

주요 저서

민법 Ⅱ: 권리의 변동과 구제(제4판, 2021)(공저), 2014년 법무부 민법 개정시안 해설
(민법총칙·물권편)(2017), 데이터 이코노미(2017)(분담집필), Formation and Third Party
Beneficiaries(Chapter Contributor)(2018), 담보거래에 관한 UNCITRAL 모델법 연구
(2018), 헌법과 사법(2018)(공저), 주석민법 총칙(Ⅰ)(제5판, 2019)(분담집필), 민법판
례연구 Ⅰ(2019), 민법개정안연구(2019)(공저), 민법과 도산법(2019)(공저) 등

민법학의 기본원리

초판발행   2020년 7월 15일
중판발행   2021년 8월 15일

지은이   권영준
펴낸이   안종만·안상준

편 집   이승현
기획/마케팅   조성호
표지디자인   박현정
제 작   우인도·고철민·조영환

펴낸곳   ㈜ **박영사**
               서울특별시 금천구 가산디지털2로 53, 210호(가산동, 한라시그마밸리)
               등록 1959. 3. 11. 제300-1959-1호(倫)

전 화   02)733-6771
f a x   02)736-4818
e-mail   pys@pybook.co.kr
homepage   www.pybook.co.kr
ISBN   979-11-303-3626-8   93360

정 가   27,000원